蔚然悟语

王 蔚 著

山东大学出版社
SHANDONG UNIVERSITY PRESS
·济南·

图书在版编目（CIP）数据

蔚然悟语 / 王蔚著. -- 济南 ：山东大学出版社，
2025. 1. -- ISBN 978-7-5607-8537-0

Ⅰ. B222. 25

中国国家版本馆 CIP 数据核字第 2024C5C194 号

责任编辑　刘森文
封面题字　李　镛
封面设计　孔祥建　王莉莉

蔚然悟语
WEIRAN WUYU

出版发行　山东大学出版社
社　　址　山东省济南市山大南路 20 号
邮政编码　250100
发行热线　（0531）88363008
经　　销　新华书店
印　　刷　济南华林彩印有限公司
规　　格　880 毫米×1230 毫米　1/32
　　　　　17. 5 印张　423 千字
版　　次　2025 年 1 月第 1 版
印　　次　2025 年 1 月第 1 次印刷
定　　价　79. 00 元

蔚然悟语蔚然风

（代序一）

微信群让朋友之间相互了解更加便利，也是在微信群里，我常看到其他人转发的王蔚教授对《论语》的解读，且有“蔚然悟语”的字样。原来，他正在撰写一本名曰《蔚然悟语》的《论语》解读著作。当王蔚教授把厚厚的书稿递给我时，我还是吃了一惊。没有想到，这本《蔚然悟语》早在新冠疫情刚结束时就完成了。

我与王蔚教授相识已经十多年了。2013 年 12 月 26 日习近平总书记视察孔子研究院不久，我在山东大学儒学高等研究院有一个演讲，王蔚教授带着他的学生来参加，那是我们的第一次相识。之后在孔子研究院、在尼山世界儒学中心组织的活动中我们又多次碰面，王蔚教授的热情执着、谦恭有礼给我留下了很深的印象。

王蔚教授有一个学习《论语》的师门，2021 年 12 月 23 日，我应邀参加了“蔚然论语师门七周年门庆”活动，与他们师生共同度过了一个美好的夜晚。那天也是王蔚教授发起组织并担任主讲的“齐鲁论语研读”第 110 次公益活动。我了解到，这个活动发起于 2012 年 10 月，每月一期，风雨无阻，至今已经举办 143 期。在那次活动中，应王蔚教授盛邀，我做了简短的演讲。2023 年 7 月 8 日，王蔚教授在莱芜组织“首届夹谷会盟文化传承大会”，我本来要去参加那次活动的，但因为临时在北京有个活动，我只好视频参会。2024 年 6 月 29 日，我们还共同参加了一期山东电视台的《任人唯贤》节目。据说，节目播出后，反响还不错，当时参加录制节目的还有南京大学的武黎嵩老师。

作为经济学教授，王蔚教授多年思考《论语》及思想文化问题，也是他的卓异之处。他常常在电台等媒体及各种文化活动中分享他的心得，实属难能可贵。国庆长假期间，我重点读了他的“悟语”部分，有这么几点感想，提出来与大家分享。

第一，本书不落窠臼。他不是人云亦云，而是真正用心用情去悟。也是由于他思考既久，因而他的《论语》每一章悟语有长有短，有时长话短说，有时短话长说，这些都是有感而发。他不是无病呻吟，为悟而悟。作为经济学者，具有经济学学术背景，又在年轻时经过商，有了这样的特殊经历，才有他悟语中视角的独特。

第二，力求还原情景。王蔚教授主张读《论语》要还原场景，很显然，“知人论世”极为不易，但不言而喻，只有回到当时的思想认知世界，认真理解体会“编者”的用心，才能真正了解当时孔老夫子遗说的真实用意。王蔚教授是这么说的，也是这么做的。比如《论语》的首篇首章与末篇末章，王蔚教授认为是孔老夫子在开学典礼和毕业典礼上讲的话。这个观点与我的看法虽然不同，但这种努力的方向有可取之处。

第三，语言简洁明快。孔子讲“辞达而已矣”，在研究孔子时代历史与文化背景下综合经史资料参验互证，而在书中不拖泥带水，这才是真正的好书。王蔚教授说得好，为文的最高境界就是把话说明白，越简洁越好。王蔚教授这本书体现了这一特色。

知之者不如乐之者，乐之者不如好之者。几十年来，王蔚教授喜欢《论语》，热爱《论语》，传播《论语》，令人钦佩，令人赞赏！

让我们共同期待《蔚然悟语》蔚然成风！

杨朝明
2024 年 10 月

（本文作者为山东大学儒学高等研究院特聘教授，中国孔子研究院原院长）

桃花潭水深千尺

（代序二）

见到王蔚教授，不知为什么，首先映入我脑海的，是李白那句脍炙人口的诗："桃花潭水深千尺，不及汪伦送我情。"

我与王蔚教授相识于2020年12月6日。那天，山东财经大学在我的家乡山东省沂源县龙子峪村汇泉桃花岛举行乡村振兴学院挂牌仪式。仪式结束后安排了参观，在参观时，王蔚教授主动与我打招呼。

"我是王蔚。久闻董总大名，祝贺学院成立。"

他主动与我握手，我能感受到他的真诚与热情。

对于王蔚教授，我早有耳闻。他长期担任山东财经大学农业与农村经济研究中心主任，并发起成立中国农业经营创新论坛，而中国农业经营创新论坛那时已经举办过八届。王蔚教授在山东乃至全国农经界都有很大的影响。

山东财经大学乡村振兴学院挂牌后不久，校长赵忠秀召开座谈会，就乡村振兴学院的发展战略进行研讨。王蔚教授的发言给我留下了极深的印象。

"我提议在沂源桃花岛举办中国乡村振兴鲁村论坛，并且把鲁村论坛办成乡村振兴中的博鳌论坛。"

记得在那次会上，王蔚教授详细阐明了为什么叫鲁村论坛。

"我之所以把这个论坛命名为鲁村论坛有这么几个原因：

第一，世界上的大论坛都在小镇上，如达沃斯论坛、博鳌论坛。第二，鲁者，山东简称也。村者，乡村振兴也。鲁村论坛可以理解成为山东乡村振兴论坛。第三，乡村振兴学院坐落在山东省沂源县汇泉桃花岛上，而汇泉桃花岛所在的镇就叫鲁村镇。”

那次座谈会不久，学校党委做出决定，聘任王蔚教授担任山东财经大学乡村振兴学院学术院长，并组织创办中国乡村振兴鲁村论坛。

王蔚教授以极大的热情投入到山东财经大学乡村振兴学院的建设与鲁村论坛的创办中。在大家的共同努力下，在王蔚教授的具体操办下，山东财经大学于2021—2024年每年的6月连续举办了第一届、第二届、第三届和第四届中国乡村振兴鲁村论坛，取得了良好的社会效益。

我感受到了王蔚教授对论坛的殚精竭虑及倾力付出。

随着交往的加深，我对王蔚教授的了解也更多了。

王蔚教授是山东邹平人，1996年调入山东财政学院工作，1998年提升为副教授，2002年破格提升为教授。2003年起，担任山东财经大学国际经贸学院副院长。2011年，受命组建山东财经大学农业与农村经济研究中心。是山东财经大学国际经济与贸易、世界经济、土地资源管理、公共管理四个方向的硕士研究生导师。

更令我称奇的是，王蔚教授还是《论语》方面的研究和普及专家，曾出版过《四言论语》《论语注译及人物类编》《论语注译及主题类编》《论语四十字诀》等著作。

自2012年11月起，王蔚教授坚持做齐鲁论语研读公益活动，每月一期，雷打不动，至2024年6月，已开展活动140期。其中，“齐鲁论语研读”第101期活动于2021年3月27

日在山东省沂源县汇泉桃花岛举行。

王蔚教授还在汇泉桃花岛设立了桃花岛蔚然论语研究院。

仁者见仁，智者见智。王蔚教授对《论语》有一个独特概括，叫“论语680”。

“6”者，“《论语》六学论”也。王蔚认为《论语》是生活之学、教育之学、智慧之学、修身之学、处世之学、为政之学。“80”者，“80字歌”也。80字歌系统阐释了《论语》六学论。歌曰：

衣食住行详，喜怒哀乐多。
乐好博会恒，有因启喻琢。
天命安直进，上下左右悦。
中庸质文慧，先做而后说。
学思省改约，恭敬温谦和。
孝悌忠信义，仁恕礼惠乐。
德正智勇立，宽庄敏慎讷。
见闻明达远，虐暴贼吝绝。

疫情期间，王蔚教授完成了他的最新著作《蔚然悟语》。

《蔚然悟语》开始于2020年10月，完成于2023年1月，历时两年又三个月。

我是《蔚然悟语》的忠实读者，王蔚教授的《蔚然悟语》最先在其朋友圈推出，我每章必看。

读王蔚教授的《蔚然悟语》，既是学习《论语》的过程，也是了解王蔚教授的过程。

通过读《蔚然悟语》，我觉得王蔚教授身上有五个突出特点：好学、忠信、诚直、恒进、热情。由于篇幅关系，我不展开说了，大家可以通过阅读本书自己去体会。

是为序。

董方军

2024年7月

（本文作者为山东省政协常委、山东财经大学乡村振兴学院院长、沂河源田园综合体项目发起人与负责人）

目　录

学而篇第一

1.1

原　文

子[①]曰："学[②]而时习[③]之，不亦说（yuè）[④]乎？有朋[⑤]自远方来，不亦乐（lè）[⑥]乎？人不知[⑦]而不愠（yùn）[⑧]，不亦君子[⑨]乎？"

注　释

①子：中国古代对有地位、有学问的男子的尊称，有时也泛称男子。《论语》中"子曰"的"子"特指孔子。

②学：指学习。当时孔子教给学生六艺，即礼、乐、射、御、书、数。

③时习：朱熹在《论语集注》一书中把"时"解释为"时常"。习，指演习礼、乐，复习诗、书，也含有温习、实习、练习的意思。

④说：通"悦"，内心高兴、愉快。现在一般写作"悦"。

⑤有朋：有本作"友朋"。"同门曰朋"，即同在一位老师门下学习的叫"朋"，也就是同窗、同学。

⑥乐：与"说（yuè）"有所区别。"说"发于内，"乐"则见于外。

⑦人不知：别人不了解自己。也有的解释为别人不知道、不明白、不清楚。知，了解。

⑧愠：恼怒，怨恨，生气。

⑨君子：这是《论语》中最重要的一个概念，与"小人"相对。《论语》中的君子，大多指有德者，有时也指有地位者或君主。

译　文

孔子说："学了又时常温习（练习），不是很愉快吗？有同学从远方来，不是很令人高兴吗？别人不了解（自己），不生气也不恼怒（或译：别人不清楚，不明白，作为教师不因此而气恼），不也是很有修养的君子吗？"

悟 语

从说话的语气、内容判断，这很可能是孔子在开学典礼上讲的话。孔子特别讲究礼，开学时举行开学典礼，符合孔子的一贯思想。

在开学典礼上讲什么？相信孔子是做了一番功课的。

面对学生，当然要讲学习，所以孔子讲："学而时习之，不亦说乎?"鼓励学生们要快乐地学习。

学生来自很多邦国，有鲁国的，有齐国的，有卫国的，当然还有吴国的、陈蔡的。这么多学生凑在一起，搞好团结很重要，所以孔子讲："有朋自远方来，不亦乐乎?"

由于学生们刚凑在一起，互不了解，就容易产生矛盾和摩擦，孔子告诉大家要慢慢了解，所以孔子讲："人不知而不愠，不亦君子乎?"

学习《论语》，我的体会是要还原场景。只有真正地还原了场景，才能真正读懂《论语》。

顺便说一句，《论语》最后一篇的最后一章是孔子在毕业典礼上讲的话，是这样说的：

"不知命，无以为君子也；不知礼 ，无以立也；不知言，无以知人也。"

学生要毕业了，孔子还是不放心，嘱咐一下。说什么呢？孔子说了三句话："知命，知礼，知言。"

命是什么？命是规律。孔子嘱咐学生们要把握自然规律和社会规律，其实就是格物致知。孔子认为，人如果不认识规律、把握规律，则永远成不了君子。

人要懂礼。礼是什么？礼是礼法、礼仪、礼貌。孔子认为，人不懂得礼，在社会上就难以立身。

人还要学会如何听别人讲话。每个人说话都有自己的风格和特点，要想真正了解一个人，要研究他说话的风格和特点，所以孔子讲："不知言，无以知人也。"

结论就是：《论语》开篇第一章是孔子在开学典礼上讲的话，最后一章是孔子在毕业典礼上讲的话。

不得不佩服《论语》的编纂，可谓匠心独运。

1.2

原 文

有子[1]曰：“其为人也孝弟（tì）[2]，而好（hào）犯上[3]者，鲜（xiǎn）[4]矣；不好犯上，而好作乱者，未之有也[5]。君子务本[6]，本立而道[7]生。孝弟也者，其为仁之本[8]与！”

注 释

①有子：即有若，字子有，春秋末年鲁国人。因他品学兼优，且“状似孔子”，孔子死后，曾一度被孔门弟子推举为“师”。有人说《论语》即为有若的学生编辑而成，有一定道理。《论语》中对孔子的其他学生或称名，或称字，唯独对有若、曾参、冉求、闵子骞称“子”。

②孝弟：善事父母曰“孝”，善事兄长曰“弟（tì）”。弟，现在多写作“悌”。

③犯上：犯，冒犯。上，指在上位的人。

④鲜：少。

⑤未之有也：“未有之也”的倒装句型。古代汉语的句法有一条规律，否定句的宾语若为代词，一般置于动词之前。

⑥务本：务，专心、致力于。本，根本。

⑦道：在中国古代思想里，道有多种含义。此处的道，指孔子提倡的仁道，即以仁为核心的整个道德思想体系，简单讲，就是“仁者爱人”。

⑧为仁之本：以孝悌作为仁的根本。还有一种解释，认为古代的“仁”就是“人”，为仁之本即做人的根本。仁，孔子哲学思想的最高范畴，也是伦理道德准则。其主要含义为“爱人”。

译 文

有子说：“孝顺父母，顺从兄长，却喜好冒犯处于上位的人，这样的人是很少见的；不喜好冒犯上位，却喜好作乱的人，是没有的。君子致力于道，道树立了，做人的原则也就有了。孝顺父母，顺从兄长，这就是为仁（或做人）的根本啊！”

悟 语

有子者，有若也。

在孔子的学生中，有若不算很有名，至少不在十大弟子之列。在《论语》512 章中，有子不过出现了 4 章。但有子这段话，却排在开篇《学而篇》第 2 章。何也？

我认为有两个原因：

一是内容重要，二是编排者有意为之。当然，最重要的原因还是前者。

光从内容来说，有子这段话讲了三层意思：

首先，有子认为，一个人如果在家孝悌，他就不会犯上；不好犯上，当然就不会作乱。何谓作乱？造反也。中国有一条成语叫“犯上作乱”，当出于此。

其次，有子认为，君子务本，本立才可道生。何为本？本者，树根也，也指树干。树没了根当然不活，树没了干，也就不称其为树。

最后，“孝弟也者，其为仁之本与！”何谓君子？仁者也。孝悌是君子之本，当然也是为仁之本。一个人，如果不孝弟（悌），谈不上是仁者，自然也就不是君子。是否孝悌，是考察一个人是不是仁者、是不是君子的最基本条件。

在《论语》中，除了孔子被称为“子”外，还有四人也被称为“子”，即有子、曾子、冉子、闵子，而“子”是弟子对老师的尊称，也是对有道德、有学问的人的尊称。有许多《论语》的研究者据此判断，至少这四人的弟子参加了《论语》的编纂，而有子的学生极有可能是《论语》的定稿者。何以知之？《论语》中涉及有子言论的有 4 章，而前 3 章竟然都出现在开篇《学而篇》中（第 4 章出现在《颜渊篇》）中），而开篇的总章数也不过才 16。无论从哪个角度讲，这都是不正常的。孔子有十大弟子，而他们在《论语》中出现的位置均排在有子之后。

人无私心不可能，有子的学生对自己的老师偏爱，完全可能。

1.3

原文

子曰："巧言令色①，鲜矣仁。"

注释

①巧言令色：朱熹《论语集注》曰："好其言，善其色，致饰于外，务以悦人。"言巧则人喜，色善则人爱，但过之则令人烦。

译文

孔子说："花言巧语，假装和善，这种人很少是仁爱之人，也很少有仁爱之心。"

悟语

早在2015年的7月14日，我在蔚然经管师门群中，对此章悟过。我的微博曾有如下记载：

> "子曰：'巧言令色，鲜矣仁。'"这句话放在开篇第3章，表明了《论语》的宗旨：研究人也。巧言者，善说也；令色者，表情生动也。孔子讲，巧言令色的人，爱人者少。注意，孔子说的是少，而不是无。孔子持中庸，不搞绝对化，由此略见一斑。

前几天曾悟"巧言乱德"。有如下言辞：

注意，"巧言令色，鲜矣仁"这句话，在《论语》中出现过两次。第一次是在《学而篇》第3章，第二次是在《阳货篇》第17章。

巧言者，巧舌也，花言巧语也。令色者，脸色变化快也。根据形势的需要，说哭就哭，说笑即笑。孔子认为，这样的人，德行好的不多。巧言的另一种叫法是佞。佞者，惯于用花言巧语谄媚人也。

《论语》中有人讲"雍也，仁而不佞"，孔子就此发挥说："焉用佞？御人以口给，屡憎于人，不知其仁。焉用佞？"

孔子反对巧言令色。孔子认为，巧言令色不好。问题的关键是：人为什么会巧言令色？什么情况下人会变得巧言令色？

首先，我不认为有天生的巧言令色者，巧言令色应是后天学习的结果。当人意识到巧言令色会带来收益，或者带来巨大收益时，他才会去学巧言令色。

第二，有人喜欢巧言令色，才有人表演巧言令色。喜欢听好话，喜欢听赞美，喜欢被歌颂，大概是人的天性。尤其是有权力、有资源的人喜欢巧言令色时，巧言令色的人才会多起来。

第三，巧言令色可能是引导与示范的结果，也可能是人在高压环境下的一种自我保护。

第四，巧言令色者有各种手段，有各种表现形式。居心叵测，防不胜防。

1.4

原 文

曾子①曰："吾日三省（xǐng）②吾身：为人谋而不忠③乎？与朋友交而不信④乎？传（chuán）不习乎？"

注 释

①曾子（前505～前435）：即曾参，字子舆，春秋末年鲁国南武城（今山东平邑）人。他16岁拜孔子为师，勤奋好学，颇得孔子真传。他积极推行儒家主张，传播儒家思想。他的"修齐治平"的政治观，省身、慎独的修养观，以孝为本的孝道观，影响中国两千多年。著有《大学》《孝经》等。后世儒家尊他为"宗圣"。

②三省：对"三省"一词的解释有三种，一是三次检查，二是多次检查，三是从三个方面检查。省，检查、察看。

③忠：此处指为别人做事时应当尽心竭力。

④信：说话算数。

译 文

曾子说："我每天三次（多次或从三个方面）反省自己：为别人办事是

不是尽心竭力了呢？同朋友交往是不是做到诚实可信了呢？老师传授给我的课业是不是复习了呢（或译：我传授给学生的课业是不是备课了呢）？”

悟 语

曾子三省：省自己是否忠，省自己是否信，省自己是不是认真对待了老师的传授并且加以复习了。

人在家庭中讲孝悌，在社会上讲忠信。有子在第 2 章谈了孝悌，曾子在第 4 章谈了忠信。孝悌忠信是为人最基本的原则。

孔子讲：“学而时习之，不亦说乎？”孔子认为“时习之”是非常重要的学习方法。虽然“时”有众多的解读，但把“时”翻译成“经常”当不会有什么错。

习的本义是练习，小鸟儿练飞叫习。把“习”翻译成“预习”“温习”或者“复习”，也不会有什么错。曾子在这里讲“传不习乎？”“习”有“温习”“复习”之义。

孔子提倡“时习之”，曾子在这里做出了积极的响应，这样的学生孔子怎么会不喜欢？

孔子曾说“参也鲁”，意思是愚钝、不聪明。积我这二十多年执教经验，聪明的学生不一定成事，而不太聪明的学生只要肯干且持之以恒，不但成事，而且还可以成大事。

学思与实干才是成事的关键。

后来曾子继承了孔子的衣钵，成为孔子事业的接班人，被人称为宗圣，与这三省有很大关系。

1.5

原 文

子曰：“道（dǎo）① 千乘（shèng）之国②，敬事③而信，节用而爱人④，使民以时⑤。”

注 释

①道：一本作“导”，用作动词，本义指引导，这里是统治、治理

的意思。

②千乘之国：指拥有1000辆战车的国家。乘，古代军队的基层单位。每乘拥有4匹马拉的兵车1辆，车上甲士3人，车下步卒72人，后勤人员25人，共计100人。春秋时代，战争频繁，所以国家的强弱用车辆的数目来衡量。

③敬事：对待所从事的工作谨慎专一、兢兢业业。

④爱人：古代“人”的含义有广义与狭义之别。广义的“人”，指一切人；狭义的“人”，仅指士大夫以上阶层的人。此处的“人”与“民”相对，是狭义的人，指官员。爱人，指爱护官员。

⑤使民以时：役使百姓时要考虑季节，尤其注意农忙时不要去打扰百姓。时，指农时。古代百姓以农业为主，季节对农业来说特别重要。

译文

孔子说：“治理一个拥有千辆兵车的国家，做事时要严谨认真、恪守信用；要节约开支、爱护官吏；役使百姓时，要注意不误农时。”

悟语

千乘之国，大国也，如当时的齐国、卫国。

孔子讲了几个重要的治理原则：一、敬事而信；二、节用而爱人；三、使民以时。

这话应当是孔子对国君讲的，有可能是对鲁定公或者鲁哀公讲的，也有可能是对齐景公讲的，还有可能是对卫灵公讲的。

《论语》记载，孔子侍奉过鲁定公、鲁哀公，见过齐景公，也见过卫灵公，且不止一次。

孔子曾与鲁国国君讨论君臣之道，向齐景公讲君君臣臣，父父子子；当卫灵公向孔子问陈（阵）时，孔子回答：“俎豆之事，则尝闻之矣；军旅之事，未之学也。”

治理大国的第一个原则：敬事而信。拿着国家当回事儿，说话算数。不能吊儿郎当，不能朝令夕改。

治理大国的第二个原则：节用而爱人。节用者，厉行节约，不铺张浪费也。爱人者，爱护臣下，爱护下属也。注意，在古代，人与民有不同的含义，“人”指官员，“民”指百姓。

治理大国的第三个原则：使民以时。役使百姓时要考虑季节，考虑农时。千万不要在农忙时去打扰百姓，农忙时让老百姓安心种好、收好自己的庄稼。

这些话到现在也不过时。

1.6

原　文

子曰：“弟子①，入②则孝，出则弟③，谨④而信，泛⑤爱众，而亲仁⑥，行有余力⑦，则以学文⑧。”

注　释

①弟子：一般有两种含义，一是指年纪较小为人弟或为人子的人，二是指学生、门徒。这里指孔子的学生。

②入：古时父子分别住在不同的居处，学习则在外舍。《礼记·内则》：“由命士以上，父子皆异宫。”入，是入父宫，指进入父亲住处，或者说是在家。

③出则弟：离家后要用悌道对待师长或年长于自己的人。出，与“入”相对而言，指外出拜师学习。弟，通“悌”。

④谨：寡言少语。

⑤泛：广泛。

⑥仁：仁爱或仁人。

⑦行有余力：有闲暇时间。

⑧文：古代文献。主要包括记载诗、书、礼、乐等知识内容的典籍。

译　文

孔子说：“弟子们，在家要孝顺父母，在外要相互尊让。态度要谨慎，说话要算数，要尽最大可能去爱别人，要有仁爱之心（向善）。把这些做好了，若还有余力，就去学习文化知识。”

悟　语

这一章后来被李毓秀扩充为《弟子规》，《弟子规》是这一章内容的细化。当然这是两千多年以后的事了。

这一章，孔子讲了孝悌、谨信、仁爱、学文这四个方面的内容。

在家孝悌，在外谨信。无论在家，还是在外，要博爱、亲仁。博爱、亲仁的意思是尽自己最大的能力爱一切人。仁者爱人也，爱人者，君子也。

“行有余力，则以学文。”把孝悌、忠信、仁爱做好了以后，弟子们还要学习各种文化知识，如六艺等。六艺者，礼、乐、射、御、书、数六种技能也。

如此看来，孔子对弟子的要求是做一个君子。君子既要孝悌、谨信、仁爱，还要爱好学习，格物致知。

李毓秀，山东潍县李家营人，是个极有学问的秀才，通四书五经，在家乡开馆授学，后来接清朝皇帝秘密使命赴山西公干。

《弟子规》诞生以后，在蒙学领域影响甚巨，甚至盖过《三字经》。《弟子规》之所以广泛流传，有两大原因，一是内容好，二是形式妙。三字一句并且押韵，适合记诵。夫子曾曰：“文质彬彬，然后君子。”然。

1.7

原　文

子夏①曰：“贤贤②易③色④；事父母，能竭其力；事君，能致其身⑤；与朋友交，言而有信。虽曰未学，吾必谓之学矣。”

注　释

①子夏（前507～?）：即卜商，字子夏。孔子的学生，比孔子小44岁。孔子死后，他在魏国宣传孔子的思想主张。子夏是继孔子之后系统传授儒家经典的第一人，对儒家文献的流传和学术思想的发展做出了重大贡献，被后世誉为“传经之鼻祖”。他晚年时到魏国西河一带教学，

开创“西河学派”，培育出大批经国治世的良才，所创学派成为前期法家成长的摇篮。

②贤贤：尊重贤者。第一个“贤”用作动词，尊重的意思。第二个“贤”用作名词，指贤者。

③易：有两种解释，一是改变，二是轻视。

④色：可解释为脸色，也可解释为女色。

⑤致其身：奉献生命。致，意为献纳、尽力。

译 文

子夏说：“一个人，如果他见到贤者脸色就庄重（或译：如果他尊重贤者而轻视女色），侍奉父母能够竭尽全力，服侍君主愿意献出生命，同朋友交往时说话算数，即使他没有受过教育，我也会说他已经是一个有学问的人了。”

悟 语

这是子夏在《论语》中的第一次出场。理解这一章的关键是“贤贤易色”。“易”可解释为“改变”，也可解释为“轻视”。“色”也有两种解释，一种是“脸色”，另一种是“女色”。于是“贤贤易色”既可解释为见了贤能的人肃然起敬，也可以解释为尊重贤能的人且不太看重女色。似乎两者都对，但我更倾向于第一种。

何为贤者？贤能之人也。既有品行，也有学问，还有能力，三者缺一不可。贤者，亦可以理解为君子、仁者。这样的人，要么为国家服务，要么为地方服务，这样的人应当得到社会的尊重。邓小平先生讲尊重人才，其实就是贤贤。中国改革开放四十多年的巨大成就，离不开尊重知识、尊重人才。

人要“贤贤易色”，见了贤者肃然起敬；更要“见贤思齐焉，见不贤而内省也”。“贤贤易色”是子夏讲的，“见贤思齐”是孔老夫子讲的。老师就是老师，就是比学生高明。理解了“贤贤易色”，其他就容易多了。子夏在后面谈到孝、忠、信。

孝者，“事父母，能竭其力”；忠者，“事君，能致其身”；信者，

“与朋友交，言而有信”。

本章既可以看作是子夏的学习体会，也可以看作是子夏对弟子的要求，后者的可能性更大。

子夏效法孔子，做老师开馆收徒，当过魏文侯的老师，曾给魏文侯解释新乐与旧乐的区别。

请诸君注意最后那句话：“虽曰未学，吾必谓之学矣。”子夏说，即使他没有受过教育，我也会说他已经是个有学问的人了。

学习也不过就是要为了做到贤贤、孝、忠、信。

1.8

原文

子曰：“君子①不重②，则不威；学则不固③。主忠信④，无⑤友不如己⑥者。过⑦则勿惮（dàn）⑧改。”

注释

①君子：具有高尚道德的人。

②重：庄重，自重，自持。

③固：有两种解释，一是作“牢固”解，二是作“固陋”解。

④主忠信：以忠信为主。

⑤无：通“毋”，不要。

⑥不如己：一般解释为“不如自己”。另一种解释说，“不如己者，不类乎己，所谓‘道不同不相为谋’也”，把“如”解释为“类似”。后一种解释更符合孔子的原意。

⑦过：过错，过失。

⑧惮：害怕，畏惧。

译文

孔子说：“君子若不庄重，就没有威严，学的东西也不牢固（或译：作为君子爱学习可使自己不固执己见）；君子要以忠信为主，不要和与自己不同道的人交朋友；君子有了过错，就不要怕改正。”

悟 语

孔子从各方面阐述对君子的理解，讲了以下几个方面：

一、自重、庄重。君子不自重，不庄重，便没有威望，也没有威严。

二、学则不固。人懂得少容易固执，懂得多则会通达。博学于文，在什么情况下都是正途。

三、主忠信。忠者，事上之道也，信者，交友之道也。对上尽忠，则可得君上信任；对朋友说话算数，则会得朋友信赖。

四、无友不如己者。其实就是道不同不相为谋。道不同者，最好少接触。接触多了，可能伤害多，厌恶多。既如此，不如敬而远之。

五、过则勿惮改。有了过错不要害怕改正，改错的关键是认错，认错要真诚，不真诚的认错不但得不到对方的谅解，反而会使对方更加疏远。

1.9

原 文

曾子曰：“慎终①，追远②，民德归厚矣。”

注 释

①慎终：人死为终。这里指父母去世时谨慎对待。

②追远：通过祭祀缅怀祖先。远，祖先。

译 文

曾子说：“父母去世时一定要严肃、认真地对待，要经常祭奠祖先，这样做，百姓的道德风尚便会越来越淳厚。”

悟 语

古代对丧、祭特别看重。

何谓“慎终”，葬之以礼也；何谓“追远”，祭之以礼也。葬之以礼，祭之以礼，无违之谓也。

你会发现，同样的思想，夫子与弟子之间会用不同的词语。这样的例子在《论语》中比比皆是。

过去在墓地的门楣上常常见到“慎终追远”的牌匾，现在公墓中亦是。比如我养父母长眠的邹平公墓，门楣上便有这样一块牌匾。

“民德归厚”，民风越来越淳厚也。讲孝之人，必忠必信必义。若此，民风怎能不淳厚？

1.10

原文

子禽[①]问于子贡[②]曰：“夫子[③]至于是邦[④]也，必闻其政。求之与？抑[⑤]与之与？”子贡曰：“夫子温、良、恭、俭、让[⑥]以得之。夫子之求之也，其诸[⑦]异乎人之求之与？”

注释

①子禽：姓陈，名亢，字子禽。郑玄注说他是孔子的学生，但《史记·仲尼弟子列传》未载此人，故一说子禽非孔子学生。

②子贡（前520～?）：即端木赐，姓端木，名赐，字子贡。卫国人，比孔子小31岁，是孔子的学生。子贡善辩且通达。他的成就很大，是外交家，也是商人，还是政治家。子贡对孔子非常尊敬，孔子死后，子贡为孔子守墓六年。

③夫子：古代的一种敬称，凡是做过大夫的人都可以取得这一称谓。孔子曾担任过鲁国的司寇，所以他的学生们称他为“夫子”。

④邦：诸侯的封国。

⑤抑：表示选择的文言连词，有“还是”的意思。

⑥温、良、恭、俭、让：温和、善良、谦恭、俭朴、礼让。

⑦其诸：大概，或许。

译文

子禽问子贡说：“夫子到了某个国家，总是能知道这个国家的政事。能做到这样，是他自己求得的，还是别人主动告诉他的呢？”子贡说：“夫子性情温和，心地善良，态度谦恭，生活俭朴，行为礼让，他是靠这些得到的。夫子求得的方法，或许与别人的方法不一样吧？”

悟 语

我们常说“温良恭俭让”，其实最初这句话是孔子的学生子贡说的，是子贡对孔子品行的概括。

“俭”是“约束”的意思。约者何也？约之以礼也，“非礼勿视，非礼勿听，非礼勿言，非礼勿动”也。约者，君子慎其独也。温良恭俭让的意思是温和、善良、恭谨、俭朴、谦让。

自端木赐讲出这句话以后，“温良恭俭让”便成为孔子最重要的标志。

孔子是一个爱好学习的人，“夫子至于是邦也，必闻其政”。周游列国时，孔子到某个国家（邦）必定很快了解当地的情况。他是怎么做到的呢？是别人主动告诉夫子的呢，还是夫子自己求来的呢？子禽有疑惑，就去问端木赐。端木赐告诉他，是夫子自己求来的，夫子是靠“温良恭俭让”求来的。如果你温和、善良、恭谨、自我约束和谦让，别人就愿意把真实情况告诉你。

毛泽东同志非常重视调查研究，指出搞好调查研究要注意两条：一是甘当群众的小学生，二是不要摆架子。这与孔子的“温良恭俭让”有异曲同工之妙。

小时候我老娘就告诉我，要想路变短，就要嘴变甜，意思是问路的时候要称呼别人，而不能“哎、哎”地没有礼貌。该叫大爷叫大爷，该叫叔叔叫叔叔。想想，老百姓代代相传的各种生活智慧，有许多都可以从《论语》中找到源头。

这使我想到那句著名的话，“百姓日用而不知”。然。

1.11

原 文

子曰：“父在，观其[1]志；父没（mò），观其行[2]。三年[3]无改于父之道[4]，可谓孝矣。”

注 释

①其：他的。此指儿子的。

②行：指行为举止等。

③三年：可以有两种理解，一是指三年，二是指多年。古人所说的“三”字，通常不是确指，而是指较多、较长。

④道：这里指志向、原则、行为方式、方法等。

译 文

孔子说：“当他父亲在世的时候，要观察他的志向；在他父亲去世后，要考察他的行为。若其父亲去世三年（多年）以后，他还按父亲的原则与方法去做，他就可以算是个孝子了。”

悟 语

于人而言，父亲在世与父亲去世了，其志向、行为当有所不同。

父亲在世，行为受到约束，一般人不敢乱来，所以从行为上不大好判断其优劣。但他的志向如何，是能看得出来的。

当父亲去世后，失去了约束，一个人的本来面目就可能完全呈现出来。这个时候从行动上判断其优劣、好坏就比较容易。

如果一个人，在他父亲去世三年（这里可以理解为多年）之后，仍能按他父亲生前的规矩去做，这个人是就是个孝子。

当然，这里有个前提，就是其父亲制定的规矩正确，符合正道。

我想，不正确、不符合正道的规矩，改了也就改了吧。

1.12

原 文

有子曰：“礼①之用，和②为贵。先王之道③，斯④为美。小大由之，有所不行。知和而和，不以礼节之⑤，亦不可行也。”

注 释

①礼：春秋时代的典章制度和道德规范，有时指“周礼”或“礼

节、礼仪”等。

②和：调和，和谐，协调。

③先王之道：指尧、舜、禹、汤、文、武、周公等古代帝王的治世之道。

④斯：这，此。

⑤不以礼节之：不用礼来节制。节，用作动词，节制、制约。

译文

有子说：“礼的应用，以和谐为贵。这也是古代先王治国之道中最宝贵的。但不论大事小事，只顾按和谐的办法去做，有的时候就行不通。为和谐而和谐，不以礼来节制，也是行不通的。”

悟语

许多人把“礼之用，和为贵”当成是孔子讲的，其实不是，这段话是有子讲的。有子讲话在《论语》中一共出现过4章，讲的都是大事情。

“礼之用，和为贵。”礼的作用就是创造一个和谐的秩序，有子开门见山。

“先王之道，斯为美。”先王们认为这是最好的事情。“先王”应当指尧、舜、禹、商汤、文王、武王等。

“小大由之”，无论是居家，还是治国，这个道理通用。

“有所不行”，有些特殊情况例外。

“知和而和，不以礼节之，亦不可行也。”为了达到和而和，不用礼去规范，这“和”可能实现不了。礼者，规矩也，没有规矩不成方圆。礼是达到和的手段，没有礼便没有和。

1.13

原文

有子曰：“信近①于义②，言可复③也；恭近于礼，远④耻辱也；因⑤不失其亲⑥，亦可宗⑦也。”

注释

①近：接近，符合，差不多。

②义：儒家的伦理。

③复：实践。朱熹《论语集注》云："复，践言也。"

④远：形容词，使动用法，使之远离。此外亦可译为"避免"。

⑤因：依靠，凭借。

⑥亲：态度和善。有时也指关系近，感情好。

⑦宗：这里指为众人所师法的人物。

译文

有子说："信与义差不多，说了就得做；恭与礼差不多，谦恭了便可远离羞辱。与人亲近，态度和善，就会赢得众人的尊敬，就会有大的成就。"

悟语

信者，说话算数也。现在人讲的"诺言即债务"，就是其意。义者，宜也，该做之事也。说话算数，就是该做之事。

谦恭是美德，人谦恭了，一般不会招致羞辱。人被人羞辱，一般是因为不谦恭所致。

最后这一句是难点，"因不失其亲，亦可宗也"。"宗"字是关键。"宗"有多重含义，有宗主之义，也有同姓之意。我以前赞同前者，现在我认为，翻译成"同姓"更好。有子的意思是，做事要依靠关系亲近的人。什么是关系亲近的人？同姓的人当然关系要近一些。老百姓常说"打虎亲兄弟，上阵父子兵"，其实说的就是这个意思。

1.14

原文

子曰："君子食无求饱，居无求安，敏于事而慎于言，就①有道②而正③焉，可谓好（hào）学也已。"

注释

①就：靠近，趋向。

②有道：指有道德的人。

③正：匡正，端正。

译文

孔子说："（作为）君子，饮食不求饱足，居住不求舒适，做事勤勉，说话谨慎，与有道德的人交往且不断改正自己。（若是这样，）就可以称他是一个好学的人了。"

悟语

在《论语》中，"君子"这个词出现过106次，孔子从各个方面诠释"君子"。

在本章中，孔子说了这么几个方面。

一是不要太看重物质生活，不要在这些方面过于追求，吃也好，住也好，只要满足基本的要求就可以了，"君子谋道不谋食"，"君子忧道不忧贫"。

二是多做事少说话。敏则有功，只有多做事才会有成绩，而话多了功效不大。有时话多了不但没有功效，还会惹人讨厌。

三是"就有道而正焉"。孔子曾讲过："德不孤，必有邻。"人要多接近品德高尚的人，以匡正自己的毛病与不足，要走正路。

如果能做到以上几点，当然就是一个有学问的人。学问做什么用？学问就是用来修身的。

1.15

原文

子贡曰："贫而无谄（chǎn）①，富而无骄，何如②？"子曰："可也，未若贫而乐，富而好（hào）礼者也。"子贡曰："《诗》云，'如切如磋，如琢如磨'③，其斯之谓与？"子曰：

“赐[④]也，始可与言《诗》已矣，告诸往而知来者[⑤]。”

注 释

①谄：巴结，奉承。

②何如：怎么样。

③如切如磋，如琢如磨：此二句见《诗经·卫风·淇奥》。有两种解释。一说切、磋、琢、磨分别指对骨、象牙、玉、石四种不同材料的加工，否则不能成器；一说加工象牙和骨切了还要磋，加工玉、石琢了还要磨，有精益求精之意。

④赐：子贡名。按当时礼仪，孔子呼其弟子时，呼其名而非称其字。

⑤告诸往而知来者：诸，同“之于”。往，过去的事情。来，未来的事情。全句的意思是，告诉你过去，你就知道未来了。

译 文

子贡说：“贫穷而不谄媚，富有而不骄奢，怎么样？”孔子说：“可以了，但是不如贫而乐道，富而好礼。”子贡说：“《诗》上说，‘如切如磋，如琢如磨’，大概就是指我们这种逐渐深入讨论问题的情况吧？”孔子说：“赐呀，现在可以与你谈论《诗》了。告诉你过去，你就知道未来。”

悟 语

读本章，我们可以得到几点启示。

第一，子贡擅长思考，有问题就问，所谓“疑思问”也。这一点与他的老师孔子类似。孔子是“入太庙，每事问”，只要有不懂的东西就问。

第二，老师通常比学生高明。子贡认为“贫而无谄，富而无骄”已经不错了，但孔子认为人应当“贫而乐，富而好礼”。显然，老师孔子比学生子贡层次更高。

第三，师生间的切磋琢磨特别令人向往。如果没有好的提问，也就没有好的回答。因为子贡善于提问题，才促使孔子认真思考。在提问与回答中，师生二人都进步了。

第四，《诗》是当时孔子用于教学生的教科书。端木赐引用《诗经》上的话，而孔子也用“赐也，始可与言《诗》已矣”来鼓励他。

第五，端木赐是个聪明的学生。孔子称赞他“告诸往而知来者”，子贡可以做到举一反三，后来子贡成为大商人、大外交家、大政治家，与这种聪明分不开。

学问，学问，从问开始。

1.16

原文

子曰：“不患①人之不己知，患不知人也。”

注释

①患：忧虑，害怕，担心。

译文

孔子说：“不要担心别人不了解自己，而要担心自己不了解别人。”

悟语

人的本性都是很拿着自己当回事儿，很关心别人是不是了解自己，所以孔子在《论语》开篇第一章就提醒他的弟子：“人不知而不愠，不亦君子乎?”在这里，孔子继续教育他的学生：不要担心自己不被别人了解，要担心的是你不了解别人。

说白了，孔子的意思是，不要太把自己当回事儿，而是要把别人当回事儿。先把别人当回事儿，事事从别人的角度考虑，这是做君子的开始。

为政篇第二

2.1

原 文

子曰：“为政以德①，譬如北辰②，居其所而众星共（gǒng）③之。”

注 释

①为政以德：此句是说，统治者应以道德进行统治，即实行“德治”。以，用。

②北辰：北极星。

③共：通“拱”，围绕、环绕。

译 文

孔子说：“（君主）如果治理政事时坚持以道德自律为原则，就会像北极星那样，自己不动，而群星在其周围环绕。”

悟 语

孔子认为，德治是治理国家的好手段。所谓德治，即以德为政，或者“为政以德”也。

何谓德？走正路也。在中国古代的语境中，德与仁常常分不开。德政即仁政也。仁政者，关心人民，体恤人民，爱护人民也。

如果治理国家的人坚持德治，他就会得到人民的拥护，他就会像天上的北极星那样，北极星不动，而群星却围绕着它转动。

“北辰”原指北极星，后来便作为帝王的代名词。如清阮葵生《茶余客话》卷一：“徐东海为司寇时，有人赠以联云：‘万方玉帛朝东海，一点丹诚向北辰。’”有时也指受尊崇的人。

孔子讲话善用比喻，在这里又一次体现出来。

2.2

原 文

子曰："《诗》三百[①]，一言以蔽[②]之，曰'思无邪'[③]。"

注 释

①《诗》三百：《诗》，指《诗经》一书，由孔子编定。此书实有305篇，三百只是举其整数。

②蔽：概括。

③思无邪：此为《诗经·鲁颂·駉》中的一句。意为思想纯正。此处的"思"作"思想"解。

译 文

孔子说："《诗》三百篇，可以用一句话来概括，就是'思想纯正'。"

悟 语

《诗》后来被称为《诗经》。《诗经》是孔子编定的，是在弟子的协助下完成的。

《论语》中对此有记载："子曰：'吾自卫反鲁，然后乐正，《雅》《颂》各得其所。'"

据说，《诗经》是从三千多首民歌中选辑的，这工程量极大。问题是，这三千首从何而来？我认为有两个来源：一是孔子从年轻时就注意搜集，"吾十有五而志于学"，且"每事问"，且"三人行，必有我师焉"，不可能不对民歌注意；二是孔子在周游列国中注意搜集，"夫子至于是邦也，必闻其政"。我想，不仅闻其政，而且闻其歌。

孔子编《诗》的原则是什么？"思无邪。"无邪者，正也。"子不语怪、力、乱、神。"在编《诗》时，孔子遵循的是同样的原则。

2.3

原文

子曰：“道（dǎo）① 之以政，齐② 之以刑，民免③ 而无耻④；道之以德，齐之以礼，有耻且格⑤。”

注释

①道：有两种解释，一为“引导”，二为“治理”。

②齐：整齐，约束。

③免：避免，躲避。

④耻：羞耻之心。

⑤格：正，规范。

译文

孔子说：“用政令治理，用刑法约束，老百姓只是求得免于惩罚，却失去了廉耻之心；用道德教化，用礼制规范，老百姓不仅会有羞耻之心，而且还会自觉规范自己的行为。”

悟语

孔子讨论了两种治国方法的优劣。一是法治，靠政、靠刑；二是德治，靠德、靠礼。在孔子看来，德治优于法治。当然，这是从较长时期而言的。

注意孔子讲过这么一段话：“如有王者，必世而后仁。”孔子还讲过：“‘善人为邦百年，亦可以胜残去杀矣。’诚哉是言也！”

孔子当过鲁国的大司寇，对治国有较深的体会。孔子表达的意思很清楚：有法有德，先法后德，两手抓，两手硬。

治理一个单位或治理一个部门，何尝不是如此！

2.4

原文

子曰："吾十有（yòu）[1]五而志于学，三十而立[2]，四十而不惑[3]，五十而知天命[4]，六十而耳顺[5]，七十而从心所欲，不逾矩[6]。"

注释

①有：通"又"。

②立：立身于世。

③不惑：不为外界事物所迷惑。

④天命：指不能为人力所支配的事情。

⑤耳顺：一般是指对不利于己的意见也能正确对待。

⑥矩：拐尺，画直角或方形的工具。

译文

孔子说："我从十五岁立志于学习，三十自立，四十便不为外界事物所迷惑，五十懂得了天命，六十能平静对待各种言论，七十则随心所欲，再也没有做过出格的事。"

悟语

孔子活了73岁，在这里谈到了"七十而从心所欲，不逾矩"。这应当是孔子接近生命终点时讲的话，孔子总结了一生的经历及其心路历程。

"吾十有五而志于学"，孔子从立志于学开始谈起。孔子从15岁立志学习，努力成为一个有学问的人。好学从孔子生命的起点，到孔子生命的终点，伴随了孔子的一生。孔子曾讲过："十室之邑，必有忠信如丘者焉，不如丘之好学也。"孔子本人好学，喜欢好学的学生。孔子喜欢颜回的一个重要原因便是颜回好学。孔子教导他的弟子们要"博学于文，约之以礼”。孔子也是这样做的。

“三十而立”，何为立？在社会上站得住脚也。这里可能是指自己开门办学。孔子是一个伟大的创新者。在孔子之前“学在官府”，学校只能由官府办，孔子打破了这个传统，开始了私人办学。冯友兰先生讲，孔子是中国历史上第一位私人教师。

“四十而不惑”，惑者，迷惑也。人生有许多惑，为名惑，为利惑，为情惑，为欲惑。孔子讲，自己到了 40 岁，才摆脱了这些东西的羁绊。但看看我们周围的人，包括我自己，都五六十岁了，甚至都七八十岁了，还为这些东西所惑。人老了多会固执、糊涂，这是自然规律，是许多人摆脱不了的，只是程度不同而已。

“五十而知天命”，天命何也？一是指自然规律，二是指自身命运。到了 50 岁，孔子对自然规律就明白了，对自己的命运也就洞察了。孔子讲：“不知命，无以为君子也。”懂得了天命，人才可能成为君子。孔子不仅成了君子，最后还成了圣人。正是因为孔子知道了自己独特的命运，他才“知其不可而为之”，尽力去改变礼崩乐坏的局面，他才“学而不厌，诲人不倦”，通过实行教化，让人向善，让社会改良。

“六十而耳顺”，孔子说，到了 60 岁，他什么意见都可以接纳了，无论别人说什么都影响不了自己。

“七十而从心所欲，不逾矩”，“从心所欲”，听从内心的召唤，想怎么做就怎么做，愿怎么做就怎么做。但这也有条件，即“不逾矩”，总还是有一些条条框框在限制着自己。孔子讲过：“以约，失之者鲜矣。”这使我想到那句老话：只有有条件的自由才是真正的自由，否则会变成了胡来。

请大家注意，在这段话中，孔子没有讲他 20 岁做什么。孔子在 20 岁时和普通人一样，结婚生子，他娶了亓官氏，生了儿子伯鱼。孔子生儿子伯鱼时，当时鲁国国君还送了条鲤鱼，为了纪念这件事，孔子给儿子取名为孔鲤。

注意，本章贡献了众多的成语：三十而立，四十不惑，五十知天命，六十耳顺，随心所欲。在此之后，中国人往往用而立之年表示三十岁，不惑之年表示四十岁，知天命之年表示五十岁，耳顺之年表示六十岁。不懂这些，古代的好多文章就可能看不懂。

2.5

原文

孟懿子①问孝。子曰："无违②。"樊迟③御④，子告之曰："孟孙⑤问孝于我，我对曰'无违'。"樊迟曰："何谓也？"子曰："生，事之以礼；死，葬之以礼，祭之以礼。"

注释

①孟懿子：鲁国大夫。姓仲孙，名何忌，谥号懿。

②无违：不违礼。无，通"毋"。

③ 樊迟：姓樊，名须，字子迟，亦称樊迟，比孔子小 36 岁，齐国人（一说是鲁国人）。鲁哀公十一年（前 484），齐师伐鲁，冉求率"左师"御敌，以樊迟为车右。鲁军不敢过沟迎战，樊迟建议冉求带头，冉求纳之，鲁军大获全胜。

④御：驾车。

⑤孟孙：孟逊，指孟懿子。

译文

孟懿子向孔子请教什么是孝。孔子回答说："不要违礼。"樊迟恰好给孔子驾车，孔子就告诉他："孟逊问我什么是孝，我回答他说'不要违礼'。"樊迟说："（'不要违礼'）是什么意思呢？"孔子说："父母活着的时候，要按礼侍奉；父母去世后，要按礼埋葬，按礼祭祀。"

悟语

孟懿子问孝，孔子回答说："无违。"无违者，不违礼也。父母活着的时候，要"事之以礼"，父母去世的时候，要"葬之以礼"，父母去世以后，要"祭之以礼"。

我认为，在"三不违"中，最重要的还是"生，事之以礼"。如果

“生，不事之以礼”，则“死，葬之以礼，祭之以礼”意义不大，或者根本就没有意义。所以尽孝还要趁早，别留下“子欲养而亲不待”的遗憾。

这段话中出现了樊迟，他给孔老夫子驾车。樊迟虽在《论语》中出现的地方不多（共6章），但樊迟好问。孔子仁者爱人的思想正是在樊迟的追问下提出的。不仅如此，樊迟两次向孔子问“知”，一次孔子回答说“识人”，另一次孔子讲“敬鬼神而远之，可谓知矣”。另外，樊迟还向孔老夫子请教如何为稼为圃，孔子老老实实地回答，“吾不如老农”，“吾不如老圃”。

2.6

原　文

孟武伯[1]问孝。子曰：“父母，唯其疾之忧。”

注　释

①孟武伯：名彘，谥号武。孟懿子的儿子。

译　文

孟武伯问（孔子）什么是孝。孔子说：“做儿女的要特别关心父母的身体状况（或译：做儿女的做到了让父母只担心自己的身体健康而不担心别的）。”

悟　语

这一章虽说有两种译法，但我还是更倾向于第一种。作为孩子，应始终关心父母的身体健康，要时刻关注父母是不是病了。古代缺医少药，小病也可能夺走性命。

《论语》记载：“子之所慎：齐、战、疾。”关心父母的身体健康，应成为尽孝的第一要务。

2.7

原 文

子游①问孝。子曰："今之孝者，是谓能养（yǎng）②。至于犬马，皆能有养，不敬，何以别乎？"

注 释

①子游（前506～?）：姓言，名偃，字子游，亦称言游、叔氏，春秋末年吴国人，曾为武城宰。与子夏、子张齐名，"孔门十哲"之一，小孔子45岁。

②养：供给。

译 文

子游问什么是孝。孔子说："如今所谓的孝，是说能够养活父母（有吃有喝）。我们对狗、马，也能供给它们吃喝，如果对父母不敬，这两者有什么不同？"

悟 语

孔子认为，孝者，敬也。孝，当然包括供养父母，给父母住，给父母吃喝，关心父母的物质生活。但孔子认为，这是低层次的孝。高层次的孝，是在供养父母的同时给父母足够的尊重，关注父母的精神生活。如果在供养父母的同时对父母不敬，这与养犬养马没什么两样。对父母，既要供养，又要尊敬。

2.8

原 文

子夏问孝。子曰："色难①。有事，弟子服其劳②；有酒食，先生③馔（zhuàn）④，曾（zēng）⑤是以为孝乎？"

注 释

①色难：在父母面前保持和颜悦色不容易。色，脸色。难，困难。

②服其劳：服侍父母，为父母做事。服，从事、担负。

③先生：长者或父母。这里指父母。

④馔：饮食，吃喝。

⑤曾：乃，竟。

译 文

子夏问什么是孝。孔子说："最难的就是对父母和颜悦色。有了事情儿女做，有了酒饭让父母先吃，你认为这就是孝吗？"

悟 语

人有七情六欲，这些随时写在人的脸上。人最难的就是控制自己的感情，控制自己的情绪，尤其是在父母面前。人为什么在父母面前不愿控制自己的情绪？父母是自己最亲近的人，在父母面前用不着装。父母年轻的时候，抗打击能力强，这样想可以；但父母年龄大了，抗打击能力弱了，这样想就不对了。

我们做过父母的人都有体会，当孩子高兴的时候我们高兴，当孩子不高兴的时候我们忧心。将心比心，推己及人，我们在父母面前和颜悦色，父母该是多么高兴。

但孔子知道，做到这一点很难。故子夏向孔子请教何谓孝时，孔子回答说是"色难"。

"色难"，是真难，而不是假难。如果真正做到了"色难"，就不会出现久病床前无孝子的情况了。

"色难"，难！

讲个与"色难"有关的故事。

我有个学生叫王效彬，跟我学《论语》，闹过一个与"色难"有关的笑话。这个笑话是他自己写的，写作日期是2007年6月16日。

> 假期期间发生了一件让我非常郁闷的事情，整个假期躲在自己的卧室里面，很少出门。之所以把自己关在屋里，一是因为自己心

情不爽，二是不想让父母看出自己心情不爽。毕竟是过年嘛。

年后的一天，父亲走亲戚回来对我发火了，说我好不容易回家过个年还愁眉苦脸的。我心情不好，回了两句就回卧室睡觉去了，心想，还是自己功力太浅，没有掩饰好自己的心情，同时也体会到了“色难”的难。

第二天早上，我用毛笔写了两个大字：色难。写了两幅，一幅贴在了客厅，一幅贴在了卧室，算是鞭策一下自己要孝敬父母，或者表达一下自己的感受吧。

正在端详着，母亲走过来了，关心地说：“孩子，别急，不就是找媳妇嘛，就凭咱这小伙还能打光棍啊，以后工作了有的是！”父亲也过来凑热闹：“呵呵，真没出息，男子汉为找对象愁成这样。”原来他们都把“色难”理解成找对象难了，还以为“色难”是我谈恋爱的体会呢！我苦笑不得。

说到底，“色难”的故事因“色”而起，母亲的理解是有一定根据的，不过她并不知道这个词的出处，只是一个朴实老百姓的朴素理解，但是，就是这朴素的理解包含了母亲对孩子深深的爱啊！

至今，那两幅“色难”仍贴在家里，一幅在客厅，一幅在卧室。

2.9

原文

子曰：“吾与回[1]言终日，不违[2]，如愚。退而省（xǐng）其私[3]，亦足以发。回也不愚。”

注释

①回：即颜回（前 521 ~ 前 481），姓颜，名回，字子渊，春秋末期鲁国人，是孔子最得意的学生。享年 40 岁（据熊赐履《学统》）。他 14 岁即拜孔子为师，此后终生师事之。

②不违：不提相反的意见和问题。

③省其私：考察颜回私下里与其他学生讨论学问的言行。

译 文

孔子说："（有时）我跟颜回说一天的话，他不违背我，像个笨蛋。等他退下以后，我观察他私下的言行，发现他（对我讲的）阐述发挥得很好。颜回并不笨。"

悟 语

颜回是孔子最喜欢的学生。在《论语》中，孔子对颜回一个人的赞扬，甚至超过对其他学生的赞扬之和。

孔子赞扬颜回"三月不违仁"，赞扬颜回"好学"，赞扬颜回"不迁怒，不贰过"。

在这里，孔子赞扬了颜回的相师之道。在老师面前，颜回表面上不大说话，似乎有点笨，其实颜回什么都明白，什么都清楚。

写到这里，我突然想到颜回在孔子面前可能是在装愚。孔子说宁武子那段话，其实也适合颜回："其知，可及也；其愚，不可及也。"

颜回大智若愚。

2.10

原 文

子曰："视其所以①，观其所由②，察其所安③，人焉廋(sōu)④哉？人焉廋哉？"

注 释

①所以：做事的出发点。以，凭借、依靠。

②所由：所走过的道路。由，方式、方法。

③所安：所专注的东西。安，目的、目标。

④廋：隐藏，藏匿。

译 文

孔子说："（要了解一个人）应看其在做什么，观其做事的方式方法，察其用心的方向与目的。如此，这个人怎么能隐藏得了呢？这个人怎么能隐藏得了呢？”

悟 语

认识人很重要。如何认识人呢？

第一，要看看他的动机，即他的初心。人是有目的的动物，他所做的一切，皆由目的决定。把动机弄清楚了，一切也就明白了。

第二，了解他做事的路径，或者是做事的方法。人都有路径依赖，都有固定的行为方式，把他做事路径研究透了，把他做事方法弄明白了，一切也就清楚了。

第三，看看他的注意力放在什么地方，看看什么事使他专注。知此，便知其兴趣点所在。

孔子说，通过“视、观、察”三法分析人，任何人也骗不了你。

最后解释一下“视、观、察”三字。

视者，神看也。神由天上看，万事难过神明眼。观者，楼上看也。楼上看则看得远，登高则望远也。察者，家祭也。祭祀不能马虎，引申为仔细看也。

六年以前，崔洪涛先生让我给他的勘察设计公司起名，我起的名为“山东视观察科技有限公司”，他很满意。近日听说，几位做教育的朋友觉得这几个字用作学校的名字也很好，窃以为然。

最后来一句顺口溜吧。

识人有三法，所谓视观察。
凡事皆用心，心明眼不瞎。

2.11

原 文

子曰：“温故①而知新②，可以为师矣。”

注 释

①故：过去的。

②新：刚刚接触到的。

译　文

孔子说："温习旧知识，且能从中理解新事物，有新的发现和收获，（这样做的人）就可以成为自己的老师。"

悟　语

温故是一种重要的学习方法，这种方法是在人的记忆规律的基础上提出的。当然，记忆规律这个词是后人发明的，是德国心理学家艾宾浩斯提出的。艾宾浩斯认为，信息输入大脑后，遗忘也就随之开始了。遗忘随时间的流逝而先快后慢，特别是在刚刚识记的短时间里，遗忘最快。

遵循艾宾浩斯遗忘曲线，对所学知识及时进行复习，是掌握知识的最好方法。

艾宾浩斯认为，人对所接触的事物，一个小时后就会遗忘，在一个小时内回想就可以记住那些东西，最好一天之后再回想，下一次三天之后再回想就可以了。

孔子这段话反映了他对记忆规律的认识，但孔子这段话还有更深的含义。有些东西，开始学习时并不能完全掌握它，只有经过一段时间的过滤与沉淀后，再复习时，才能透彻地理解它。

温故可以知新，这才是孔子强调的重点。

2.12

原　文

子曰："君子不器①。"

注　释

①器：器皿，用来盛东西或加工东西。一般而言，器皿的功能比较单一。如觚为酒具，喝酒时用来盛酒。

译　文

孔子说："君子不能像器具那样（只有某一方面的用途）。"

悟　语

君子不器可从三个方面理解。

一、君子是人不是物。

人有主观能动性，有思想，会主动地认识问题、解决问题，而器物不会。器物只会在人的安排下为人解决某一方面的问题。在这里，孔子强调人应当动脑子。

二、形而上为道，形而下为器。君子应从道的层面思考问题，而不仅拘泥于相。

《易经·系辞》中有一句这样的话：“形而上者谓之道，形而下者谓之器。”其中形而上的是无形的道体层面，形而下的是万物各自的相。按照这样的思路，“君子不器”的意思是透过现象看本质，从本质上去观察问题、思考问题。

三、器物都有特定的用途。君子应是通才，而不仅仅是专家。君子应学习各种各样的知识，掌握各种各样的本领，而不仅仅是只知道某一方面的事情，所谓“博学于文”也。

2.13

原　文

子贡问君子。子曰：“先行，其言而后从之。”

译　文

子贡问什么是君子。孔子说：“做在前，说在后，先做后说。”

悟　语

孔子主张先做后说，少说多做；反对只说不做，夸大其词。

注意这段话是孔子对子贡讲的，子贡善言语。在11.3中，排在言语科的有两人，一个是宰我，另一个是子贡。善言语就是会说话。我们在《论语》中能充分体会到子贡的会说话。

子谓子贡曰：“女与回也，孰愈？”对曰：“赐也何敢望回？回也闻一以知十，赐也闻一以知二。”子曰：“弗如也。吾与女，弗如也。”

正是因为子贡善言语，孔子才告诉他：“先行，其言而后从之。”

在《论语》中，孔子讲“君子欲讷于言而敏于行”。也许，这句话就是孔子针对子贡讲的。

2.14

原文

子曰：“君子周①而不比（bì）②，小人③比（bì）而不周。”

注释

①周：合群。

②比：勾结。

③小人：这是《论语》中常提到的一个与“君子”相对的概念，指没有道德修养的人。

译文

孔子说：“君子合群而不勾结，小人勾结而不合群。”

悟语

在任何一个群体（团体）中，团结都是重要的。团结就是力量，诚哉斯言。

君子会顾全大局，尊重个性与差异，而小人只会蝇营狗苟，结党营私，只顾小团体或者个人利益。

故任何群体（团体）的领导人都会反对宗派主义、山头主义，因为宗派主义、山头主义往往会导致群体（团体）分裂。

2.15

原文

子曰：“学而不思则罔①，思而不学则殆②。”

注　释

①罔：迷惑，糊涂。

②殆：疲怠，危险，疑惑。

译　文

孔子说："只学习而不思考，就会茫然无措；只胡思乱想而不学习，就会把事情弄坏。"

悟　语

孔子既强调学，又强调思，所谓学思结合也。学者，看过去人如何思或别人如何做也。思者，自己弄清楚事理与规律也。

孔子在年轻时犯过只思不学的毛病。在《卫灵公篇》，孔子说："吾尝终日不食，终夜不寝，以思，无益。不如学也。"

但大部分人的毛病，是囫囵吞枣只学不思。故在学习过程中，强调思而学，学而思也。

2.16

原　文

子曰："攻①乎异端②，斯③害也已④。"

注　释

①攻：攻击。另有人解释为用功，即在异端上用功。

②异端：不正确的言论。

③斯：代词，这。

④也已：这里用作语气词，意即停止、消除。

译　文

孔子说："攻击那些不正确的言论，祸害就可以消除了（或译：在异端上用功，会祸害无穷啊）。"

悟 语

虽然本章有两种译法，但目标指向只有一个：不允许异端邪说存在。

何谓异端？怪、力、乱、神也。《论语》中记载："子不语怪、力、乱、神。"孔子自己不言"怪、力、乱、神"，并且反对"怪、力、乱、神"。

反对"怪、力、乱、神"的人当然反对异端邪说，此所谓一以贯之也。

2.17

原 文

子曰："由[1]，诲女（rǔ）[2]！知之乎？知之为知之，不知为不知，是知（zhì）也！"

注 释

①由：即仲由（前542～?），姓仲，名由，字子路，春秋末期鲁国人。因为在季氏（季康子）家做过事，又称季路。孔子得意门生，以政事见称，为"孔门十哲"之一。是孔子"堕三都"最主要的支持者。后为卫大夫孔悝家宰，在卫国内讧中被杀，先孔子去世。

③女：通"汝"，你。

译 文

孔子说："由，告诉你！你知道吗？知道就是知道，不知道就是不知道，这样做才明智啊！"

悟 语

由者，仲由也，字子路，孔子的著名弟子，比孔子小9岁。子路孔武有力，喜耍枪弄棒，对学习不感兴趣，有时候还不懂装懂。于是孔子喊着他的名字教育他：懂就是懂，不懂千万不要装懂。

过去中国人有姓、有氏、有名、有字。作为老师，称弟子名而不称字。

胡玫女士执导的电影《孔子》，其他都好，唯独在称名和称字上犯了错误，美中不足，贻笑大方。饰演孔子的周润发不懂，饰演子贡的阚金明也不懂。

孔子讲："知之为知之，不知为不知，是知也！"

无论是做学问，还是做人，都要实事求是，老老实实。

这才是真正的智慧。

2.18

原文

子张①学干（gān）禄②。子曰："多闻阙（quē）③疑④，慎言其余，则寡尤⑤；多见阙殆，慎行其余，则寡悔。言寡尤，行寡悔，禄在其中矣。"

注释

①子张：即颛孙师（前 503 ~ ?），姓颛孙，名师，字子张，孔子的弟子。春秋末期陈国阳城（今河南登封）人。出身微贱，性格狂傲，后经孔子教育成为"显士"。《论语》中，子张多次向孔子请教为政之学，但并未从政。孔子死后，子张独立招收弟子，宣扬儒家学说，是"子张之儒"的创始人。子张之儒列儒家八派之首。

②干禄：求取官职。干，求。禄，古代官吏的俸禄。

③阙：此处意为放置在一旁。

④疑：怀疑。

⑤寡尤：少犯错误。寡，少。尤，过错。

译文

子张问孔子如何为官。孔子说："要多听，不明白的不说；对于自己认为明白的，也要说话谨慎，这样就可以少犯错误。要多看，危险的事不做；对于自己认为没有危险的，也要谨慎从事，这样就能减少后悔。说话少过失，做事少后悔，官就可以做好了。"

悟　语

为政者犯错，无非是说错了话，做错了事。要想少说错话，就多听听别人怎么说。不懂的，不清楚的，先不用表态，先不发表意见。所谓兼听则明也。

要想少做错事，就多了解情况，多到基层看看。危险的事最好不要做，即使觉得危险不大的事，也要慎行。所谓决策慎重也。

2.19

原　文

哀公[①]问曰："何为则民服?"孔子对[②]曰："举直错诸枉[③]，则民服；举枉错诸直，则民不服。"

注　释

①哀公：姓姬，名蒋，谥号哀，鲁国第25位君主，公元前494～前468年在位。他是鲁定公的儿子，承袭鲁定公之位，在位期间执政者为季孙斯、叔孙州仇、仲孙何忌、季孙肥、叔孙舒、仲孙彘。孔子生前，鲁哀公曾多次向孔子请教。孔子去世于鲁哀公十五年，哀公曾写诔文悼念。

②对：处下位者回答上位者的话为"对"。

③举直错诸枉：把正直的人提拔起来，把不正直的人置于一旁。举，选拔。直，正直、公平，这里指正直公正之人。错，通"措"，放置。枉，与"直"相对，不正直，这里指奸佞小人。

译　文

鲁哀公问："怎样做才能使百姓信服呢?"孔子回答说："把正直的人提拔起来，把不正直的人置于一旁，老百姓就会信服；把邪恶的人提拔起来，把正直的人置于一旁，老百姓就不信服。"

悟　语

这段对话应发生在孔子周游列国回到鲁国之后。此时定公已去世，他的儿子继承了君位，这是一位年轻的国君，从问话当中可以看出，哀公想把国家治理好。

为政之要，首在选才。当哀公问怎么做才会让老百姓信服时，孔子回答说，提拔正直的人，则老百姓信服；提拔不正直的人，则老百姓不信服。

于国君而言，可以选正直的人，也可以选不正直的人。选正直的人对国家有好处，但对国君本人来言，不一定觉得舒心。正直的人往往不会阿谀奉承，说不定什么时候还会来个犯颜直谏，弄得国君尴尬，下不了台；而不正直的人则往往会溜须拍马，见风使舵，拍得国君异常舒心，如沐春风。

是让老百姓信服，还是让自己舒心，这是国君选人时首先考虑的问题。

让老百姓信服，就选正直正派的人，远离奉承阿谀之徒。

察其人，观其友；察其君，观其臣。

2.20

原　文

季康子①问："使民敬、忠以劝②，如之何？"子曰："临③之以庄，则敬；孝慈④，则忠；举善而教不能，则劝。"

注　释

①季康子：即季孙肥，谥号康。鲁哀公时任正卿，是当时政治上最有权势的人。季平子生季桓子，季桓子生季康子。其任正卿时迎孔子回鲁国，并拜孔子为国老。冉有、季路均在季孙肥手下为官，为季氏家臣。

②劝：努力工作。

③临：对待。

④孝慈：一说当政者自己孝慈，一说当政者引导老百姓孝慈。

译　文

季康子问道："要使老百姓保持尊敬且尽忠，该怎样做呢？"孔子说：“您用庄重的态度对待老百姓，百姓就会尊敬您；您对父母孝顺、对子弟慈爱，百姓就会尽忠于您；您选用善良的人，又教导能力不足的人，百姓就会互相勉励、努力工作。”

悟语

这段对话发生在孔子回鲁国以后，这时孔子是鲁国的国老，国老类似于顾问。

季康子是鲁国上卿，担任鲁国国相。作为国相，当然关心如何能得到老百姓的尊敬，如何让老百姓忠诚，如何让老百姓努力工作。

孔子给出的答案是：庄、孝慈、举善而教不能。

先说庄。庄者，庄重也。孔子曾讲，“君子不重，则不威”，这里的“重”，即庄重也。孔子也讲过，“出门如见大宾，使民如承大祭”，说的也是庄重。

在《卫灵公篇》中，孔子曾说过这样一段话：“知及之，仁不能守之，虽得之，必失之。知及之，仁能守之，不庄以莅之，则民不敬。知及之，仁能守之，庄以莅之，动之不以礼，未善也。”孔子说，为政要有知，要有仁，要“庄以莅之”，要有礼。在孔子看来，庄重是为政的基本要求之一。

再说“孝慈”。孔子告诉季康子说，若提倡在家孝慈，人们在外必忠信。这既是一种逻辑的推演，也是一种现实的存在。

最后是“举善而教不能”。举善者，表彰善人，倡导善行也。孔子说：“君子之德风，小人之得草。”上面提倡什么，下面就跟随什么。如果领导者提倡善，则老百姓向善。孔子也曾对季康子讲过：“子欲善而民善矣。”

“教不能”者，对没有能力或能力低下的人进行教育培养，这样他们便会尽力做事，努力工作。

这都是为政的大智慧。

2.21

原文

或[1]谓孔子曰："子奚[2]不为政？"子曰："《书》[3]云：'孝乎惟孝，友于兄弟，施[4]于有政。'是亦为政，奚其为为政？"

注释

①或：有人。

②奚：疑问词，相当于"为什么"。

③《书》：指《尚书》。

④施：一作"施行"讲，一作"延及""影响"讲。

译文

有人对孔子说："您为什么不去从政呢？"孔子回答说："《尚书》中说：'唯有孝是最重要的，要孝敬父母，友爱兄弟，把这贯彻到为政中去。'按这个去做，就是为政。你说的为政是什么意思呢？"

悟语

孔子是为过政的。在定公的支持下，孔子先是做了中都宰，后做了司空，又做了大司寇。

当然，孔子为政的时间并不长，从被重用到挂冠而去，也就是5年的时间。

显然，本章中所记叙的对话当在孔子为政之前。

有人问孔子："你为什么不去做官呢？"

孔子没有正面回答，只是讲了一通道理。

孔子认为，为政的基础是孝悌，为政应当坚持孝和悌。孔子说："我现在就是在坚持这种原则。既然我坚持了这种原则，我就是在为政。你说的为政是什么意思呢？"

孔子满腹经纶，他是引用《尚书》上的话来表达这种观点的。孔子经常会引用《诗》《书》上的话。

人在回答问题的时候有两种选择：一是正面回答，二是非正面回答。显然，孔子在这里是非正面回答。

孔子的学生子夏曾经讲过："仕而优则学，学而优则仕。"孔子的学生子路讲过，"不仕无义"，我相信这些观念都是孔子灌输的。在孔子的理念中，为政应当是他孜孜以求的东西。人往往是这样，追求什么，却不一定得到什么，孔子亦然。孔子在仕途上屡遭挫折，到了50岁才去做官。

谅解圣人吧，圣人也有尴尬的时候。圣人尴尬的时候也与我们一样，也会选择不正面回答问题，也会"顾左右而言他"。

2.22

原文

子曰："人而无信，不知其可也。大车无輗（ní）[①]，小车无軏（yuè）[②]，其何以行之哉？"

注释

①輗：古代大车车辕前面横木上的木销子，用以连接牛与车。大车指牛车。

②軏：古代小车车辕前面横木上的木销子，用此连接马与车。小车指马车。

译文

孔子说："人如果说话不算数，是不可以的。（人说话不算数）就好像大车没有輗、小车没有軏一样。大车没有輗，小车没有軏，怎么能行走呢？"

悟语

信者，人言也，人说了话算数叫守信，人说话不算数叫失信。孔子极端看重信。孔子说，如果一个人无信，这个人肯定不行。

孔子认为，信是人立身达命、行走于社会的通行证，孔子曾说"民无信不立”。

孔子生怕学生们不明白，就用大车上的輗，小车上的軏来比喻。大车无輗不走，小车无軏不行。孔子每天乘坐大车和小车，学生们每天见到大车小车，这比喻既生动又形象。

生活中我们常常遇到守信的人，“言必信，行必果”。但我们也常常遇到失信的人，出尔反尔，朝令夕改。

生活中有一个规律，轻诺者必寡信。一个人越是拍胸脯、信誓旦旦，就越不要相信他。

我自己在这方面也做得不好。有时答应的事忘了，有时答应的事没有做好，有时答应的事一拖再拖。

原因很多，一是重视不够，答应时就没有当回事儿；二是怕伤了别人面子，勉强答应；三是对自己的能力估计过高，觉得自己能做好，其实自己并没有那方面的能力。

遇到这种情况，自己很尴尬，很不自在，很不舒服。

结论就是，尽量少应承事。宁肯拒绝，也不要轻诺。

2.23

原　文

子张问：“十世①可知也?”子曰：“殷因②于夏礼，所损益③，可知也；周因于殷礼，所损益，可知也。其或继周者，虽百世，可知也。”

注　释

①世：古时称30年为一世。

②因：因袭，沿用，继承。

③损益：减少与增加。

译　文

子张问孔子：“今后十世（的礼仪制度）可以知道吗?”孔子回答说：“商朝继承了夏朝的礼仪制度，所减少和所增加的，是可以知道的；

周朝又继承商朝的礼仪制度，所废除的和所增加的，也是可以知道的。将来有继承周朝的，即使传到一百世，（其礼仪制度）也是可以知道的。”

悟语

未来可不可知？可能所有人都被这个问题困扰过。

颛孙师向孔子请教颇有点“疑思问”的味道。孔子做了肯定的回答，但强调方法要对。

还记得孔子对子贡的赞扬吧？“告诸往而知来者。”要想知道未来，不仅要了解现在，还要了解过去，更要了解其中的变化规律。要知道在变化因素中，何者增加了，何者减少了。掌握了这些，未来就可知了。

比如，殷的礼制沿袭夏而来，周的礼制沿袭殷而来。看看什么地方增加了，什么地方减少了，掌握了其中的规律，即使百世（三千年）之后的事情，也能知道。

孔子在这里谈的是预知未来的方法。

谈到这里，我忽然想到了“路径依赖”，这可是诺斯的伟大贡献。

路径依赖（Path – Dependence），又译为路径依赖性，它的特定含义是指人类社会中的技术演进或制度变迁均有类似于物理学中的惯性，即一旦进入某一路径（无论是“好”还是“坏”）就可能对这种路径产生依赖。由于用“路径依赖”理论成功地阐释了经济制度的演进，道格拉斯·诺斯于 1993 年获得诺贝尔经济学奖。

从本章看，孔子是最早意识到“路径依赖”的人，诺斯只不过是把路径依赖规范化而已。可以把孔子看成是“路径依赖”理论的启蒙者，只不过我们无法确定诺斯是不是受了这种启蒙。

2.24

原文

子曰：“非其鬼[①]而祭之，谄（chǎn）[②]也；见义[③]不为，无勇也。”

注 释

①鬼：有两种解释，一是指鬼神，二是指死去的祖先。这里指后者。

②谄：谄媚，阿谀。

③义：宜，应做之事。

译 文

孔子说："不是应该祭祀的鬼神，却去祭祀，这就是谄媚；见到应该挺身而出去做的事情，却袖手旁观，这就是不勇敢。"

悟 语

孔子主张祭其鬼，主张见义勇为。该祭祀的则祭，不该祭祀的不用去祭祀。不该祭祀的却去祭祀，这是献谄。

献谄是一种贿赂，贿赂的目的不是对"非其鬼"表达尊敬，而是对"非其鬼"的后代示好，只有"非其鬼"的后代们有权有势的情况下才可能导致这种情况发生。

"非其鬼而祭之"的实质是做给活人看。

何为义？义者宜也，该做之事也。该做的事去做，这叫义；该做的事不去做，这叫不义。义者，责任、职责、担当也。孔子强调，人要有责任感，要敢于担当，要见义勇为。否则就不是个勇敢的人，就是个懦夫。

孔子认为君子有三达德：仁、智、勇。"仁者不忧，知者不惑，勇者不惧。"勇气、勇敢是君子的可贵品行，但做到很难。见义勇为不只是要付出气力、才华、智慧，还有可能是付出生命。

故救人者之勇不易，救世者之勇更难。

八佾篇第三

3.1

原 文

孔子谓季氏[1]："八佾（yì）[2]舞于庭，是可忍[3]也，孰不可忍也?"

注 释

①季氏：鲁国正卿季孙氏，这里指季平子（季孙意如）。季平子生季桓子，季桓子生季康子。

②八佾：佾是古时乐舞的行列。八佾就是8行8列，64人。据《周礼》规定，周天子用八佾，诸侯用六佾，卿大夫用四佾，士用二佾。季氏是正卿，只能用四佾。这里季氏"八佾舞于庭"，是明显的越礼行为。

③忍：有两种解释，一是忍心，二是容忍。

译 文

孔子评论季氏："竟然在自己的庭院中享用八佾这种天子才能享用的舞蹈。这种事我们都能容忍，那还有什么事我们不能容忍呢（或译：这种事都忍心去做，那还有什么事是他不忍心做的呢）?"

悟 语

季氏是三桓之首。长期以来，为鲁国上卿（相当于国相），权倾朝野，连鲁国国君也得让他几分。鲁昭公就是因为与三桓不和而被赶走的，最后客死他乡。

人有了权往往容易任性，觉得可以为所欲为。比如"八佾"这种舞蹈，按礼制只有天子才能用，但季氏却"舞于庭"，在自己的院子里享用。这是十足的僭越。

坚持"人之生也直""直道而事人"的孔子看不下去了，于是说了这句著名的话："是可忍也，孰不可忍也?"意思是，这样的事情如果我们可以忍受，那还有什么事情不能忍受呢?

一个义愤填膺的勇者形象跃然纸上。

3.2

原文

三家[1]者以《雍》[2]彻。子曰："'相（xiàng）维辟（bì）公，天子穆穆。'[3]奚取于三家之堂[4]?"

注释

①三家：鲁国当时当政的三家，即孟孙氏、叔孙氏、季孙氏。他们都是鲁桓公的后代，故称"三桓"。

②《雍》：《诗经·周颂》中的一篇。古代天子祭宗庙完毕撤去祭品时唱此诗。

③相维辟公，天子穆穆：《雍》诗中的两句。意思是说，助祭的是诸侯，天子严肃静穆地在那里主祭。相，助祭者。维，语助词，无实义。辟公，指诸侯。穆穆，庄严肃穆的样子。

④堂：接客祭祖的地方。

译文

季孙氏、孟孙氏、叔孙氏三家在祭祖完毕撤去祭品时，唱《雍》这篇诗。孔子说："'助祭的是诸侯，天子严肃静穆地在那里主祭。'这样的诗乐，他们三家怎么配享用呢?"

悟语

古代人有姓、有氏、有名、有字。姓者，家族符号也；氏者，家族分支之符号也。

三家者，鲁桓公之后代也，均姓姬，但分为季孙氏、孟孙氏、叔孙氏。这三家长期联盟，统一行动，把持鲁国政权。在三家眼里，鲁国国君不过是傀儡。这三家既不把鲁国国君放在眼里，也不把周天子放在眼里，于是只有天子才可享受的《雍》乐，三家却在自己的家里享用。

这当然激起孔子的不满。“奚取于三家之堂?”只有天子才可配享的音乐，你们三家凭什么敢拿来享用?

孔子虽然讲过“小不忍则乱大谋”，但他不想忍也真忍不住了。

3.3

原文

子曰：“人而不仁，如礼何？人而不仁，如乐（yuè）何?”

译文

孔子说：“一个人没有仁德，怎么会推行礼？一个人没有仁德，又怎么会重视乐呢?”

悟语

如果把这一章看成是孔子对季氏“八佾舞于庭”及“三家者以《雍》彻”的评论，就容易理解了。

孔子在这里实际上是在指责三家“不仁”。

仁者，爱人也。既然仁者爱人，当然仁者要爱天子，要爱君主。

而季孙氏、孟孙氏、叔孙氏均拿天子不当回事儿，拿国君不当回事儿，当然就不会拿礼当回事儿，不会拿乐当回事儿。

前三章悟完了，说点题外话。

《论语》采取的是章句的形式。章句者，段也。其好处是分而治之，篇幅小，容易理解与记忆；其坏处是比较零碎，有时把完整的意思割裂了。

比如我们把《八佾篇》中的前三章合起来看，内容就更丰富，语义也就更完整。

这三章合起来，是这样子的：

孔子谓季氏：“八佾舞于庭，是可忍也，孰不可忍也?”

三家者以《雍》彻。子曰：“‘相维辟公，天子穆穆。’奚取于三家之堂?”

子曰：“人而不仁，如礼何？人而不仁，如乐何?”

我做过一本书，叫《论语可以这样读》，该合的合，该调的调，比现在这样更容易理解，更容易记忆。

3.4

原　文

林放[1]问礼之本。子曰："大哉问！礼，与其奢也，宁（nìng）俭；丧，与其易[2]也，宁（nìng）戚[3]。"

注　释

①林放：姓林，名放，字子丘，春秋时期鲁国人，为比干27世孙，传为孔子弟子中的"七十二贤人"之一，为孔子的得意门生。林放在周敬王时担任鲁国的大夫，拜为太傅，去世后与夫人芈氏合葬在今河南开封东岩山一带。

②易：本义是把土地平整好。这里指礼仪周全，办事完备周到。

③戚：悲伤，忧愁。

译　文

林放问什么是礼的根本。孔子说："问得好，问到点子上了！就礼仪而言，与其奢侈铺张，不如节俭省约；就丧事而言，与其仪式治办周备，不如内心真正哀伤。"

悟　语

林放在《论语》中一共出现过两次，这是其中之一。

林放问礼的根本是什么，孔子称赞说："大哉问！"

礼的作用是创造秩序，表达尊敬。

许多人认为礼越铺张、越豪华、越周全、越完备越好，其实不是这样。孔子认为，若是那样，就是在搞形式主义，没有必要在形式上用那么多功夫。

孔子反对在礼上的繁杂及完备。比如丧事，如果太郑重其事，程序复杂，那还不如不办。遇有丧事，表达出心中真正的悲伤即可，丧礼是为这一目的服务的。

这其实还是在强调中庸，强调为礼、行礼过程中的中庸。子曰：“中庸之为德也，其至矣乎！民鲜久矣。”孔子说，中庸是最高的智慧，可惜懂得这一智慧的人太少了。然。

3.5

原文

子曰：“夷狄[1]之有君，不如诸夏[2]之亡（wú）[3]也。”

注释

①夷狄：古代对中原地区以外的少数民族之称，谓之不开化，缺乏教养，不知书达礼。一般称东部地区的少数民族为“夷”，北部地区的少数民族为“狄”。

②诸夏：古代中原地区华夏族的自称。

③亡：通“无”。古书中的“无”字多写作“亡”。

译文

孔子说：“（偏远落后的）夷狄虽有君主，还不如中原诸国没有君主呢。”

悟语

不知孔子是在什么背景下说的这段话。

孔子的意思是说夷狄比较落后，而中原地区华夏族先进。这应当讲的是礼制，中原地区的礼制的确比周边地区先进、完善。

在孔子那个时代，中原地区的人对在其四周的其他民族有不同的称谓，所谓南蛮、北狄、西戎、东夷也。

注意这里有个“诸夏”，指周代分封的“王之支子母弟甥舅”各个诸侯国，当与夏朝有关。周承殷，殷承夏。故周朝人认为其为夏朝人之后裔也。

经过两千多年的变迁，旧时的南蛮、西戎、北狄、东夷所在之地无论是经济还是文化，很多地区已经变得比中原地区都要先进了。此所谓沧海桑田也。

3.6

原　文

季氏旅[①]于泰山。子谓冉有[②]曰："女（rǔ）[③]弗能救[④]与？"对曰："不能。"子曰："呜呼！曾（zēng）谓泰山不如林放[⑤]乎？"

注　释

①旅：祭名，祭祀山川为旅。按古代礼制，只有天子和诸侯才有资格祭祀名山大川。

②冉有：即冉求（前522～前489），字子有（通称"冉有"），春秋末年鲁国人，孔子的弟子，以政事见称，是"孔门十哲"之一。多才多艺，尤擅长理财，曾担任季氏家宰。公元前487年，冉有率左师抵抗入侵齐军，并身先士卒，以步兵执长矛的突击战术取得胜利，趁机说服季康子迎回了在外流亡14年的孔子。后因帮助季氏进行田赋改革，使季氏富于周公，受到孔子的严厉批评。

③女：通"汝"，你。

④救：劝阻。这里指谏止。

⑤林放：孔子的学生。

译　文

季孙氏（这里指季孙肥）去祭祀泰山。孔子对冉有说："你不能劝阻他吗？"冉有说："不能。"孔子说："唉！难道泰山神还不如林放懂礼吗？"

悟　语

这段对话当发生于孔子周游列国回到鲁国之后，此时冉求为季氏的家宰。

季氏者，季孙肥也，即季康子，此时为鲁国的正卿，任国相。

“季氏旅于泰山。”旅者，祭祀也。按周朝礼制，泰山只有天子才可祭祀，他这个级别的官员是没有这个资格的。

名山大川，五岳为先；五岳之尊，首推泰山。

泰山祭祀是古代帝王在泰山举行的祭祀天神地支的仪式，包括“封”和“禅”两部分。所谓“封”，就是在泰山之顶聚土筑圆台以祭天帝；所谓“禅”，就是在泰山之下的小山丘上积土筑方坛以祭地神。

季氏之所以敢僭越，有两个原因：一是天高皇帝远，天子管不着他；二是鲁君年轻懦弱，约束不了他。

孔子一向主张“君子之于天下也，无适也，无莫也，义之与比”，主张“君子义以为上”，主张“以道事君”，孔子希望冉求阻止此事，因为这是义之所在。

但冉求的态度则是吃谁的饭听谁的话。什么义不义的，我是季氏的管家，季氏叫干啥就干啥。对于孔夫子的要求，冉求一口拒绝。

于是孔子讲：“曾谓泰山不如林放乎?”

林放是孔子的学生，曾向孔子请教“礼之本”，孔子称之为“大哉问”。林放尚且懂礼，难道泰山连林放也不如吗？孔子这句话的意思是，泰山若懂礼，则会拒绝季氏前往。

孔子重礼，对季氏不懂礼，对冉求的不阻止表现得痛心疾首、无比愤慨。

3.7

原 文

子曰：“君子无所争。必也射[1]乎！揖[2]让而升，下而饮。其争也君子。”

注 释

①射：射箭。此处指古代的射礼。

②揖：拱手行礼，表示尊敬。

译 文

孔子说："君子没有什么可与别人争的事情。如果有的话，那就是射箭比赛了。（在射箭比赛时，）必定相互作揖后谦让上场，射完后再（相互揖让）退下来喝酒。这才是君子之争啊！"

悟 语

"君子无所争"，这是孔子的重要理念。孔子主张和，故孔子的弟子有子曰："礼之用，和为贵。"孔子深知，一切的不和，均因争、斗而起，而不争、不斗则"和"自生。如果不理解儒学"和为贵"之思想，则很难理解孔子"君子无所争"之大义。

其实孔子深知，在社会生活中，争还是少不了的。比如射箭，总得有个高低吧。而男子之射，在古代是一种极为普遍、极为重要的活动，不仅是体育运动，还是社交手段。

在孔子教学科目六艺中，就有射。

射是"乡饮"中最重要的内容。射者，弓弩发于身而终于远也。顺便说一句，山东宁阳县有个乡饮乡，当是那个时候的遗存。不懂得射礼，恐在当时的社会中难以立足。

孔子用"揖让而升，下而饮"来概括射礼，这类似我们常说的"友谊第一，比赛第二"。"友谊第一，比赛第二"是毛泽东主席提出来的，后来成为体育竞技的指导原则。

顺便说一句，毛泽东主席深受《论语》的影响，他的两个女儿取名李敏、李讷，就来自《论语》之"君子欲讷于言而敏于行"。毛泽东主席写诗，直接引用《论语》中的"逝者如斯夫！不舍昼夜"。但毛泽东主席晚年反孔，也是不争的事实，他信奉斗争哲学，曾言"与天斗其乐无穷，与地斗其乐无穷，与人斗其乐无穷"。一个强调斗争哲学的人，当然会反对"无所争"。

毛主席与孔夫子不同，毛主席有强烈的阶级斗争观念，而孔夫子没有。这是两者之间最大的区别，也是两人社会观的根本不同。

3.8

原 文

子夏问曰："'巧笑倩（qiàn）兮，美目盼兮，素以为绚兮。'[1]何谓也？"子曰："绘事后素[2]。"曰："礼后乎？"子曰："起[3]予[4]者商[5]也，始可与言《诗》已矣。"

注 释

①巧笑倩兮，美目盼兮，素以为绚兮：前两句见《诗经·卫风·硕人》，后一句不知出自何处，可能是逸诗。倩，笑得好看。兮，语气助词，相当于"啊"。盼，眼睛黑白分明。绚，有神采。

②绘事后素：先打好底子再绘画。绘，画。素，白底。

③起：启发。

④予：我，孔子自指。

⑤商：即子夏，姓卜，名商。古时，师称弟子名而不称字。

译 文

子夏问孔子："'盈盈笑容多么美好啊，频频顾盼、黑白分明的眼睛多么妩媚啊，洁白的素妆打扮得多么有神采啊！'这几句话是什么意思呢？"孔子说："知道绘画吧，是说先有白色的底子，再加以色彩。"子夏又问："那么，是不是说礼产生于仁之后呢？"孔子说："商，你真是能启发我的人，现在可以同你谈论《诗》了。"

悟 语

理解这一章的关键是"绘事后素 "。绘事后素有两种解释：一是绘事在前素在后，二是素在前绘事在后。

"绘事后素"讲的是化妆。素者，白也，先在脸上打上白底子，然后在白色的底子上再进行涂胭红、描眉、涂唇等其他工序。如果底子没有打好，那化出的妆肯定不会好看。打基础很重要。

在孔子的思想体系中，仁为先，礼为后，所谓仁先礼后也。仁者爱人也，礼者尊重人也。人只有先爱人，才有可能尊重人。如果一个人不爱人，他就不可能去尊重人。

子夏是孔子学生中学问很大的一位。在11.3中，讲了10个人，子夏排名第十。子夏是孔子得力的学术助手，帮孔子整理了《诗》《书》《易》。子夏对《诗》《书》很熟，引经据典成为他们师生对话的一个重要特点。

"'巧笑倩兮，美目盼兮，素以为绚兮。'何谓也?"孔子用"绘事后素"回答，一语中的。如果仅到这里，就没有多大意义，不过是一般的对话而已。精彩的是子夏听到老师答案后再次提问："礼后乎?"这才是神来之笔。这一提问反映了子夏对孔子思想体系（仁先礼后）的完整与深刻的把握。素者，仁也；绘事者，礼也。

女孩子化妆，如果不素则无绘，素为基础。但如果不绘只素，则不绚，绘是素的升华。

为人，如果不仁则礼无所依。如果有了仁，又讲究礼，则会"文质彬彬，然后君子"，成为一个完美的人。

做老师的，当弟子完全掌握自己的理论体系并且能够举一反三，别提有多高兴了，孔子亦然。

于是夫子来了句"起予者商也，始可与言《诗》已矣"。这是老师给予学生的最高评价。

"始可与言《诗》已矣"，在《论语》中出现过两次。另外一次是孔子赞扬端木赐："赐也，始可与言《诗》已矣，告诸往而知来者。"

说起"绘事后素"这一章，还有两个小故事分享给大家。

自从我讲《论语》以后，我给不少人起了字。我起字一般都是从《论语》中起，算了一下，应当有几十位了吧。我有一个观点，学习传统文化，应当先从恢复用字开始。要知道，中国人用字有2500年以上的历史。

一位姓付名媚的女企业家搞艺术金融，人长得美，业绩也不错，捧红了好几位大艺术家，让我起字，我给她起字"倩兮"。

"教授，此字可有出处?"

“有啊。你可以读读《论语·八佾篇》呀。”

还有一位是广东的企业家，姓黄名昌田，与他的朋友开了家头彩公司，专门做美发生意，生意都做到东南亚去了。几年前要开发一服务产品，请我取名。我说，就叫“素为绚”吧。

“老师，这‘素为绚’可有出处，又何意也?”

“读读《论语·八佾篇》便知道了。”我回答说。

黄先生当场百度后说：“好！好！就用这名。”

据说这“素为绚”卖得很火。有一次，黄先生与我交流，说要不是这新冠疫情，卖得会更火。

3.9

原文

子曰：“夏礼，吾能言之，杞①不足征②也；殷礼，吾能言之，宋③不足征也。文献④不足故也。足，则吾能征之矣。”

注释

①杞：春秋时国名，是夏禹的后裔。在今河南杞县一带。

②征：验证，证明。

③宋：春秋时国名，是商汤的后裔。在今河南商丘一带。

④文献：文，指历史典籍。献，指贤人，特指熟悉历史典故的人。

译文

孔子说：“我能说出夏朝的礼，但杞国（夏之后代）不足以验证；我能说出殷朝的礼，但宋国（殷之后代）不足以验证。这都是杞、宋两国现有的典籍和贤人不足的缘故。如果文献丰富（有足够的典籍和贤人），我就能搞得更清楚一些。”

悟语

理解这一章的关键是知道何为文献。文献这个词由文与献两个单体实词组成。文，指有关典章制度的文字资料；献，指熟悉典故的人。现在语义中的文献意义只有前者而没有后者。

文献就是通过一定的方法和手段，运用一定的意义表达和记录体系，记录在一定载体的有历史价值和研究价值的知识。

我们现在做社会科学研究有两大基本手段：一是做文献综述，二是向专家请教。读本章可知，这两大方法实际上是孔子发明的。

下面我们回到本章。

孔子说："我虽然可以讲夏礼，但我讲的夏礼是不是准确，我自己不敢保证；我虽然可以讲殷礼，但是不是准确，我也不敢保证。原因何在？文不够、献不足也。"至于有人说杞人行之礼为夏礼，宋人行之礼为殷礼，孔子并不赞同。孔子之所以不赞成，还是文与献不足的缘故。孔子坦言："文不够、献不足很难做研究。"

孔子是中国最早的社会学研究者。他不仅强调学习，强调教育，还强调研究，强调表达。《宪问篇》记载："子曰：'为命，裨谌草创之，世叔讨论之，行人子羽修饰之，东里子产润色之。'"孔子说，郑国制定命（外交文件），至少经过四个步骤：草、讨、修、润。其实这四个步骤，我们在写文章时仍然在用。

如果写文章不经过这四个步骤，写出的东西往往经不住推敲。

3.10

原文

子曰："禘（dì）[①]自既灌[②]而往者，吾不欲观之矣[③]。"

注释

①禘：古代只有天子可行的祭祖先之典礼，五年一次，非常隆重。成王因周公旦功勋卓著，特许鲁国举行，后鲁国国君行此礼成惯例。

②灌：禘礼中第一次献酒。

③吾不欲观之矣：我不愿意看了。

译文

孔子说："对于（在鲁国）举行的禘礼，从第一次献酒以后，我就不愿意看了。”

悟 语

灌是禘礼的第一个程序，给先祖献酒。

估计这个程序致祭者（当是国君，或国君的代表）做得还可以。但这个程序以后，致祭者就开始应付了，或者是弄错了。

为礼不敬是孔子最讨厌的事情，孔子开始表示不满。

“你们弄成这样，我是真不想看了。”

估计这是当场发的牢骚。

3.11

原 文

或问禘之说[1]。子曰：“不知也。知其说者之于天下也，其如示诸斯[2]乎！”指其掌。

注 释

①禘之说：关于禘祭的学说、规定。说，理论、道理、规定。

②斯：指后面的“掌”字。

译 文

有人问关于禘礼的规定。孔子说：“我不知道。知道禘礼的人，对治理天下的事，就像把它们摆在这里一样（容易）吧！”（一面说一面）指着自己的手掌。

悟 语

可以把这一章与前一章看作是同一个时间发生的事。

如注释中所说，禘礼是只有天子才可以举办的仪式。但鲁国特殊，也可以举办禘礼。这特殊来自于周公，周公功劳很大，曾辅佐成王。功劳大总得给点特殊待遇，允许在鲁国举办禘礼便是。

这禘礼每五年才可以举办一次，不可谓不重视，不可谓不郑重。

禘祭是祭礼中最隆重的大礼，分祭祖和祭天两种。诸侯能享用的禘礼是将历代先祖合于太庙的总祭，这是一种最高级别的祭祖仪式。

鲁国举办的禘礼当属前者，祭祖之礼也。

但到了孔子这个时候，鲁国人已经不把这个真正当回事了，即使举办，也是在应付。

孔子是大学问家，尤其是礼学方面的专家。这个时候就有人过来请教孔子，问关于禘礼的事情。孔子说他不知道，说那些正在表演禘礼的人也不知道，如果有人真正懂得禘礼，治理国家就易如反掌。

孔子是在拿禘礼说事，说在鲁国当政的这帮人不懂治国。

这是典型的在议论朝政。

3. 12

原文

祭如在，祭神如神在。子曰："吾不与（yù）[1]祭，如不祭。"

注释

①与：动词，参与、参加。

译文

祭祀祖先的时候，就好像祖先真在面前（受祭）；祭祀神灵的时候，就好像神灵真的在那里。孔子说："我如果不亲自祭祀，那就和没去祭祀一样。"

悟语

在孔子那个时代（春秋末期），祭祀在政治、文化及家庭生活中占有重要地位。

祭祀者，"慎终，追远"也。而唯有"慎终，追远"，民德才可归厚矣。

孔子也好，孔子的学生也好，在《论语》中屡屡谈到祭祀。

孔子言："出门如见大宾，使民如承大祭。"还言："生，事之以礼；

死，葬之以礼，祭之以礼。”曾子临终言：“笾豆之事，则有司存。”子张曰：“士见危致命，见得思义，祭思敬，丧思哀。其可已矣。”

孔子主张为礼要敬。孔子曾言：“居上不宽，为礼不敬，临丧不哀，吾何以观之哉?”

如何做到为礼敬?“祭如在，祭神如神在。”心中有敬，眼前有神，当然会郑重其事，严肃认真。祭祀这事是不能让人代劳的，也不能假手别人。“吾不与祭，如不祭。”孔子说：“我不亲自参与祭祀，而让别人代劳，这跟没祭祀是一样的。”

近些年兴起代祭之风，还有人专门成立了代祭公司，据说生意火爆。估计孔子在九泉之下会气得发疯。孔子曾言：“非其鬼而祭之，谄也。”代祭是赤裸裸的“非其鬼而祭之”，孔子怎能不发疯?

有空就祭，无空作罢，祭祀千万不要弄虚作假。代祭既是在糊弄先人，更是在糊弄自己。何必呢?

3.13

原文

王孙贾①问曰：“‘与其媚②于奥③，宁媚于灶④。’何谓也?”子曰：“不然。获罪于天，无所祷也。”

注释

①王孙贾：卫灵公时大夫，主管军旅。

②媚：谄媚，巴结，奉承。

③奥：居室的西南角为奥，是古时一家中尊者所居之地。这里指室内位居西南角的神。

④灶：这里指灶旁管烹饪做饭的神。其地位低，却能通天，“上天言善事”，后来演化成灶王爷。奥、灶当时均属“五祀”之一，奥的地位要高些。

译文

王孙贾问道：“‘与其奉承奥神，不如奉承灶神。’这话是什么意思？”孔子说：“这话不对。如果得罪了天，无论怎么祷告也没有用了。”

悟　语

奥，原来指房屋的西南角，家里最尊贵之处。灶，烧火做饭的地方。古代人认为处处有神灵，奥处有神，灶处也有神，奥处之神比灶处之神地位要高。

在后来的演化中，灶神的地位越来越高，而奥神则鲜有人提及。

王孙贾者，卫国之重臣也，治军旅，手握军权。《论语》中记载孔子回到鲁国以后，曾忆及此人：“子言卫灵公之无道也，康子曰：‘夫如是，奚而不丧？’孔子曰：‘仲叔圉治宾客，祝鮀治宗庙，王孙贾治军旅。夫如是，奚其丧？’”

王孙贾为什么会问孔子这个问题？是单纯的请教还是另有所指？窃以为，单纯的请教似乎不可能。

王孙贾可能暗示孔子在与卫国各大臣交往中要分清主次，地位高的人说了不一定算，地位低的人说了不一定不算。

孔子的回答简洁而明快：“获罪于天，无所祷也。”如果人得罪了天，向谁祷告都没有用。

孔子是敬天的。孔子认为，上天是最高的主宰，不可得罪。

孔子也可能在暗示，对卫国的最高当权者不可以得罪，得罪了卫国最高当权者，无论结交谁都不管用。卫国的最高当权者，表面上是卫灵公，实际上是卫灵公的夫人南子。

写到这里，我突然想起孟子的一句话：“为政不难，不得罪于巨室。”

看来，无论是孔子还是孟子，都是现实主义者。

3.14

原　文

子曰：“周监（jiàn）① 于二代②，郁郁③ 乎文④ 哉，吾从周。”

注　释

①监：通“鉴”，借鉴。

②二代：这里指夏代和商代。

③郁郁：丰富，浓郁。

④文：指礼乐制度。

译　文

孔子说：“周朝的礼仪制度借鉴于夏、商二代，是多么丰富多彩啊！我赞同周朝的制度。”

悟　语

孔子说了两点。

一、文化有继承性。周朝文化是借鉴夏、商的文化而来的。没有夏、商的文化，也就没有周朝的文化。

二、孔子赞赏周朝的文化。周朝的文化丰富、深厚、博大，孔子为此感到自豪。

中华文化五千年，孔子居其中。他继承了在他之前的2500年的文化，开创了在他之后的2500年的文化。我曾经写过一首诗赞孔子：承前又启后，生民确未有。诗书礼易传，毁誉唯春秋。

中华文化第一人这一美誉送给孔子，应该没什么错。

3. 15

原　文

子入太（tài）庙[1]，每事问。或曰：“孰谓鄹（zōu）[2]人之子知礼乎？入太庙，每事问。”子闻之，曰：“是礼也。”

注　释

①太庙：君主的祖庙。鲁国太庙，即周公庙，用来祭祀周公。

②鄹：春秋时鲁国地名，又写作“陬”，在今山东曲阜附近。因孔子父亲做过鄹邑大夫，故“鄹人之子”指孔子。

译文

孔子到了太庙，什么事都问。有人说："谁说鄹邑大夫的儿子懂得礼呀？他到了太庙里，什么事都问。"孔子听到此话后，说："这就是礼呀。"

悟语

这应当是孔子年轻时发生的事。

子"入太庙，每事问"。在《论语》中出现过两次。除了本章外，《乡党篇》也曾提到过。

第一，孔子"入太庙，每事问"，给人留下了深刻的印象。

第二，孔子是个好学的人，不懂的东西就问。

第三，孔子对礼很感兴趣，人只有对自己感兴趣的事才会问。

中国有个词儿叫学问。学问者，又学又问也。肯学肯问，方有知识，方通道理，方见水平。故后来学问者指有知识、通道理、有能力、有水平的人。《论语》中，孔子不仅"每事问"，并且告诉弟子们要"疑思问"。孔子说孔文子之所以谥号为文，是因其"敏而好学，不耻下问"。

《论语》中，孔子的学生都是善问的高手。比如"樊迟问仁，子曰：'爱人。'问知，子曰：'知人。'""子贡问政，子曰：'足食，足兵，民信之矣。'""子贡问友，子曰：'忠告而善道之，不可则止，勿自辱焉。'""子贡问曰：'有一言而可以终身行之者乎？'孔子曰：'其"恕"乎！己所不欲，勿施于人。'""子张问仁于孔子。……曰：'恭、宽、信、敏、惠。恭则不侮，宽则得众，信则人任焉，敏则有功，惠则足以使人。'""子路问事君，子曰：'勿欺也，而犯之。'"等等。

当然也有例外，颜回不问。孔子说："吾与回言终日，不违，如愚。退而省其私，亦足以发。回也不愚。"

由此知，《论语》主要的特点是学生问，孔子答。学生善问，孔子善答。孔子许多伟大的思想，都是在学生的追问下提出的。如孔子的恕道，就是在端木赐的追问下提出的。学生问，老师答，学生再问，老师再答。如切如磋，如琢如磨，成为孔门教育的一大特点。

我是做老师的，我喜欢学生提问。但我发现，在课堂上极少有学生提问。问为什么，学生答，怕问的问题幼稚，让同学们笑话。小小的年纪，顾虑还真不少呢！

要面子不要里子，这是许多人的通病。正处在求学问学阶段的学生们，最好不要得这种病。

3.16

原文

子曰："射不主皮①，为力不同科②，古之道也。"

注释

①射不主皮：不以射穿箭靶子为主，而以射中为主。皮，用兽皮做成的箭靶子。

②科：等级。

译文

孔子说："比赛射箭，不在于穿透箭靶子（而在于射中靶子），因为各人的力气大小不同。自古以来就是这样。"

悟语

射为六艺之一，是孔子教育学生的重要内容之一，在《论语》中有所反映是正常的。

说到射，就不能不谈到羿。在中国文化中，羿有两位。一位是射日的羿，这是传说中的人物；另一位是后羿，为夏朝的第六代君主。

我们先看传说中的羿。《淮南子·本经训》将后羿射日的故事做了总结："逮至尧之时，十日并出，焦禾稼，杀草木，而民无所食。猰貐、凿齿、九婴、大风、封豨、修蛇皆为民害。尧乃使羿诛凿齿于畴华之野，杀九婴于凶水之上，缴大风于青邱之泽，上射十日而下杀猰貐，断修蛇于洞庭，擒封豨于桑林。"

现实中的羿，《论语》中曾提到过。《宪问篇》如此记载："南宫适问于孔子曰：'羿善射，奡荡舟，俱不得其死然。禹、稷躬稼而有天下。’夫子不答。南宫适出。子曰：‘君子哉若人！尚德哉若人！’”

射箭有悠久的历史，最初用于打猎和战争。最初的射手就是猎人，他们用弓箭捕杀动物维持生存。后来弓箭变成了战争中的可怕武器。无论是中国文献还是外国图画，对此均有记载。据有关资料记载，埃及人在七千年前就可熟练使用弓箭。

在和平时代，射成为一种比赛项目。既然是比赛，就得有规则。规则如何？“射不主皮。”一、靶子为兽皮；二、因为射箭者力气有大有小，谁输谁赢，看是不是射中靶心，而不是看是否射穿靶皮。孔子特别强调，这是古之道也。

读这一章，最好联系着“君子无所争”那一章读。子曰：“君子无所争。必也射乎！揖让而升，下而饮。其争也君子。”

3.17

原文

子贡欲去告朔[1]之饩（xì）羊[2]。子曰：“赐也！尔爱[3]其羊，我爱其礼。”

注释

①告朔：夏历的每月初一叫“朔”。古代制度，每年秋冬之交，周天子会把下一年的历书颁给诸侯。诸侯接受历书后，藏于祖庙。以后每月初一，便杀一只活羊祭于祖庙，然后回到朝廷听政。祭祖庙叫作“告朔”。鲁国自文公开始（距子贡提建议时已有150年），国君已不去祖庙“告朔”，但每月初一，有司仍杀羊上供，所以子贡认为不必留此形式，不如干脆连羊也不杀。

②饩羊：祭祀用的活羊。

③爱：吝惜、舍不得，有珍爱之意。

译文

子贡想要撤掉每月初一告朔用的活羊。孔子说：“赐呀！你可惜的是羊，我珍爱的是礼。”

悟 语

何谓告朔？天子每年秋冬之际把第二年的历书颁发给诸侯，叫“告朔”。《周礼·春官·大史》：“颁告朔于邦国。”郑玄注：“天子颁朔于诸侯，诸侯藏之祖庙，至朔朝于庙，告而受行之。”

告朔时宰一只羊作为祭礼，这是古礼。端木赐认为，取得历法之书没有必要非要杀羊，于是想在仪式中把献羊这个环节去掉。

孔子知道后，委婉地，甚至是诙谐地评论道：端木赐是爱惜那只羊，而我却是珍重礼的完备与郑重。

师生俩意见不一，是孔子胜了还是端木赐胜了，不得而知。

老师与学生总是会有分歧，这很正常。孔子与子贡，孔子与子路，孔子与冉求都曾有过分歧，有时还产生过激烈的冲突。如“季氏富于周公，而求也为之聚敛而附益之”，孔子的表态是：“非吾徒也。小子鸣鼓攻之可也。”

端木赐是个灵活的人，就去掉饩羊之事征求孔子的意见，可见子贡不同于子路，不会做先斩后奏的事。孔子曾讲“赐也达”。何谓达？“质直而好义，察言而观色。”懂得察言观色的人，一般不会做先斩后奏之事。

从历史发展的角度看，端木赐的做法是对的。一般来讲，年轻人往前看，年纪大的人往后看。继承与创新往往是一对矛盾。年纪大的人倾向于继承，而年轻一点的人倾向于创新。正确处理继承与创新的关系，在继承中创新，在创新中继承，社会才能前进。

3.18

原 文

子曰：“事君尽礼，人以为谄也。”

译 文

孔子说：“（一个人）如果完全按照礼侍奉君主，别人就会以为这个人是在献媚。”

悟 语

这应当是孔子的真实体会。

尽礼者，严格按礼节做也。首先态度上郑重，其次过程上不能少，最后要做到位。该鞠三个躬绝对鞠三个躬，该鞠九十度躬，绝对不能鞠六十度躬。

但从旁人（主要是同僚）的角度看，这是在巴结君主，讨好君主。

由于人处的地位不同，角色不同，对同一件事会做出不同的评价，这不奇怪。

我的看法是，"事君尽礼"，这是做臣的本分，至于别人怎么看，可以不去管他。我们做事，只问该不该这样做，而没有必要去管别人怎么看、怎么说。还是孔子说得好："君子之于天下也，无适也，无莫也，义之与比。"

3.19

原 文

定公[1]问："君使臣，臣事君，如之何？"孔子对曰："君使臣以礼，臣事君以忠。"

注 释

①定公：鲁国国君，姓姬，名宋，谥号定。公元前 509 ~ 前 495 年在位，是鲁国第 24 任君主。为鲁昭公之子，承袭鲁昭公担任君主，在位 15 年。正是鲁定公担任国君时启用孔子，使孔子官至鲁国大司寇。

译 文

鲁定公问："君主怎样使唤臣子，臣子怎样侍奉君主呢？"孔子回答说："君主使唤臣子时要依礼而行，臣子侍奉君主时要对君主尽忠。"

悟 语

这段话从文字上来讲没什么难理解之处。从表面上看，不过就是一个平常的问答而已。但孔子讲的"君使臣以礼，臣事君以忠"却是官场上最重要的法则之一。

君臣关系是世界上最重要、最普遍的关系。君者，下命令者；臣者，执行命令者。社会是按照金字塔结构组织起来的，除了金字塔的顶端与底端以外，任何人既是君，也是臣。相对于上级是臣，相对于下级是君。在日常生活中，人的角色始终在变化，忽而为君，忽而为臣。在A处你是君，在B处你可能是臣。

作为君该怎么做？礼也，使臣以礼。礼者，敬也；敬者，尊重也。礼遇下级，礼待下级。君之礼是内仁外礼，内心对下级充分仁爱，外化于礼。

孔子言："上好礼，则民易使也。"孔子还讲："上好礼，则民莫敢不敬。"

作为领导者的礼，体现在生活中的各个方面。见了下属，主动打招呼是礼；收到下级微信，早一点回复是礼；下级到办公室去看你，起身迎送是礼。千万不要认为官大一级可以压死人。作为上级，动辄训斥下级，批评下级，甚至羞辱下级，这不是在做领导，而是在树敌。越大的领导越谦和，越没有架子。敬爱的周总理，对下级甚至对服务人员也是谦逊平和，彬彬有礼。周总理批评下属最狠的一句话是："这是不可以的。"

臣如何看君？六个字：礼不礼，惠不惠。分四种情况：又礼又惠，只礼不惠，只惠不礼，不礼不惠。

对下属又礼又惠者，下属当忠心耿耿也；对下属只礼不惠者，下属虚与委蛇也；对下属只惠不礼者，下属尚可忍受也（也有人讲，士可杀不可辱，当面顶撞也）；对下属不礼不惠者，下属则离心离德也。

忠者，尽心尽力者也。忠于职守，忠于上级也。臣之忠是内义而外忠。把分内工作做好，尽职尽责，忠于职守，是做臣下的本分。

子夏曰："事君，能致其身。"孔子曰："事君，敬其事而后其食。"孔子又曰："事君尽礼。"

子路问事君，子曰："勿欺也，而犯之。"这些都是讲的忠。

君如何看待臣？也是六个字：忠不忠，行不行。也分四种情况：又忠又行，只忠不行，只行不忠，不忠不行。

臣下又忠又行者，上级重用大用也；臣下只忠不行者，上级妥善照顾也；臣下只行不忠者，上级用中存疑也；臣下不忠不行者，上级弃之如敝履也。

君礼臣忠，看似简单，实则意深。不懂这四个字，在社会上很难有大出息，尤其是在官场中，在职场中。

3.20

原 文

子曰："《关雎（jū）》[1]，乐而不淫，哀而不伤。"

注 释

①《关雎》：《诗经》的第一篇。此篇写一位君子追求淑女时的情景，思念时的辗转反侧，寤寐难眠的忧思以及追求时的钟鼓乐之、琴瑟友之都跃然纸上。

译 文

孔子说："《关雎》这首诗，快乐而不过分，悲哀而不致伤神（伤身）。"

悟 语

《诗》是孔子编的，有305首民歌，后人称之为《诗经》。

孔子这样论《诗》："《诗》三百，一言以蔽之，曰：'思无邪。'"

《诗》是孔子教学生的教材，孔子曾这样谈诗："小子何莫学夫《诗》。《诗》可以兴，可以观，可以群，可以怨。迩之事父，远之事君，多识于鸟兽草木之名。"

子夏、子贡是孔子的学生，因为在与夫子谈话中引用了《诗》之原句又很贴切，孔子特别高兴。孔子评论子贡："赐也，始可与言《诗》已矣，告诸往而知来者。"孔子评论子夏："起予者商也，始可与言《诗》已矣。"

孔子曾告诉儿子伯鱼："不学《诗》，无以言。"于是"鲤退而学《诗》"。

《关雎》为《诗经》的第一篇，写一对青年男女从思恋到成婚的完整过程，其相思之苦，相拥之乐，写得相当动人：

关关雎鸠，在河之洲。窈窕淑女，君子好逑。
参差荇菜，左右流之。窈窕淑女，寤寐求之。
求之不得，寤寐思服。悠哉悠哉，辗转反侧。
参差荇菜，左右采之。窈窕淑女，琴瑟友之。
参差荇菜，左右芼之。窈窕淑女，钟鼓乐之。

孔子对这一首诗的评价是“乐而不淫，哀而不伤”。意思是高兴不要过了头，悲伤也不要过了头。凡事都有度。这“度”便是中庸。

中庸者，用中也。《论语》中孔子言：“中庸之为德也，其至矣乎！民鲜久矣。”中庸既是一种哲学态度，也是一种生活智慧。《论语》中对中庸的概括为过犹不及。子贡问：“师与商也孰贤？”子曰：“师也过，商也不及。”曰：“然则师愈与？”子曰：“过犹不及。”

孔子把《关雎》放在《诗》的第一篇，原来用意如此深刻。

除了思想性以外，《关雎》写得非常之美。爱情是文学的永恒主题，永远是动人心魄的。

我们看一下《关雎》的译文：

关关和鸣的雎鸠，相伴在河中的小洲。那美丽贤淑的女子，是君子的好配偶。

参差不齐的荇菜，从左到右去捞它。那美丽贤淑的女子，醒来睡去都想追求她。

追求却没法得到，白天黑夜便总思念她。长长的思念哟，叫人翻来覆去难睡下。

参差不齐的荇菜，从左到右去采它。那美丽贤淑的女子，奏起琴瑟来亲近她。

参差不齐的荇菜，从左到右去拔它。那美丽贤淑的女子，敲起钟鼓来迎娶她。

最后说一下“雎鸠”，朱熹注云：“雎鸠，水鸟，一名王雎。状类凫鹥，今江淮间有之。”

有许多人把“雎”（jū）与“睢”（suī）常常弄混，要特别注意。雎是鸟名，睢是地名，不知老祖宗为什么把这两个字造得如此相近？这不是在考验人的眼力吗？

3.21

原　文

哀公问社[①]于宰我。宰我[②]对曰：“夏后氏以松，殷人以柏，周人以栗，曰：使民战栗[③]。”子闻之，曰：“成事不说，遂事不谏，既往不咎。”

注　释

①社：土地神。另外，祭祀土地神的庙也称“社”。这里的“社”有多种解释，有人解释为土地庙中的木制牌位，有人解释为土地庙中栽种的树木。

②宰我：名予，字子我，孔子的学生，小孔子 29 岁。为“孔门十哲”之一，善言辞，给孔子提了很多难以回答的问题。宰予曾因昼寝，被孔子大骂一通（见 5.10 章）。

③战栗：恐惧，发抖。

译　文

鲁哀公问宰我祭祀土地神用什么树木制作牌位。宰我回答：“夏朝用松树，商朝用柏树，周朝用栗子树。用栗子树的意思是说：让老百姓战栗。”（以上或可译为：鲁哀公问宰我土地庙栽种什么树。宰我回答：“夏朝栽的是松树，商朝栽的是柏树，周朝栽的是栗子树。栽栗子树的意思是说：让老百姓战栗。”）孔子听到后说：“事成定局不用再提，事情已过不用再劝，过往之事不必追究。”

悟　语

本章告诉我们，古之社者必有树。夏朝人栽松树，殷朝人栽柏树，周朝人栽栗子树。此三种树，皆寿命长。现岱庙中有汉柏园，树龄逾两千年矣，仍根深叶茂，生机盎然。

“周人以栗，曰：使民战栗。”宰我解释说，周朝人栽栗子树的目的就是使民众害怕。栗者，慄也。如何使老百姓害怕？无非就是严刑酷法。周朝祖宗在社中栽栗树的用意被宰我揭穿了。

孔子是周朝制度的坚定维护者，孔子曾说：“周监于二代，郁郁乎文哉，吾从周。”孔子不能容忍别人说周朝人的坏话，对于自己的弟子说周朝人不光彩的那一面，孔子也不赞成，但孔子又认为宰我说的是事实，于是说“成事不说，遂事不谏，既往不咎”。

孔子的态度是向前看，不向后看。过去的事就让它过去，不去纠缠。把时间与精力浪费在过去，从小处说是愚蠢，从大处说是没有胸怀和格局。

3.22

原　文

子曰：“管仲[①]之器小哉!”或曰：“管仲俭乎?”曰：“管氏有三归[②]，官事不摄[③]，焉得俭?”“然则管仲知礼乎?”曰：“邦君树塞（sài）门[④]，管氏亦树塞（sài）门；邦君为两君之好（hǎo）有反坫（diàn）[⑤]，管氏亦有反坫。管氏而知礼，孰不知礼?”

注　释

①管仲（约前723～前645）：姓管，名夷吾，齐国人。春秋时期齐桓公的宰相，辅助齐桓公成为诸侯霸主，为一代名相。有《管子》一书传世。

②三归：相传是三处藏钱币的府库，也有的解释为三处居所，另有人认为是指三份俸禄。这里指三处居所。

③摄：兼职。

④树塞门：树，树立。塞门，筑在大门外的矮墙，以别内外，相当于照壁。

⑤反坫：古代君主招待别国国君时放置献过酒的空杯子的土台。

译文

孔子说："管仲的器量小得很呀！"有人便问："那管仲节俭吗？"孔子说："他有三处居所，他家里的各项职事也都设有专人而不兼任，怎么谈得上节俭呢？"那人又问："那么管仲知礼吗？"孔子回答："国君在大门前设立屏壁，管仲也设立屏壁；国君宴请别国国君，会见时在堂上有放置酒杯的台子，管仲也有这样的台子。如果说管仲知礼，那么还有谁不知礼呢？"

悟语

我们先了解一下管仲这个人。

管仲（约前723～前645），姬姓，管氏，名夷吾，字仲，谥敬，颍上（今安徽省颍上县）人。中国著名的经济学家、哲学家、政治家、军事家。春秋时期法家代表人物，周穆王的后代。

管仲比孔子早出生一百多年，对孔子来讲，是一位历史人物。

管仲在《论语》中共出现过4次，分别在3.22、14.9、14.16、14.17章。孔子对管仲有褒有贬，褒多，贬少。其他三章都是褒，唯独本章是贬。

我们先看孔子对管仲的褒："桓公九合诸侯，不以兵车，管仲之力也。如其仁，如其仁。""管仲相桓公，霸诸侯，一匡天下，民到于今受其赐。微管仲，吾其被发左衽矣。岂若匹夫匹妇之为谅也，自经于沟渎而莫之知也。"

在《宪问篇》，孔子称赞管仲是个人物："夺伯氏骈邑三百，饭疏食，没齿无怨言。"

本章中，孔子指出了管仲的三大不足。

第一，管仲的器量小。孔子只是下结论，并没有摆证据。

何谓器量小？一是心胸小，二是格局不够。心胸小一般是指容不下别人，或者易生气。管仲有这样的毛病吗？似乎没有。而格局小，这就很难判断了。如果以王业视霸业，则霸业格局小。格局大小分跟谁比。

如果拿管仲与周公旦比，管仲的格局的确小。也许孔子是在这个意义上说管仲格局小吧。

第二，管仲不是个节俭的人。三归者，有人解释为三处住宅，也有人解释为三份收入。不论是三处住宅还是三份收入，都说明管仲不节俭。

孔子对物质财富并不多么看重，主张“君子谋道不谋食”，“君子忧道不忧贫”。有一次，林放曾问礼之本。孔子称赞说：“大哉问！礼，与其奢也，宁俭。”可见孔子不赞成铺张浪费。

第三，管仲不知礼，甚至有些僭越。管仲在许多方面与国君平起平坐，国君怎么样，他就怎么样，这当然入不了孔老夫子的法眼。孔子特别看不上的情形是君不像君，臣不像臣。齐景公曾向孔子问政，孔子对曰：“君君，臣臣，父父，子子。”君不像君，臣不像臣，这国家迟早要乱套。

孔子重礼，强烈反对对礼的僭越。孔子反对季氏“八佾舞于庭”，反对“三家者以《雍》彻”，反对“季氏旅于泰山”。读此章，我们似乎找到了春秋时诸侯国礼崩乐坏的源头。

原来，始作俑者，管仲也。

3.23

原文

子语（yù）①鲁大（tài）师②乐（yuè），曰：“乐（yuè）其可知也：始作，翕（xī）③如也；从（zòng）④之，纯⑤如也，皦（jiǎo）⑥如也，绎（yì）⑦如也。以成。”

注释

①语：告诉。

②鲁大师：名挚，鲁国乐官之长。大师，乐官名。

③翕：合聚，协调。

④从：放纵，展开。

⑤纯：美好，和谐。

⑥皦：清晰，音节分明。

⑦绎：连续不断。

译文

孔子与鲁国的乐师长谈论音乐的演奏，说道：“奏乐是有规律可循的：开始时，乐器合奏，热烈奔放；继而悠扬悦耳，音节分明；再后来和谐委婉，余音不绝。最后结束。”

悟语

孔子是大音乐家，他不仅教学生《诗》《书》《礼》，还教《乐》。

在《论语》中，记载了孔子的音乐生活，下面是其中的几章。

《述而篇》第14章：“子在齐闻《韶》，三月不知肉味。曰：‘不图为乐之至于斯也。’”

《八佾篇》第25章：“子谓《韶》：‘尽美矣，又尽善也。’谓《武》：‘尽美矣，未尽善也。’”

孔子曾经接待过鲁国的盲人大师，《卫灵公篇》第42章如此记载：“师冕见，及阶，子曰：‘阶也。’及席，子曰：‘席也。’皆坐，子告之曰：‘某在斯，某在斯。’师冕出。子张问曰：‘与师言之道与？’子曰：‘然，固相师之道也。’”

音乐演奏有规律。有开头，有中间，有结尾。其实任何事物的发展也都是遵循这样的规律。

翕者，鸟起飞也，意开始也。音乐开始时，由无到有，慢慢引入。名典《梁祝》的引入，便遵循了这一规律。

纯者，纯净，单一，不含杂质也。

皦者，白色，高亮也。

绎者，抽丝，意连绵不绝也。

孔子善用比喻。其实，翕、纯、皦、绎也都是比喻。

我对音乐是个门外汉。从1985年开始，35年了，只听一首曲子，就是《梁祝》。听俞丽拿的，听盛中国的。较之盛中国的，我更喜欢俞丽拿的。俞丽拿的演奏既欢快轻灵，又凄美哀婉。对这首曲子，我是高兴了听，不高兴也听。我以为，在《梁祝》中，什么翕如、纯如、皦如，绎如，都诠释得清楚、透彻、明白。

孔子讲的是音乐，实则在揭示事物发展的规律。

3.24

原文

仪封人[①]请见，曰：“君子之至于斯也，吾未尝不得见也。”从者见之[②]。出曰：“二三子何患于丧[③]乎？天下之无道也久矣，天将以夫子为木铎[④]。”

注释

①仪封人：仪，地名，在今河南兰考境内。封人，镇守边疆的官员，姓名已不可考。

②从者见之：孔子随行的学生引见了他。从者，指孔子的随行弟子。

③丧：失去，这里指失去官职。

④木铎：木舌的铜铃。古代天子宣布政令时摇之以召集人民。

译文

（孔子到了边境，）仪（属卫国）的边防官请求见孔子，他说：“凡是君子贤人到这里来，我没有不拜见的。”孔子的随行弟子引他去见了孔子。他出来后（对孔子的弟子们）说：“你们几位何必为没有官位而发愁呢？天下无道已经很久了，上天将要启用夫子，用他来号令天下。”

悟语

这应当是孔子周游列国时在卫国边界发生的事。

孔子的名声在当时已经很大了，若名气不大，恐怕镇守边境的小官不会知道孔子为何人。这边防官见了以后发表观点：“你们这些人担心什么呢？天下政治不清明已经很长时间了。上天将启用孔老夫子，用他来号令天下。”

不知这边防官是如何得出的这结论，是根据面相，还是根据谈吐，还是根据气度？抑或三者都有。但这仪封人的结论却是下对了。“天将以夫子为木铎。”上天安排夫子作为思想的统领不仅影响了他那个时代，还影响了他以后的若干时代，包括现代。也许是孔子强烈的使命感与自信感染了这位边防官。

孔子曾说：“天生德于予，桓魋其如予何？”

孔子也说过：“文王既没，文不在兹乎？天之将丧斯文也，后死者不得与于斯文也；天之未丧斯文也，匡人其如予何？”

后来的《庄子·秋水》对此有过精彩的描述：“孔子游于匡，宋人围之数匝，而弦歌不辍。”

最后说说木铎。木铎是以木为舌的大铃，铜质。古代宣布政教法令时，巡行振鸣以引起众人注意。后来这词儿有了新的含义，比喻实行教化的人。我想这第二层含义，当自本章始。

北京师范大学百年校庆时，曾立“木铎金声”巨型雕塑于校园，已成为其标志性建筑，不可不观也。

2023 年 4 月，蔚然论语师门举行第四次重走夫子路活动，有一站就是仪封。仪封现在是一个镇，位于河南省开封市兰考县。

3.25

原文

子谓《韶》[①]：“尽美[②]矣，又尽善[③]也。”谓《武》[④]：“尽美矣，未尽善也。”

注释

①《韶》：舜时的乐曲名，歌颂舜的功业。（相传为舜帝所作。）

②美：指乐曲音调、音韵形式达到极致美妙。

③善：指乐的思想内容完善。

④《武》：相传是周武王时的乐曲名，歌颂武王功业。

译文

孔子评论《韶》乐时说：“音律太美了，内容也很好。”谈到《武》

乐时说："音律形式也很美，但内容上却差一点。"

悟　语

孔子曾经讲过："质胜文则野，文胜质则史。文质彬彬，然后君子。"

孔子的意思是，只有内容与形式的完整统一才是最好的。内容好，形式好，才是真好。内容不好，形式再好，也好不到哪里去。

了解了孔子这一基本思想，再看本章就极为容易了。

《韶》之所以尽善尽美，是因为其内容好，形式也好。传说《韶》乐为舜帝所作。舜曾为苗人所围，后奏《韶》乐以退之，化干戈为玉帛。《韶》的主旨是赞扬和平。

《论语》中有孔子闻《韶》的记载："子在齐闻《韶》，三月不知肉味。曰：'不图为乐之至于斯也。'"

《武》之所以尽美矣而未尽善也，是因为其内容是宣扬战争，炫耀武力。《武》传说是周文王所作，周武王时盛行。《诗》亦有同名诗《武》，歌颂武王伐纣。孔子认为周武王虽然师出有名，推翻商纣王的暴政，救民于倒悬，但是毕竟动用了武力，造成人员的伤亡。从人道（即仁道）的立场来说，这是不够圆满的。

《论语》中讲："子之所慎：齐、战、疾。"孔子是反对战争的，可能是最早的反战主义者，反对战争的人当然会说炫耀武力不好，会说其"未尽善也"。

3.26

原　文

子曰："居上不宽，为礼不敬，临丧不哀，吾何以观之哉?"

译　文

孔子说："居于上位的人不能宽厚待人，行礼的时候不恭敬，遇丧礼时也不悲痛哀戚，这让我怎能看得下去?"

悟 语

人人都有看不惯的事，孔子也有。孔子在这里谈了三件他看不惯的事。

一是“居上不宽”，二是“为礼不敬”，三是“临丧不哀”。

上者，居于上位者也，现在通俗的叫法是领导。孔子认为居上要宽，做领导要宽厚，心胸开阔，格局要大。孔子曾经给子张讲过，“宽则得众”。在《尧曰篇》第一章，孔子也重申过这个观点。过去讲宰相肚里能撑船，现在讲总理的肚子里能行航空母舰，都是讲的“宽”。

我总结过当领导的十个最重要的方面：德正智勇立，宽庄敏慎讷。“宽”字排在第六位。

礼者，敬也。礼有两大功能，一是表达敬意，二是维持秩序。如果“为礼不敬”，那就失去了为礼的原意。所以，行礼时态度要端正。

“临丧要哀”，这是正常人的正常行为。如果临丧不哀，既违背了常礼，又让人觉得匪夷所思，也会让人觉得这人精神有毛病，别人会敬而远之。

想想，孔子讲的都是些基本的东西。

里仁篇第四

4.1

原 文

子曰：“里仁为美①。择不处（chǔ）②仁，焉得知（zhì）③？”

注 释

①里仁为美：住在有仁者的地方最好。里，用作动词，居住。也有的解释为靠近。里仁，向仁。

②处：居住。

③知：通“智”，明智。

译 文

孔子说：“跟有仁德的人住在一起最好（亲近仁最好）。如果你选择的住处附近没有仁德之人，怎么能说是明智的呢？”

悟 语

在孔子的整个学说当中，仁占据核心位置。

何谓仁？爱人也。

在孔子看来，亲近仁者，与仁者为邻，是最大的智。

近朱者赤，近墨者黑，与仁者在一起，才有可能成为仁者。

大概孟子之母最清楚里仁为美的道理。《三字经》上讲：“昔孟母，择邻处。”为了给孟子创造一个良好的生活环境，孟母曾三迁。

环境对人的成长有很大的影响，这一点不得不承认。

有一年我到浙江嘉善去，看到一条古街叫里仁街。那条古街已经扒掉一半，还剩下一半。

我想当时住在里仁街上的人应当很幸福吧，看到被扒掉的半条街道，不禁唏嘘。

4.2

原　文

子曰："不仁者不可以久处（chǔ）约[1]，不可以长处（chǔ）乐。仁者安仁[2]，知（zhì）者利仁[3]。"

注　释

①约：穷困，困窘。

②安仁：安于仁道。

③利仁：仁对自己有利。

译　文

孔子说："没有仁德的人不能长久地忍受贫困，也不能长久地安享逸乐。有仁德的人安于仁道，聪明的人知道仁对自己有利。"

悟　语

有仁者就有不仁者，不仁者与仁者相对。

仁者，爱人者也，君子也；不仁者，不爱人者也，自私者也，小人也。

自私的人很难忍受窘困之苦，更难于自律，这样的人也不会有长久的快乐。

自私的人一切从自己考虑，从来不考虑别人的感受，常常与人处于矛盾与冲突之中，这样的人怎么会快乐呢？

自私的人还容易患得患失。孔子说："鄙夫！可与事君也哉？其未得之也，患得之；既得之，患失之。"鄙夫者，小人的另一称谓也。患得患失的人怎么能保持快乐？

要想得到真正的快乐，从不自私开始。

4.3

原 文

子曰："唯仁者能好（hào）①人，能恶（wù）②人。"

注 释

①好：用作动词，喜爱。

②恶：用作动词，憎恶。

译 文

孔子说："只有那些有仁德的人（才会爱憎分明，）既能爱人，也能恨人。"

悟 语

仁者，君子也。

君子有强烈的是非观念。君子看事，总是从是非开始，对的就坚持，不对的就反对。

什么是对的？合乎义的东西就是对的；什么是错的？不合乎义的东西就是错的。故孔子说："君子之有天下也，无适也，无莫也，义之与比。"

何谓义？该做之事也。何为不义？不该做之事也。

孔子提倡见义勇为，不做缩头乌龟。孔子说："见义不为，无勇也"。

故仁者能好人，对于见义勇为的人，仁者坚决支持，与正义者站在一边。

故仁者能恶人，对于不坚持正义的人，仁者坚决反对，坚决与邪恶做斗争。

4.4

原 文

子曰："苟志于仁矣，无恶也。"

译 文

孔子说："如果立志于仁，就不会有恶意、做坏事了。"

悟 语

苟是假设的意思。

假设一个人立志做一位仁者，这个人既不会有恶意，也不会做坏事。

故世上的仁者有两种：一种是真仁者，另一种是假仁者。真仁者不会有恶意，更不会去做伤天害理的事。而假仁者则很难说了。

真仁者是真君子，假仁者是伪君子。

要分清是真君子还是伪君子，只能从做的事上判断。

真君子也可能做坏事，但他的出发点是好的；伪君子绝对不可能做好事，偶尔做好事，也是为了做更大的坏事。

4.5

原 文

子曰："富与贵，是人之所欲也，不以其道得之，不处（chǔ）也；贫与贱，是人之所恶（wù）① 也，不以其道得之，不去也。君子去仁，恶（wū）② 乎成名？君子无终食之间违仁，造次必于是，颠沛必于是。"

注 释

①恶：憎恨，嫌弃。

②恶：怎么。

译 文

孔子说："富裕和显贵是人人都想得到的，但不用正当的方法得到它们，就不要去做；贫穷与低贱是人人都厌恶的，但不用正当的方法去摆脱它们，也不要去做。君子如果离开了仁德，又怎么能叫君子呢？哪怕只有一顿饭那么短的时间，君子也不会背离仁德，就是在最紧迫的时刻，就是在流离的时候，也一定会按仁的要求去做。"

悟 语

孔子认为人都喜欢富贵，人都讨厌贫贱，这是人性使然。

但孔子坚持认为，获取富贵或摆脱贫贱的手段必须正确，这是孔子的伟大之处。

什么是正确的手段？以其道得之。中国人讲，君子爱财，取之有道，大概是从这里来。

何为其道？合乎正义，合乎道德，合乎人情，合乎约定俗成也。

比如经商，价格公道，童叟无欺，这就是得其道；而垄断价格，欺行霸市，这就是非其道。

作为君子，不论从事什么职业，做什么行当，一定要坚持仁德。仁德就是最基本的道。君子离开了仁，那就不是君子了。作为君子，一定要把仁作为最高的道德标准坚持追求。

君子即仁，仁即君子。君子不能须臾离开仁。孔子打比方说：忙乱的时候不能离开仁，赶路的时候也不能离开仁。

关于君子与仁的关系，孔子说得太透彻了，太明白了。

道理简单，关键是践行。

4.6

原 文

子曰："我未见好（hào）仁者，恶（wù）不仁者。好（hào）仁者，无以尚之；恶（wù）不仁者，其为仁矣，不使不仁者加乎其身。有能一日用其力于仁矣乎？我未见力不足者。盖有之矣，我未之见也。"

译 文

孔子说："我没有见过爱好仁德的人，也没有见过厌恶不仁的人。爱好仁德的人，是再好不过的了（没有什么东西能胜过仁）；厌恶不仁的人，他修行仁德，只是为了不使不仁的东西加在自己身上。有谁能花一天的时间把精力用在实行仁德上而精力不够的吗？我没有见过精力不够的。或许有这样的人，但我没见过。”

悟　语

孔子说话总是那么有分寸，那么客观。

孔子说没有见过特别爱好仁德的人，也没见过特别厌恶不仁的人。

大概世上这两种人都少吧。

好仁者，那是天底下最好的人了，什么人也比不上。恶不仁者，其为仁矣，不使不仁者加乎其身。意思是恶不仁者不受不仁者的影响，能做到这一点很了不起。

对于普通大众，重要的是践行仁。只要内心树立了践行仁的想法，就一定能够做到。其心力够，其气力也够。

也许有人说他的心力不够，气力不够，但这种人我并没有见到过。

其实孔子强调的就是他一贯的观点：“我欲仁，斯仁至矣。”

4.7

原　文

子曰：“人之过也，各于其党。观过，斯知仁矣。”

译　文

孔子说：“什么样的人犯什么样的错误。所以，考察一个人所犯的错误，就可以知道他是不是一个仁者。”

悟　语

本篇4.1至4.7可以连在一起悟。

仁是孔子思想的核心。何谓仁？在想到自己的同时也想到了别人。仁者，不自私者也。

仁包括三个方面：爱人、立人、达人。孔子对樊迟讲，仁者爱人也。孔子对子贡讲：“夫人者，己欲立而立人，己欲达而达人。”

孔子有一个重要的观点，实行仁，先从自己身边的人做起。孔子说："能近取譬，可谓仁之方也矣。"

基于以上的认识，孔子认为，人应当选择仁，靠近仁，否则他就不是个真正聪明的人。

里仁，也有的人理解成与仁德者为邻。北京有个里仁街，我所在的济南市有个里仁学校。

如果一个人不是仁者，他不会长期约束自己，更不会长期生活在快乐之中。

约，有两种解释：一是节俭，二是约束。知道节俭的人多，知道约束的人少。

只有仁者才会有强烈的是非观念，才会爱憎分明。如果一个人志于仁道，向善，则他便不会有恶念，更不会有恶行。

其实，判断一个人是否是一个仁者，可从一个人对富贵贫贱的态度出发。人人都喜欢富贵，但如果富贵来路不正，宁肯不要这个富贵；人人都讨厌贫贱，但如果不用正当的方法摆脱贫贱，则宁肯继续忍受贫贱。

在孔子的心目中，君子即仁者，仁者即君子。君子离开了仁，那就不是君子了。作为君子，是一刻也不能离开仁的。在忙乱的时候不能离开仁，在赶路的时候也不能离开仁。

孔子认为，真正的仁者是很少的，他甚至都没有见过。他没有见过真正喜欢仁德的人，也没有见过讨厌不仁的人。真正喜欢仁的人，是天底下最好的人。而厌恶不仁的人，会尽量使自己远离不仁的人，远离不仁的事，不使这些不好的东西影响自己。其实，如果要真正实行仁，人人都有这个能力。

孔子认为，是什么样的人就会犯什么样的错误。从人犯错误的种类就可以判断他是个什么样的人，就可以判定他是不是一位仁者。仁者之错与不仁者之错是不同的，对此应当给予高度的重视。

4.8

原　文

子曰："朝闻道，夕死可矣。"

译文

孔子说："早晨得知真理，即使在当天晚上死去，也没有什么可遗憾的。"

悟语

道是什么？道是规律，是主张。

孔子的道是什么？有人说是忠恕，有人说是仁义，还有人说是天道，更有人说是人道。

老子讲："道可道，非常道。"通读《道德经》可知，道者，世界万物之基本规律也。

而孔子这里讲的道，便有此意。但孔子讲的道，更多的是人道。人道者，仁道也。讲人道，实际上是讲仁道。人道，人间爱也，仁道，亦爱也。

注意，本章是在孔子论仁之后出现的，可以看作是对前几章的总结。这里的道当指仁道。

而本章又是在讲"义"之前出现的，可以看作是对后两章的引言，如此，则道指"义"也。义，何也？义者，宜也，该做之事也。铁肩担道义，即此也。

4.9

原文

子曰："士志于道，而耻恶衣恶食者，未足与议也。"

译文

孔子说："士应当以道为己任，对于那些以自己吃得不好穿得不好为耻辱的所谓士，是不值得与他共谋大事的。"

悟语

孔子有句名言："君子谋道不谋食。……君子忧道不忧贫。"可以把此章看作是对"谋道不谋食""忧道不忧贫"的说明。

士者何也，以天下为己任者也。士有两种，一是武士，二是文士。在中国人的心目中，士一般是指读书人，当然，是指有名望的读书人。

“士”往往与大夫相连，谓之士大夫也。士大夫者，古代中国人对于官吏和士人的统称。

孔子主张“士志于道”。道者，谋道也。曾子讲：“士不可不弘毅，仁重而道远。仁以为己任，不亦重乎？死而后已，不亦远乎？”

士之道者，以仁为己任者也。

4.10

原文

子曰：“君子之于天下也，无适（dí）①也，无莫②也，义③之与比（bì）④。”

注释

①适：亲近，厚待。

②莫：疏远，冷淡。

③义：适宜，妥当。

④比：比较。

译文

孔子说：“君子对于天下事，没有什么（特别）喜欢，也没有什么（特别）不喜欢，只是按照义去做。”

悟语

义之与比，用义去衡量，符合义的就去做，不符合义的就不去做。义者，宜也，该做之事也。义务、职责、职守皆为义也。

孔子讲：“见义不为，无勇也。”

中华人民共和国国歌为《义勇军进行曲》，义勇军为抗日名师，“义勇军”之名应得自《论语》。

君子者，铁肩担道义者也。

也有人把义理解成社会公德。恪守社会公德，义也；不恪守社会公德，不义也。

4.11

原文

子曰："君子怀[1]德，小人怀土[2]；君子怀刑[3]，小人怀惠。"

注释

①怀：思念。

②土：田地，财富。

③刑：刑法，法治。

译文

孔子说："君子惦记的是道德，小人挂念的是财富；君子关心的是法治，小人贪图的是恩惠。"

悟语

孔子最大的贡献是为中国人提出了道德标准。这个道德标准就是孔子重新解释了什么是君子，什么是小人，并且为君子和小人赋予了新的含义。

君子者，爱人、立人、达人者也。小人者，自私、自利、损人者也。爱人、立人，达人者，为义也；自私、自利、损人者，为利也。

故孔子讲："君子喻于义，小人喻于利。"君子知晓义之正，小人明白利之怡。

怀德者，知义也；怀土者，晓利也；怀刑者，知是非也；怀惠者，贪好处也。

过去中国人起名来自《论语》的很多。比如共和国元帅彭德怀的名字，就源自这一章，不过是顺序稍微颠倒了一下，把"怀德"变成了"德怀"，意义不变。

彭德怀这名字是他1922年改的，在此之前，他叫彭得华。

4.12

原 文

子曰："放（fǎng）[1]于利而行，多怨[2]。"

注 释

①放：一说依据、根据；一说效法、效仿，引申为追求。

②怨：别人的怨恨。

译 文

孔子说："一切依据利益行事，会招致更多的怨恨。"

悟 语

人不可能不明义，又不可能不言利，要正确处理好义与利的关系。只强调义不强调利，最终会导致道德的虚伪，伪君子横行；只强调利不强调义，最终会滑向拜金主义、实用主义。

利不能不强调，但不能是唯一的标准。如果一味强调利，人就会唯利是图，而唯利是图的社会是可怕的，往往怨恨丛生，矛盾重重。

4.13

原 文

子曰："能以礼让为国乎，何有[1]？不能以礼让为国，如礼何[2]？"

注 释

①何有：何难之有。

②如礼何：将礼怎么办。

译 文

孔子说："能够用礼让来治理国家，那还有什么困难呢？不依据礼让来治理国家，能把礼当回事吗？"

悟 语

孔子深知，就治国而言，有两种方法。孔子在《为政篇》中讲："道之以政，齐之以刑，民免而无耻；道之以德，齐之以礼，有耻且格。"孔子比较了两种治国方法的优劣，认为以德治国比以法治国更好些。

孔子的意思是，当理解了以礼治国的重要性以后，治国就不难了；当不理解以礼治国的重要性时，就不会拿着礼当回事。

学习《论语》，对礼的重要性怎么理解都不过分。孔子说："不知礼，无以立也。"孔子还说："不学礼，无以立。"人要知礼、学礼，即使2500年后，这个观念仍不过时。

山东人知礼、讲礼、用礼，现在全力打造"好客山东"这张牌，其实是在打"礼"这张牌。

4.14

原 文

子曰："不患[1]无位，患所以立；不患莫己知，求为可知也。"

注 释

①患：害怕，担心。

译 文

孔子说："不要担心没有官位，要担心自己没有胜任的能力；不要担心没有人知道自己，应努力提高自己，以让别人了解。"

悟 语

这应当是孔子跟他的弟子说的话。弟子们总是会有各种各样的问题问夫子，而夫子总是耐心回答。弟子们是来学习如何治国安邦的，像樊迟那样要跟夫子学习稼、圃的弟子毕竟很少。

他们有时会问到学成后的去向。或许就有人问，“夫子，学成后若找不到能报效的地方怎么办?”这时孔子就开始做弟子的思想工作：“你不用担心你毕业后找不到工作，你得先把本事（本领）学好。把本事（本领）学好了，怎么会找不到工作呢?”

孔子还补了一句：“不用担心别人不了解自己，你所能做的，是尽量学好本事（本领）让别人知道。”

我养父是位木匠，也是石匠、瓦匠。我小的时候正好是“文革”闹得最厉害的时候，大学不招生了，中学也在闹停课，没有考大学这一说。在那种情况下，养父希望我像他那样做一个好木匠、名木匠，靠手艺吃饭。“要学门手艺，不能只靠卖力气”，这是养父常说的一句话。“艺不压身。”这也是养父常说的。

养父总是想让我跟他学木匠，下雨下雪天，他有时会把我叫到跟前，讲各种工具的用途及其使用方法。“木匠的绝活是如何下料，一是多琢磨一下这块料可作什么用，二是尽量地少动工具，多出料。”等我略大，养父便传授他的绝技。“等你真有本事了，你就不愁没有饭吃了。”

可我对养父要让我成为一个好木匠的伟大理想，始终提不起兴趣，也许我就不是做木匠的料。我从小对文字的东西感兴趣，如饥似渴地找各种文字的东西读。

感谢邓小平恢复了高考，我才能读大学，读研究生。

“艺不压身，多学点本事”，其实老百姓讲的这些普通道理，与孔子讲的“不患无位，患所以立”是一样的。

“百姓日用而不知”，这句老话又一次得到了验证。

4.15

原文

子曰：“参（shēn）[①]乎，吾道一以贯之[②]。”曾子曰：“唯。”子出，门人问曰：“何谓也?”曾子曰：“夫子之道，忠

恕[3]而已矣。”

注释

①参：即曾参，姓曾，名参，字子舆。孔子晚年弟子，小孔子46岁。

②一以贯之：用一个基本思想贯穿。

③忠恕：尽己之谓忠，推己及人谓之恕。恕，孔子解释为“己所不欲，勿施于人”（见15.24章）。

译文

孔子说：“参呀！我的道是由一个基本的思想贯穿起来的。”曾子说：“是。”孔子出去之后，别的弟子便问曾子：“这是什么意思？”曾子说：“先生的道（学说），就是忠恕罢了。”

悟语

曾子者，曾参也。姓曾，名参，字子舆，按当时的风俗，老师称弟子名而不称字。

曾子比孔子小46岁，孔子去世时，曾子不过是一位27岁的年轻人。颜回去世后，孔子是把曾参当作接班人培养的。

这段话应当是发生在颜回去世之后。

孔子充满深情地讲“参乎”，注意，在“参”之后加了个“乎”。孔子从来没有对子路这样喊过，喊子路就一个字：“由”。孔子对曾参讲“吾道一以贯之”。“道”可以理解为思想、理论、学说。

孔子说，曾参啊，我的道是用一条主线串起来的，但没有讲这条主线是什么。然而曾子理解孔子指的是什么，只回答了一个字：“唯。”“唯”是“是”的意思。

这道是什么呢？按曾参的理解，“夫子之道，忠恕而已矣”。忠者，不骗己又不骗别人；恕者，如心也，推己及人，将心比心。

在《论语》15.24章，当子贡问“有一言而可以终身行之者乎？”时，孔子回答说“其恕乎！”并针对子贡的特点说，恕者，“己所不欲，勿施于人”。

有许多人把“恕”解释成“己所不欲，勿施于人”，不是不对，而是不全面。

恕的本质是理解别人。从自身的感受出发，设身处地地去理解别人的所思所想，所作所为。理解是沟通的基础，只有理解了对方，才容易与对方沟通。

一般人认为孔子的学说是仁，这没有错。但儒学大家杜维明认为，孔子的恕道才是孔子学说中最独特、最有价值的部分。有了恕，有了理解，人世间的冲突、矛盾才会减少。世界之所以你争我斗，不太平，是“恕”缺乏。一语中的。

人与人之间，民族与民族之间，国家与国家之间，宗教与宗教之间，如果能多一点恕，世界就会安稳许多。杜维明曾向联合国秘书长安南建议，把恕道作为文明对话的原则。

我同意杜维明的观点，人如果掌握了恕道，就会变得通达与通透。孔子这样讲达：“夫达也者，质直而好义，察言而观色，虑以下人。”只有恕，才可能达。

4. 16

原文

子曰：“君子喻于义，小人喻于利。”

译文

孔子说：“君子懂得（明白）义，小人明白（知道）利。”

悟语

恐怕这是孔子最家喻户晓的一句话了。

义者，宜也，该做之事，道义、责任、义务也。利者，财富、利益、实惠也。

孔子反复强调君子与小人的差别与不同，对义与利的态度不同，是其分水岭之一。

君子不是不要利，君子是在义的前提下取利，所谓先义而后利也。小人只认利，不讲义，唯利是图者也。但小人不会明确表态说他不讲义，只要利。他不会把利说在嘴上，他只是在行动上贯彻而已。

有许多小人，还往往把自己装扮成大公无私者。这样的小人其实更可怕。

4.17

原　文

子曰："见贤思齐焉，见不贤而内自省（xǐng）也。"

译　文

孔子说："见到贤人，就应该向他学习、看齐；见到不贤的人，就应该自我反省。"

悟　语

这一章有两个关键词，一个是思齐，一个是内省。

思齐者，"三人行，必有我师焉"。内省者，察己之非与不足也。思齐的反义词是嫉妒，嫉妒容易生恨。内省是孔子、曾子、孟子留给我们最重要的遗产。内省可使人获得前进的内动力。

孟子云："行有不得，反求诸己。"

4.18

原　文

子曰："事父母，几（jī）①谏，见志不从，又敬不违，劳②而不怨。"

注　释

①几：委婉，婉转。

②劳：劳作，操劳。这里指侍奉父母。

译　文

孔子说："侍奉父母，（如果父母有不对的地方，）要委婉地劝说他们。（自己的意见表达了，）发现父母不愿听从，还是要对他们恭恭敬敬，不违抗他们的意志，仍毫无怨言地侍奉（父母）。”

悟 语

孝者，敬也，顺也，中国人讲孝敬、讲孝顺。做儿女的有时候会觉得父母有些事做得不好，有些事做得不对，有两种选择：一是对父母提出劝谏，父母可能接受，也可能不接受。如果父母不接受，还是要“又敬不违，劳而不怨”；二是如果父母不听自己的，就与父母对抗，这当然是不对的，我们应当“择其善者而从之，其不善者而改之”，而不是相反。

最后强调一下，对待领导、师长其道同。

4. 19

原 文

子曰：“父母在，不远游①，游必有方②。”

注 释

①游：指游学、做官、经商等外出活动。

②方：方位，地方。也有的解释为理由或原因。

译 文

孔子说：“父母在世，不远离家乡；如果不得已要出远门，也必须告诉父母确切的地点（理由或原因）。”

悟 语

儿行千里母担忧。古时交通不方便，通信不方便，儿子出门，尤其是远行，除了面临许多困难外，还可能有性命之忧。故孔子告诉弟子们，父母在，不远游。但有时候又必须远行、远游，在这种情况下，要给父母说清楚，告知父母自己到什么地方去，去做什么，以减少父母的担忧。

学《论语》，一定要联系当时的情景去考虑，否则有些事情既想不清楚，也弄不明白。

4.20

原文

子曰："三年无改于父之道，可谓孝矣。"①

注释

①本章系重出。内容见1.11章。

译文

孔子说："父亲去世三年（多年）后，仍然按照父亲生前的准则去做，就可以算是孝了。"

悟语

这一章系重出。

"三年"者，可以理解成三年，也可理解为多年。三者，多也。《论语》中"三"字用得很多。如孔子言："三人行，必有我师焉。择其善者而从之，其不善者而改之。""三军可以夺帅，匹夫不可以夺志也。""三年学，不至于谷，不易得也。"如曾子言："吾日三省吾身：为人谋而不忠乎？与朋友交而不信乎？传不习乎？"

父亲去世后，儿子不改其道，难。

原因可能有以下几点：

一、父亲生前行的那一套，儿子本身就不赞成。生前碍于父亲的面子，不得不遵守，不得不照办。父亲一死，管不了了，于是马上改。

二、时代变了，父亲那一套不合时宜了。

三、有人强迫，不改不行。

《论语》中提到一个人，不仅不改父之道，还不改父之臣与父之政，这个人是孟庄子。

曾子曰："吾闻诸夫子，孟庄子之孝也，其他可能也；其不改父之臣与父之政，是难能也。"

孟庄子比孔子出生要早，他曾参加过公元前555年诸盟国对齐国的战争，并曾砍倒一棵树，说用这棵树给鲁国国君做琴。

1994年金日成去世后，金正日不仅为父亲守孝三年，还无改于父之道，无改于父之臣、父之政，这应当是受了中国传统文化的影响。

4.21

原文

子曰："父母之年①，不可不知也。一则以喜，一则以惧。"

注释

①年：年龄。

译文

孔子说："父母的年纪，不可不知道。一方面（为他们的长寿）高兴，一方面（又为他们的日益衰老）担忧。"

悟语

年，可指年龄、年岁、年纪，也可指出生的具体日期。孩子一天一天长大，父母一天一天老去。随着孩子长大、结婚，参与社会活动，父母在家庭中的地位逐渐削弱，影响力越来越小。这既是一个渐变的过程，也是一个突变的过程。

让人害怕的是父亲、母亲会突然离世。

1982年9月21日，我非常健康的养母突然去世，虽然42年过去，我到现在想起来还心痛，有时还会梦到她老人家。"树欲静而风不止，子欲养而亲不待"，这种人生大憾，未经历过的人是体会不到的。

孔子提醒我们，父母健在时，我们要高兴快乐。父母在，是快乐的源泉、幸福的源泉，做儿女的，要尽量多陪陪父母。

尽孝要早，不应拖，也不能拖。

4.22

原 文

子曰："古者言之不出，耻躬之不逮（dài）也。"

译 文

孔子说："古人不轻易把话说出口，因为他们以自己做不到为耻啊。"

悟 语

人的表现主要体现在两个方面：一是言，二是行。言与行有三种情况：一是言过其实，二是言行一致，三是言少做多。

孔子反对前者，讲"君子耻其言而过其行"。孔子赞成后两者，讲"君子欲讷于言而敏于行"。

其实言与行还有三种关系：

一、言早行，事还没做，先大肆宣传。

二、言行同时，边做边说。

三、言后于行。

孔子基本上赞成后者。子贡问君子，子曰："先行，其言而后从之。"理解了孔子关于言与行的基本观点，再来看这章，就很明了了。

古代人之所以不轻易出言，是担心说出的话做不到。说出的话做不到，失信也。为不失信计，没做的事先不要说出口。

4.23

原 文

子曰："以约①，失之者鲜（xiǎn）②矣。"

注 释

①约：约束。这里指约之以礼。

②鲜：少。

译　文

孔子说：“（用礼来）约束自己，过失就少了。”

悟　语

约者，约束也。约分为两种，自约与他约。自约者，自我约束也；他约者，别人约束也。

人都有欲望，都有贪心。约者，克制欲望，克制贪心也。约者，克己也。子曰：“克己复礼为仁。一日克己复礼，天下归仁焉。”约者，“非礼勿视，非礼勿听，非礼勿言，非礼勿动”也。约的最高境界是君子慎其独也。

还有一种约是他约。诸如党纪国法、乡规民约、单位规章制度也。

自约与他约相结合，人犯错误的概率就少了。约的实质是人不能任性，保持中庸。再好的人，一任性就完了。

我总结了人生之十大不能任性：

有权不能任性，有钱不能任性。

有功不能任性，有恩不能任性。

有爱不能任性，有恨不能任性。

有才华不能任性，有美貌不能任性。

年长不能任性，年少不能任性。

我曾经到监狱给犯人讲过课，一狱警对我说，犯人的共同点就是太任性，自我约束不够，想想真是。

4.24

原　文

子曰：“君子欲讷（nè）①于言而敏②于行。”

注　释

①讷：迟钝，言语谨慎。

②敏：敏捷，快速。

译 文

孔子说："君子要求自己说话谨慎，行动敏捷。"

悟 语

毛泽东主席很欣赏这句话，给自己的两个女儿起名为李敏、李讷。希望自己的两个女儿一个敏行，一个慎言。

至于为什么姓李？是因为胡宗南进攻延安毛泽东率领中共中央转战陕北时曾化名李得胜。

"敏行讷言"是《论语》中一以贯之的思想。在《学而篇》孔子讲："君子食无求饱，居无求安，敏于事而慎于言，就有道而正焉，可谓好学也已。"

君子者，少说多做者也。

4.25

原 文

子曰："德不孤，必有邻。"

译 文

孔子说："有道德的人是不会孤单的，一定会有志同道合的人与其做伴。"

悟 语

"德不孤，必有邻。"这短短的六个字，揭示了德行、品德的重要性。

大家知道李宗仁吧？桂系军阀，后来做了中华民国的副总统，字德邻，就取自这句话。

讲个蒋介石与李宗仁之间的故事。

1948 年，在风雨飘摇中，蒋介石当选为总统，李宗仁当选为副总统。

就职典礼前一天，李宗仁询问蒋介石该穿何种衣服出席典礼，蒋介石答曰：着戎装。第二天，李宗仁着戎装出席，而蒋介石则长袍马褂。那架式，李宗仁活像蒋介石的卫兵。

都到了国将不国的地步，蒋介石还在耍小聪明。

“德不孤，必有邻。”反义是德不配位，必有灾殃。

虽说国民党倒台有诸多原因，但蒋介石德行不够是重要原因之一。

4.26

原文

子游曰：“事君数（shuò）①，斯②辱矣；朋友数（shuò），斯疏矣。”

注释

①数：屡次，多次。

②斯：就。

译文

子游说：“侍奉君主太过于巴结，就会受到（君主）侮辱；与朋友相交太过于亲密，朋友之间就可能疏远。”

悟语

无论是与领导相处还是与朋友相处，都有个度的把握问题。与领导远了，想得到领导的照顾难，与领导近的领导尚且照顾不过来，何况离领导远呢。但与领导太近了，优点与缺点领导一目了然，不定哪天领导发脾气，倒霉的便是身边的人。这样的例子比比皆是，古人云，伴君如伴虎。

我刚入职的时候，一位与我相处不错的大哥嘱咐我：领导就是蜡烛，离领导远了，领导的光芒照不到你；离领导近了，会被领导烧着，但他没有说多远多近才算合适。

这话几十年以后我才真正明白，但明白得有点晚了。

朋友是人生中的志趣所在、温暖所在，在现代社会中，我们与朋友相处得多，与家人相处得少。没有朋友的人生是暗淡的，每个人都要珍重朋友。朋友关系不是刚性关系，需要经营，需要维护，甚至是呵护。与朋友太远，关系就渐渐淡了，所以要定期发发微信，见见面，吃吃饭。有个人说，朋友不吃饭，关系要完蛋，有一定道理。但朋友也不能成天黏在一起，不分你我，朋友之间一定要保持适当距离。朋友见面的次数不要太频繁，每次相处的时间也不宜太长。

其实，这都是讲的中庸，但掌握中庸的人太少了，所以孔子讲："中庸之为德也，其至矣乎！民鲜久矣。"然。

公冶长篇第五

5.1

原 文

子谓公冶长[①]：“可妻（qì）[②]也。虽在缧（léi）绁（xiè）[③]之中，非其罪也。”以其子[④]妻（qì）之。

注 释

①公冶长：姓公冶，名长，字子长、子芝，春秋时齐国人，孔子的学生，后成为孔子的女婿。自幼家贫，勤俭节约，聪颖好学，博通书礼，德才兼备，终生治学而不仕。相传通鸟语，并因此获罪。

②妻：用作动词，可使为妻，或作嫁给某人做妻子解。

③缧绁：原指拴牛马物，用丝制成。也可作捆绑犯人用的绳索。这里借指牢狱。

④子：古时无论儿、女均称“子”。这里指孔子的女儿。

译 文

孔子评论公冶长说：“可以把女儿嫁给他。他虽然被关在牢狱里，但这并不是他的罪过呀。”于是就把女儿嫁给了他。

悟 语

孔子有儿有女。儿子叫孔鲤，字伯鱼，至于女儿叫什么，好像没有记载。

男大当婚，女大当嫁。孔子的儿子孔鲤娶的媳妇叫什么，《论语》上也没有记载。但孔子的女儿嫁给谁，《论语》上却是有记载的，这个人就是公冶长。

公冶长是孔子的学生，孔子对他非常了解。

当孔子决定把女儿嫁给公冶长的时候，公冶长还在监狱里服刑。至于为什么在监狱的服刑，《论语》里没有讲。

但有一点是清楚的，孔子坚信公冶长的清白。孔子说得很清楚："虽在缧绁之中，非其罪也。"

关于公冶长，传说较多。比如说公冶长懂鸟语。其中一个故事是这样讲的。

有一次公冶长听到老鹰叫："公冶长，公冶长，南山有只死獐，你来吃肉，我吃肠。"公冶长跑到南山，果然找到一只獐，可是他并不想把肠子拿给老鹰吃。老鹰因此怀恨在心。过了不久，那只老鹰又像上次一样来通报，公冶长又像上次那样往南山跑去。他远远见到几个人围着一个东西，在那里议论纷纷。公冶长以为是死獐，怕被别人抢走，就老远喊着："那是我打死的。"等他跑过去一看，竟然是一具尸体，不是獐。这些人就逮捕公冶长，扭送到官府去。官府问案情，公冶长说明来龙去脉，但官府不相信他懂鸟语。刚好这时候屋檐下的鸟雀叫声很急，官府就问公冶长："你如果懂得鸟语，那么，你能听懂这只刚飞来的鸟吱吱喳喳的是为了什么事吗？"公冶长仔细听了好一会儿后说："那只鸟说，东乡有一车粟米翻车，粟米撒了一地，来叫大伙儿去吃。"官府派人到东乡去考察，果真如此，就释放了公冶长，不监禁他了。

当然，这是传说，不足为信。

据说公冶长墓有两处，一处在淄博，另一处在潍坊。潍坊的公冶长墓，我曾带着学生去看过。墓前有两棵高大的银杏树，一雄一雌，枝繁叶茂。据说乌鸦从来不在这两棵银杏树上面筑巢，为什么会这样，不得而知。

5.2

原文

子谓南容[①]："邦有道[②]，不废[③]；邦无道，免于刑戮[④]。"以其兄[⑤]之子妻（qì）之。

注释

①南容：姓南宫，名适（kuò），字子容，春秋末年鲁国人。他言语谨

慎，崇尚道德。孔子称赞他是“君子”“尚德之人”，并把侄女嫁给他。

②道：指政治清明，人民安居乐业。

③废：废置，不任用。

④刑戮：刑罚。

⑤其兄：孔子之兄孟皮，长孔子多岁，与孔子同父异母，腿有疾。

译　文

孔子评论南容说：“国家有道时，他出来做事；国家无道时，他也能够平安过日子。”于是就把自己的侄女嫁给了他。

悟　语

5.1 与 5.2 可以连起来一起感悟。

自古以来，男大当婚，女大当嫁，孔家亦不例外。

这两章记录了孔子为其女儿、侄女选择夫婿的故事。

一、为女儿选女婿，孔子选了公冶长。公冶长在监狱服刑，但孔子认为罪不在他，还是毅然决然地把女儿嫁给了他。

二、为侄女选夫婿，孔子要慎重得多。孔子要为侄女选一个能够终身相守的人，他选了南容。为什么选南容？因为南容“邦有道，不废；邦无道，免于刑戮”。

在《先进篇》第 6 章又解释了孔子选南容的原因：“南容三复白圭，孔子以其兄之子妻之。”

所谓“三复白圭”，多次吟诵“白圭”之诗也。《诗经 · 大雅 · 抑》有诗句“白圭之玷，尚可磨也；斯言之玷，不可为也”。意思是白玉上面的污点，还可以磨掉，但说话不谨慎而出错，却是无法挽回的。

“南容三复白圭”，目的是告诫自己说话要谨慎。

这两章说明南容谨言慎行，孔子之所以把侄女嫁给他，也正是考虑到这个因素。

5.3

原　文

子谓子贱①：“君子哉若人②！鲁无君子者，斯焉取斯③？”

注释

①子贱：姓宓（fú），名不齐，字子贱。比孔子小49岁。春秋末期鲁国人，孔子的弟子，鲁哀公时任单父宰，为政三年，善于用人，功绩卓著，单父大治。

②若人：这个人。

③斯：此。第一个“斯”指子贱，第二个“斯”指子贱的品德。

译文

孔子评论子贱说：“这个人真是个君子呀！如果鲁国没有君子，他的好品德是从哪里学的呢？”

悟语

中国有一成语为“君子尚德”，当是来自此章。

这“君子”指宓不齐，字子贱。“尚德”指崇尚仁德。尚德、崇德是一个意思，指把道德放在首位。孔子的意思是，宓不齐是位君子，他很把仁德当回事儿。

在孔子的心目中，君子是一个很高的标准，一般人孔子是不赞许其为君子的。孔子认为，仁即君子，君子即仁。而君子者，爱人、立人、达人者也。孔子赞许子贱为君子，子贱当有过人之处。

据《吕氏春秋·察贤》记载，子贱为单父宰时，用“无为而治”的办法来治理，结果是“身不下堂而单父治”。当他向孔子述其政绩以后，孔子称赞说：“惜哉！不齐所治者小，所治者大则庶几矣。”（《史记·仲尼弟子列传》）意即宓子贱还可以做更大的官。

《孔子家语》记载了子贱为官时孔子去看他的一段对话：

> 孔子兄子有孔蔑者，与宓子贱皆仕。孔子过孔篾，而问之曰：“自汝之仕，何得何亡？”对曰：“未有所得，而所亡者三。王事若龙，学焉得习，是学不得明也；俸禄少，饘粥不及亲戚，是以骨肉益疏也；公事多急，不得吊死问疾，是朋友之道阙也。其所亡者三，即谓此也。”孔子不悦，往过子贱，问如孔蔑。对曰：“自来仕者无所亡，其有所得者三。始诵之，今得而行之，是学益明也；俸

禄所供，被及亲戚，是骨肉益亲也；虽有公事，而兼以吊死问疾，是朋友笃也。”孔子喟然谓子贱曰：“君子哉若人！鲁无君子者，则子贱焉取此。”

在孔蔑眼里只有失没有得，而在子贱眼里，只有得没有失。

单父，单县古称。春秋鲁邑，秦始置单父县，后唐同光二年（924）改置单州，明洪武元年（1368）改为单县，地名沿用至今。

据说单父因舜帝的老师单卷在此居住而得名。单县还是西汉女政治家、开国皇帝刘邦妻子吕后的故里。单县县城素有牌坊城之称，雕刻精美的“百狮坊”“百寿坊”等重点保护文物闻名全国。

当然，单县羊肉汤也很出名。

无为而治的思想在《论语》中也可找到出处。孔子曾讲：“民可，使由之；不可，使知之。”如果当政者认为民可使（听当政者的话），就不用去管他；如果当政者认为民不可使（不听当政者的话），就应当去教育，使其明白道理。

宓不齐应当是孔子这一思想的真正践行者。

5.4

原文

子贡问曰：“赐也何如？”子曰：“女（rǔ）①，器也。”曰：“何器也？”曰：“瑚（hú）琏（liǎn）②也。”

注释

①女：通“汝”，你。

②瑚琏：古代祭祀时盛粮食用的器具，夏曰瑚，殷曰琏。到了孔子时代，瑚琏并用。在古代人看来，用作祭祀的器皿是高贵的器皿。

译文

子贡问孔子：“我这个人怎么样？”孔子说：“你呀，好比一个器具。”子贡又问：“是什么器具呢？”孔子说：“是瑚琏。”

悟语

谁都知道孔子有句著名的话叫“君子不器”。

“君子不器”至少有两个含义：第一，君子是人；第二，君子不能如器皿那样，只有特定用途（意思是君子应当博学，应具备多种才能）。

君子是人不是器。何为人？有子讲得很清楚：“其为人也孝弟，而好（hào）犯上者，鲜矣；不好犯上，而好作乱者，未之有也。君子务本，本立而道生。孝弟也者，其为仁之本与！”“君子不器”的第一个含义是君子必须孝悌。

孔子主张好学，主张博学。因为只有好学、博学，人才能具备多方面的才能。孔子说：“十室之邑，必有忠信如丘者焉，不如丘之好学也。”孔子还说：“君子博学于文，约之以礼，亦可以弗畔矣夫。”

对孔子这个观点（君子不器），相信端木赐是很清楚的。端木赐很想知道自己是不是达到了君子的标准，就去问孔子。

不想孔子当头给他泼了一盆冷水。

“女，器也。”

孔子的意思是，你还没有达到君子的标准，你还要继续努力。

“何器也？”端木赐不死心，非要问个清楚。

“瑚琏也。”孔子回答说。

瑚、琏是宗庙祭祀用的高档器皿，盛放黍稷等供品。

孔子教育学生多用比喻。孔子把子贡说成瑚琏，是说子贡还没有达到君子的标准，还得继续努力。孔子用这一比喻，为子贡的进一步学习与修身指明了方向。

说到瑚琏，自然会想到王熙凤的丈夫贾琏，那位风流成性的富家子弟。《红楼梦》中贾琏为二爷，我没有注意到大爷为谁，我想，这大爷或许是贾瑚。也许贾瑚死得早，曹雪芹没有展开写。瑚琏不分家，既然二爷叫贾琏，大爷或许是贾瑚。

5.5

原 文

或曰："雍[①]也，仁而不佞[②]。"子曰："焉用佞？御人[③]以口给（jǐ）[④]，屡憎于人，不知其仁。焉用佞？"

注 释

① 雍：即冉雍（前522～?），姓冉，名雍，字仲弓，孔子的学生，今山东菏泽冉贤集人。与冉耕（伯牛）、冉求（子有）皆在"孔门十哲"之列，世称"一门三贤"，当地人称为"三冉"。《冉氏族谱》称冉离娶颜氏，生长子耕，次子雍。颜氏死，又娶公西氏，生求。后公西氏闻孔子设教阙里，"命三子往从学焉"。

②佞：能言善辩，有口才。

③御人：回答人的话。御，应答。

④口给：言辞滔滔，嘴快话多。

译 文

有人说："冉雍这个人有仁德，但不善辩。"孔子说："何必要能言善辩呢？靠伶牙俐齿和人辩论，常常招致别人的讨厌，这样的人我不知道他是不是仁者。人何必要耍嘴皮子呢？"

悟 语

关于言与行之间的关系，孔子有三个基本的主张：一是讷言敏行，二是行先言后，三是少说多做。孔子反对一切形式的能言善辩，夸夸其谈。

孔子喜欢的学生都不大爱说话，如颜回、仲弓。说话多的学生，孔子都不喜欢，如宰我、仲由、司马牛。

孔子对仲弓给予很高的期望，说"雍也，可使南面"。称其为"犁牛之子，骍且角"。

在本章，有人称仲弓"仁而不佞"，意思是仲弓仁爱厚道，不擅长能言善辩。孔子高度赞同，并借机发挥。

孔子指出了佞的三个危害，一是给人留下话柄（言多必失），二是让人生厌（喋喋不休的人没有几个人会喜欢），三是让人觉得不厚道（不知其仁）。

5.6

原文

子使漆雕开[1]仕。对曰："吾斯之未能信。"子说（yuè）。

注释

①漆雕开：姓漆雕，名开，字子开。孔子的弟子。

译文

孔子让漆雕开去做官。漆雕开回答说："我对做官这件事信心不足（还没有准备好）。"孔子听了很高兴。

悟语

漆雕开复姓漆雕，名开，又名启，字子开，蔡国人，是孔子早年的学生，比孔子小十一岁。喜研《书》，是孔子在《书》方面的得力助手。孔子死后，设坛讲学。他认为人性中既有善，也有恶，这一点与孔子的认识是一致的。《史记·仲尼弟子列传》及《孔子家语》中对此人都有记载，传有《漆雕子》十三篇。《论语》中，漆雕开只出现在这一章。

孔子对学生能做什么不能做什么非常了解。孔子大概知道漆雕开做学问是把好手，但又怕耽误了漆雕开的仕途前程，于是劝漆雕开去做官。做官，一可以为国家做事，二可以取得俸禄。孔子开门办学的目的之一，就是让弟子们去做官，且他的好多弟子后来也都去做了官。孔子对漆雕开也是这种态度。做官，当然有年龄限制，过了那个村就没有那个店了。在孔子的学生中，漆雕开年龄较大。

谁知漆雕开来了一句，"吾斯之未能信"。意思是，对做官这事儿，我还不自信，我还是继续跟着老师您继续学习吧。

注意后面孔子的态度："子说。""说"者，悦也，孔子听到后很高兴。

孔子之所以高兴，原因有二：

一、漆雕开对自己有清醒的认识，知道自己不是做官的料，人贵有自知之明。

二、孔子认为，漆雕开应该继续在门下学习。孔子曾说过："三年学，不至于谷，不易得也。"这漆雕开应在"难得"之列。

也不排除孔子是在故意测验漆雕开，看其志向如何。夫子因材施教，对不同的学生采取不同的方法，设个小圈套测试一下学生，也不是不可能的。

短短的对话，深刻的意蕴，这就是《论语》的魅力。

5.7

原 文

子曰："道不行，乘桴（fú）[①]浮于海，从[②]我者，其由与！"子路闻之喜。子曰："由也，好（hào）勇过我，无所取材。"

注 释

①桴：木筏子。

②从：跟随，随从。

译 文

孔子说："如果我的主张得不到推行，我就乘木筏子到海外去。能跟从我的人大概只有仲由吧！"子路听到这话很高兴。孔子说："仲由的勇敢超过了我，可惜找不到能于海上漂浮的木筏子。"

悟 语

人都有心情不好的时候，心情不好的时候，容易想离群索居，远走他乡。孔子亦然。

孔子说："天下这么乱，我还是到海边去吧。谁会追随我呢？大概只有仲由了。"仲由者，子路也，比孔子小9岁。孔子与子路的关系比较复杂。首先他们是师生关系，其次是兄弟关系，还是朋友关系，还是战友关系。

子路是孔子事业的坚定支持者。子路对孔子忠心耿耿，这一点特别明显。在《孔子家语》中，孔子曾说："自吾得由，而恶言不入于耳。"

好勇是子路性格中的一大特点。在《阳货篇》中，子路曾问："君子尚勇乎？"子曰："君子义以为上。君子有勇而无义为乱，小人有勇而无义为盗。"

孔子主张"勇"要与"义"结合起来，如果有勇无义，则非乱即盗。孔子讲过，"见义不为，无勇也"。

子路有优点，也有缺点。孔子总是抓住一切机会教育子路。孔子教育的目的是把学生培养成君子，而君子者，仁、智、勇皆备也。

正因为孔子对子路寄予厚望，最后才说："由也，好勇过我，无所取材。"

恨铁不成钢。

5.8

原　文

孟武伯问："子路仁乎？"子曰："不知也。"又问。子曰："由也，千乘（shèng）之国，可使治其赋也①，不知其仁也。""求也何如？"子曰："求也，千室之邑②，百乘之家③，可使为之宰④也，不知其仁也。""赤⑤也何如？"子曰："赤也，束带立于朝⑥，可使与宾客⑦言也，不知其仁也。"

注　释

①可使治其赋也：可让子路管理军务。赋，兵赋，征收的军事费用。

②千室之邑：有千户人家的公邑（直辖于诸侯）。邑，古代居民的

聚居点，大致相当于城镇，古分公邑、采邑（卿大夫领地）。

③百乘之家：指卿大夫的属地（采邑）。当时大夫有车百乘，是采邑中的较大者。

④宰：家臣，总管。

⑤赤：姓公西，名赤，字子华。孔子的学生。

⑥束带立于朝：指穿着礼服立于朝廷。

⑦宾客：客人，来宾。

译文

孟武伯问孔子："子路可称为仁德之人吧？"孔子说："我不知道。"孟武伯又问了一遍，孔子说："仲由嘛，在拥有千辆兵车的国家里，可以让他管理军事，但他是不是做到了仁，我不知道。"孟武伯又问："冉求这个人怎么样？"孔子说："冉求这个人，可以让他在一个有千户人家的公邑或有百辆兵车的采邑里当总管，但他是不是做到了仁，我不知道。"孟武伯又问："公西赤又怎么样呢？"孔子说："公西赤嘛，可以让他穿着礼服，在朝廷上接待贵宾，但他是不是做到了仁，我也不知道。"

悟语

孟武伯在《论语》中一共出现了两章。这是其中之一。在另一章中，孟武伯向孔子问孝，孔子回答说："父母，唯其疾之忧。"

仁是孔子思想的核心，仁者，爱人也；仁者，立人也；仁者，达人也。孔子认为只有不多的学生能达到仁的标准。一是颜回，二是子贱。孔子说颜回："回也，其心三月不违仁；其余，则日月至焉而已矣。"孔子说子贱："君子哉若人！尚德者若人！"也许还有仲弓、冉伯牛、闵子骞。在《先进篇》第 3 章中，这三人都被列入德行科中。

子路、冉有、公西华都是孔子最好的学生。大家还记得"四子侍坐"吧？这三人都在其中。

子路、冉求有行政管理才能，公西华有外交才能。

孟武伯了解孔子的思想，更了解他的这几位学生。

孟武伯就想知道，孔子的这几位好学生是不是仁者。我们不知道孟武伯的用意何在，也许是好意，也许是不怀好意。

“子路仁乎？”“冉有仁乎？”“公西华仁乎？”孟武伯展开了一系列的追问。

孔子当然知道这几个学生还没有达到仁者的标准，但孔子没有回答说“不仁”或者“未仁”，孔子的回答是“不知也”。

这是一种极高明的回答，回答“不仁”不妥，回答“未仁”也不妥，惟有回答“不知也”才是最巧妙的。

如果回答“不仁”或者“未仁”，这是对这几位学生的否定，若是传到学生耳朵里，那会引起麻烦。孔子不愿意惹上这样的麻烦，回答“不知”，即使传到学生耳朵里，也不会惹上麻烦。

这给我们一个启发：别人给你选择题是与不是时，如果你觉得难以回答，你可以向孔子学习，回答说“不知也”。“不知”是很好的外交辞令，用途广泛。

说话是艺术，且是一门很高级的艺术，孔子深谙此道。

5.9

原文

子谓子贡曰：“女（rǔ）与回也，孰愈①？”对曰：“赐也何敢望回？回也闻一以知十，赐也闻一以知二。”子曰：“弗如也。吾与②女（rǔ），弗如也。”

注释

①愈：胜过，超过。

②与：赞同，同意。

译文

孔子对子贡说：“你和颜回相比，谁更强些？”子贡回答说：“我怎么敢和颜回相比呢？颜回听到一件事就可以推知十件事；我呢，知道一件事，只能推知两件事。”孔子说：“你是不如他呀。你说得对，你是不如他呀。”

悟 语

“与”者，赞同也。

老师让端木赐拿自己与颜回比。这是个比较尴尬的题目，说自己比颜回强吧，这得需要脸皮厚，且老师未必同意；说自己不如颜回吧，自己未必是这样认为。人一般都会把自己当回事儿，都不会把别人当回事儿。

端木赐何许人也？才高八斗，学富五车。一番权衡后，端木赐决定忽悠老师。

“我怎么敢和颜回比呢！颜回听到一个道理，能够悟出十个道理来，我听到一个道理只能悟出两个道理来。”端木赐以退为进。

大概端木赐猜想老夫子会这么说：“你太谦虚了。颜回与你差不多。即使强也强不到哪里去。”端木赐深知，人谦虚时往往会得到表扬，即使是装谦虚，效果也不会差。

但没有想到孔老夫子早就看透了端木赐的用意，不留情面地说：“我赞成你的说法，你是不如他。”

孔老夫子实际上是在告诉端木赐，不用在我面前耍滑头，你那一套，我很清楚。

孔子可能认为端木赐有骄傲的表现，故意通过这种方法来教育他。

从本章中我们看到了师生之间的斗智斗勇，是蛮有意思的。

我是做老师的，师生之间的斗智斗勇，几乎每天都在上演。

5.10

原 文

宰予昼寝。子曰：“朽木不可雕也，粪土[1]之墙不可杇(wū)[2]也，于予与何诛[3]！”子曰：“始吾于人也，听其言而信其行；今吾于人也，听其言而观其行。于予与[4]改是。”

注 释

①粪土：腐土。

②杇：抹墙用的抹子。这里指用抹子粉刷墙壁。

③诛：责备，批评。

④与：语气词。

译文

宰予白天睡觉（不学习）。孔子说："腐朽的木头是无法雕刻的，已成粪土的墙是无法粉刷的。对于宰予这个人，责备还有什么用呢？"孔子说："起初我对于人，是听了他说的话便相信了他的行为；现在我对于人，听了他讲的话却还要观察他的行为。这都是宰予使我改变的呀。"

悟语

在孔子看来，白天是学习和劳动的时间，不能睡觉。其他人都在学习和劳动的时候，宰予却去睡觉了。在课堂上，大家都在认真听讲，他却突然打起了呼噜。在课堂上睡觉甚至打呼噜，这是对老师极大的不尊重，是严重的违礼行为。孔子不能容忍，于是大发脾气。

孔子善用比喻，即使在骂人的时候也是这样。

孔子把宰予比喻成了朽木，朽木当然不可雕；孔子把宰予比喻成了粪土之墙，粪土之墙当然不可杇。

孔子骂人是很狠的。

如果宰予只是偶尔一次两次这样，相信老夫子不会发这样的脾气。宰予应该属于"惯犯"，乃屡教不改者。

为什么这么讲？

孔子解释得很清楚。"始吾于人也，听其言而信其行；今吾于人也，听其言而观其行。"

从语境上推断，宰予曾经向孔子保证不再犯这样的错误，但保证之后又犯了。对于屡教不改者，孔子不能原谅。

我是做老师的，在课堂上偶尔也会遇到学生睡觉。心情不好的时候我会很生气，心情好的时候则往往不生气，更多的时候我会把这学生喊起来，给他讲讲宰予昼寝的故事。学生往往只是呆呆地看着我，根本不知道宰予是谁。

最后补充一句，宰予字宰我，虽然宰我经常跟孔子抬杠、给孔子出难题，但宰我是孔子的十大弟子之一。

宰我与子贡一样，能言善辩，侃侃而谈。

5.11

原文

子曰："吾未见刚者。"或对曰："申枨（chéng）[①]。"子曰："枨也欲，焉得刚？"

注释

①申枨：姓申，名枨，字子周。鲁国人，孔子的学生。

译文

孔子说："我没有见过刚强的人。"有人回答说："申枨就很刚强。"孔子说："申枨这个人欲望太多，怎么能算刚强呢？"

悟语

申枨，姓申名枨，字周，孔子的学生。春秋时鲁国人，精通六艺，孔门七十二贤之一。

朱熹对于"刚"是这样注释的："刚，坚强不屈之意，是人所难能者，故夫子叹其未见。"就是说意志上的坚强不屈是很难做到的，孔子感叹他还没有见到过这样的人。朱熹还引用了程颐的话："人有欲则无刚，刚则不屈于欲。"意思就是人只要有欲望，就无法做到刚毅不屈；刚毅不屈的人能做到不屈服于自己的欲望。

中国人常讲无欲则刚，当与此章有关。

人有了欲望，就会想方设法去满足欲望。欲望如果很小，靠自己能力就能够实现，则不用求人；但如果欲望超出了自己的能力，不求人办不成，这时候就"刚"不起来。因为一"刚"，欲望就得不到满足。所以有些人为了实现欲望，就会求天告地、卑躬屈膝、请客送礼、进谄献媚，就会溜须拍马、转风使舵、讨好别人、巴结别人，就会在关键时刻认尿，甚至恬不知耻。

还有个规律：越是欲望强的人，往往越是贪生怕死；越是贪生怕死的人，可能越不会顾及脸面。

突然就想起孔老夫子的另一句话来，“获罪于天，无所祷也”。既然把老天得罪了，把众怒犯了，那再祷告什么也没有用了。

5.12

原文

子贡曰：“我不欲人之加诸我也，吾亦欲无加诸人。”子曰：“赐也，非尔所及也。”

译文

子贡说：“我不愿意别人强加于我，我也不愿意强加于别人。”孔子说：“赐呀，这个你做不到啊。”

悟语

子贡深知孔子赞同“己所不欲，勿施于人”，于是对老夫子说：“我不愿意别人强迫我，我也不愿意强迫别人。”

孔子对子贡是非常了解的，相信子贡不希望别人强迫他，但不相信子贡不强迫别人，于是孔子说“非尔所及也”。翻译成现代汉语就是“你还做不到这一点”。

孔子对端木赐是一点面子也不留。

对这种自我感觉良好且自我标榜的学生，就应当打击打击。

5.13

原文

子贡曰：“夫子之文章①，可得而闻也；夫子之言性②与天道③，不可得而闻也。”

注释

①文章：这里指孔子传授的《诗》《书》《礼》《乐》等知识。

②性：人性。

③天道：天命。《论语》中孔子多处讲到天和命，但不见孔子关于天道的言论。

译 文

子贡说："老师关于礼、乐、诗、书的知识，听后便可以弄明白；老师关于人性和天道的言论，听后却往往弄不明白。"

悟 语

所谓文章，指孔子传授的《诗》《书》《礼》《乐》等知识，对端木赐而言，这些较容易明白与掌握。端木赐强调说，夫子讲的人性、天道，却不是那么容易明白与掌握的。

人性何？人之本性，人之天性也。孔子讲："性相近也，习相远也。"孔子既认为人性是善的，也认为人性是恶的，所谓"善恶本同体，阴阳自相侵"。这与后来的孟子、荀子不同。孟子主张"人之初，性本善"，荀子主张"人之初，性本恶"。但孔子认为，人可以通过教育，通过修身弃恶从善，舍小人而成君子。

天道何？天之规律也。孔子讲："天何言哉？四时生焉，百物生焉。"人应当顺天道，随自然，不可违天。孔子讲："获罪于天，无所祷也。"敬天是孔子思想中的一个重要方面。

我猜想，端木赐醉心于仕途，醉心于货殖，不大愿意去考虑这些在他看来是虚头巴脑的东西。他不是没有能力弄明白，而是不愿意下力气弄明白。

5. 14

原 文

子路有闻，未之能行，唯恐有闻。

译 文

子路听到（做人处世的道理）后就做。怕还没有做，就又听到新的（做人处世的道理）。

悟 语

老百姓常说，千人千脾气，万人万模样。每个人的脾气和性格都不一样，说不上好也说不上坏，关键是从哪个角度去评价。

比如子路，永远是一副急火火的样子。这事还没有做完，只要听到了另外一个事，就去做另外的事，没有定力，沉不下心来。我们生活中真有这样的人，每天忙忙碌碌、风风火火，听到风就是雨。孔子讲："见贤思齐焉，见不贤而内自省也。"如果身上真有这个毛病，那最好能改一改，但我们知道这件事往往很难，所谓"江山易改，本性难移"。

实在改不了就改不了吧，做一个真实的人，跟着感觉走，也好，只是要永远要记住一句话："大德不逾闲，小德出入可也。"

5.15

原 文

子贡问曰："孔文子①何以谓之'文'也?"子曰："敏②而好（hào）学，不耻下问，是以谓之'文'也。"

注 释

①孔文子：卫国大夫孔圉（yǔ），谥号文。"子"是对他的尊称。

②敏：敏捷，勤勉。

译 文

子贡问道："孔文子死后为什么谥号是'文'呢?"孔子说："他聪敏勤勉而好学，不以向地位卑下的人请教为耻，所以谥号是'文'。"

悟 语

古代中国人非常讲究，人出生后有姓、有氏、有名、有字，对于有地位、名望的人，死后还要有谥号。开始时是天子、国君、大夫有谥号，后来在民间，那些有地位、有名望的乡绅死后也有谥号。

谥号者，盖棺论定也。

孔圉是卫国大夫，他死后当然要给他谥号。孔圉死后谥号"文"。

端木赐大概对这个谥号有疑问，就向孔子请教。

孔子明确地回答了为什么给孔圉拟定谥号为“文”：一是敏而好学，二是不耻下问。

敏而好学者，勤奋而好学也。孔子不止一次地讲，“敏则有功”。不努力、不勤奋是做不出成绩的。

好学是孔子赞赏的品质之一。孔子给自己贴的标签就是“好学”。孔子说：“十室之邑，必有忠信如丘者焉，不如丘之好学也。”

孔子之所以最喜欢颜回，除了颜回“其心三月不违仁”外，还因为颜回好学。颜回不仅好学，还“不迁怒，不贰过”。

哀公问：“弟子孰为好学？”孔子对曰：“有颜回者好学，不迁怒，不贰过，不幸短命死矣。今也则亡，未闻好学者也。”

孔子不仅强调好学，还强调了学习的方法，那就是向所有人学习。不仅向比自己学问高的人学习，向与自己学问差不多的人学习，也要向比自己学问低的人学习。向比自己低的人学习叫不耻下问。

孔子深知，不耻上问容易做到，不耻平问也容易做到，但不耻下问很难做到。

但人家孔圉做到了。

孔圉又叫仲叔圉，孔子周游列国回到鲁国之后曾谈到过这个人。《论语·宪问篇》(14.19)：“子言卫灵公之无道也，康子曰：‘夫如是，奚而不丧？’孔子曰：‘仲叔圉治宾客，祝鮀治宗庙，王孙贾治军旅。夫如是，奚其丧？’”

仲叔圉负责卫国的外交事务，是能干之臣。

5.16

原　文

子谓子产[①]：“有君子之道四焉：其行己也恭，其事上也敬，其养民也惠，其使民也义。”

注　释

①子产：姓公孙，名侨，字子产。郑国大夫，做过正卿，是郑穆公

的孙子，为春秋时郑国贤相。

译文

孔子评论子产说：“他有君子的四种品德：为人谦恭，侍奉君主恭敬，使老百姓得到实惠，役使百姓时合乎时宜（该役使时则役使，不该役使时则不役使）。”

悟语

子产是郑国的国相，比孔子早几十年。孔子对子产非常敬重，称子产为“古之遗爱也”。

子产不毁乡校的故事我想大家应该知道，2500 年前，子产就意识到言路是堵不得的。

在本章中，孔子赞扬了作为国相的子产的四个特点：恭、敬、惠、义。

“其行己也恭”，他表现得谦恭低调。孔子讲，恭则不侮。很多人有能力，但没有学会夹着尾巴做人，这样的人往往因傲致败。

“其事上也敬”，上者，国君也，子产对国君尊重。对国君忠，对国君敬，是做臣子的本分。过去有大不敬罪，作为国相不敬君，轻则被罢免，重则会招来杀身之祸，甚至获灭门之罪。子产非常明白。

“其养民也惠”，惠者，恩惠、实惠也，让老百姓过上好日子。孔子讲，“惠则足以使人”，要想让别人听你的，没有恩惠是不行的。

“其使民也义”，使民也义，实际上就是使民以时。该役使老百姓时则役使老百姓，不该役使老百姓时则不役使，要有时间观念，要有度。

如果做到了这四点，从政就不会有什么困难了。

5.17

原文

子曰：“晏平仲[1]善与人交，久而敬之[2]。”

注释

①晏平仲：春秋时齐国的贤大夫，名婴，谥号平。

②之：指代晏平仲。也有人说指晏平仲的朋友。

译 文

孔子说："晏平仲善于与人交朋友，即使相识很久，他仍像初识那样尊敬朋友（或译：相识越久，朋友们越尊敬他）。"

悟 语

于我而言，我更赞同第二种译法。

朋友之所以成为朋友，有两个前提，一是相互信任，二是相互尊敬。

"与朋友交，言而有信。""信近于义，言可复也。"朋友之间不是刚性关系，愿意交就是朋友，不愿意交就不是朋友。如果朋友之间相互不信任了，朋友也就做不成了。

朋友之间还需要尊重，尊重就是敬，越老的朋友越要相互尊敬。人与人之间一旦离开了尊重，关系就完了。尊重意味着不相互欺骗，意味着以礼相待，意味着互不埋怨，意味着温文尔雅，意味着和风细雨。

越老的朋友越要尊重，这是晏平仲留给我们最重要的交友经验。

顺便说一句，《晏子春秋》这部书很有意思，感兴趣的朋友可以看一下。

5.18

原 文

子曰："臧文仲①居蔡②，山节藻棁（zhuō）③，何如其知（zhì）也？"

注 释

①臧文仲：姓臧孙，名辰，谥号文。曾因不遵守周礼，受到孔子指责。

②蔡：国君用以占卜的大龟。蔡这个地方产龟，所以把大龟叫作"蔡"。

③山节藻棁：把斗拱雕成山形，在棁上绘花草图案，是古时装饰天子宗庙的做法。节，柱上的斗拱。棁，房梁上的短柱。

译文

孔子说："臧文仲造了间房子给大龟住，柱子上的斗拱雕成山形，梁上的短柱画着藻纹，这样做明智吗？"

悟语

我们先看臧文仲这个人。

臧文仲（？～前617），姬姓，臧氏，名辰，曲阜（今山东曲阜市）人。春秋时鲁国大夫。世袭司寇，执礼维护公室。博闻强识，不拘常理。服事鲁庄公、闵公、僖公、文公四位国君，废除关卡，利于经商，利国利民。鲁文公十年去世，谥号为"文"，世称臧文仲。

臧文仲在当时被人们称为"智者"，但他对礼则并不在意。他不顾周礼的规定，竟然给龟修了大屋子，并装饰成天子宗庙的式样，这在孔子看来是"越礼"了，所以，孔子指责其为"不智"。

孔子主张敬鬼神而远之，对鬼神不大相信。至于用龟占卜，孔子明显表现出不屑。孔子对礼极为尊崇，对各种违礼越礼行为特别反感。正是从这个角度出发，孔子才说臧文仲不智。在孔子看来，智者应当远离鬼神，不违礼制。

5.19

原文

子张问曰："令尹子文[①]三仕为令尹，无喜色；三已[②]之，无愠色。旧令尹之政，必以告新令尹。何如？"子曰："忠矣。"曰："仁矣乎？"曰："未知。焉得仁？""崔子[③]弑[④]齐君[⑤]，陈文子[⑥]有马十乘（shèng），弃而违[⑦]之。至于他邦，则曰：'犹吾大夫崔子也。'违之。之一邦，则又曰：'犹吾大夫崔子也。'违之。何如？"子曰："清矣。"曰："仁矣乎？"曰："未知。焉得仁？"

注释

①令尹子文：东周时各国的相名称不一，楚国的相叫“令尹”。子文是楚国著名的国相。

②三已：三次罢免。

③崔子：齐国大夫崔杼（zhù）。齐庄公为其所杀。

④弑：地位在下的人杀了居上位者，指臣子杀君主，儿子杀父亲或母亲。

⑤齐君：被崔杼所杀的齐庄公。

⑥陈文子：陈国的大夫，名须无。

⑦违：离开。

译文

子张问孔子说：“令尹子文三次做楚国相国，没有显出高兴的样子；三次被免职，也没有显出怨恨的样子。他每次被免职，交接时一定把政事全部告诉接任的新相国。这个人怎么样?”孔子说：“算得上是忠了。”子张问：“算得上仁了吗?”孔子说：“不知道。这怎么能算得上仁呢?”子张又问：“崔杼杀了他的君主齐庄公，陈文子有40匹马，都舍弃不要，离开齐国到别国去了。到了别国，他说：‘这里的执政者也和我们齐国的大夫崔子差不多。’于是又离开这个国家。到了另一个国家，又说：‘这里的执政者也和我们的大夫崔子差不多。’又离开了。这个人怎么样呢?”孔子说：“算得上是清高了。”子张说：“可说是仁了吗?”孔子说：“不知道。这怎么能算得上是仁呢?”

悟语

子张没有做过官，但在《论语》中和孔子讨论了许多做官的问题，孔子的许多为政思想都是在和子张的讨论中表达出来的，所以学习《论语》中的为政思想离不开子张。

仁是孔子思想的核心，这一点子张很清楚。子张就是想弄明白，在孔子的心目当中，仁到底是什么样子的。

第一，子张想弄明白，忠于职守算不算仁。从孔子的回答当中我们知道，忠是很好的品质，但算不上仁。

第二，子张想弄明白，清高、不同流合污算不算仁。从孔子的回答当中我们知道，清高是很好的品质，也算不上仁。

何为仁？仁者，爱人也；仁者，立人也；仁者，达人也。

仁最突出的特征是不自私，是关心别人、爱护别人、帮助别人。

5.20

原文

季文子①三思而后行。子闻之，曰："再，斯②可矣。"

注释

①季文子：即季孙行父，谥号文。鲁成公、鲁襄公时任正卿。

②斯：这样。

译文

季文子每做一件事都要考虑三次（多次）才付诸行动。孔子听后，说："考虑两次就够了。"

悟语

中国有句成语叫三思而后行，就是来自本章。

三思而后行的意思是遇事要多加考虑，不可草率行事，这是很好的品质。但凡事有利有弊，我觉得要做具体分析。

如果遇大事三思而后行，这是对的。牵扯到国家命运、单位命运、个人命运的事情必须三思而后行。

但是如果遇到的是鸡毛蒜皮的小事，或者是例行公事，也要三思而后行，这往往是在浪费时间和精力。

如果是为公事三思而后行，这是一种负责任的态度，值得提倡；但是为一己私利三思而后行，这就不对了，要坚决反对。

凡事三思，一般总是利多弊少。为什么孔子听说以后，并不同意季文子的这种做法呢？官懋庸之《论语稽》这样说："文子生平盖祸福利害之计太明，故其美恶两不相掩，皆三思之病也。其思之至三者，特以世故太深，过为谨慎；然其流弊将至利害徇一己之私矣。”

原来季文子太过世故，为自己的事精于算计。孔子的意思是，为一己之私利用得着那么费心吗?!

是啊，为一己之私利用得着那么费心吗?!

原来，孔子不是反对三思，而是反对季文子的自私。

5.21

原文

子曰：“宁（nìng）武子[①]，邦有道，则知（zhì）；邦无道，则愚[②]。其知（zhì），可及也；其愚，不可及也。”

注释

①宁武子：姓宁，名俞，谥号武，卫国大夫。

②愚：笨。这里用作动词，装笨。

译文

孔子说：“宁武子，当国家有道时，他就发挥才智，显得很聪明；当国家无道时，他就装傻（不出来做事）。他的聪明，别人可以做到；他的装傻，别人就做不到了。”

悟语

宁武子的高明之处在于，邦无道时装愚。孔子称赞说，他装愚的本事很高，无人能比得上他。

在邦无道时，宁武子要么不说话，要么就装疯卖傻，因为说话可能会因言获罪，所以不说话为妙。但有时有人逼着你说话，不说话不行，在这种情况下，最好的办法就是装疯卖傻，插科打诨。

由此看，宁武子是位大智若愚的人，他的智在于装愚，却装得很像。

本章催生了一个成语叫愚不可及，一开始的意思是大智若愚，没人比得上，后来意思发生了变化，才指笨到家了，没人比得上。

5.22

原　文

子在陈[1]曰："归与！归与！吾党[2]之小子[3]狂简[4]，斐（fěi）然[5]成章，不知所以裁[6]之。"

注　释

①陈：古国名，大约在今河南东部和安徽北部一带。

②吾党：我的家乡。古代以500家为一党。

③小子：指孔子在鲁国的学生。

④狂简：志向远大但行为粗率简单。

⑤斐然：有文采的样子。

⑥裁：裁剪，节制。

译　文

孔子在陈国说："回去吧！回去吧！我家乡的弟子们有远大志向，但行为粗率简单；有文采，但还不知道怎样节制自己。"

悟　语

孔子周游列国14年，在这14年中，曾多次回到鲁国，据有的专家考证，至少有六次或者七次，并不是像有的文学作品所渲染的，这14年间从来没有回去过。

了解了这个背景，对于理解本章就很有帮助了。

一个在外漂泊的人不可能不想自己的家乡，作为老师的孔子，更多的是挂念自己的弟子。

狂、简大概是年轻人的特点之一，家乡的弟子也不例外。

何为狂？何为简？

人年轻的时候志向远大，想做这个想做那个，什么都不在自己话下。人年轻的时候往往不愿受拘束，总想着天马行空，独往独来。

孔子对年轻人的这两个特点非常清楚，作为教育者，要对年轻人进行引导。

干啥吆喝啥，做老师的，自然就想到如何教育学生。

于是，身在陈国的孔子某一天想起了他在家乡的弟子，想起了那些狂简但有才华的弟子，就想着回去教育他们了。

5.23

原　文

子曰："伯夷、叔齐①不念旧恶，怨是用希②。"

注　释

①伯夷、叔齐：商朝末年孤竹君的两个儿子。周灭商统一天下后，他们以吃周朝的粮食为耻，逃进深山，以野草充饥，饿死在首阳山中。

②希：通"稀"。

译　文

孔子说："伯夷、叔齐不记人家过去对他们的恶行，别人对他们的怨恨自然也就少了。"

悟　语

自古冤冤相报何时了。

你恨我，我恨你，仇恨会越来越多，越来越深。我首先不再恨你，你也可能不再恨我，逐渐地，怨恨就越来越少了。

伯夷、叔齐大概懂得这个道理，首先做到不念旧恶，不再把别人对他们的不好放在心上，不仅是嘴上不提，脑子里也不想。之后，对方的怨恨也就越来越少。

还是中国古语说得好：冤家宜解不宜结。

5.24

原 文

子曰："孰谓微生高[1]直？或乞醯（xī）[2]焉，乞诸其邻而与之。"

注 释

①微生高：姓微生，名高，鲁国人。当时的人们认为他很直率。

②醯：醋。

译 文

孔子说："谁说微生高这个人直率啊？有人向他借醋，他（不直说没有，却暗地）到邻居家借了后再转借给那人。"

悟 语

醯者，醋也。

2500 年前，中国人就吃醋，且是一种日用品。

有人到微生高家去借醋，微生高家没有，就去邻居家借了醋转借给这人。至于为什么微生高会这样做，搞不明白。或者是欠人家的情，或者是微生高怕驳了那人的面子。

从这件事情上，孔子判断微生高不直。依照孔子的看法，微生高应当实事求是地告诉那人，我家没有醋。

孔子赞成实话实说，孔子曾讲过："人之生也直；罔之生也幸而免。"

讲《论语》时，我有时会讲到这一章。

有一年我给黄山市税务局的同志们讲这一章，并顺便做了个调研：你会做微生高吗？

记得那个班有 24 个人，有 20 个人选择不做微生高，有 4 个人选择做微生高。

巧了，不久后我给济南市的一个培训班上课，那个班也有 24 个人，我出了同样的题目，却有20个人选择做微生高，只有4个人选择不做微生高。

这显示出南北方之间的巨大差异。南方人喜欢直来直去，北方人则赞成委婉曲折。

5.25

原文

子曰："巧言、令色、足恭①，左丘明②耻之，丘亦耻之。匿怨而友其人，左丘明耻之，丘亦耻之。"

注释

①足恭：一说是两只脚做出恭敬逢迎的姿态来讨好别人；一说是过分恭敬。

② 左丘明：姓丘，名明，因其父任左史官，故称左丘明。也有人说其复姓左丘，名明；还有人说其单姓左，名丘明。春秋末期鲁国都君庄人。史学家，曾任鲁国史官，为解析《春秋》而作《左传》（又称《左氏春秋》）；又作《国语》，作《国语》时已双目失明。

译文

孔子说："花言巧语、容貌伪善、过分恭敬，左丘明认为这种人可耻，我也认为可耻。本来对那人有怨恨，却不表现出来，而表面上装出友好的样子，左丘明认为这种人可耻，我也认为可耻。"

悟语

人为什么"匿怨而友其人"？有三种情况：一是对方力量强大，不敢得罪；二是有求于对方，得罪了对方没法办事情，或者办不了；三是显示自己是君子，故意"巧言、令色、足恭"，赚个好名声。

孔子说的大概是第三种情况。

孔子反对伪善，孔子认为在这一点上，他与左丘明高度一致。

这是左丘明在《论语》中的唯一一次露面。

据说左丘明是山东肥城人，应当是孔子的好朋友。我去肥城时到一个山上参观，山上有孔子与左丘明相坐而谈的雕像，两人神情愉悦。

说到左丘明当然要提到《左传》，《左传》者，《左氏春秋传》也，亦称《春秋左氏传》，相传为左丘明依孔子之《春秋》而作。《左传》以《春秋》为本，通过记述春秋时期的具体史实来说明《春秋》的纲目。司马迁《史记·十二诸侯年表》说："鲁君子左丘明惧弟子人人异端，各安其意，失其真，故因孔子史记具论其语，成《左氏春秋》。"

读读这本书，会加深对《论语》的理解。

5.26

原文

颜渊、季路侍[1]。子曰："盍[2]各言尔志?"子路曰："愿车马、衣[3]轻裘，与朋友共，敝[4]之而无憾。"颜渊曰："愿无伐[5]善，无施劳[6]。"子路曰："愿闻子之志。"子曰："老者安之，朋友信之，少者怀之[7]。"

注释

①侍：服侍，站在旁边陪着叫"侍"。

②盍：何不。

③衣：身上穿的衣服。

④敝：破旧，用坏。

⑤伐：夸耀。

⑥施劳：表白功劳。施，表白。劳，功劳。

⑦少者怀之：让少者（年轻人）怀念，或让少者（年轻人）得到关怀。

译文

颜渊、子路两人侍立在孔子身边。孔子说："你们何不各自说说自己的志向?"子路说："愿意自己的车马、身上穿的皮袍，同朋友共同使用，用坏了也不抱怨。”颜渊说：“我不愿意夸耀自己的长处，也不愿意表白自己的功劳。”子路（对孔子）说：“希望听听夫子的志向。”孔子说：“（我的志向是）让老年人安心，让朋友们信任，让年轻人记挂我（或让年轻人得到关怀）。”

悟语

中国有句老话叫人各有志，子路有子路的志向，颜回有颜回的志向，孔子有孔子的志向。

有一些人非要把这些志向分个高低，我觉得大可不必，适合自己的就是最好的。

子路的志向是向外求。从某些方面来讲，我还是非常喜欢子路的。大方、不小气、豪爽、痛痛快快、淋漓尽致，中国人的仗义疏财、为朋友两肋插刀的气概大概是受了子路的影响。这总比有些人小里小气，抠抠缩缩，把一分钱攥出水来。

颜回的志向是向内求，时刻关注自己内心的修养，不吹嘘自己有多么好，也不夸自己功劳有多么大，哪怕自己有些事情做得好，哪怕自己的功劳很大。颜回低调、严于律己、谦恭虚心。能做到颜回这样当然很好。

实际上大家更关注孔子的志向。

孔子说了12个字：“老者安之，朋友信之，少者怀之。”

有的研究者把孔子的这12个字向大处说。说孔子的志向是：天下所有的老年人都得到安置；天下朋友之间都相互信任，说话算数；天下所有少年人都得到关怀和关心。

这当然会使人想到《礼记》所讲的大同：“大道之行也，天下为公。选贤与能，讲信修睦。故人不独亲其亲，不独子其子，使老有所终，壮有所用，幼有所长，鳏、寡、孤、独、废疾者皆有所养，男有分，女有归。货恶其弃于地也，不必藏于己；力恶其不出于身也，不必为己。是故谋闭而不兴，盗窃乱贼而不作，故外户而不闭。是谓大同。”

不能说错，但这的确有些拔高。

我觉得不如这样理解更实在些：我与老年人相处会让老年人心安，与朋友相处会让朋友信任，与年轻人相处会让年轻人会记着我的好。

我把孔子的志向概括为“安信怀”。

说两则与“安信怀”有关的故事。

多年以前，我的一位朋友来找我，他开了一家名叫长丰的公司，让我给他想个广告词。

我给他说了十个字：“长丰安信怀，安信怀长丰。”

他不知其意，让我解释，解释完以后他很喜欢。他把这十个字弄成大字，放到了自己的办公楼上。

有一次，我给一个班上课，讲完了这一章。

课下，有个学员到我面前来，说：“老师，我就叫安信怀。”

“噢，这么巧！你哥叫什么？”

“我哥叫安信关。”

原来此君姓安，辈分是信，名为怀。

写到这里，突然想起：也不知长丰怎么样了？也不知那位叫安信怀的学生怎么样了。

但愿他们都好好的。

5.27

原　文

子曰：“已矣乎！吾未见能见其过而内自讼者也。”

译　文

孔子说：“算了吧！我还没有看见过能够看到自己的错误而从内心责备自己的人呢。”

悟　语

大概有一个学生说他自己愿意做自我批评，孔子才说了这句话。

从人的本性上来讲，大多数人都是肯定自己，觉得自己是一朵花，别人是豆腐渣。

我有一个看法：人在评价自己的时候往往用乘法，而在评价别人的时候往往用除法，当然这个乘数和除数都大于1。

很少有人愿意否定自己，愿意做自我批评，如果真有人这样做，这个人几乎是一个圣人。

我们在社会上也经常看到许多所谓的自我批评者。仔细分析一下，这些人或者迫于形势，或者做做样子，或者沽名钓誉。

真正做到自我批评的人，是了不起的人，是真正的勇者。

我们党有三大作风：理论联系实际、密切联系群众、批评与自我批评。

这是毛泽东在1945年4月24日党的第七次全国代表大会上所作的《论联合政府》的政治报告中提出来的。

个人也好，组织也好，如果能够自讼，坚持批评与自我批评，将无往而不胜。

5.28

原文

子曰："十室之邑，必有忠信如丘者焉，不如丘之好（hào）学也。"

译文

孔子说："即使只有10户人家的小村子，也一定有像我这样讲忠信的人，但像我这样好学的人却很难找到。"

悟语

孔子给自己贴的标签是好学者。

孔子对"学"字特别看重。《论语》开篇第一个字是"学"字。子曰："学而时习之，不亦说乎？"

《论语》中出现了65个"学"字。

如果把这65个"学"字归纳一下，实际上讲了六学：乐学、好学、博学、会学、恒学、学以致用。

也许孔子早就意识到，学习，唯有学习，才是改变命运、提升自己的最好途径。

孔子的学而不厌，诲人不倦应当都是建立在这个认识基础之上的。

什么是好学?

一是喜欢学习，对学习保持着浓厚的兴趣。

二是抓紧一切时间，不浪费一分一秒的时间。

三是学习的内容广博，上至天文，下至地理，诗书礼乐，待人接物，无所不包。

正是因为好学，孔丘成了孔子；正是因为好学，孔子成了集大成者；正是因为好学，孔子成了中华文化第一人。

孔子不仅提倡好学，还从理论上阐述了好学的好处。

有一次，孔子问子路："由也！女闻六言六蔽矣乎?"子路回答说："未也。"于是孔子说："居！吾语女。"孔子认为"仁知信直勇刚"是好东西，但如果不与好学结合起来，容易走向其反面"愚荡贼绞乱狂"。

孔子是这样讲的："好仁不好学，其蔽也愚；好知不好学，其蔽也荡；好信不好学，其蔽也贼；好直不好学，其蔽也绞；好勇不好学，其蔽也乱；好刚不好学，其蔽也狂。"

就学习而言，孔子认为，人分四种人："生而知之者，上也；学而知之者，次也；困而学之，又其次也；困而不学，民斯为下矣。"

第一种人当没有。孔子说："我非生而知之者，好古，敏以求之者也。"孔子把自己划为第二种人，认为自己是学而知之者。实际上，许多人是第三种人，困而学之者。孔子最不喜欢的是第四种人，困而不学者。孔子强调说："困而不学，民斯为下矣。"

我们应当向孔子学习，做一个好学者。

雍也篇第六

6.1

原　文

子曰："雍也，可使南面[1]。"

注　释

①南面：古时以坐北朝南的位置为尊位。天子、诸侯、卿大夫听政时都是坐北朝南。孔子的意思是冉雍有做官的才能。

译　文

孔子说："冉雍这个人，可以让他去做官。"

悟　语

冉雍，姬姓冉氏，名雍，字仲弓，是孔子的著名弟子，位列孔门德行科的优秀学生。南面，是面朝南，古时候认为坐北朝南是尊贵的位置，天子、诸侯等官员坐堂听政都是面朝南。孔子说话善用比喻，可使南面，亦比喻也，说冉雍有治国之才。孔子认为，治国须有德有才，冉雍者，德才兼备者也。

虽然孔子认为冉雍可使南面，但冉雍并没有在政治上发展，冉雍做过短时间的季氏宰，然后回到孔子身边，终身追随孔子。

《论语》13.2 对此有记载："仲弓为季氏宰，问政。子曰：'先有司，赦小过，举贤才。'曰：'焉知贤才而举之？'曰：'举尔所知，尔所不知，人其舍诸？'"

人有南面之才，不一定有南面之命，也不一定有南面之趣。才、命、趣三者结合起来方可成事。

6.2

原 文

仲弓问子桑伯子[1]。子曰："可也，简[2]。"仲弓曰："居敬[3]而行简[4]，以临[5]其民，不亦可乎？居简[6]而行简，无乃[7]大[8]简乎？"子曰："雍之言然。"

注 释

①子桑伯子：人名。《说苑·修文》中曾有记载。

②简：简要，不烦琐。

③居敬：为人做事严肃认真，依礼严格要求自己。

④行简：指推行政事简而不繁。

⑤临：面临，面对。此处有"治理"的意思。

⑥居简：为人做事怠慢懒惰，马马虎虎。

⑦无乃：岂不是。

⑧大：通"太"。

译 文

仲弓问子桑伯子这个人怎么样。孔子说："此人还可以，办事简要。"仲弓说："态度恭敬严肃而行事简要，像这样来治理百姓，不是也可以吗？但为人怠慢又做事简率，这岂不是太简单了吗？"孔子说："冉雍，你说得对。"

悟 语

子桑伯子是孔子与仲弓都了解的人物，其具体情况不得而知。有人把子桑伯子认同为《庄子》中的子桑户，我不敢苟同。

仲弓问子桑伯子怎么样，孔子就回答了一个字："简。"

简者，不繁也。简单、简短、简捷、简慢均为简。

孔子持中庸，太简太繁均不合孔子意。

仲弓是个爱动脑子的人，对为政者的“简”做了区分。

一种是居敬行简，另一种是居简行简。居敬行简者，态度庄重，方法简洁也。居简行简者，态度简慢，方法简单也。

第一种可取，第二种不可取。

为政者应当态度庄重，且做事简洁明快。子曰：“临之以庄，则敬。”子又曰：“出门如见大宾，使民如承大祭。”态度庄重方法又不拖泥带水，是可取的。

据《冉氏族谱》记载，仲弓曾作《居敬行简集》一书，但似乎并没有流传下来。

6.3

原文

哀公问：“弟子孰为好（hào）学？”孔子对曰：“有颜回者好（hào）学。不迁怒①，不贰过②，不幸短命死矣③。今也则亡（wú）④，未闻好（hào）学者也。”

注释

①不迁怒：不把对此人的怒气发泄到他人身上。

②不贰过：不犯同样的错误。贰，重复、一再。

③短命死矣：颜回小孔子 31 岁。颜回死于鲁哀公十三年，比孔子早两年去世。

④亡：通“无”。

译文

鲁哀公问孔子：“您的学生中，谁是好学的?”孔子回答说：“有一个叫颜回的学生好学。他从不迁怒于别人，也从不犯同样的错误，不幸的是短命死了。（自他死后）没有好学的人了，再也没有听说谁是好学的。”

悟语

孔子有 3000 名学生，其中贤者（通六艺者）72 人。在孔子的学生中，颜回是孔子最器重、最喜欢的学生。

孔子喜欢颜回，首先因为颜回是个仁者。孔子说："回也，其心三月不违仁；其余，则日月至焉而已矣。"

孔子喜欢颜回，还因为颜回是个好学者。在《论语》中，一共提到三个人好学。一是孔子好学。孔子说："十室之邑，必有忠信如丘者焉，不如丘之好学也。"二是颜回好学。"哀公问弟子孰为好学？"孔子答颜回。当季康子问弟子孰为好学的时候，孔子做了同样的回答。三是孔文子（孔圉）好学。子贡问曰："孔文子何以谓之'文'也？"孔子回答说："敏而好学，不耻下问，是以谓之'文'也。"

颜回除了"好学"，还"不迁怒，不贰过"，还"无伐善，无施劳"。一个人拥有这么多好的品质，真是太难得了。但天妒英才，颜回在四十一岁那年便去世了。

颜回去世时"子哭之恸"。

据孔子讲，颜回视夫子如父，其实夫子也是把颜回当儿子看待的。在《先进篇》11.11 这样记载："颜渊死，门人欲厚葬之。子曰：'不可。'门人厚葬之。子曰：'回也，视予犹父也，予不得视犹子也。非我也，夫二三子也。'"

颜回早死，孔子极为遗憾。孔子说："苗而不秀者有矣夫！秀而不实者有矣夫！"其实这句话就是在说颜回。

憾！憾！憾！

6.4

原文

子华[1]使于齐，冉子[2]为其母请粟[3]。子曰："与之釜（fǔ）[4]。"请益。曰："与之庾（yǔ）[5]。"冉子与之粟五秉[6]。子曰："赤之适齐也，乘肥马，衣轻裘。吾闻之也，君子周[7]急不继富。"

注释

①子华：姓公西，名赤，字子华。孔子的学生，比孔子小42岁，春秋末年鲁国人。在孔子弟子中，以长于祭祀之礼、宾客之礼著称，且善于交际，曾出使齐国。

②冉子：冉有。在《论语》中，孔子弟子被称为“子”的只有四五个人，冉有即其中之一。

③粟：在古文中，“粟”与米连用时，指带壳的谷粒（去壳以后叫作“米”）；“粟”字单用时，就是指米。

④釜：古代量器名，容积为当时的六斗四升。

⑤庾：古代量器名，容积为当时的二斗四升。

⑥秉：古代量器名，容积为当时的一百六十斗。

⑦周：周济，救济。

译文

子华出使齐国，冉求替他的母亲向孔子请求补助一些谷米。孔子说：“给她一釜。”冉求请求再增加一些。孔子说：“再给她加一庾。”冉求却给她五秉。孔子说：“公西赤到齐国去，乘坐着肥马拉的车子，穿着又暖和又轻便的皮袍。我听说过，君子只周济急需救济的人，而不使富人更富。”

悟语

理解这一章的关键，一是要理解人物之间的关系，二是要理解釜、庾、秉之间的关系。

这段公案应发生在孔子当大司寇时。孔子当了大司寇，冉求做孔子家的管家，公西华受孔子之命出使齐国。

冉求与公西华之间的私交不错，不然，冉求不会主动为公西华的母亲请粟。

粟者，带壳之小米也，既是当时的主要食物，也作为官员的俸禄。按照货币学的观点，它相当于实物货币。

孔子说，给一釜吧。一釜相当于现在的六斗四升。

冉子觉得有点少，请求增加。孔子说，那就再增加一庾。一庾相当于二斗四升。这样合起来共八斗八升。

但冉子最终给了公西华之母五秉。

据有的资料说，一秉等于十斛，一斛等于十六斗。那五秉就是八百斗。如果这个解释准确的话，那相当于原来议定数额的九十多倍。

故事叙述完了，说说我的看法。

第一，冉求对孔子的话不是百分之百的执行。觉得对的就执行，觉得不对的就不执行。在孔子的学生中，冉求应当是一个不听话的人，后来孔子把他逐出师门，也与他的不听话有关。

第二，我总觉得现在许多解释中讲的计量单位釜、庾、秉有误。增加点可以，但增加到原来的九十多倍，从逻辑上讲不通。这冉子也太离谱了。这哪是管家，这纯粹是拿孔子的东西送人情。

第三，孔子也认为原先议定的粟不多，低于应当给的数。孔子之所以“小气”，是因为公西华在齐“乘肥马，衣轻裘”，待遇已经不错了。看样子，自古至今，外交官的待遇一直很高。外交官是国家的脸面，待遇不可能不高。

第四，孔子“周急不继富”的观点对我们有很深的启发意义。人要学会雪中送炭，而不是锦上添花。

6.5

原文

原思①为之宰②，与之粟九百③，辞。子曰：“毋！以与尔邻里乡党④乎！”

注释

①原思：姓原，名宪，字子思，生于公元前515年，鲁国人，孔子的学生。孔子在鲁国任大司寇的时候，原思曾做孔子家的家宰（管家）。

②宰：家宰，管家。

③九百：没有说明单位是什么，有说九百斗的，有说九百斛的，无可考。

④邻里乡党：古代以5家为邻，25家为里，500家为党，12500家为乡。此处指原思的同乡或家乡周围的百姓。

译文

原思给孔子家当总管，孔子给他俸米九百，他推辞不要。孔子说："不要推辞。你不需要，可以把它给你的邻居和乡亲们。"

悟语

俗话说：账目清，好弟兄。这里呈现的是：账目清，好师生。

原宪是孔子的学生，做了孔子的管家，师生变成东家与雇工，这种关系往往比较难处。

孔子坚持"丁是丁，卯是卯"的原则，该怎么样就怎么样。既然原宪做了管家，那就应当得到报酬，于是孔子"与之粟九百"。

原宪却不要。

原宪不要的原因：第一，我是学生，您是老师，学生为老师做事，用不着取酬；第二，用不着这么多，原宪是个"甘贫"的人，"甘贫"的人不大喜欢要东西。

但孔子说，不要不行。这是你应得的报酬，如果你不需要，可以分给邻里乡亲，于是坚持把这九百粟给原宪。

原宪是孔子学生中比较独特的一位，原宪"甘贫"的故事一直为人传颂。

《庄子·让王》对此有生动的记载："原宪居鲁，环堵之室，茨以生草，蓬户不完，桑以为枢，而瓮牖二室，褐以为塞，上漏下湿，匡坐而弦歌。子贡乘大马，中绀而表素，轩车不容巷，往见原宪。原宪华冠縰履，杖藜而应门。子贡曰：'嘻！先生何病？'原宪应之曰：'宪闻之，无财谓之贫，学而不能行谓之病。今宪贫也，非病也。'子贡逡巡而有愧色。原宪笑曰：'夫希世而行，比周而友。学以为人，教以为己。仁义之慝，舆马之饰，宪不忍为也。'"

知道了原宪甘贫，自然就知道了原宪为什么会拒收报酬了。对一个不喜欢财富的人来讲，财富本身就是累赘。

6.6

原 文

子谓仲弓曰：“犁牛[1]之子，骍（xīng）且角[2]。虽欲勿用[3]，山川[4]其舍诸[5]？”

注 释

①犁牛：犁田的牛，即耕牛。古代祭祀用的牛不能用耕牛代替。祭祀用的牛红毛长角，是专门饲养的。在那个时候的人看来，祭祀用的牛的地位比耕牛高贵。

②骍且角：祭祀用的牛，毛色为红，角长得端正。骍，红色。

③用：用于祭祀。

④山川：山川之神。此喻上层统治者。

⑤其舍诸：其，有“怎么会”的意思。舍，舍弃。诸，“之乎”二字的合音。

译 文

孔子评论仲弓时说：“耕牛生下的牛犊长着红色的毛，角也长得整齐端正。人们虽不想用它做祭品，但山川之神难道会舍弃它吗？”

悟 语

“无喻不出口”是孔子说话的一大特点，因而他说话形象生动，轻松愉快。

犁牛，耕地之牛也。犁牛之子，耕地之牛之子也，牛犊子也。

古代人重视祭祀，而宰牛祭祀，这是重大活动中才能用到的礼。在人们看来，牛在祭祀活动中牺牲，是一种荣耀，因为牛担当了人与神之间的使者。而耕牛是地位低的牛，不可担此大任。

孔子认为仲弓虽出身低贱，但将来会堪当大任。这与《雍也篇》中提到“雍也，可使南面”的结论是一致的。

仲弓不仅有才能，并且品行好。他是孔门十大弟子，被列在德行科，与颜回、伯牛、闵子骞齐名。

仲弓曾向孔子问仁，孔子回答说：“出门如见大宾，使民如承大祭；己所不欲，勿施于人；在邦无怨，在家无怨。”仲弓听后非常有礼貌地表态：“雍虽不敏，请事斯语矣。”

曲阜师范大学的校歌就叫《犁牛之子歌》，由纪洪涛、宋立林作词，徐沛东作曲。曲阜师范大学选用这首歌作为校歌用意还是很深的：不看出身，只看将来。

6.7

原 文

子曰：“回也，其心三月①不违仁；其余，则日月②至焉而已矣。”

注 释

①三月：可指三个月，也可指较长的时间。

②日月：一个月之内为日月，也指较短的时间。

译 文

孔子说：“颜回这个人，可以做到三个月（长久）不离开仁德；其他的学生，能够坚持一个月就不错了。”

悟 语

仁是是孔子思想的核心，《论语》中“仁”字出现了109次。

仁者，爱人也。仁者，不仅想着自己，还想着别人。仁者，立人者也；仁者，达人者也。仁者还有另外一种称谓叫“君子”。

孔子讲：“君子去仁，恶乎成名？君子无终食之间违仁，造次必于是，颠沛必于是。”

只有很少的学生被孔子称为仁者。颜回算一个，仲弓算一个，宓子贱算一个。

或曰："雍也，仁而不佞。"孔子默许："焉用佞？御人以口给，屡憎于人，不知其仁。焉用佞？"

子谓子贱："君子哉若人！鲁无君子者，斯焉取斯？"

诸如子路、冉有、公西华，当孟武伯问"他们仁乎"时，孔子回答"不知也"。"不知"的意思是他们还达不到仁者这境界，但他不愿意说得那么明白。

谁都知道孔子最喜欢颜回，孔子是把颜回当作接班人培养的。

孔子之所以喜欢颜回，原因固然很多，诸如好学，诸如"不迁怒、不贰过"，诸如"无伐善，无施劳"，但主要的原因还是因为颜回"其心三月不违仁"。孔子喜欢比较，有比较才有鉴别。颜回的可贵就是在与他人的比较中显现出来的。"回也，其心三月不违仁；其余，则日月至焉而已矣。"

正如俗语所讲，人做一件好事不难，但坚持做好事却很难，的确如此。

颜回是孔门中的标杆，几乎被所有人认可。子贡这样说："赐也何敢望回？回也闻一以知十，赐也闻一以知二。"

6.8

原 文

季康子[①]问："仲由，可使从政也与？"子曰："由也果[②]，于从政乎何有？"曰："赐也，可使从政也与？"曰："赐也达[③]，于从政乎何有？"曰："求也，可使从政也与？"曰："求也艺[④]，于从政乎何有？"

注 释

①季康子：公元前492年，季康子继其父为鲁国正卿，此时孔子正在各地游说。八年以后，孔子返回鲁国，冉求正在季康子那里做事，做季氏的管家。

②果：果断，不拖泥带水。

③达：通达，世事洞明。

④艺：才高，多才多艺。

译文

季康子问孔子："仲由这个人，可以让他从政吗？"孔子说："仲由做事果断，从政有什么困难呢？"季康子又问："赐这个人，可以让他从政吗？"孔子说："赐通达事理，从政有什么困难呢？"又问："求这个人，可以让他从政吗？"孔子说："求多才多艺，从政有什么困难呢？"

悟语

这段对话应发生在孔子周游列国回到鲁国之后。这时，季康子聘孔子为国老，国老者，顾问也。

作为鲁国国相，季康子须延揽治国的人才，于是向孔子请教，仲由、端木赐、冉求是否可以从政？

这是个推荐学生的好机会，孔子岂能错过，于是讲了这几个学生的特点。

仲由的特点是果，行事果断，不拖泥带水，不婆婆妈妈；端木赐的特点是达，达者，"质直而好义，察言而观色，虑以下人"，用通俗的话讲就是既坚持原则，又会来事，还八面玲珑；冉求的特点是艺，艺者，不器也，具有多方面的才能，什么都会。

注意，孔子对弟子特点的概括都是用了一个字，如果对弟子不了解，不可能作出这样精确传神的概括。孔子这个特点在《论语・先进篇》中还有体现。孔子说："柴也愚，参也鲁，师也辟，由也喭。"柴者，高柴也，高柴笨；参者，曾参也，曾参慢；师者，颛孙师也，颛孙师怪僻；由者，仲由也，仲由刚烈。

2012年，我参加了"泉城读书慧"活动，有一位叫马年的主持人给我留下了很深的印象，他的特长就是能用一个字概括一个人或者一件事，并且是在短时间内。

注意孔子在介绍了诸弟子的特点以后补的一句话："于从政乎何有？"意思是"对从政还有什么困难吗？"孔子对学生的关心溢于言表，表达了对推荐自己学生从政的急切心情。

6.9

原文

季氏[1]使闵子骞[2]为费（bì）[3]宰。闵子骞曰："善为我辞焉！如有复我[4]者，则吾必在汶（wèn）上[5]矣。"

注释

①季氏：指季康子。

②闵子骞（前536～前487）：即闵损，名损，字子骞，春秋末期鲁国（今山东济宁鱼台大闵村）人，孔子高徒，在孔门中德行与颜回并称，为"七十二贤人"之一。他以孝行为人称道。孔子称赞说："孝哉，闵子骞！人不间于其父母昆弟之言。"

③费：季氏的封邑，在今山东费县西北一带。

④复我：再来召我。

⑤在汶上：要离开鲁国到齐国去。汶，水名，即今山东大汶河，自东向西流。当时是齐、鲁两国的界河。

译文

季康子派人请闵子骞去做费邑的长官。闵子骞（对来请他的人）说："好好替我推辞掉吧！如果再来召我，那我一定跑到汶水之北那边（齐国）去了。"

悟语

对于当官之事，有的人趋之若鹜，有的人敬而远之。闵子骞属于后者。

也有的人说，闵子骞之所以拒绝季氏，是因为看不上季氏的为人和作风。这倒是有根据。《论语·先进篇》言："鲁人为长府。闵子骞曰：'仍旧贯，如之何？何必改作？'子曰：'夫人不言，言必有中。'"既然看不上季氏的为人，当然就不愿意在他手下为宰。自古良禽择木而栖，良臣择主而事，闵子骞信奉这句话。

本章中的汶上者，汶河以北也。于河而言，上为北、阳，下为南、阴。现“汶上”是一县名，在山东省济宁市。该名是否与本章中的“汶上”有关，不得而知。

6.10

原文

伯牛[1]有疾，子问之，自牖（yǒu）[2]执其手。曰：“亡之[3]，命矣夫（fú）[4]！斯人也而有斯疾也，斯人也而有斯疾也！”

注释

①伯牛：姓冉，名耕，字伯牛，鲁国人，孔子的学生，“孔门十哲”之一。孔子认为他的德行较好。

②牖：窗户。

③亡之：一作“丧失”解，一作“死亡”解。

④夫：语气词，相当于“吧”。

译文

伯牛病了，孔子前去探望他，从窗户外面握着他的手。（后来）孔子说：“快不行了，这是命啊！这么好的人怎么会得这种病，这么好的人怎么会得这种病！”

悟语

冉伯牛是位有德行的弟子，是孔子的十大弟子之一，得了传染病。为了不影响他人，他把自己封闭在屋子里。

孔子得知消息后，冒着被传染的风险，毅然前去探望。门封了，孔子只有从窗子里伸进手去握住冉伯牛的手。孔子也只有用这种方式给冉伯牛以安慰。

孔子对伯牛得传染病痛心疾首，离开后连声说：“斯人也而有斯疾也，斯人也而有斯疾也！”

《论语》没有交待冉伯牛是不是死在这一场病里，他应当是没有躲过此劫。

伯牛自愿隔离及孔子不怕感染，自牖执其手的勇敢举动彰显了人性的光辉，传达了人间大爱，令人感动，令人动容。在生死关头，爱与勇敢是人类最宝贵的财富，这也是人类繁衍不息的最强大力量。

6.11

原文

子曰：“贤哉，回也！一箪（dān）[1]食（sì），一瓢饮，在陋巷[2]。人不堪其忧，回也不改其乐。贤哉，回也！”

注释

①箪：古代盛饭用的竹器。

②巷：小房子。

译文

孔子说：“颜回真是个贤德之人！吃一箪淡饭，喝一瓢冷水，住在简陋的房子里。别人都为他担忧，他却自得其乐。颜回真是个贤德之人！”

悟语

本章揭示了颜回的另一重要特点：安贫乐道。

我们常讲孔颜乐处，本章是重要支撑。

孔子并不是一味地反对富贵，喜欢贫贱。孔子讲：“富与贵，是人之所欲也，不以其道得之，不处也；贫与贱，是人之所恶也，不以其道得之，不去也。”如果富贵来路正，就安享富贵；如果贫贱以正道不能摆脱，就坦然处之。

人可以分为两种：一种是对财富有强烈的追求欲，如子贡；另一种是对财富采取淡然的态度，如颜回。

前者进取，后者有所不为也。有人喜欢前者，有人赞赏后者，这都有道理。

其实，如果想明白了，对财富也应采取中庸的态度，过多无益，太少不行，适宜最好。何谓适宜？满足正常的吃穿住行并略有节余就可以了。

写到这里，突然想到赖小民，一个真正的为财而死者，判决书说他贪了 17.88 亿。命都保不住，要财何用？

6.12

原文

冉求曰："非不说（yuè）[1]子之道，力不足也。"子曰："力不足者，中道而废。今女（rǔ）画[2]。"

注释

①说：通"悦"，内心喜欢。

②画：划定界限，停止前进。

译文

冉求说："我不是不喜欢老师您推行的道，而是我的力量不够啊。"孔子说："如果真的是力量不够，那应该走到半路就走不动了。现在你原地不动，是不想前进呀！"

悟语

冉求为孔子的十大弟子之一，不仅有行政管理才能，还多才多艺。

多才多艺的人往往对老师就不那么服服帖帖，亦步亦趋。

在孔子的学生当中，冉求属于不大听话的学生。他曾经因为做了季氏的管家而不听孔子的教导，被孔子赶出师门。《论语·先进篇》中记载："季氏富于周公，而求也为之聚敛而附益之。子曰：'非吾徒也。小子鸣鼓而攻之可也。'"

不大听话的学生往往还会忽悠老师。本章记述了冉求忽悠老师，但老师不上当的场景。

大概冉求不想跟着孔子继续学习了，或者对孔子教的那一套不感兴趣，就对老师说：“我不是不喜欢您教的那一套，而是我的能力不够。”

这种小把戏如何能骗得了孔子？孔子说：“力不足者，中道而废。”现在你还没开始，你怎么知道能力不够呢？

我是做老师的，弟子们忽悠老师虽不是司空见惯，但也经常上演。

有学生不仅忽悠老师，还骗老师。我被忽悠过，也被骗过。

有时师生会斗智斗勇，老师要时刻警惕，不要被学生忽悠了，更不要被学生骗了。

6.13

原 文

子谓子夏曰：“女（rǔ）为君子儒，无为小人儒。”

译 文

孔子对子夏说：“你要做君子儒（大儒，君子式的学者），不要做小人儒（小儒，只会主持祭祀的人）。”

悟 语

先来看看“儒”的本意是什么。《说文解字》对“儒”的解释是：“儒，柔也，术士之称。从人，需声。”中国人历来重视死亡观念与丧葬礼仪，这种广泛的社会需求促生了一个特殊社会阶层——“儒”。在中国古代社会，最晚到殷商便有了专门负责办理丧葬事务的神职人员，这些人就是早期的儒，或者称为巫师、术士。他们精通当地的丧葬礼仪、习惯，时间一长，便成了一种相对独立的职业。由于这种职业地位低微，收入也少，所以形成了比较柔弱的性格，就是儒的本意，即柔。

孔子早年学习周礼，实际上是学习儒的一些基础知识。孔子年轻时做过儒，但由于整理《诗》《书》《礼》《易》，还作了《春秋》，成为博古通今的大学者，改变了人们对儒的认知。人们开始把有学问的人称为儒，后人把孔子所创立的学派称为儒家。

应当说，孔子是有意识地来改造儒。孔子提出了君子儒与小人儒。

君子儒者，有良好的品行且博古通今者也。而小人儒者，只是地位低微的祭祀主持者也。

子夏是孔子的学生，姓卜名商，在孔子的教育与培养下，成了大学者，成了真正的“君子儒”。孔子去世之后儒分为八，子夏创立了西河学派，对儒学在魏国的传播起了积极作用。此外，子夏是孔子得力的学术助手，没有子夏等人的帮助，孔子可能完不成“吾自卫反鲁，然后乐正，《雅》《颂》各得其所”的艰巨任务。

作为老师，如何发现学生的特长及潜质并加以鼓励，既是责任，也是义务。给学生树立宏大的目标并助其实现之，这是做老师的本分。

这一点，孔子值得我们效仿。

6.14

原文

子游为武城①宰。子曰：“女（rǔ）得人焉尔乎②？”曰：“有澹台灭明③者，行不由径④，非公事，未尝至于偃（yǎn）⑤之室也。”

注释

①武城：鲁国的小城邑，在今山东费县境内。

②焉尔乎：焉，在那里。“尔”“乎”二字都是语气助词。

③澹台灭明：姓澹台，名灭明，字子羽，武城人，孔子的弟子。

④径：小路，引申为近路。

⑤偃：言偃，即子游，这是他自称其名。依礼，名可以自称，字不可以自称。

译文

子游做了武城的长官。孔子说：“你在那里得到什么人才没有？”子游回答说：“有一个叫澹台灭明的人，从不走捷径抄近路，一切都按规矩办事，没有公事，也从不到我办公的地方来。”

悟语

子游姓言名偃，是孔子的十大弟子之一，今江苏常熟人，夫子去世后，他回到南方，把孔子的学说在江南发扬光大，后来被称为“南方夫子”。

这事发生在子游做武城宰时。

虽然山东有好几个地方叫武城，但本章中所讲的武城应是在今山东省平邑县。

自古政在得人，所以孔子很关心子游在武城是否遇到过人才。

子游回答说，他遇到的人才叫澹台灭明，这个人的特点是行不由径，走路只走大道，不抄小路。这人还有一个特点是只有有公事的时候才到我办公的地方来，没有公事他从来不来。意思是这个人很正派，不拉拉扯扯。

再说点题外的话。

后来子游就把澹台灭明介绍给孔子做弟子，孔子一看，就很不高兴。为何？澹台灭明长得太丑了。

不收吧，似乎驳了子游的面子，收吧，孔子心里不情愿，但最终还是收了。

后来澹台灭明成了孔子很优秀的弟子，为孔门做出了很大的贡献。

孔子后来说：“以貌取人，失之子羽。”意思是：单从相貌上判断人，对子羽的判断就错了。子羽是澹台灭明的字。

《史记·仲尼弟子列传》中对此有生动的记载：

> 澹台灭明，武城人，字子羽。少孔子三十九岁。状貌甚恶。欲事孔子，孔子以为材薄。既已受业，退而修行，行不由径，非公事不见卿大夫。南游至江，从弟子三百人，设取予去就，名施乎诸侯。孔子闻之，曰：“吾以言取人，失之宰予；以貌取人，失之子羽。”

6.15

原文

子曰："孟之反①不伐②，奔③而殿④，将入门，策其马曰：'非敢后也，马不进也。'"

注释

①孟之反：名侧，鲁国大夫。

②伐：夸耀。

③奔：败走。

④殿：殿后，在全军最后作掩护。

译文

孔子说："孟之反不喜欢夸耀自己。打仗撤退的时候，他留在最后掩护全军。快进城门的时候，他鞭打着自己的马说：'不是我愿意走在最后（殿后）啊，是马跑不动啊。'"

悟语

战争（战斗）中最危险的事情一是冲锋，二是殿后，因为这是在正面接触敌人。

孟之反是鲁国大夫，哀公十一年，鲁齐之间发生战争，孟之反负责殿后。

马快跑到城门的时候，他边打自己的马边说："不是我勇敢才担任殿后的任务，是因为我的马跑不快，我才不得不担任殿后的任务。"

对于孟之反的这种做法，孔子大为赞赏。孟之反实际上是在推功，把功劳推到别人身上，或者归结为客观条件。

仔细观察与分析，对待功过有两种态度：一种是推功揽过，一种是推过揽功。前一种人是君子，后一种人是小人。前一种人少，后一种人多。

做到孟之反这样不容易。

孟之反这种行为一直为人所称颂。到了宋代，诗人刘克庄写了首同名诗《孟之反》赞扬他："弃甲争先去，收兵殿后回。但云马不进，应自圣门来。"

刘克庄推测孟之反是孔子的学生，我查了一下资料，七十二贤者中没有，他应当是三千弟子中的一个。

6.16

原　文

子曰："不有祝鮀（tuó）①之佞，而②有宋朝③之美，难乎免于今之世矣！"

注　释

①祝鮀：字子鱼，卫国大夫，有口才，以能言善辩曾受卫灵公重用，后被卫灵公疏远。

②而：这里是"与"的意思。

③宋朝：宋国的公子朝，美男子。《左传》中记载他因貌美而致乱。

译　文

孔子说："如果没有祝鮀那样的口才，也没有宋朝那样的美貌，在今天这样的世道下，怕是难逃灾祸了。"

悟　语

这段话当是孔子在卫国时所言。

在卫灵公的治理下，卫国既有可取的一面，也有不可取的一面。

可取的一面是卫灵公有三个特别能干的大臣，卫灵公依靠他们治国。"仲叔圉治宾客，祝鮀治宗庙，王孙贾治军旅。"依靠这三位大夫，卫国勉强维持下来，没有丧国。

不济的方面是卫国的风气不好，卫灵公不仅好女色，还好男色。卫灵公不仅宠爱南子，还宠幸宋公子朝。宋公子朝长相美貌，风流倜傥，据《左传》记载，他与卫灵公的嫡母庄姜和卫灵公的夫人南子均有染。卫灵公在明知宋公子朝与南子有染的情况下，还鼓励宋公子朝与南子在洮地相会。不仅如此，宋公子朝曾参与叛乱，把卫灵公赶走，但卫灵公复位后，因为南子喜欢宋公子朝，又把宋公子朝接了回来。这连宋国人都有点看不下去了。据说卫国太子蒯聩过宋国时，宋国人讥讽道："既定尔娄猪，盍归吾艾豭？"把南子说成求偶的母猪，把宋公子朝说成是配种的公猪。

孔子反对巧言令色，反对佞，对祝鮀应当没有什么好感 ，孔子更反对像宋公子朝这样的人。但卫灵公却宠信这两个人，于是孔子讲了上面这段话。

君子受气，小人当道，这是卫国当时的情况。孔子通过这段话，对卫国的时政进行了讽刺，表达了自己的不满。

按：本章中"不有，而有"不是转折关系，而是递进关系，特请大家注意。

6.17

原文

子曰："谁能出不由户？何莫由斯道也？"

译文

孔子说："谁能不经过屋门而走出去呢？为什么没有人走（我所指出的）这条道路呢？"

悟语

孔子说话的特点是"无喻不出口"，没有比喻不说话。

本章中的"出不由户"，也是比喻。

"夫子之道，忠恕而已矣。"夫子主张仁义礼智信，温良恭俭让，认为这是大道。

孔子说，这是一条光明大道，为什么没有人走这条光明大道呢？

6.18

原文

子曰："质①胜文②则野③，文胜质则史④。文质彬彬⑤，然后君子。"

注释

①质：内容、实质，指内在的本质。

②文：形式、文采，指外在的形式。

③野：粗鲁，缺乏文采。

④史：言辞华丽，这里有虚伪、浮夸之意。

⑤彬彬：形容文与质配合得当。

译文

孔子说："内容胜于形式则显粗陋，形式胜于内容则显浮夸。内容与形式配合得当，这样的人才是君子。"

悟语

早在2500年以前，孔子就注意到了内容和形式的辩证关系问题，而这是唯物辩证法的基本问题。

任何事物，都有内容与形式两个方面。内容是事物的本质，形式是事物的表现。内容靠形式呈现，形式则会展现内容。内容与形式的辩证关系大概有这么几种情况：

一是内容好，形式好；二是内容好，形式不够好；三是内容不好，形式好；四是内容不好，形式也不好。

如果内容好，形式也好，这一定是个好东西；如果内容不好，形式不好，这东西一定不好。中间的两种情况都不理想，都有待于完善。

就人而言，什么是内容好？什么是形式好？

从孔子的一贯表述来看，孔子在这里讲的质，也就是内容，指的是人的内心充满了仁，而仁者爱人也、立人也、达人也。孔子在这里讲的文，也就是形式，指的是仁的外在呈现，人的外在呈现是礼，唯有礼，才会把仁的美好完整地呈现出来。礼维护的是秩序，表达的是尊重。

当一个人真正做到内仁外礼，这个人就是真正的君子了。

6.19

原文

子曰："人之生也直；罔[1]之生也幸而免。"

注释

①罔：不直。

译文

孔子说："人活在世上，应当正直；不正直也能活在世上，得靠侥幸才得以避免灾祸。"

悟语

直者，原义是树之挺拔者也，引申为正直、诚实、直率，不拐弯抹角，有什么说什么，实话实说，直来直去。

孔子认为，人应当正直地活着。不逢迎，不傲慢，不卑不亢。但这里有个条件，即天下必须有道。如果在天下有道的情况下却不能正直地活着，说不定哪一天会遇上麻烦，甚至祸患。如果避免了麻烦，逃脱了祸患，那也只是侥幸而已。所以，在天下有道的情况下，人必须选择正直地活着。

但在天下无道的情况下，孔子主张适当变通。孔子不止一次地说："邦有道，危言危行；邦无道，危行言孙。"类似的观点在《论语》中比比皆是。

邦无道时做人行事仍要正直，但说话时一定要谦恭，不能想说什么就说什么，要注意分寸。老百姓讲"病从口入，祸从口出"，管住自己的嘴，是极其必要的。

6.20

原　文

子曰："知之者不如好（hào）之者，好（hào）之者不如乐之者。"

译　文

孔子说："懂得的人不如爱好的人，爱好的人又不如以之为乐的人。"

悟　语

人对事物的态度大概有三个层次。

一是知道这事的重要性，不做不行，处于理性层面；二是偏爱此事，喜欢此事，除了理性觉得此事应做外，还觉得这事有意思，不枯燥；三是以此为乐，能从中得到极大的幸福与满足。

只有第三种情况才可以把事情做得完美，止于至善。

兴趣是最好的老师，一点不假。

6.21

原　文

子曰："中人以上，可以语（yù）上也；中人以下，不可以语（yù）上也。"

译　文

孔子说："具有中等水平以上才智的人，可以跟他谈论高深的问题；中等水平以下的人，不可以跟他谈论高深的问题。"

悟　语

教育必须因材施教，要求对施教对象有一个明确的认识。

我们可以根据各种不同的指标把施教对象分为上、中、下等。比如可以按才智（智商），也可以按其他指标（比如按基础）。

孔子说，对于中等才智（基础）以上的人，可以讲高深的道理；对于中等才智（基础）以下的人，不要讲高深的道理。

从大处而言，中国古代的科举制度以及现在的高考制度基本上是按照这一认识设计的。

才智高的孩子进好大学，才智中等的孩子进中不溜的大学，才智差一点的孩子进差一点的大学。

这没有什么不对。虽说高考制度可能有这样那样的瑕疵，但大方向、大原则是对的。

初中、高中办快慢班，大学入学后办所谓的实验班也是基于这种考虑。

虽然有各种方法能评价才智水平与学习效果，但没有一种方法比考试更科学、更准确、更有效率，这也就是考试在教育领域大行其道的原因。

6.22

原文

樊迟问知（zhì）[1]。子曰："务[2]民之义[3]，敬鬼神而远之，可谓知（zhì）矣。"问仁。曰："仁者先难而后获，可谓仁矣。"

注释

①知：通"智"。

②务：从事，致力于，治理。

③义：宜。合理、适宜的事称"义"。

译文

樊迟问什么是智慧。孔子说："致力于做符合人民利益的事情，敬奉鬼神，但离它们远一些，这样可以说是有智慧。"樊迟又问什么是仁。孔子说："仁者，吃苦在前，享受（收获）在后。若这样，才可算仁。"

悟语

樊迟是孔子的学生，孔子曾向他全面讲述仁、义、礼、智、信。

这里讲了什么是为政的智，什么是仁者。

一、“敬鬼神而远之”。

在孔子的心目中没有鬼，没有神，孔子是一个无神论者。

为什么这么讲？《论语·先进篇》第12章有这么一段话：“季路问事鬼神。子曰：‘未能事人，焉能事鬼？’曰：‘敢问死。’曰：‘未知生，焉知死？’”

二、“仁者先难而后获”。

自古以来，种庄稼是不容易的。大家都知道“谁知盘中餐，粒粒皆辛苦”。没有付出就没有收获。

在这里，孔子又运用了比喻的手法。

我很喜欢这句话，就请颜体书法家李镛写了“先难后获”，装裱后挂在办公室，既勉励自己，又教育学生。

6.23

原文

子曰：“知（zhì）[1]者乐（yào）[2]水，仁者乐（yào）山；知（zhì）者动，仁者静；知（zhì）者乐，仁者寿。”

注释

①知：通“智”。

②乐：喜爱。

译文

孔子说：“智慧之人爱水，仁德之人喜山；智慧之人爱动，仁德之人喜静；智慧之人快乐，仁德之人长寿。”

悟语

本章讨论了智者与仁者的区别。

可以把智者和仁者看成是两类人，也可以看成是一个人身上的两种品质。

看到这一章，有的人会抬杠。难道只有智者喜欢水？仁者喜欢山？仁者就不能喜欢水吗？智者就不能喜欢山吗？遇到这样的问题我只能笑笑，但要真正回答起来还是有点难度。

夫子在这里把仁者和智者做了区别，并以水、山喻之。

水的最大特性是动，山的最大特点是静。

智者，思考者也。“学而不思则罔，思而不学则殆。”无论学而思还是思而学都需要动。

孔子又言：“学而时习之，不亦说乎？”“说”通“乐”也，要把学习当作一件快乐的事。

仁者，爱人者也。“曾子曰：‘仁以为己任，不亦重乎？死而后已，不亦远乎？’”“夫子曰：‘回也，其心三月不违仁；其余，则日月至焉而已矣。’”做一个仁者，是长时间的坚持，甚至是终生的事业。

孔子又曰：“君子去仁，恶乎成名？君子无终食之间违仁，造次必于是，颠沛必于是。”

为什么“智者乐水，仁者乐山”呢？有云：“知者，达于事理而周流无滞，有似于水，故乐水。仁者，安于义理而厚重不迁，有似于山，故乐山。”又有将“五行”之说引入者，云：“知者属土，故乐水；仁者属木，故乐山。”

自古以来，仁智勇为君子之三达德，仁者不忧，智者不惑，勇者不惧，集三者于一身者，方为君子也。《论语·宪问篇》第28章记载：“子曰：‘君子道者三，我无能焉：仁者不忧，知者不惑，勇者不惧。’子贡曰：‘夫子自道也。’”

在子贡看来，只有孔子达到了这个标准。

6.24

原文

子曰：“齐一[1]变，至于鲁；鲁一变，至于道。”

注 释

①一：完整，全部，彻底。

译 文

孔子说："若齐国彻底变革，可以达到像鲁国这样的礼乐之邦；若鲁国彻底变革，就可以达到先王之道。"

悟 语

山东被称为齐鲁，当与此章有关。

孔子在表达自己的观点时，要么用比喻，要么用对比。没有比较就没有鉴别。事情一对比，高下立判。在孔子眼中，鲁比齐强。

第一，鲁者，周公之封国也，属于皇亲贵戚。齐者，姜太公之封国也，属于异姓诸侯。血浓于水，这道理谁都懂。

第二，西周礼制，周公制也。伯禽为周公长子，先行者也。《论语》中曾记云："周公谓鲁公曰：'君子不施其亲，不使大臣怨乎不以。故旧无大故，则不弃也。无求备于一人。'"以仁义礼乐治国，鲁国有此传统。

第三，就离周天子的距离而言，鲁近齐远。

故孔子说："齐一变，至于鲁；鲁一变，至于道。"在孔子的心目中，就国家的治理水平而言，鲁要比齐高出许多。

说到这里，突然想起孔子的另一句话："鲁、卫之政，兄弟也。"与鲁处于同一水平的是卫不是齐。这也许就是孔子周游列国在卫国待的时间最长的原因。

6.25

原 文

子曰："觚（gū）[1]，不觚。觚哉？觚哉？"

注 释

①觚：古代盛酒的器具，上圆下方，有棱，容量约有2升。

译 文

孔子说："觚，不像觚了。这还叫觚吗？这还算是觚吗？"

悟 语

酒的发明很早，至少有3000多年了。

其实酒的历史还可以往前推。《史记》记载杜康是夏朝的国君，是中国古代传说中的"酿酒始祖"。《说文解字》载："杜康始作秫酒。又名少康，夏朝国君。"因杜康善酿酒，后世将杜康尊为酒神，制酒业则奉杜康为祖师爷。后世多以"杜康"借指酒。曹操有诗云："何以解忧？唯有杜康。"

也有人说是酒是舜发明的："天下明德，皆自虞舜始。"舜继承帝位后，虚怀纳谏，任贤使能，百业兴旺，开创了政通人和的局面。他教仪狄酿酒，仪狄又将造酒术传给了下一代。

有了酒就要有盛酒的家伙，就要有饮酒的器具，不然酒到不了嘴里去。

在鲁国，有一种酒具叫觚，觚不是一成不变的，有的人把它做了改进，恰被孔子看见了，这种改变不符合孔子的价值观和审美观，于是孔子对此做出了否定的评价。

有人把孔子对改变觚的态度当作是孔子保守的证据，这倒未必。但把此作为孔子坚持礼的例证，倒是说得过去。

孔子认为，礼也好，礼器也好，礼仪也好，最好不要改变。如《论语·八佾篇》记载："子贡欲去告朔之饩羊。子曰：'赐也！尔爱其羊，我爱其礼。'"

最后多说一句，《论语》中提出的喝酒三项原则很有指导意义。其一，不为酒困。其二，唯酒无量不及乱。其三，乡人饮酒杖者出斯出矣。按孔子这几个原则饮酒就不会出事，就不会出洋相。

6.26

原 文

宰我问曰："仁者，虽告之曰，'井有仁[①]焉'，其从之

也?”子曰：“何为其然也？君子可逝②也，不可陷③也；可欺也，不可罔④也。”

注释

①仁：这里指仁者。

②逝：往。这里指到井边去看并设法救之。

③陷：陷入。

④罔：迷糊，受迷惑。

译文

宰我问道：“对于有仁德的人，如果别人告诉他，‘井里有仁者掉下去了’，他会跟着下去吗?”孔子说：“为什么要这样做呢？君子可以到井边去救，却不可以陷入井中；可能被人欺骗，但自己不可迷糊。”

悟语

孔子的思想核心是仁，无时无刻不在强调仁。

这一点宰我是了解的。不要说是宰我，就是任何学生也都是了解的。

何谓仁者，爱人、立人、达人者也。既然是爱人、立人、达仁者，当然不能见死不救，见死不救的人称不上仁者。

于是宰我设计了个场景，看孔子如何回答。

虽说孔子强调仁者爱人，强调仁者立人、达人，但孔子反对在强调仁者爱人，仁者立人、达人时不讲条件，不计后果。孔子的原则是行仁时要讲究方式方法，要保护好自己。

孔子的主张是：

第一，作为仁者，如果知悉别人掉到井里，并且是一个仁者掉到井里，应该去想办法营救。

第二，不能不计后果地跳到井里去救。

孔子最后强调说：作为仁者，虽然可能会被欺骗，但不能因此而盲目行动，而要保持清醒和智慧。

6.27

原文

子曰："君子博学于文，约[①]之以礼，亦可以弗畔[②]矣夫(fú)[③]。"

注释

①约：约束。

②畔：通"叛"。

③矣夫：语气词，表示较强烈的感叹。

译文

孔子说："广泛地学习各种文化知识，又以礼来约束自己，这样就不会离经叛道了。"

悟语

这段话在《论语》中出现过三次，孔子讲了两次，颜回讲了一次。

这段话实际上强调了两个字，一个是强调智，另一个是强调礼。

"博学于文"可以化智，约束自己可以成礼。孔子认为如果做到了这两点，人犯错误的概率就很少了。

想一想，人之所以犯错误，无非是两种情况：一是认识上出现了偏差，二是约束自己不够。

解决认识出现偏差的办法是"博学于文"，广泛地学习各种文化知识。在孔子的语境中，这个"文"可以理解为六艺。六艺分为大六艺和小六艺。大六艺者，《易》《书》《诗》《礼》《乐》《春秋》。小六艺者，礼、乐、射、御、书、数。

通六艺需要付出艰辛的努力。孔子有72弟子，可以看作是通六艺者，不仅通大六艺，还通小六艺。

礼的作用一是表达尊敬，二是创造秩序，孔子非常看重礼。

孔子曾对自己的儿子伯鱼讲“不学礼，无以立”。在《论语》的最后一章孔子又讲“不知礼，无以立也”。礼是约束，孔子讲“以约，失之者鲜矣”。

我们常讲的温良恭俭让中的“俭”字，很多人认为是节约的意思，其实是约束的意思。

当颜渊问何为仁时，孔子答曰“克己复礼为仁”。当颜渊“请问其目”时，孔子答曰“非礼勿视，非礼勿听，非礼勿言，非礼勿动”。

约的实质是不任性。

6.28

原文

子见南子①，子路不说（yuè）②。夫子矢（shì）③之曰：“予所否（pǐ）④者，天厌之！天厌之！”

注释

①南子：卫灵公夫人，受灵公宠爱，大权在握，行为失检、放荡，名声不好。

②说：通“悦”。

③矢：通“誓”，发誓。

④否：坏，恶。

译文

孔子去见了南子，子路很不高兴。孔子发誓说：“如果我做了什么不正当的事，就让上天厌弃我吧！就让上天厌弃我吧！”

悟语

这一章记叙简略，但人物形象生动。牵扯到三个非常著名的人物：孔子、子路、南子。

有这么几个问题需要思考：孔子为什么要去见南子？孔子见南子后子路为什么不悦？孔子为什么要起大誓？

据说孔子见南子出于政治目的，人在屋檐下，不得不低头，孔子也不例外。南子是卫灵公的夫人，深受卫灵公宠爱，掌握着卫国大权。孔子在卫国要想有所作为，南子是绕不过去的坎儿。据说开始时孔子是不愿意去见南子的，但当南子一而再、再而三地邀请后，孔子就不便拒绝了。子路是孔子重要的追随者，在整个周游列国的过程中起到了保驾护航的作用，应当是子路陪孔子去见的南子。

南子为什么要见孔子？孔子在当时名气很大，是响当当的人物。从学问上看，孔子从三十岁开门办学，讲授六艺，是当时最有学问的人。从政治影响力看，孔子当过鲁国的大司寇，其政治才干也在诸侯中传颂。另外孔子身材高大，相貌堂堂，且文质彬彬。南子长相出众，且又有政治抱负，她想见孔子在情理之中。

就是在这种背景下，两人相见了。

注意孔子说过一句话，且这句话在《论语》中出现过两遍。这句话是“吾未见好德如好色者也”。意思是我从来没有见过一个人喜欢美德像喜欢美色那样。

据说男女之间是有眼缘的，所谓眼缘就是相互喜欢。孔子与南子之间应当有这种可能。

两个有眼缘的人见面的时间难免就长了一些，除了那些必备的礼节以外，两人还谈天说地、谈笑风生。

一个时辰过去了，又一个时辰过去了。想想那个驾车等在门外的子路是个性子特别急的人，性子急的人往往控制不住自己。

孔子与子路是师生关系，但子路与孔子的年龄只相差 9 岁，两人是亦师亦友、亦兄亦弟的关系。

所以孔子一从王宫里出来，“子路不悦”。这不悦不是一般的不悦，而是大不悦，有可能是大发脾气，有可能是大声指责，也有可能是说了很多难听的话，诸如“见了女人拔不动腿”之类 。

从孔子的角度看，他是极端看重与子路之间的关系的，没有子路的帮助，他不可能形成那么大的气候。孔子的发誓，在很大程度上是想安抚子路，他不愿意失去子路。

孔子说，如果我有做得不对的地方，让上天来惩罚我，让上天来惩罚我。

首先我十分肯定孔子和南子之间不会发生任何不雅的事情。两个人都是有身份的人，又是初见。其次，宫中人员众多，即使两个人相互有好感，也不可能做出出轨的事情来。

尤其从孔子这一方来看，他是客人，是个极其讲究礼的人，有极强的克制能力。他曾教导他的弟子们说“以约，失之者鲜矣”，也曾给颜回讲过“非礼勿视，非礼勿听，非礼勿言，非礼勿动”。

但两个人相见的时间长了一些，这是可能的。俗话说，欢乐苦短。孔子与南子相见，大概就是这种情况。

感谢《论语》的创作者，把这一段故事记录了下来。《论语》之所以有这么大的魅力，也正是因为它的生活化。要永远记住，孔子是人不是神，人都有七情六欲，这是理解孔子的关键。

6.29

原　文

子曰：“中庸[①]之为德也，其至矣乎！民鲜（xiǎn）久矣。”

注　释

①中庸：不偏不倚，守常不变。中，无过无不及。庸，平常，正常。

译　文

孔子说：“中庸作为一种道德标准，该是最高的了吧！百姓中缺少这种道德已经很久了。”

悟　语

中庸者，用中也。任何事物都有一个中。中者，中心也，核心也。把握了事物的“中”，掌握了事物的“核”，才有可能把握事物的本质。但这很难。事物都是有表象的，事物的中和事物的核往往被事物的表象掩盖。要想真正掌握“中”，必须下一番去伪存真、由表及里的功夫。

找到了“中”，找到了核，才能做到不偏不倚，不上不下，不前不后，不左不右。《论语》中有两个典型的例子，可以说明何为中庸。

先看《先进篇》第16章。子贡问：“师与商也孰贤？”子曰：“师也过，商也不及。”曰：“然则师愈与？”子曰：“过犹不及。”

再看《八佾篇》第20章。子曰：“《关雎》，乐而不淫，哀而不伤。”

其实还有一句“食不厌，精；脍不厌，细”也是讲的中庸。这出现在《乡党篇》。

何为“食不厌，精；脍不厌，细”，厌者，饱也。即使粮食舂得再好，也不要吃多了；即使肉切得再细致，也不要吃多了。

总之，做人、做事乃至吃饭都要有度，这就是中庸。但做到中庸不容易。故孔子说：“不得中行而与之，必也狂狷乎！狂者进取，狷者有所不为也。”

这里讲的“中行”，其实也是中庸的意思。

说到中庸，突然想起蒋中正来。此人编过一本书叫作《中庸要旨》，但观此人终身所为，似乎从没达到过中庸状态，这大概就是所谓的知易行难吧。

6.30

原文

子贡曰：“如有博施①于民而能济众②，何如？可谓仁乎？”子曰：“何事于仁，必也圣乎！尧舜③其犹病④诸。夫（fú）⑤仁者，己欲立而立人，己欲达而达人。能近取譬⑥，可谓仁之方也已。”

注释

①施：给予。

②众：指众人。

③尧舜：上古时代的两位帝王，也是孔子心目中的榜样。儒家认为是“圣人”。

④病：担忧。

⑤夫：句首语气词。

⑥能近取譬：能够就自身打比方，即推己及人。

译文

子贡说："假若有一个人，他能给老百姓好处又能周济大众，怎么样？可以算是仁人了吗？"孔子说："岂止是仁人，简直是圣人了！就连尧、舜尚且担心自己做不到呢。何为仁者？仁者就是自己想立身，也要帮助别人立身；自己想通达，也要帮助别人通达。能就近以自己作比并推己及人，这就可以说是实施仁的方法了。"

悟语

仁是孔子思想的核心，他的弟子们从各方面与孔子探讨仁。

博施者，天下所有的老百姓都受到施舍；济众者，能帮助天下所有的人。端木赐的问题是，能做到这样的人算不算仁者？孔子回答说，能做到这样的人当然算仁者。这样的人不仅是仁者，还是圣者。即使是尧和舜也会担心自己做不到这一点。

讲完这个论断以后，孔子给端木赐说："夫仁者，己欲立而立人，己欲达而达人。"

作为仁者，你自己想立起来，也要想着帮助别人立起来；你自己想腾达，也要想着帮别人腾达。在孔子的心目中，所谓仁者，想到自己的时候也要想到别人。

"能近取譬，可谓仁之方也已"是说，行仁先从自己身边的人做起。先爱护自己的父母长辈、爱人孩子、兄弟姐妹、亲戚朋友、领导下属、老师学生、同学同事，再去考虑其他的人。

一个人如果不孝悌、不忠信、不友爱，就很难是一个仁者。

说到立人、达人，有两个有名的人物。一个是国民党的常胜将军孙立人，一个是中山大学的校长黄达人。一个是将军，一个是学者，他们的名字都取自这一章。

述而篇第七

7.1

原 文

子曰："述而不作[①]，信而好（hào）古。窃[②]比于我老彭[③]。"

注 释

①述而不作：传述而不创作新的东西。述，传述。作，创造。

②窃：私自，私下。

③老彭：解释不一。一般指殷商时代的彭祖。据说彭祖信而好古，善养生，活了800岁。也有的人认为，老彭是两个人，指老子与彭祖。两人都曾做过史官。于史官而言，传述比创作重要。

译 文

孔子说："传述而不是新创，相信而且喜好古代的东西。我私下里把自己比作老彭。"

悟 语

这应当是孔子在评价自己的学术活动时讲的话。

述者，记录也，阐述也。

不作，不创作，不把另创一套体系作为自己的追求目标。

信者，相信也，不怀疑。

好古，喜欢研究古代的文献。

孔子是个虚心的人，认真整理他所接触到的文献，并把弄清楚弄明白这些文献作为自己的责任。

孔子这样讲："夏礼，吾能言之，杞不足征也；殷礼，吾能言之，宋不足征也。文献不足故也。足，则吾能征之矣。"

他在学术研究上是个认认真真、老老实实的人。

孔子说自己“述而不作，信而好古”，并不是一点也不作。孔子在掌握大量史料的基础上创作了《春秋》，这是我国第一部编年体史书。

也许在孔子看来，他作的《春秋》也只是述而已。

7.2

原文

子曰：“默而识（zhì）[①]之，学而不厌，诲（huì）[②]人不倦，何有于我哉？”

注释

①识：记住。

②诲：教诲。

译文

孔子说：“默默地记住（所学的知识），努力学习不觉得厌烦，教导别人且不知道疲倦，这些我做到了多少呢？”

悟语

孔子是一个善于反省的人。

孔子反省三个问题。“默而识之”我做到了吗？“学而不厌”我做到了吗？“诲人不倦”我做到了吗？

“默而识之”是孔子最主要的学习方法。默者，不出声也。识者，用心记也。

我的体会，这“默而识之”是效率最高的学习方法，比读、诵、抄写、默写效果都好。

至于“学而不厌，诲人不倦”，几乎每个读书人都知道，却不容易做到。我的体会是，做学生时，做到“学而不厌”难；做老师时，做到“诲人不倦”亦难。

7.3

原　文

子曰："德之不修，学之不讲，闻义不能徙（xǐ）[1]，不善不能改，是吾忧也。"

注　释

①徙：迁移。此处指靠近义、做到义。

译　文

孔子说："不修养品德，不追求学问，见义而不为，有了错也不主动改正，这些都是令我忧虑的。"

悟　语

关于学生，孔子有四个担心。

第一个担心是"德之不修"。孔子最看重学生的德行培养，如果学生不在品德上用功，这个学生即使培养出来也没有多大用处。在孔门十哲中，有四人位列德行科：颜渊、闵子骞、冉伯牛和仲弓。何谓德？用眼、用心走正路也。在孔子看来，最重要的德是怀有仁爱之心。而仁者，爱人、立人、达人者也。孔子讲"里仁为美"，里仁者，向德者也。孔子讲"德不孤，必有邻"，如果一个人尚德，则一定会有追随者。

第二个担心是"学之不讲"。"学"可以看成是学习，也可以看成是学问。做学生的最怕不讲学习，不讲学问。但有的学生就是不爱好学习，不愿意谈论学问，对学习、学问毫无兴趣。有一次孔子担心地讲："群居终日，言不及义，好行小慧，难矣哉！"

第三个担心是"闻义不能徙"。什么叫"闻义不能徙"？知道该做但不去做。义者，宜也，该做之事也。孔子是极其看重义的，孔子讲："君子之于天下也，无适也，无莫也，义之与比。"孔子又讲："见义不为，无勇也。"义，其实是责任，是担当，是义务。

第四个担心是“不善不能改”。不善者，错误也、缺陷也、不足也。知道了自己的错误、缺陷、不足，但不去改正。孔子认为，人只有不断地改正自己的错误才能前进。孔子讲“过则勿惮改”，有了错误就不要怕改正。但许多人会顽固地坚持自己的错误，还文过饰非，如子夏所讲，“小人有过也，必文”。

我是做老师的，觉得这四点说到了学生最根本的要害。其实孔子的担心是所有老师的担心，早在2500年前，孔子就把老师的所有担心说了出来。我想，这也许是孔子被尊称为万世师表的原因之一。

7.4

原　文

子之燕居[1]，申申[2]如也，夭（yāo）夭[3]如也。

注　释

①燕居：安居，闲居。

②申申：容貌舒展安详。

③夭夭：轻松自如。

译　文

孔子闲居在家的时候，自然舒展，悠闲自在。

悟　语

何谓燕居？退朝时闲居在家。

《礼记·仲尼燕居》：“仲尼燕居，子张、子贡、言游侍。”郑玄注：“退朝而处曰燕居。”

申者，伸也，轻松舒展；夭者，欢愉之状也。

因为无公事烦忧，在家感到轻松愉快。

人都是环境的产物，在什么山上唱什么歌，孔子亦然。

《论语·乡党篇》记载了孔子在宗庙朝廷的生活：“其在宗庙、朝廷，便便言，唯谨尔。”

“朝，与下大夫言，侃侃如也；与上大夫言，訚訚如也。君在，踧踖如也，与与如也。”

注意，“唯谨尔”是关键。

我有一位好朋友，在我面前随心所欲，嬉笑怒骂，皆成文章，而有一次吃饭，有几个级别高的领导在场，他却特别拘谨，小心翼翼，甚至还起身倒起了水，我当时大为诧异。我真没有想到他还有这一面，但仔细想想，他是对的。孔老夫子尚且如此，他这样做不是很正常吗！

7.5

原文

子曰：“甚矣，吾衰也！久矣，吾不复梦见周公①。”

注释

①周公：姓姬，名旦，周文王的儿子，周武王的弟弟，周成王的叔父，鲁国国君的始祖，传说是西周典章制度的制定者。他是孔子所崇拜的人之一。

译文

孔子说：“我已经老得不行了，我有很长时间没有梦见过周公了。”

悟语

这应该是孔子年纪很大时说的一段话。孔子活了73岁，在当时算是高寿了。

孔子感叹自己很老了，老得连做梦都梦不到周公了。周公是孔子心目中的圣人。

周公，姬姓，名旦。西周开国元勋，杰出的政治家、军事家、思想家、教育家，号称“元圣”、儒学先驱，周文王姬昌第四子，周武王姬发的弟弟。采邑在周，故称周公。

周公封于鲁，留朝执政，长子伯禽代他就封。武王卒，成王幼，周公摄政。管叔、蔡叔、霍叔等不服，联合殷贵族武庚和东夷反叛。周公率师东征，平定叛乱，灭奄（今山东曲阜东）后大举分封诸侯，营建成周洛邑（今河南洛阳）。又制礼作乐，为西周典章制度的主要创制者，主张“明德慎罚”，以“礼”治国，奠定了“成康之治”的基础。

周公一生的功绩被《尚书大传》概括为：“一年救乱，二年克殷，三年践奄，四年建侯卫，五年营成周，六年制礼乐，七年致政成王。”言论见于《尚书》之《大诰》《康诰》《多士》《无逸》《立政》诸篇。

孔子一生以周公为榜样，曾把恢复周公创制的周礼作为自己的政治理想。

当然，孔子没有实现这个理想。正因为没有实现，孔子才觉得遗憾，这句话表达了孔子无可奈何的心情。

《论语》中有一章讲周公：“周公谓鲁公曰：‘君子不施其亲，不使大臣怨乎不以。故旧无大故，则不弃也。无求备于一人。’”

7.6

原文

子曰：“志于道，据于德，依于仁，游于艺①。”

注释

①艺：指孔子教授学生的礼、乐、射、御、书、数六艺。

译文

孔子说：“立志于道，据守于德，依托于仁，践行于艺。”

悟语

这既可以看成是孔子的教育方针，也可以看成是孔子对其弟子的基本要求。

“志于道”。道者，规律也。学习当然是为了掌握规律。天有天道，地有地道，社有社道，人有人道。孔子要求他的学生要把握天地、社会和人的规律。

孔子认为人应当把探求规律当成终生的追求，孔子讲“朝闻道，夕死可矣”，强调“人能弘道，非道弘人”。

“据于德”。德者，用心、用眼睛走正路也。德者，品行修养也。孔子要求他的学生走正路，说“德不孤，必有邻”。孔子曾这样赞扬南宫适：“君子哉若人！尚德哉若人！”

“依于仁”。仁是孔子思想的核心，孔子认为，一切应从仁爱出发。仁者，爱人也，立人也，达人也。孔子强调人不能自私，要考虑到别人。孔子强调，行仁要从身边的人做起。孔子讲：“能近取譬，可谓仁之方也已。”

“游于艺”。艺者，六艺也。六艺有大六艺和小六艺，这里应当讲的是小六艺。小六艺者，礼、乐、射、御、书、数也。这是孔子设定的教学科目，也是当时受教育者必须学会的六种技能。不会礼乐，则在社会不能行也；不会射御，则难成士也；不会书数，则不会交流与计算也。

7.7

原 文

子曰：“自行束修[①]以上，吾未尝无诲（huì）焉。”

注 释

①束修：许多版本作“束脩”。郑玄注，束修即束发，男子15岁束发，束发后生活可自理。《说文》解“修”为“脯也”，干肉。脯十条为束。束修，即十条干肉（后指学生的学费）。

译 文

孔子说：“男孩只要到15岁能够自己照顾自己（或译：只要带着十条干肉为礼来见我），我从来没有不教诲的。”

悟 语

本章虽然有两种译法，但我只认为第一种译法对，第二种译法有些牵强。

孔子说：“男孩只要到了15岁（或以上），能够自己照顾自己，我从来没有不教诲的。”

这是孔子设定的学生最低入学年龄。这个入学年龄，应与孔子自己入学年龄相一致。孔子曾这样讲：“吾十有五而志于学，三十而立。”

“修”可以作干肉讲，束修亦可解释为十条干肉。但干肉为南方做法，北方是不是有干肉需要考证。把“修”解释为干肉的一般为南方学者，南方有干肉，对这种解释，北方学者一般不会同意，北方一般不会制作干肉。

另外，有许多人认为“束修”是干肉，干肉代表学费。其实在孔子那个时代的鲁国，通行的货币是“粟”而不是干肉。

如《论语·雍也篇》第4章：“子华使于齐，冉子为其母请粟。子曰：‘与之釜。’请益。曰：‘与之庾。’冉子与之粟五秉。”

再如《雍也篇》第5章：“原思为之宰，与之粟九百，辞。子曰：‘毋！以与尔邻里乡党乎！’”

把“束修”解释成学费，从逻辑上也讲不通。自行束修，是学生自己带着学费。学生入学，学费应当由家长缴纳。学生自己带着学费去见老师，老师也不一定收啊。

7.8

原文

子曰：“不愤[①]不启，不悱（fěi）[②]不发。举一隅（yú）[③]不以三隅反，则不复也。”

注释

①愤：苦思冥想而仍未想通。

② 悱：想说又表达不清楚。

③ 隅：墙角，角落。

译文

孔子说：“教导学生，不到他想弄明白而又不能的时候，不去开导他；不到他想说出来却又说不出来的时候，不去启发他。告诉他房子的一个角，他不能推知另外三个角，那就暂时先不教他（让他继续思考）。”

悟 语

当学生愿意学的时候，他才有可能开动脑筋，认真思考。

愤者，想把道理弄清楚也；悱者，想把话说清楚也。注意这两字左边都有个“竖心”，说明这两个字表达的都是思考。

心者，思之官也。启者，开也。发者，放也。对用脑子认真思考的学生，则启则发。对不用脑子认真思考的学生，则不启不发。

孔子还强调太笨的学生不能教。如果一个学生不能举一反三，这样的学生不要再教。

这章后来形成了两个常用语，一个是启发，另一个是举一反三，一直在我们生活中使用。

启发，对愿意思考的学生有用，如果对不愿意动脑筋的学生，这一招是没有用的。

7.9

原 文

子食于有丧者之侧，未尝饱也。

译 文

孔子在死者亲属（居丧者）旁边吃饭，从来没有吃饱过（同别人一样难过）。

悟 语

孔子强调恕，恕者，将心比心，推己及人也。

有丧者心情不好，人在心情不好的时候一般对吃喝不感兴趣，甚至厌烦，对此孔子很理解。所以，孔子不在有丧者之侧大吃大喝。

人的修养往往从细节中体现出来。

7.10

原文

子于是日哭①，则不歌。

注释

①哭：因吊丧而泣。

译文

孔子只要在那天哭过（因吊丧而泣），就不会再唱歌。

悟语

人死了，生前关系好的去吊唁一下，这是人之常情，孔子亦然。

吊唁回来后，心情不好，怎么可能再唱歌呢。若唱歌，既是对自己不尊重，也是对丧主不尊重，更是对死者不尊重。

孔子不做这样的事，一般人也不会做这样的事。

7.11

原文

子谓颜渊曰："用之则行，舍之则藏①，惟我与尔有是夫（fú）②！"子路曰："子行三军③，则谁与④？"子曰："暴虎⑤冯（píng）河⑥，死而无悔者，吾不与也。必也临事而惧⑦，好（hào）谋而成者也。"

注释

①藏：隐藏。

②夫：语气词，相当于"吧"。

③三军：指当时大国所有的军队，每军约 12500 人。

④与：共事。

⑤暴虎：赤手空拳与老虎进行搏斗。暴，徒手搏击。

⑥冯河：不用舟楫，徒步过黄河。冯，涉水。河，在古语中专指黄河。

⑦临事而惧：遇到事情格外小心谨慎。惧，谨慎、警惕。

译 文

孔子对颜渊说："有人用我，我就会实行我的主张；不用，我就隐退。只有我和你才能做到这样吧！"子路（听到此话后）问孔子："老师，假如您统帅三军，您喜欢什么样的人？"孔子说："赤手空拳和老虎搏斗，徒步涉水过河，连死都不在乎的人，我是不会与他共事的。我喜欢的，必须是临事谨慎、善于谋划而能做成事的人。"

悟 语

读这一章，我有时会笑。

为什么？因为孔子在教育学生的时候，会用一些小手段。而这些小手段，又往往奏效。

一个老师面对两个学生，最好是平等对待，这样他们都会感到舒服。如果厚此薄彼，被冷淡的那个肯定不舒服。相信善于洞察人性的孔子，对这一点是非常明白的。但在这一章，孔子却反其道而行之。

面对颜回与子路，孔子只表扬颜回，对子路却视而不见。

"子谓颜渊曰：'用之则行，舍之则藏，惟我与尔有是夫！'"

注意孔子用的是"惟"，这个"惟"字就把子路排除在外了。要是换了别的学生，排除在外就排除在外吧，子路怎么能吃这口气？子路是一个不平则鸣的人。

子路长于军事，他要把话题向有利于自己的这方面引，于是他说："子行三军，则谁与？"

子路认为，孔子应当会夸奖自己这一方面的才能。谁知孔子不但没有表扬他，而是把他狠狠地批评了一顿。

孔子认定子路的性格缺陷是"暴虎冯河，死而无悔"，这可是大毛病。孔子明确说"吾不与也"，意思是我不赞成这种做法。

孔子认为处事不能孟浪，不能胡来，正确的做法是"临事而惧，好谋而成”。注意，这里的“惧”不是害怕，而是高度警觉。人遇到大事的时候不可懈怠，要想方设法解决。

我对“临事而惧，好谋而成”这8个字印象极深，常常讲这8个字，有时也把这8个字赠给学生。

讲个我与学生的故事。

好多年前，我在一个培训班上课，课间一位学员过来跟我打招呼。

“老师，我是您的学生，上过您的《论语》课。”

“噢。你是哪个学院的，哪一级的?”学生做了回答。当时我还记得，现在忘了。

学生说：“老师，我让您看件东西。”

学生掏出钱包，里面有字条。上面写着“临事而惧，好谋而成”。字有点眼熟，似是我的字。

“老师，这是临毕业时我让你写给我的。”学生说。

我仔细看了一下，是我的字。

“老师，8年来，我一直按这8个字去做。这8个字改变了我的工作态度，也改变了我的生活。老师，谢谢您。”

我说，你不用感谢我，你应当感谢孔老夫子。

学生告诉我，他已是他那个单位的中层。

再后来，听说那学生进入了单位的领导班子，干得很好。

7. 12

原 文

子曰：“富[①]而可求[②]也，虽执鞭之士[③]，吾亦为之。如不可求，从吾所好（hào）。”

注 释

①富：富裕，指发家致富。

②求：追求，获得。

③ 执鞭之士：一是指古代手执皮鞭，为天子、诸侯和官员出入开路

的人；一是指维持秩序的市场守门人。都是低贱的差事。

译 文

孔子说："如果靠正道能够致富，即使是做手执皮鞭这样的下等差事，我也愿意去做。如果不是这样，那还是做我喜欢的事吧。"

悟 语

孔子不反对富贵，孔子认为，君子爱财，取之有道。

孔子讲："富与贵，是人之所欲也，不以其道得之，不处也；贫与贱，是人之所恶也，不以其道得之，不去也。"

孔子认为，如果富而可求，做下层人士，他也愿意。"执鞭之士"，为贵族赶车之人也。当然，真正的执鞭之士，是不可能富的。

其实，说话的重点还是在后面。"如不可求，从吾所好。"人不要太看重财富，只要衣食无忧，做自己喜欢做的就可以了。

7.13

原 文

子之所慎：齐（zhāi）[①]、战、疾。

注 释

①齐：通"斋"，斋戒。古人在祭祀前沐浴更衣，不吃荤，不饮酒，不与妻妾同寝，整洁身心，表示虔诚。

译 文

孔子对以下的事特别慎重：斋戒、战争和疾病。

悟 语

齐者，斋也。祭祀之前清心寡欲，显示敬也。儒家主张"祭思敬，丧思哀"，"祭如在，祭神如神在"。孔子曾言："吾不与祭，如不祭。"

战者，两国打仗也。战者必有死伤，必有生灵涂炭。而仁者爱人，其爱人的最高标准是不杀生。虽然孔子讲过："志士仁人，无求生以害仁，有杀身以成仁。"但这与战争造成的生民涂炭完全是两回事。

疾者，病也。轻者身体受损，重者可致命丧。《论语·雍也篇》曾记载孔子关心患病弟子冉伯牛的故事：“伯牛有疾，子问之，自牖执其手。曰：‘亡之，命矣夫！斯人也而有斯疾也，斯人也而有斯疾也！’”

“子之所慎：齐、战、疾。”显示了孔子对先人的尊重，对生命的尊重。

7.14

原文

子在齐闻《韶》①，三月不知肉味。曰：“不图② 为乐(yuè)之至于斯也。”

注释

①《韶》：舜时古乐曲名。孔子认为其尽善尽美。

②不图：没有想到。图，料想到。

译文

孔子在齐国听到了《韶》乐（且习之），三个月虽吃肉但尝不出肉的滋味。他说：“没有想到演奏音乐能如此美妙。”

悟语

这一章传达了丰富的信息。

第一，孔子在齐闻《韶》。这应是孔子30岁至35岁之间的事情，孔子曾经追随鲁昭公在齐国待过三年半。

第二，孔子是个吃肉的人。除了这里谈到肉外，在《论语》中还有几次谈到肉。如：“割不正，不食。”“食不厌，精；脍不厌，细。”“朋友之馈，虽车马，非祭肉，不拜。”“肉虽多，不使胜食气。”等等。

第三，孔子非常喜欢音乐。孔子是个大音乐家，曾与鲁太师这样评论乐：“子语鲁大师乐，曰：‘乐其可知也：始作，翕如也；从之，纯如也，皦如也，绎如也。以成。’”

孔子闻《韶》后这样评论：“尽美矣，又尽善也。”而对《武》，则评价低一些：“尽美矣，未尽善也。”

最后补充一点：山东有好几个闻韶台。淄博有，济阳也有，但弄不准哪个是真。从地理位置上判断，淄博的那一处更靠谱一些。

7.15

原　文

冉有曰："夫子为[1]卫君[2]乎？"子贡曰："诺[3]，吾将问之。"入，曰："伯夷、叔齐何人也？"曰："古之贤人也。"曰："怨乎？"曰："求仁而得仁，又何怨？"出，曰："夫子不为也。"

注　释

①为：帮助。

② 卫君：卫出公辄，是卫灵公的孙子。公元前492～前481年在位。他的父亲因谋杀南子被卫灵公驱逐出国。灵公死后，辄被立为国君，后来其父回国与他争位。

③ 诺：应答之语。

译　文

冉有（问子贡）说："老师会帮助卫国国君吗？"子贡说："嗯，我去问问他。"于是就进去问孔子："伯夷、叔齐是什么样的人呢？"（孔子）说："古代的贤人。"（子贡又）问："他们有怨恨吗？"（孔子）说："他们求仁而得到了仁，会有什么怨恨呢？"（子贡）出来（对冉有）说："夫子不会帮助卫君。"

悟　语

这段故事背景复杂，反映的问题也多。

这是孔子带领学生到卫国时发生的事。当时的卫国国君是卫出公卫辄，是卫灵公的孙子。因为南子的原因，卫灵公驱逐了太子蒯聩，蒯聩逃往晋国。卫灵公死后卫辄被立为国君，晋国把蒯聩送回卫国，与卫辄争夺君位，但卫辄拒不让位。

而伯夷、叔齐的故事讲的则是兄弟俩对君位的相互推让。

商朝末年，伯夷和叔齐兄弟很有盛名，并且以仁义著称，他们两个都是孤竹君的儿子，孤竹君死前想立叔齐（弟弟）为君，但是父亲死后，叔齐不愿继承君位，并且硬要把君位让给哥哥伯夷，伯夷觉得这违背了父亲的意愿，坚决不肯，但是叔齐力推伯夷继位，伯夷不想让叔齐和群臣为难，就偷偷地逃走了。

虽然伯夷逃走了，但是叔齐还是坚决不肯继承父亲的君位，叔齐觉得哥哥更有才能，于是叔齐也逃走了，找哥哥伯夷去了。没办法，大臣们只好另立孤竹君的另外一个儿子继位。

孔子长期待在卫国，冉有就猜想老师有可能要在卫国为卫出公做事，但他没有直接去问孔子，而是让子贡去问。

为证实这个猜想，聪明善言的子贡便决定去问老师。而子贡的发问不像子路直来直去，他讲得很委婉。他拿伯夷、叔齐的历史故事来问老师，在得到老师的回答后，他得出的结论是老师是不会帮助卫出公的。孔子赞同兄弟之间谦让，就不会赞同父子之间相争。

孔子赞成君君臣臣，父父子子，他怎么可能去帮助抢了父亲君位的卫出公呢？

看这一章，不得不佩服冉求的老谋深算，更得佩服子贡的说话艺术，后来冉求从政，子贡成了大外交家，一点也不奇怪。

7. 16

原　文

子曰：“饭疏食[1]饮水，曲肱（gōng）[2]而枕之，乐亦在其中矣。不义而富且贵，于我如浮云。”

注　释

①饭疏食：饭，用作动词，吃。疏食，即淡饭。

②曲肱：弯着胳膊。肱，胳膊，由肩至肘的部位。

译　文

孔子说：“吃淡饭喝冷水，弯着胳膊当枕头，这里面也有乐趣。用不正当的手段得来的富贵，对我来说，就像是天上的浮云。”

悟 语

没有人不喜欢富贵。孔子讲“富与贵，是人之所欲也”，孔子又讲“富而可求也，虽执鞭之士，吾亦为之”。但孔子主张取得富贵有一个基本原则：以义取之。所谓“君子爱财，取之有道”。

但认真分析起来，人对财富的追求有三种类型：强烈追求者，一般追求者，淡然处之者。孔子当属于第三类。

孔子讲：“君子食无求饱，居无求安，敏于事而慎于言。”

《论语·子罕篇》14 章这样记载：“子欲居九夷。或曰：‘陋，如之何？’子曰：‘君子居之，何陋之有？’”

孔子对颜回安贫乐道的赞扬，也反映了他的立场。孔子说：“贤哉，回也！一箪食，一瓢饮，在陋巷。人不堪其忧，回也不改其乐。贤哉，回也！”

了解了这个背景及孔子的一贯主张，再来看这一章，就简单多了。

孔子的话不多，却极为形象。

“疏食”者，粗饭也。指无肉无菜之饭也。

“水”者，冷水也，至少不是热水，古人把热水称为“汤”。

“曲肱而枕之”，穷得连个枕头也没有，更不用说铺盖、被褥了。

在这样的情况下，孔子还是乐在其中，真正实现了自己所讲的“君子谋道不谋食”和“君子忧道不忧贫”。

最后一句是名句，“不义而富且贵，于我如浮云”。这是何等潇洒，又是何等超脱！

当然，古今中外，只有极少数人能够达到这个境界。

最后多说一句，本章中提到的“饮水曲肱”后来成为一句成语，形容人清心寡欲，生活简朴。如宋代邵博在《闻见后录》中说：“饮水曲肱，乐在其中，岂非厄穷而不悯乎！”

7.17

原 文

子曰："加①我数年，五十②以学《易》③，可以无大过矣。"

注 释

①加：通"假"，给予。

②五十：指50岁。

③《易》：指《周易》，古代占卜用的一部书。

译 文

孔子说："假如能给我几年时间，从50岁开始学《易》，我便不会有大的过错了。"

悟 语

孔子晚年喜《易》，有"韦编三绝"之说。

春秋时期没有纸，字刻在竹简上，一部书要用很多竹简，必须用熟牛皮（韦）制成的绳子把竹简编联在一起。平时卷起来放着，看时就打开。《周易》文字艰涩，内容隐晦，孔子反复地读，读来读去，就把编联竹简的牛皮绳子磨断了许多次。

本章中只有短短的十几个字，却透露了大量的信息。

一、孔子接触《易》很晚，至少认真学习时岁数已经很大了。按说孔子作为乐学、好学、博学者，不该如此。何至于斯，不得其解。

二、孔子承认自己犯过"大过"。至于这"大过"是什么，似乎没有人研究过、探讨过、猜测过。孔子讲的"大过"，可能是指在治国理政时，也可能是在待人接物时。

三、孔子有了过就承认，绝不藏着掖着。孔子讲"过则勿惮改"，孔子又讲"苟有过，人必知之"。

四、孔子认为《易》中有大智慧，学习了《易》，可以少犯错误。

五、孔子喜《易》，还为《易》作传。《系辞》一般认为是孔子所撰。大家熟知的“天行健，君子以自强不息；地势坤，君子以厚德载物”就出自孔子为《易》作的《象传》中。

7.18

原文

子所雅言[1]：《诗》《书》、执礼。皆雅言也。

注释

①雅言：以陕西语音为标准音的周王朝的官话，在当时被称作“雅言”。孔子平时说话用鲁国的方言，但在诵读《诗》《书》和执礼时，则用当时的陕西语音（雅言）。

译文

孔子在读《诗》、诵《书》、执礼时用雅言。也只有在这些时候用雅言。

悟语

雅言，类似于今天的普通话，也可以理解成官话，官方语言。一般认为，天子所在地方的语言会被定为或称为雅言，西周之雅言与东周之雅言当有所不同。执礼，与今天的主持差不多，主持礼仪活动。譬如主持祭祀，主持婚、丧、嫁、娶等。孔子周游列国十四年，与当时许多地方的人频繁交往，应当会多种方言。但孔子注意在正式场合（公开场合）使用雅言，这既显示了对周天子的尊重，也显示了对礼仪的尊重。由此判断，孔子在教育活动中应当是积极推行雅言的，这为其后来周游列国也打下了坚实的基础。

7.19

原文

叶（shè）公[1]问孔子于子路，子路不对。子曰：“女

(rǔ)奚不曰，其为人也，发愤忘食，乐以忘忧，不知老之将至云尔②。”

注　释

①叶公：姓沈，名诸梁，字子高，楚国大夫。因封地在叶城（今河南叶县南），所以叫叶公。

②云尔：如此而已。

译　文

叶公向子路问孔子是个什么样的人，子路没有回答。孔子（对子路）说：“你为什么不这样说，他这个人，用起功来忘了吃饭，快乐起来不知忧愁，甚至连自己老了都不知道。如此而已。”

悟　语

这段话应发生在孔子周游列国时。

这里提到老之将至，后来转化为成语，意思是自己已经衰老了。

叶公对孔子不了解，或者想听听子路对孔子的看法，就找子路问孔子是个什么样的人。

子路没有回答。不知为什么子路没有回答，也许子路那天情绪不高，或者是弄不清对方的意图，按说子路是对孔子最为了解的人。

但子路回来后把这事告诉了孔子。孔子听后对子路说：“你应当这样告诉他，我是个‘发愤忘食，乐以忘忧’的人，我甚至连自己是个老年人都忘记了。”

人都有老的时候，但对老的态度却不一样。一种是觉得自己老了，无所谓了，什么都不干了，暮气沉沉，退而休之。另一种是觉得自己还年轻，根本不把自己当成老年人，仍然在不停地学习、劳作，精神抖擞，退而不休。孔子属于后者。

持这两种态度的人，成就不一样，前者庸庸，后者隆隆。

当代大儒梁漱溟先生属于后者，我看过他九十岁时的一段视频，他说：“我是一个拼命干的人。”他说这话时声音洪亮，底气十足。

我亦临近退休年龄，脑子里经常有两种声音在打架。一种是退而休之，另一种是退而不休。

就我个人而言，我还是会选择后者，退休后仍然要做点力所能及且喜欢的事。

7.20

原文

子曰："我非生而知之者，好（hào）古，敏以求之者也。"

译文

孔子说："我不是生来就什么都知道的人，（我之所以知道这么多，）是因为我推崇古代的东西，并且勤奋地学习。"

悟语

孔子认为，就学习而言，人可以分为四类。他在《论语·季氏篇》中说："生而知之者，上也；学而知之者，次也；困而学之，又其次也；困而不学，民斯为下矣。"

他把自己划为第二类：学而知之者。

在本章中，孔子介绍了自己学习的态度和方法。

孔子好古。喜欢历史，喜欢历史上发生的一切，尤其是喜欢尧、舜、禹、文王、武王、周公等。

孔子是个历史学家，好古的目的是知今。

孔子的学生子张曾问："十世可知也?"孔子回答说："殷因于夏礼，所损益，可知也；周因于殷礼，所损益，可知也。其或继周者，虽百世，可知也。"

孔子是个勤奋的人，孔子说"敏则有功"，只有勤奋，才可能有成就。

这一章的最好的注脚大概就是韦编三绝了。

《史记·孔子世家》载："孔子晚而喜《易》，序《彖》《系》《象》《说卦》《文言》。读《易》，韦编三绝。曰：'假我数年，若是，我于《易》则彬彬矣。'"

敏以求知者的形象跃然纸上。

7.21

原文

子不语怪、力、乱、神。

译文

孔子不谈论怪异、暴力、乱七八糟、鬼神方面的事情。

悟语

非要给这一章起名字的话，应叫《具有科学精神的孔子》。怪力乱神者，非科学、非理性者也，与科学精神背道而驰，当然这是现代人的眼光。想想这发生在2500年以前，不得不佩服孔子。

怪者，怪异也。不正常的东西为怪。人们之所以谈论怪异的东西，是因为没法对怪异的东西进行正确的理解与科学的解释。但更多的人谈论怪异则是出于炫耀或者是蒙骗，对此孔子是明白的。

力者，暴力也。作为仁的提出者，孔子反对一切形式的暴力。孔子曾强调“君子无所争”，提倡用和平的方式解决问题。孔子的学生有子对此讲得特别清楚：“礼之用，和为贵。先王之道，斯为美。”大家应知道印度有一个大人物叫甘地，他提出非暴力不合作理论，领导印度人民与英国殖民者进行了长期的斗争，并最终取得了胜利。我没有研究圣雄甘地的非暴力不合作思想是不是从孔子那里得到的启发，我想说的是，在最高层面上，大人物对问题的理解基本上是一致的。

乱，杂乱也，没有秩序和条理。在孔子眼里，这个乱大概就是礼崩乐坏吧，孔子是强烈谴责礼崩乐坏的。季氏曾“八佾舞于庭”，孔子知道后非常气愤地说：“是可忍也，孰不可忍也?”当季氏旅于泰山（去泰山祭祀）时，孔子知道后曾对他的学生冉求说：“女弗能救与?”并发出这样的诘问：“曾谓泰山不如林放乎?”

神者，鬼也。孔子是不相信神，也不相信鬼的。孔子是一个坚定的唯物主义者。孔子的学生樊迟问何谓知时，孔子讲“敬鬼神而远之”。

当子路问如何事鬼神时，孔子讲“未能事人，焉能事鬼?”间接否认了鬼神的存在。

孔子不喜欢怪力乱神，不等于别人不喜欢。清代有三本书很出名，一部是蒲松龄的《聊斋志异》，一部是纪昀的《阅微草堂笔记》，再就是袁枚的《子不语》。《子不语》的意思就是怪力乱神。其实，认真读读这三本书会发现，这三本书的特点都是借鬼怪而言人事。

顺便说一句，我喜欢《聊斋志异》，特别喜欢其中的《胭脂》《聂小倩》《促织》，曾读过多遍。

7.22

原 文

子曰：“三人行，必有我师焉。择其善者而从之，其不善者而改之。”

译 文

孔子说：“三个人一起走路，必定有人可以做我的老师。发现好的地方，我就学习；发现不好的地方，我就注意改正。”

悟 语

这应当是孔子最有名的格言，也是我最喜欢的格言。

这“三人”，倒不一定就是指“三人”，孔子是形容人数少。但理解成“三个人”也未尝不可。

孔子表达的意思是：只要有人群的地方，就有你的老师。

不过老师可能分为两种：一种是好老师，所谓善者；另一种是不好的老师，所谓不善者。

要向善者好好学习，对于不善者，要提高警惕，避免受他的影响，如果身上与他有同样的毛病，要改正。

在这里，孔子明确表达了一个观点：任何人都可以成为我们的老师。

我们要不耻上问，不耻中问，还要不耻下问。

7.23

原 文

子曰："天生德于予，桓魋（tuí）[1]其如予何?!"

注 释

①桓魋：即司马向魋。当时主管宋国军事，曾以砍树威胁孔子。

译 文

孔子说："上天把实行仁德的任务赋予了我，桓魋能把我怎么样?!"

悟 语

这故事发生在周游列国之时。

宋国司马桓魋不喜欢孔子，当孔子在宋国演习周礼时，派人把树砍倒了，树还差一点砸到孔子。正是在这种情况下，孔子讲了这一段话。

首先，孔子认为自己有重大使命，这个使命就是使仁德大行于天下。

其次，孔子有大无畏的精神。孔子经常讲："君子之于天下也，无适也，无莫也，义之与比。"孔子还讲："见义不为，无勇也。"君子有三达德，"仁者不忧，知者不惑，勇者不惧"。勇气是很重要的方面。

顺便说一下桓魋：桓魋，又称向魋，子姓，东周春秋时期宋国（今河南商丘）人。任宋国主管军事行政的司马，掌控宋国兵权。他是宋桓公的后代，深受宋景公宠爱。桓魋有个弟弟司马牛是孔子的弟子。在孔门中，司马牛曾以其兄为耻，甚至不想认他这个哥哥。他说："人皆有兄弟，我独亡。"于是子夏劝他说："商闻之矣，'死生有命，富贵在天'。君子敬而无失，与人恭而有礼，四海之内，皆兄弟也。君子何患乎无兄弟也?"

7.24

原文

子曰：“二三子[1]以我为隐乎？吾无隐乎尔。吾无行而不与二三子者。是丘也。”

注释

①二三子：这里指孔子的学生们。

译文

孔子说：“学生们，你们以为我对你们有隐瞒的事吗？没有。我无论走到哪里都是你们陪着。这就是我孔丘啊。”

悟语

人大概都怕被别人误解，孔子亦然，尤其被他的学生们误解。

孔子认为他对学生们没有什么隐瞒，但学生们却不是这样认为的。于是孔子说，我没有什么事瞒着你们，你们不是时时刻刻与我在一起吗？

不被别人信任是痛苦的，孔子当年也体会过这种痛苦。

作为老师，我有时候也能体会到不被学生理解，甚至误解的痛苦。有时候可以解释，有时候不愿意解释。

为生不易，为师亦难啊！

7.25

原文

子以四教：文[1]、行[2]、忠[3]、信[4]。

注释

①文：文献、古籍等。

②行：指德行，也指社会实践方面的内容。

③忠：对人尽心竭力。

④信：说话算数。

译 文

孔子从四个方面教育学生：文、行、忠、信。

悟 语

文，文字，知识，文化也；行，做事，行为，德行也；忠，尽心，尽力，忠诚也；信，诺言，约定，信义也。

文、行、忠、信可分为两大类：一是文化知识类，讲求如何认识世界，改造世界；二是修身做人类，讲求如何加强好个人修养，处理好人际关系。前者是人与自然的关系，重点是个人能力的提升，后者是人与人之间的关系，重点是社会关系的和谐。

套用现代常用的术语，即所谓“两手抓，两手都要硬”也。

7.26

原 文

子曰：“圣人，吾不得而见之矣！得见君子者，斯①可矣。”子曰：“善人，吾不得而见之矣！得见有恒②者，斯可矣。亡（wú）而为有，虚而为盈，约③而为泰④，难乎有恒矣。”

注 释

①斯：就。

②恒：指恒心。

③约：穷困。

④泰：这里是奢侈的意思。

译 文

孔子说：“圣人，我是不可能见到了，能见到君子，也就不错了。”又说：“善人，我是不可能见到了，能见到始终如一的人，也就可以了。

没有却装作有，空虚却装作充实，穷困却装作富足，这样的人让其有恒心是很难的。”

悟语

“圣”的繁体字为“聖”。左上有“耳”闻道，右上有“口”布道，下面是个“王”字。何意也？闻的是王道，布的是王道。

在孔子的心目中，何为圣人？尧、舜、文王、武王、周公等。

孔子认为，所谓圣人，必须“博施于民而能济众”，而做到这一点是极难的。

何谓善人？善人是与圣人相对的概念。善人是老百姓，是有道德，有品行，愿意做好事的人。

孔子表达的意思是今不如昔，圣人他见不到，善人也见不到，他能见到的只有君子与有恒者。

君子比圣人差一个层次。君子者，最初的含义是君之子也，孔子改造了这个词，赋予其新的含义。君子者，有德行且多能之人也。

恒者，做事持之以恒者也。孔子讲：“南人有言曰：‘人而无恒，不可以作巫医。’”人有恒心、恒志，才可能做成事。

孔子感叹说我连有恒心、有恒志的人也见不到，我见到的都是些无恒心、无恒志的人。

孔子说：“没有却装作有，空虚却装作充实，穷困却装作富足，这样的人让其有恒心是很难的。”

想想我们周围，这样的人是不是遍地皆是啊？

7.27

原文

子钓而不纲①，弋（yì）②不射宿③。

注释

①纲：大绳。这里用作动词，指在水面上拉一根大绳，在大绳上系许多鱼钩来钓鱼。

②弋：以生丝系矢而射。

③宿：指归巢歇宿的鸟儿。

译　文

孔子只用钓竿钓鱼，而不用多钩钓鱼；用带生丝的箭来射飞鸟，而不射巢中歇宿的鸟。

悟　语

纲，提网的总绳，意指网。弋，最早见于甲骨文，本义是木桩，后引申义有系着绳子的短箭、猎取等。宿，止也，指归巢的鸟。

从这一章当中我们知道孔子既钓鱼也射鸟，钓鱼的时候不用网，不打已经归宿的鸟。

用网网鱼，大鱼小鱼都会网住，当然这样捕捞的效率高。而钓，只是愿者上钩。看样子孔子的“钓而不纲”，不是从经济方面考虑的，他应当有别的考虑。

有人说这表达了孔子对生命的尊重，如果真正表达对生命的尊重，那连钓也不该用，这根本讲不通。而有的人解释“弋不射宿”，也是从这个角度，我认为这也讲不通。若真正对生命尊重，那应该不用射。

那怎样解释“钓而不纲，弋不射宿”？这里面没有多么高深的道理，这其实是孔子的一种习惯，一种偏好而已。

我觉得，这里面包含的道理是做事不要做绝，留有余地。钓而纲，弋射宿意味着赶尽杀绝。孔子是秉承中庸的，不愿意做极端的事情，如果从这个角度，就讲得通了。

7.28

原　文

子曰：“盖有不知而作之者，我无是也。多闻，择其善者而从之，多见而识（zhì）之。知之次①也。”

注　释

①次：次序。

译文

孔子说："可能有什么也不知道就敢凭空创作的人吧，我不是那样的人。多听，选择其中好的来学习；多看，然后记在心里。这才是获取知识的次序啊。"

悟语

孔子认为，人分四种：生而知之者，学而知之者，困而学知者，困而不学者。

他认为自己属于第二种，学而知之者。

孔子是个好学者，他认为就学习而言，第一要谦虚。"三人行，必有我师焉"，要树立随时向别人学习的观念。第二要掌握学习的方法。要学会倾听，要坚持"择其善者而从之，其不善者而改之"的正确方法。当然还要用心记住所学的一切。

孔子最后强调说，这才是掌握知识的次序。

7.29

原文

互乡①难与言，童子见，门人惑。子曰："与②其进③也，不与其退④也。唯何甚？人洁己⑤以进，与其洁也，不保⑥其往⑦也。"

注释

①互乡：地名，具体所在已无可考。

②与：赞许。

③进：进步。

④退：退步。

⑤洁己：洁身自好，努力修养，成为有德之人。

⑥保：守。

⑦往：过去。

译 文

互乡那个地方的人很难沟通，但互乡的一个童子却受到了孔子的接见，学生们感到迷惑。孔子说："我肯定他进步，不肯定他倒退。何必（对互乡的人）做得那么过分呢？人如果洁身自好且努力上进，就应当赞扬，不要抓住别人的过去不放。"

悟 语

互乡是什么地方，难以考究。

《论语》中屡次提到乡，也屡次提到党。乡、党是当时的行政单位。现在陕西一带还在用乡党这词儿，不过含义与当时不同。现在的乡党指乡里、家乡、乡族朋友。

孔子的学生认为互乡人的口碑不好，难缠，不容易打交道。这可能是事实，也可能是偏见。但孔子不为这种偏见所左右，互乡的一位童子表示愿意跟孔子学习，孔子接纳了他。看到学生们疑惑不解，孔子便给弟子们解释，要鼓励别人进步，不要鼓励别人退步。人如果愿意进步，一定要鼓励他。

另外，孔子嘱咐弟子们做事不要太过分，要留有余地。

孔子总是辩证地看待人与事，值得我们学习。

7.30

原 文

子曰："仁远乎哉？我欲仁，斯仁至矣。"

译 文

孔子说："仁（离我们）很远吗？只要自己内心向仁，想成为一个仁者，仁就会来到我们身边。"

悟 语

孔子讲过一句话："性相近也，习相远也。"孔子说，人的本性都是差不多的，但习性相差很大。人的本性是什么？孔子没有明说。

其实在孔子的心目中，人身上既有善的成分，也有恶的基因，所谓善恶同体，阴阳相侵也。

人人可以为尧舜，人人可以为盗跖；人人可以为君子，人人可以为小人。在孔子看来，君子与小人既是两类人，更是人身上的两个方面。

我认为，孔子对人性的认识可用十难十易表示。

这十难十易是：他难己易，德难色易，庸难偏易，直难枉易，义难利易，学难耍易，行难言易，讼难伐易，改难故易，贫难富易。

理解了人性这十个方面，再来理解孔子这句话就容易多了。

孔子认为，做君子还是做小人，完全取决于自己的选择。

当你选择做仁者，你就可能成为一个仁者；当你选择做小人，你会滑落到小人的行列中去。

孔子希望人人都能成为君子，这也是孔子办教育的目的。

人还是应当选择做君子。

7.31

原　文

陈司败①问：“昭公②知礼乎？”孔子曰：“知礼。”孔子退，揖③巫马期④而进之，曰：“吾闻君子不党⑤，君子亦党乎？君取⑥于吴，为同姓⑦，谓之吴孟子⑧。君而知礼，孰不知礼？”巫马期以告。子曰：“丘也幸，苟有过，人必知之。”

注　释

①陈司败：陈国主管司法的官，在鲁国称“司寇”。

②昭公：鲁国的君主，名裯（chóu），公元前541～前510年在位。“昭”是谥号。

③揖：作揖，行拱手礼。

④巫马期：姓巫马，名施，字子期。孔子的学生，比孔子小30岁。

⑤党：偏袒，包庇。

⑥取：通“娶”。

⑦为同姓：鲁国和吴国的国君同姓“姬”。周礼规定同姓不婚，昭

公娶同姓女，是违礼的行为。

⑧吴孟子：鲁昭公夫人。春秋时代，国君夫人的称号一般是出生国的国名加上她的姓。鲁昭公娶于吴，夫人姓姬，应当称吴姬。但鲁昭公为了掩饰自己的违礼行为，不称她吴姬而称她为吴孟子。

译文

陈司败问："鲁昭公懂礼吗？"孔子说："懂礼。"孔子出来后，陈司败向巫马期作了个揖，走近他说："我听说君子没有偏袒，难道君子也包庇别人的错误吗？鲁君娶了一个吴国的同姓女子为夫人，称她吴孟子。如果鲁君算是知礼，还有谁不知礼呢？"巫马期把这话告诉了孔子。孔子说："我真是幸运，如果有错，别人一定会知道的。"

悟语

读罢这一章，我脑子里忽然闪出个题目：《陈司败设套坑孔子　巫马期传话露回脸》。

司败是官名，相当于鲁国的大司寇。这陈司败是谁，已经无从考证了，总之是陈国的大夫。

孔子周游列国十四年，到过卫国、蔡国、陈国。孔子在陈国待的时间较长，有三年多。时间长了，他就和陈国一些大夫有来往。

首先，陈司败问得不具体，这是在给孔子挖坑。如果陈司败问得很具体，孔子就会说，昭公不对。他只是笼统地问孔子"昭公知礼乎？"孔子只能回答说"知礼"。孔子的回答是没有错的。

这里牵扯到昭公。孔子一生经历过四代君主：鲁襄公、鲁昭公、鲁定公、鲁哀公。昭公做了很多不当的事情，后来被三桓撵走了。古代同姓不能结婚，作为国君的昭公更应当遵守，但是昭公在吴国遇到一个同姓美女，就娶回来了。昭公姓"姬"，吴孟子也姓姬。昭公遇上了绝代美人，不娶到手不甘心，娶到手又怕被人笑话，所以给这女子改姓孟，掩人耳目。但天下没有不透风的墙，这件事不仅鲁国知道，陈国也知道了。

孔子可以说陈司败不地道，但是孔子采取了另外一种态度，他没有怪罪陈司败，而是把错揽在了自己身上：“昭公是不知礼，但我说他知礼了。我孔子是个幸运的人，我有错别人就知道了，并且提醒我，因为提醒，我将来就不会犯类似的错了。”

注意，本章中出现了巫马期，《论语》中巫马期就出现过这么一次。

陈司败贡献了成语“君子不党”。君子要堂堂正正，不要结党营私。

7.32

原文

子与人歌而善，必使反之，而后和（hè）之。

译文

孔子与别人唱歌，如果别人唱得好，孔子一定要请他再唱一遍，然后再和他一起唱。

悟语

孔子是一位音乐大家。据说《乐经》是孔子整理的，但《乐经》失传了。

据说孔子还作了不少的歌曲，词、曲都是自己作。比如《幽兰曲》。

“兰之猗猗，扬扬其香。众香拱之，幽幽其芳。不采而佩，于兰何伤？以日以年，我行四方。文王梦熊，渭水泱泱。采而佩之，奕奕清芳。雪霜茂茂，蕾蕾于冬，君子之守，子孙之昌。”

中国人喜欢兰花，把兰花作为君子之花，有的干脆把兰花称为君子兰，当与此歌曲有关。

《论语》记录孔子谈论音乐，也数次谈到孔子唱歌。

如《八佾篇》第23章记载，孔子对音乐的鉴赏十分精到：“乐其可知也：始作，翕如也；从之，纯如也，皦如也，绎如也。以成。”再如《述而篇》第10章记载：“子于是日哭，则不歌。”

从这些简单的记载来看，孔子似乎每天都在唱歌。

孔子讲：“三人行，必有我师焉。择其善者而从之，其不善者而改之。”在唱歌上，他也是坚持这种态度。遇到好歌，他总是请人家先唱一遍，然后再跟着人家一起唱。

有这种态度，什么事能做不成？

这短短的一行字，透露的信息量极大。

这也许就是《论语》的魅力所在。

7.33

原 文

子曰："文[1]，莫[2]吾犹人也。躬行君子，则吾未之有得。"

注 释

①文：文化知识。

②莫：约莫，差不多。

译 文

孔子说："就书本知识来说，我和别人差不多。如果说我是身体力行的君子，我还没有做到。"

悟 语

文，文化知识也。躬行君子，亲力亲为之君子也，不是口头上的君子。

《学而篇》第4章记载了曾子的反省。曾子的反省定是受了老师孔子的影响。

在《子罕篇》，孔子曾这样反省过："出则事公卿，入则事父兄，丧事不敢不勉，不为酒困，何有于我哉？"这一章不过是孔子反省的又一例证而已。

虽然孔子提出了成为君子是教育与修身的终极目标，但孔子认为自己做得并不怎么样。

孔子说，就文化知识的掌握而言，我与大家差不多；然而就学做君子而言，我却差得远。

第一句话孔子是自谦。作为当时最有学问的人，谁能赶得上他？第二句话更是孔子自谦。作为后世公认的圣人，他如果不是君子，谁还敢称自己为君子？

自谦与反省并没有使孔子变得渺小，相反，却衬托出他更加伟大。

7.34

原文

子曰：“若圣与仁，则吾岂敢？抑[1]为之[2]不厌，诲（huì）人不倦，则可谓云尔[3]已矣。”公西华曰：“正唯弟子不能学也。”

注释

①抑：不过。

②为之：指追求圣与仁。

③云尔：这样说。

译文

孔子说：“如果说我是圣者与仁者，那我岂敢当！说我（不过是）朝这方面努力而不感觉厌烦，教育别人也从不感觉疲倦，这还差不多。”公西华说：“这正是我们这些做弟子的学不会的。”

悟语

大概有人称赞孔子是仁者与圣者，孔子才讲了这段话。

孔子说：“我离圣者和仁者还差得远呢。我其实是在向这方面努力。我的目标是成为圣者与仁者，我也教育我的弟子们这样做。”

这话大概是守着弟子公西华讲的，于是公西华由衷地讲了一句：“这正是我们做不到的。”

注意师生间的对话艺术，尤其是做学生的该怎么说。老师自谦是美德，但如果老师一味自谦，学生连点回应也没有，那局面就会有点尴尬。公西华来一句“正唯弟子不能学也”，则恰到好处。

孔子学生中有这种智商和情商的除了公西华外，还有颜回与子贡。

颜回说话的艺术无与伦比。《先进篇》记载："子畏于匡，颜渊后。子曰：'吾以女为死矣。'曰：'子在，回何敢死？'"

子贡也不逊色。有一次孔子亦谦虚地说："君子道者三，我无能焉：仁者不忧，知者不惑，勇者不惧。"子贡来了一句"夫子自道也"。这与颜回有异曲同工之妙。

孔子曰："不知言，无以知人也。"了解别人如何说话，这是多么重要。

7.35

原文

子疾病[①]，子路请祷[②]。子曰："有诸[③]？"子路对曰："有之。《诔（lěi）》[④]曰：'祷尔于上下神祇（qí）[⑤]。'"子曰："丘之祷久矣。"

注释

①疾病：疾，指有病。病，指病情严重。"疾""病"连用，表示有病且病情严重。

②请祷：向鬼神请求和祷告，即祈祷。

③有诸：有这样的事吗。诸，"之于"的合音。

④《诔》：祈祷文。

⑤神祇：古代称天神为"神"，地神为"祇"。

译文

孔子得了很重的病，子路向鬼神祈祷。孔子说："有这回事吗？"子路说："有的。《诔》文上说：'为您向天地神灵祈祷。'"孔子说："我早就祷告过了。"

悟语

人都有生病的时候，孔子亦然。

人生了病就要治，尤其是得了大病。自古以来，治病有两种办法。

一种是药治，另一种是神治。

所谓药治就是吃药。

《论语》中记载了季康子给孔子送药的事："康子馈药，拜而受之。曰：'丘未达，不敢尝。'"

孔子是极其小心的，尤其对疾病高度重视。"子之所慎：齐、战、疾。"孔子最慎重的事情之一，就是疾病。

神治就是祈求鬼神保佑。

对这种办法，孔子是不大相信的。孔子应当是一个无神论者，他不大相信鬼神。他曾劝樊迟说，"敬鬼神而远之"。他也曾对子路说，"未能事人，焉能事鬼?"

子路虽然威武雄壮、孔武有力，但他却信神信鬼，所以当老夫子得了病，子路首先想到的是向鬼神祷告。向鬼神祷告，当然得安排个仪式，他请求孔子批准。尽管生病，孔子还是很幽默，带着揶揄的口气说："有诸?"意思是这么做管用吗?

但子路这人认真、倔犟，引经据典地说这方法管用，孔子最后还是委婉地拒绝了子路，说"丘之祷久矣"。

其实孔子并没有祷告，他是不想让子路折腾。

子路是孔子最信任的学生，也是对孔子最忠诚的学生。不论子路用的方法对不对，但他对老夫子的真诚关心还是应当充分肯定的。

师生情深。

7.36

原　文

子曰："奢则不孙（xùn）①，俭则固②。与其不孙也，宁固。"

注　释

①不孙：即不顺从，行事张扬。孙，通"逊"，恭顺、谦逊。

②固：固陋，简陋。这里是"寒酸"的意思。

译文

孔子说："人奢侈了就会显得张扬，节俭了就会让人觉得寒酸。与其让人觉得张扬，还不如让人觉得寒酸。"

悟语

孔子讲话经常用对比的方法，以便使学生透彻了解两者的不同。比如"君子坦荡荡，小人长戚戚"；比如"君子和而不同，小人同而不和"；比如"君子喻于义，小人喻于利"。

孔子讲奢与俭时也是对比着讲，孔子反对奢、赞成俭。一个讲"君子食无求饱、居无求安"的人当然会如此。

奢是铺张，是浪费，是炫耀。人一沾上炫耀的毛病，就会自我膨胀，就会行事夸张。人一膨胀和夸张就容易越礼违礼。俭是节约，是节用。过分节约当然会让人觉得寒酸，当然只是觉得而已。

孔子的节约思想对毛泽东产生了极大的影响。毛泽东一生都反对铺张浪费，主张节约闹革命。

土地革命战争时期，毛泽东于1934年1月23日在江西瑞金召开的第二次全国工农代表大会上作了《我们的经济政策》的报告，在谈到财政支出时，他说："财政的支出，应该根据节省的方针。应该使一切政府工作人员明白，贪污和浪费是极大的犯罪。"

1943年10月，毛泽东发出号召："在一切党政机关中讲究节省，反对浪费，禁止贪污"；1952年1月，毛泽东更是明确指出："对于贪污、浪费和官僚主义的严重现象，如果不加以彻底肃清，它们就要腐蚀我们的党，腐蚀我们的政府，腐蚀我们的军队，腐蚀一切财政经济机构和一切革命的群众组织，使我们的许多干部人员身败名裂，给我们的国家造成极大的灾害，一句话，这就有亡党、亡国、亡身的危险。"

据毛泽东身边的人回忆，毛泽东特别注重节约，衣服总是补了又补，他的一件睡衣穿了十多年。

7.37

原文

子曰：“君子坦荡荡①，小人长戚戚②。”

注释

①坦荡荡：心胸宽广、开阔。

②长戚戚：忧愁，烦恼。

译文

孔子说：“君子心胸开阔，光明磊落；小人心事重重，忧愁烦闷。”

悟语

我认为孔子最伟大的贡献就是改造了君子这个概念，并赋予其新的含义。

君子者，国君之子也。国君之子，当然是地位高者，是贵族，是领导者。孔子认为，作为执掌国家权力的人，不仅地位高，品德也应当高。

在孔子的语境当中，君子既要有品行，也要有能力。所谓有品行就是仁者爱人，所谓有能力就是君子不器。

除此以外，孔子还从多个方面描述君子，在《论语》当中“君子”出现过106次。

“君子坦荡荡”就是其中的一个方面，坦荡荡者，胸怀宽广，不小肚鸡肠也；坦荡荡者，性格豪爽，光明磊落也；坦荡荡者，大大方方，不畏畏缩缩也。人只有在志趣高远、无私无畏的情况下才能做到这一点。

而与“君子坦荡荡”相对的，是“小人长戚戚”。

戚戚者，悲伤忧愁也；戚戚者，愁眉苦脸也；戚戚者，唉声叹气也。

我的体验是，与这样的人待在一起，心情会变坏，要及早远离。

7.38

原文

子温而厉，威而不猛，恭而安。

译文

孔子温和而又严厉，威严但不凶猛，恭和并且安详。

悟语

这样的记载显然出于孔子的学生之手。

第一，孔子既温和又严厉。子贡曾说孔子温良恭俭让，温和是孔子的一大特色。子夏对此也有过描述，子夏说："君子有三变：望之俨然，即之也温，听其言也厉。"

孔子讲过君子有九思，孔子告诫自己的学生说"色思温"。

孔子的严厉也给弟子们留下了极深的印象，子夏说"听其言也厉"。

孔子的严厉还表现在对子路的教育上："由，诲女！知之乎？知之为知之，不知为不知，是知也！"

当"季氏富于周公，求也为之聚敛而附益之"时，孔子很生气，说："非吾徒也。小子鸣鼓而攻之可也。"

第二，孔子威而不猛。

何为"威而不猛"？孔子这样解释："君子正其衣冠，尊其瞻视，俨然人望而畏之，斯不亦威而不猛乎？"

第三，孔子恭而安。恭者，谦恭也。安者，心安也。

孔子曾这样赞扬子产："其行己也恭，其事上也敬，其养民也惠，其使民也义。"其实，套用子贡的一句话就是："夫子自道也。"孔子何尝不是这样的人？

所谓心安，不忧不惧也。司马牛问君子，子曰："君子不忧不惧。"司马牛又问："不忧不惧，斯谓之君子已乎？"子曰："内省不疚，夫何忧何惧？"

日常生活中的孔子是心安的："子之燕居，申申如也，夭夭如也。"

说到心安，也许大家会想到孔子那句著名的话："既来之，则安之。"

泰伯篇第八

8.1

原　文

子曰："泰伯[1]，其可谓至德也已矣。三以天下让[2]，民无得而称焉[3]。"

注　释

①泰伯：姓姬，名泰伯。商末岐山（在今陕西）周部落首领古公亶父（即周太王）长子，吴国第一代君主。太王欲传位其孙子昌，而传位昌，须传位季历。泰伯乃与仲雍让位三弟季历而出逃至荆蛮。

②三以天下让：把王位让给三弟季历。

③民无得而称焉：百姓找不到合适的话来赞扬他。

译　文

孔子说："泰伯，可以说是品德最高尚的人了。（他）曾把王位让给三弟季历，老百姓都找不到合适的语言去赞美他。"

悟　语

泰伯，殷高宗武丁四十年丙申四月初四（约前1165～前1074）生，周太祖古公亶父长子，娶卜氏。立国"句吴"，以国为氏，为吴氏始祖，也是第一位吴国君主，在位49年，卒于武乙四年丙寅三月初五，享年91岁，葬今江苏无锡鸿山（古称皇山）。

公元前1123年，太王有意传位给季历（排行老三）之子昌，泰伯为了使父亲这一愿望实现，便携弟弟仲雍（排行第二）逃到荆蛮，自号句吴，也就是吴国。

所谓"三以天下让"，把天下让给三弟也。

也有人把"三以天下让"解释成几次把天下让给季历，文字上通，但逻辑上似乎不通。这天下不是能说让就让的。

泰伯把天下让给三弟季历，得到孔子的高度评价，有诸多看点。

第一，孝也。孝者，顺也，敬也。按古礼，父亲应当把王位传给长子，但父亲没有这样做，泰伯不但没有反对，还做老二的工作，劝老二也放弃继承权。这是多么高尚的行为。

第二，老二仲雍做了幕后英雄。若老二死活不同意，这“三以天下让”的好戏根本就演不成。

第三，还得称赞一下老三季历。老三季历得到王位，并不是因为父亲看中了老三，而是父亲看中了其子昌，季历只是当了个二传手而已。如果季历坚辞不就，“三以天下让”这出戏也演不下来。

说到这里，还得说说昌。昌者，姬昌也，周朝的建立者。商纣王发明了名为炮烙的酷刑，就是命犯人走在涂满油的铜柱上，一滑倒就会跌落到火坑里，顿时皮焦肉烂，死于非命。但商纣王的宠妃妲己看见此惨状却笑个不停，所以商纣王就一直强逼犯人这样做，以博得妲己一笑。姬昌很是气愤，诸侯和人民无不咬牙切齿。姬昌向纣王表示愿意献上周国洛河西岸的一块土地，换取炮烙之刑的废除。纣王答应了姬昌的要求，废除了炮烙之刑，于是姬昌得到了天下百姓的爱戴。

这说明周太王古公亶父还是很有眼光的。

最后说一句，无锡梅村镇的伯渎河畔有个泰伯庙，感兴趣的朋友可去看看。

8.2

原 文

子曰：“恭而无礼则劳①，慎而无礼则葸（xǐ）②，勇而无礼则乱③，直而无礼则绞④。君子笃（dǔ）⑤于亲，则民兴于仁。故旧⑥不遗，则民不偷⑦。”

注 释

①劳：辛劳，劳苦。这里指费力不讨好。

②葸：拘谨，畏惧，缩手缩脚。

③乱：不守规矩，不按礼法行动。

④绞：说话尖刻，出口伤人。

⑤笃：厚道，真诚。

⑥故旧：故交，老朋友。

⑦偷：这里指刻薄、不厚道。

译文

孔子说："只是恭敬而不以礼节制，就会费力不讨好；只是谨慎而不以礼节制，就会缩手缩脚；只是勇猛而不以礼节制，就会胡来；只是心直口快而不以礼节制，就会出口伤人。国君如果厚待自己的亲属，老百姓当中就会兴起仁的风气。在上位的人如果不遗弃老朋友，老百姓就不会对人冷漠无情。"

悟语

这一章可以分成两部分。

第一部分从理论上阐述礼的重要性，讲了四个方面：恭、慎、勇、直。恭者，对人恭敬也。慎者，行为谨慎也。勇者，见义勇为也。直者，有话直说，直道而行也。

这当然都是一些好的品质。这些好品质的呈现应当有好的形式，好的呈现形式就是礼。孔子讲："质胜文则野，文胜质则史。文质彬彬，然后君子。"

恭、慎、勇、直是内容，而礼是形式。

本章后半部分的内容强调上对下的影响。

还记得孔子那句话吗？"君子之德风，小人之德草。"这里强调领导者对民众的引导和示范作用。

领导者如果能够真诚善待亲人，老百姓就会仁德厚道；领导者如果对老朋友不遗弃，民情就不会淡薄。

领导领导，自身做好。

8.3

原　文

曾子有疾，召门弟子曰：“启[1]予足！启予手！《诗》云：‘战战兢兢，如临深渊，如履薄冰。’而今而后，吾知免[2]夫(fú)，小子[3]！”

注　释

①启：开启。曾子让学生掀开被子看自己的手脚。

②免：指身体免于损伤。

③小子：对弟子的称呼。

译　文

曾子有病，把他的学生召集到身边来，说道：“看看我的脚！看看我的手！《诗》上说：‘小心谨慎呀，好像站在深渊旁边，好像踩在薄冰上面。’从今以后，我知道我的身体是不会再受到损伤了，弟子们！”

悟　语

《孝经》云：“身体发肤，受之父母，不敢毁伤，孝之始也。”

儒家认为，身体发肤是父母给的，保护好身体发肤，是孝的表现。

曾参以孝闻名，对待自己的身体发肤，他一生都尽力不让其受到伤害。

他用了一组比喻表示自己的战战兢兢：如履薄冰，人在薄冰上行走，当然要万分小心；如临深渊，人在悬崖边上走，当然要万分小心。

从场景上看，曾子这一次病得不轻，好像是在下遗嘱。

自己孝，当然也希望弟子们孝，临死还不忘教育自己的弟子，可谓鞠躬尽瘁，死而后已。

8.4

原文

曾子有疾，孟敬子[①]问[②]之。曾子言曰：“鸟之将死，其鸣也哀；人之将死，其言也善。君子所贵乎道者三：动容貌[③]，斯远暴慢[④]矣；正颜色[⑤]，斯近信矣；出辞气[⑥]，斯远鄙（bǐ）倍[⑦]矣。笾豆[⑧]之事，则有司[⑨]存。”

注释

①孟敬子：即鲁国大夫仲孙捷。

②问：探望，探视。

③动容貌：使自己的内心感情表现于面容。

④暴慢：粗暴，放肆。

⑤正颜色：使自己的脸色庄重严肃。

⑥出辞气：指说话的言辞和口气。出，说话。

⑦鄙倍：鄙，粗野。倍，通“背”，悖理。

⑧笾豆：笾、豆均是古代祭祀和典礼中的用具。

⑨有司：指主管某一方面事务的官吏，这里指主管祭祀、礼仪事务的官吏。

译文

曾子有病，孟敬子去看望他。曾子对他说：“鸟快死的时候，它的叫声是悲哀的；人快死的时候，他说的话是善意的。君子重视的道有三个方面：容貌一定要庄重严肃，这样可以避免粗鲁、傲慢；态度一定要一本正经，这样就接近于诚信、无欺；言辞和语气不能粗俗、悖理。祭祀之事（不可荒废），要有专人负责。”

悟语

许多《论语》研究专家认为，这一章是曾子的临终遗嘱。

孔子说话的特点是无喻不出口，作为孔子最好的学生，曾参也学会了。曾子在临终遗嘱中不忘用比喻，可见孔子对曾参的影响之深。“鸟之将死，其鸣也哀；人之将死，其言也善。”这句话成为中国人几乎家喻户晓的名言。

曾参说了三个最重要的方面。

作为国家的领导者、治理者，也就是曾子口中的“君子”，应当在下面三个方面用力。

第一，“动容貌，斯远暴慢矣”，要温和恭敬。如孔子言：“色思温，貌思恭。”

第二，“正颜色，斯近信矣”。如孔子言：“君子不重，则不威。”“临之以庄，则敬。”

第三，“出辞气，斯远鄙倍矣”。说话别粗俗，别骂骂咧咧的。似乎在我的印象中，孔子没有讲过类似的话。孔子讲“讷于言”，讲“言思忠”，但没有如曾子讲得这么明确细致。

最后，曾参又补充了一点，“笾豆之事，则有司存”。要安排专人从事祭祀活动，这与曾子以前讲的“慎终追远，民德归厚矣”完全一致。

8.5

原 文

曾子曰：“以能问于不能，以多问于寡；有若无，实若虚；犯而不校（jiào）[1]。昔者吾友[2]尝从事于斯矣。”

注 释

①校：通“较”，计较。

②吾友：我的朋友。此指颜渊。

译 文

曾子说：“自己有才能却向没有才能的人请教，自己知识多却向知识少的人请教；有学问却像没学问一样，知识很充实却好像很空虚；被人冒犯也不计较。从前我的朋友（颜回）曾这样做过。”

悟 语

有许多《论语》研究者认为，这里谈到的昔者吾友，指的是颜回。昔者吾友，我过去的老朋友也。

从这段话的语气来看，是曾子跟他的弟子们谈话。

“昔者”，可以理解成“过去”，这个时候颜回应该去世很长时间了。

曾子这里谈到了这位“昔者吾友”的几个显著特点。

第一，“以能问于不能，以多问于寡”。

这是真正的谦虚。这种谦虚是建立在“三人行，必有我师”的基础上的。这种谦虚实际上是不耻下问的形象化描述。

第二，“有若无，实若虚”。

自己有学问却显得没有学问，本来有内涵却显得空空如也。真正有学问的人都虚怀若谷。

第三，“犯而不校”。

意思是受到别人的触犯或无礼也不计较。

一般人遇到“犯”都是会反击的，比如我们经常讲“人不犯我，我不犯人，人若犯我，我必犯人”。但曾子的这位“昔者吾友”却极宽容，不大在乎这些事情。我理解“人犯我”有两种情况：一种是无意犯之，所谓说者无意，听者有心也；另一种是有意犯之，故意去激怒你。要分析这两种情况，应采取不同的应对措施。无意犯之自然不必计较，对有意犯之也要认真分析，要秉承“小不忍则乱大谋”的原则，该忍的时候还是要忍。

讲个公孙弘与汲黯的故事。

汲黯在朝堂上说：“公孙弘身为三公之一的御史大夫，俸禄非常多，却总是装穷，盖布被子，是个十足的伪君子。”

公孙弘回答：“汲黯说得对，九卿中没人比汲黯更加了解我了，我身为三公之一，却盖布被子，就是想要一个清廉的好名声。当年齐国名相管仲，有三处豪宅，日子过得比齐桓公还奢侈，可他照样辅佐齐桓公成就一番霸业。晏婴也是齐国名相，可他非常简朴，一顿饭都舍不得吃两个肉菜，他也辅佐齐景公成就了一番伟业。可见臣子生活奢侈和辅佐君王的能力没有直接关系。”

说到最后，公孙弘还说了一句：“汲黯是大忠臣，如果没有汲黯，陛下怎么能听到这么了解我的话呢?”

这是多么高超的化解之道!

8.6

原 文

曾子曰：“可以托六尺[①]之孤[②]，可以寄百里之命[③]，临大节而不可夺也。君子人与？君子人也。”

注 释

①六尺：古代尺短，一尺相当于现在的六寸九分（合0.23米）。六尺，指未成年。

②孤：指丧父的小孩。

③寄百里之命：寄，寄托、委托。百里之命，指掌握国家政权和命运。

译 文

曾子说：“可以把年幼的君主托付给他，可以把国家的政权交付给他，（他）面临生死存亡的紧急关头而不动摇屈服。这样的人是不是君子？是真正的君子!”

悟 语

孔子与他的学生从各个方面阐述君子。

本章中曾子谈了他心目中的君子形象。

第一，“可以托六尺之孤”。

这朋友信之，不是一般的信，是特别的信。人能够把自己的孩子托付给朋友，这得是多么大的信任。

刘备曾经把自己的儿子托付给诸葛亮，成就了历史上的一段佳话。

第二，“可以寄百里之命”。

可以把国家托付给他。刘备曾把蜀国托付给诸葛亮。

第三，“临大节而不可夺也”。

大节者，生死关头也。在生死关头，不背叛，不屈从，视死如归。

小时候听老师讲刘胡兰的故事，曾被深深震撼。刘胡兰是真正的英雄，那种视死如归的气节，一般人做不到。

8.7

原文

曾子曰：“士不可以不弘毅[1]，任重而道远。仁以为己任，不亦重乎？死而后已，不亦远乎？”

注释

①弘毅：志向坚定而不动摇。弘，广大。毅，果决。

译文

曾子说：“士不可以不志向远大，也不可以没有毅力，士责任重大，路途遥远。把实现仁作为自己的责任，难道还不重大吗？奋斗终身，难道路途还不遥远吗？”

悟语

士者，贵族也，如士大夫。也有人把士当成是有责任感、有社会担当精神的人。士可以分为武士和文士，还泛指读书人，有社会责任感的人当然要志向远大，目标坚定。

士应当把学习仁、践行仁当作自己的责任。

仁者，爱人也，立人也，达人也。爱人、立人、达人，这是士极其伟大的使命，也是其终生追求的目标，任重而道远。

有人喜欢给孩子起名弘毅、任重、任远。

多年之前，我的一位学生让我给他儿子起名，我起名“弘毅”，且送字“任远”。

有一位革命家叫王任重，曾任中共湖北省委第一书记、中共陕西省委第一书记、国务院副总理，于1992年去世。

8.8

原 文

子曰："兴[1]于《诗》，立于《礼》，成于《乐》（yuè）。"

注 释

①兴：起，奋起。

译 文

孔子说："《诗》使人奋起，《礼》使人立身，《乐》使人完善。"

悟 语

孔子在《论语》当中经常谈到《诗》《书》《礼》《乐》。

《诗》者，《诗经》也；书者，《尚书》也；礼者，《礼经》也；乐者，《乐经》也。这是孔子当年教学用的教材。

在这里，孔子强调了《诗》《礼》和《乐》的作用。不知为什么孔子没有谈到《书》，大概因为《书》偏向于政治层面，得到高年级才能谈。

孔子在《论语》中这样谈《诗》："《诗》三百，一言以蔽之，曰：'思无邪。'"

孔子还谈到《关雎》："《关雎》，乐而不淫，哀而不伤。"

说实话，我读过《诗经》，但不深入，没有吃透，体会不到"兴于《诗》"的感觉。

礼是孔子教育学生的一个重点。孔子讲："不学礼，无以立。"又讲："不知礼，无以立也。"

礼是礼法，礼是礼仪，礼是礼貌，礼是礼物。从大到小，无所不包。人如果不懂礼，不知礼，不按礼的要求做，在社会上就无法立足。

至于乐，可以陶冶情操，使人完善。音乐是除了语言以外，人类表达情感最有力的武器。如果不懂音乐，生活中就少了许多乐趣。

孔子本身是位大音乐家，他在《论语》当中多次谈到乐。

据说孔子做过《乐经》，但《乐经》失传了。

懂诗、懂礼、懂乐，这是孔子刻意强调的内容。即使到了现在，这些东西仍不过时。

8.9

原 文

子曰："民可，使由之；不可，使知之。"

译 文

孔子说："（如果你认为）老百姓做得对，就由着他去做；如果（你认为）老百姓做得不对，就要告诉（教导）他。"

悟 语

这句话是孔子对治理国家的人讲的。

如果你觉得老百姓做得还可以，就不用去打扰他，让他自由发挥；如果你觉得老百姓做得不好，你就去教导他，引导他，给他指出正确的方向。

其一，民可，使由之。

大家可能知道琴治这个词。琴治者，抚琴而治或鸣琴而治也。许多为政者把琴治作为治理国家的最高标准。琴治者，"民可，使由之"也。

据《吕氏春秋·察贤》记载："宓子贱治单父，弹鸣琴，身不下堂而单父治。"后人遂称州、府、县署为琴堂，或者叫琴治堂。

《论语》中子贱只出现过一章："子谓子贱：'君子哉若人！鲁无君子者，斯焉取斯？'"

在中国，就治理国家而言，有极强的"不扰民，不折腾"的历史传统。

其二，不可，使知之。

孔子认为，对老百姓进行教育，始终是为政者最重要的责任。

孔子认为为政有四恶，其中最大的恶是"虐"。何谓"虐"？"不教而杀谓之虐。"

孔子还说：“以不教民战，是谓弃之。”

《论语》中冉求与孔子有段对话，把孔子富而教之的思想阐述得淋漓尽致：“子适卫，冉有仆。子曰：‘庶矣哉！’冉有曰：‘既庶矣，又何加焉？’曰：‘富之。’曰：‘既富矣，又何加焉？’曰：‘教之。’”

治理国家靠教育，治理家庭实际上也是靠教育。做父母的最主要的责任就是教育好子女。

写到这里，“子不教，父之过；教不严，师之惰”的名言从耳边响起。谁都知道，这是《三字经》里的话。

顺便说一句，有人把“民可，使由之；不可，使知之”翻译成“老百姓只可被役使，不可使其知情”，并把它当作孔子推行愚民政策的证据而加以批判，这是极端错误的，严重曲解了孔子的原意。

8.10

原　文

子曰：“好（hào）勇疾①贫，乱也。人而不仁②，疾之已甚③，乱也。”

注　释

①疾：恨，憎恨。

②不仁：不符合仁德的人或事。

③已甚：即太过分。已，太。

译　文

孔子说：“喜斗而又嫌自己穷困，就会作乱。对于不仁的人非常厌恶、憎恨，也容易出乱子。”

悟　语

本章表达了孔子分析社会的辩证思想。

首先，孔子认为君子有三达德：仁、智、勇。孔子讲：“仁者不忧，知者不惑，勇者不惧。”

“勇”好，但“好勇”则未必好。孔子讲子路：“由也，好勇过我，无所取材。”孔子认为“勇而无礼则乱”，勇需要礼来规范。

孔子认为好勇最怕与疾贫结合。孔子认为：“贫而无怨难，富而无骄易。”人穷了，让他没有怨恨是不可能的。

就“好勇疾贫，乱也”而言，应从两头做工作：一是不让他好勇，二是不让他贫穷。

其次，孔子认为中庸是最高的智慧。孔子说：“中庸之为德也，其至矣乎！民鲜久矣。”

无论做什么事，秉承中庸最好。

痛恨不仁是好事，但如果对于那些不仁的人过于痛恨，使他们无处容身，也会惹出祸乱。

儒家倡导以礼来规范和制约人的行为，认为适宜合度是非常重要的。

中庸，唯有中庸。

8.11

原文

子曰：“如有周公之才之美，使骄且吝（lìn），其余不足观也已。”

译文

孔子说：“（一个人）即使如周公那样能干且品德高尚，但如果骄傲自大而又吝啬小气，那其他方面也就不值得一看了。”

悟语

孔子指出了为政的两大忌：一是骄横，二是吝啬。

人一骄横就会无所不为、胆大妄为。无所不为与胆大妄为可能会触犯道德和法律的底线。触犯了道德底线就会让人从心底里厌恶，失去别人的尊敬，失去人心；而触犯了法律的底线，则会引起众怒，受到严厉的惩处。

中国人常讲骄兵必败，大家都知道关云长大意失荆州。毛泽东同志讲，“骄傲使人落后”。无论干什么事，骄傲都是要不得的。

人如果吝啬就会变成守财奴，守财奴的特点是该花的钱不花。中国人常讲“财散人聚，财聚人散”，如果一个人过分吝啬，别人就会离开他，他就会变得没有朋友。

看看周围，真有吝啬的人。有的人整天吃这个吃那个，但从来不舍得请一次客。表面上赚了，实际上赔了。如果得了一个“不锈钢公鸡”的绰号，这个人的威信也就没有了。

为什么叫“不锈钢公鸡”？铁公鸡还掉点渣，而不锈钢公鸡连点渣也不掉。

人，千万不要做不锈钢公鸡，那会让人看不起的。

8.12

原文

子曰：“三年学，不至于谷①，不易得也。”

注释

①谷：古代以谷作为官吏的俸禄，这里用“谷”字代表做官。

译文

孔子说：“学了三年，还没有想到去做官求取俸禄，这种人少见。”

悟语

孔子教学生的目的，一是把学生培养成君子，二是把学生培养成官吏。当然，把这两者结合起来则更好。

孔子好多学生后来都做了官。如子路、冉求、子游、子夏、宓子贱等。子夏讲“仕而优则学，学而优则仕”，这应当是反映了孔子的思想。

做什么事都需要门槛，做官亦如此，官不是想做就能做的。孔子认为，为官之前要好好学习，打好基础。孔子坚持认为做官前要学好礼乐。他说：“先进于礼乐，野人也；后进于礼乐，君子也。如用之，则吾从先进。”

孔子认为，要想做好官，跟他学习三年远远不够，应当学更长的时间。

漆雕开就很明白孔老夫子的意思。《公冶长篇》里这样记载："子使漆雕开仕。对曰：'吾斯之未能信。'子说。"

大家注意最后两个字"子说"。"子说"者，孔子高兴也。漆雕开说到孔老夫子心里去了。

《孔子家语》对此的记载大同小异："孔子曰：'子之齿可以仕矣，时将过。'子若报其书曰：'吾斯之未能信。'孔子悦焉。"

子若是漆雕开的字。

孔子说："按你的年龄可以出仕做官了。不然就错过时机了。"漆雕开后来给孔子写信说："我还需要继续学习，以我现在的学识和才能，恐怕还不能胜任。"孔子非常高兴。

据说漆雕开终身未仕，于公元前489年去世，死于孔子之前。

8.13

原文

子曰："笃信好（hào）学，守死善道。危邦①不入，乱邦②不居。天下有道则见（xiàn）③，无道则隐。邦有道，贫且贱焉，耻也；邦无道，富且贵焉，耻也。"

注释

①危邦：出现动乱之兆的国家。

②乱邦：据东汉儒学家包咸讲，"乱邦"者，臣弑君、子弑父之国家也。

③见：通"现"，现身。

译文

孔子说："为人真诚，努力学习，完善大道，至死不移。危险的国家不要去，动乱的国家要离开。天下有道就出来做官，天下无道就隐居不出。国家政治清明而自己贫贱是耻辱，国家政治混乱而自己富贵也是耻辱。"

悟语

孔子教给人的都是一些大智慧。

一、“笃信好学，守死善道。”

孔子认为，人最可贵的品质是诚实，是守信，是好学，是坚守到死的善念，是“朝闻道，夕死可矣”的探索。

不诚实守信，则无人可交；不好学，则不会成为君子，学则不固；不走正路，不行仁事，则会让人看不起。孔子有个朋友叫原壤，大家应还记得。《论语》这样记载：“原壤夷俟。子曰：‘幼而不孙弟，长而无述焉，老而不死，是为贼。’以杖叩其胫。”为老不尊，下场好不了。

二、“危邦不入，乱邦不居。”

危邦也好，乱邦也好，其共同的特点是危险，有可能使自己失去生命。而失去生命，对本人来讲，那是最大的损失，对父母而言，那是最大的不孝。“身体发肤，受之父母，不敢毁伤，孝之始也。”父母失去孩子，那是刻骨铭心的悲痛。所以人尽量不要到动乱的地方去。孟子曰：“莫非命也，顺受其正，是故知命者不立乎岩墙之下。”我爱下象棋，象棋中“车”的作用最大，非必要不可失“车”。下棋者有一句名言“车不履险地”，说的是同样的道理。

三、“天下有道则见，无道则隐。”

天下有道者，政治清明，国泰民安也。天下无道者，政治昏聩，人人自危也。

天下有道的时候，就得出来做事，发挥自己的聪明才智；天下无道时，就老老实实地待在家里修身养性，等待时机。当年阳虎劝孔子出来做官，孔子认为邦无道便虚与委蛇，“文革”时邓小平偏居江西一隅，安心劳动，静观时变，这些大人物都是识时务的俊杰。

四、“邦有道，贫且贱焉，耻也；邦无道，富且贵焉，耻也。”

“邦有道”，因懒惰不出来做事，弄得穷困不堪，当然要感到羞耻；邦无道时助纣为虐，虽然谋得了荣华富贵，也应当感到羞耻。

最后说说这个“耻”字。人可贵的就是有耻，最可怕的就是无耻。人无耻了就没有底线，“我是流氓我怕谁?”就是典型的无耻。

《论语》中有几次谈到“耻”字。孔子教导他的弟子们说“行己有耻”。孔子还说：“匿怨而友其人，左丘明耻之，丘亦耻之。”孟子特别重视这个“耻”字，他认为“耻之于人大矣”。孟子有一句话说得特别好：“人不可以无耻。”

8.14

原文

子曰：“不在其位，不谋其政。”

译文

孔子说：“不在那个职位上，就不要操心那个职位上的事。”

悟语

不知道孔子是在什么情况下讲的这句话，也不知道孔子是对谁讲的这句话，也有可能这是孔子为政的体会。

我们可以悟出两层意思。

第一，在其位，谋其政。

第二，不在其位，不谋其政。

在其位，谋其政是最基本的要求，每个岗位都有它特定的要求，如果在其位不谋其政，就有可能耽误事情。

“不在其位，不谋其政”有三种情况。

第一，是对同僚讲的。

同僚之间各有分工，你管好你的事，我管好我的事，大家泾渭分明，各负其责。我的事你不要插手，你的事我也不去插手。大家各顾各的，各忙各的。

第二，是对退出岗位的人讲的。

人会因为各种情况退出岗位，比如年龄大了，比如生病了，比如被调整了。总而言之是退出原来的岗位了。有的人因为在那个岗位上待得长了，或者对那个岗位有感情，往往会对继任者耳提面命、指手画脚、建言献策。这往往引起继任者的反感。人退了就要全退，千万不要恋恋不舍、拖泥带水。

第三，是对无关的人讲的。

有的人总觉得自己挺能，这个也会，那个也会，总觉得要是让我干，我会干得更好，对别人岗位上的事情指指点点，说三道四。其实你不一定比人家做得好，因为那个岗位上的事，在那个岗位上的人最清楚。他之所以不愿意改变一定有他的理由。有些事情往往是想到而不敢做，不能做，外人一般是不懂得这里边的诀窍的。

不论是哪种情况，不在其位不谋其政是最基本的原则，应当坚持。

8.15

原　文

子曰："师挚（zhì）①之始②，《关雎》之乱③，洋洋乎盈耳哉！"

注　释

①师挚：乐师。有人说这里指太师挚。

②始：乐曲的开端，即序曲。古代奏乐，开端叫"升歌"，一般由太师演奏。挚是太师，所以这里说"师挚之始"。

③乱：乐曲终了。

译　文

孔子说："开始时，由太师挚演奏；结束时，以《关雎》结尾。丰富而优美的音乐，仍在我耳边回荡。"

悟　语

孔子是大音乐家，《论语》有不少篇章记载了孔子对音乐的鉴赏。这是孔子听了一场音乐表演的体会。

既然有太师挚出席，就有可能是一次宫廷表演。

孔子是很懂音乐的。他曾经这样谈论乐："乐其可知也：始作，翕如也；从之，纯如也，皦如也，绎如也。以成。"

孔子与当时的音乐达人过从甚密，《论语》中记载了孔子与师冕的交往。

“师冕见，及阶，子曰：‘阶也。’及席，子曰：‘席也。’皆坐，子告之曰：‘某在斯，某在斯。’师冕出。子张问曰：‘与师言之道与？’子曰：“然，固相师之道也。’”

从这章当中我们知道，《诗经》的很多篇章是可以演奏的，比如《关雎》。

在另一个地方，孔子也提到了《关雎》：“《关雎》，乐而不淫，哀而不伤。”

《诗经》是孔子编定的，《关雎》排在首章。

《关雎》是很美的。尤其是那句“窈窕淑女，君子好逑”，凡是中国的读书人，没有一个不知道的。

《关雎》是先秦无名氏作的，原诗想来大家都读过。

孔子把这一章排在首位是有深意的，这反映了孔子对爱情的向往与追求。拥有美好的爱情几乎是所有人的梦想。

8.16

原文

子曰：“狂①而不直，侗（tóng）②而不愿③，悾（kōng）悾④而不信，吾不知之矣。”

注释

①狂：急躁，急进。

②侗：幼稚无知。

③愿：谨慎，小心，朴实。

④悾悾：一是指诚恳，二是指空虚。这里指后者。

译文

孔子说：“狂妄而不正直，无知而不老实，虚夸而不守信用，这种人我理解不了。”

悟 语

孔子对人性当中那些不好的地方是极有洞察力的，并且会直言不讳地指出。

直、愿、信是好品质，但不直、不愿、不信却广泛存在，是很可怕的。不直与狂结合、不谨慎与无知结合、不守信与表面诚实结合更可怕。

我们在生活当中经常遇到那种狂而不直的人。狂意味着自傲自大，自以为是；狂意味着恃才自傲，目中无人；狂意味着和尚打伞，无法无天。这样的人除了在乎自己的感受以外，对别人的感受无所谓。你对别人无所谓，别人会对你有所谓吗？

我们在生活当中也经常遇到那些无知而又胆大妄为的人。无知者无畏，因为无知，什么都不怕。初生牛犊不怕虎是好事，但其最终结局很可能是被老虎吃掉。

我们在生活当中也会经常遇到表面上诚实而实际上并不可靠的人，会经常被这种人欺骗。表面上老老实实、规规矩矩，而实质上根本不可信，这种人最可怕。

8.17

原 文

子曰："学如不及，犹恐失之。"

译 文

孔子说："学习起来就好像总怕赶不上似的，更担心学过的东西很快就会忘掉。"

悟 语

对于一个什么都想知道的人，总觉得自己知道得太少了。对于一个把自己定义为学而知之的人，总担心自己学过的东西会随时忘记。孔子就是这样的人。

孔子的第一个体会是我生有涯而知无涯，所以要抓紧时间学习，要有时不我待、岁不我与的精神。

孔子的第二个体会，就是对记忆规律的认识和把握。其实人都不是生而知之者，都是要靠后天的学习才能获得知识。既然如此，人都要尊重记忆规律，要想真正掌握东西，必须不断地复习，即所谓的学而时习。如果不随时复习，学的东西真的会忘记。

结论就是抓紧一切时间学习，且要不断复习。

8.18

原文

子曰："巍巍①乎！舜禹②之有天下也，而不与③焉！"

注释

①巍巍：崇高、高大的样子。

②舜禹：舜是传说中的圣君明主，禹是夏朝的第一个国君。尧禅位给舜，舜后来又禅位给禹。

③与：吹嘘，自夸。

译文

孔子说："多么崇高啊！舜和禹为天下之主，从不炫耀、自夸。"

悟语

这一段话虽短，但解释起来五花八门。其他都容易理解，关键是这个"与"字如何解释。

"与"有赐予、给予的意思。这里的赐予、给予也有两种，一种是父亲给的，一种是外人给的。

无论是舜也好，禹也好，他们之所以拥有天下，都不是从父亲那里继承来的，而是因为品德高尚，能力出众，由别人禅让而得来的。

沿着这个思路，这句话也可以这样翻译：多么崇高与伟大呀！舜、禹之所以拥有天下，不是从他们的父亲那里继承来的，而是因为他们品德高尚、能力出众，通过禅让而得来的。

这样也讲得通，只是又拐了个弯。

其实这里的“与”就是自吹自擂的意思。孔子反对一切形式的自吹自擂，认为谦逊是美德。无论舜也好、禹也好，按说都有自吹自擂的资本。舜至孝，又会用人，又极谦逊与宽容，又常反躬自省，把天下治理得很好；而禹治水，为民消除水患，三过家门而不入。但他们从来都没有自吹自擂。

贵为天子尚且谦恭有礼，不自吹自擂，这不是伟大又是什么？

反观我们自己及周围的人，只是做出来一点小小的成绩便沾沾自喜，甚至暗示别人鼓励与表扬，这是多么渺小与可笑啊。

8.19

原文

子曰：“大哉！尧[①]之为君也！巍巍乎，唯天为大，唯尧则[②]之。荡荡[③]乎，民无能名[④]焉。巍巍乎，其有成功也！焕[⑤]乎，其有文章！”

注释

①尧：中国古代传说中的圣君。

②则：效法，准则。

③荡荡：广大的样子。

④名：称说，称赞。

⑤焕：光辉。

译文

孔子说：“真伟大啊！尧这样的君主！多么崇高啊，只有天最高大，只有尧才能效法天的高大。（他的恩德）多么广大啊，百姓们真不知道该用什么语言来表达对他的称赞。他的功绩多么崇高啊！他制定的礼仪制度多么完善啊！”

悟 语

汉族人都称自己是炎黄子孙，是黄帝和炎帝的后代。但在《论语》中，孔子没有谈论过黄帝，也没有谈论过炎帝。孔子谈论的最早的历史人物就是尧帝。

据说尧出生于山东鄄城，是黄帝的玄孙，活了117岁。尧退位以后，居于定陶，但死于成阳，成阳为尧之都城，也在今鄄城境内。

孔子对尧那么崇敬，我想有两个原因，一是政绩卓著，二是禅让天下。政绩卓著，让人民过上了好日子；而禅让天下，这是天下为公的具体体现。

有人总结了尧的八大功劳：一、确定四季，为后世农业发展奠定坚实的基础；二、成功治理水患，为后世百姓安居乐业建立了千秋功业；三、制定法律和“家庭伦理”，设立执法官员，开创了依法治国和以德治国相结合的国家管理方式，为后世国家管理模式提供了借鉴；四、完善了祭祀鬼神、祭祀祖先和接见诸侯等礼制；五、统一了音律和度量衡；六、在政治体制上，打破了以往国家权力“传子不传外人”的做法，第一次将国家最高权力禅让给有才能的外人，任用人才不分地位的高低贵贱；七、开创了中国最早的民主议事制度；八、采取有力措施，维护了国家安定团结的大好局面。

我曾去过鄄城几次，也曾去尧陵凭吊。鄄城这地方人杰地灵，出了不少名人，如孙膑、汲黯等。现代名人有李建国，曾任山东省委书记、全国人大常委会副委员长、中华全国总工会主席。

8.20

原 文

舜有臣五人①而天下治。武王曰：“予有乱臣②十人。”孔子曰：“才难，不其然乎？唐虞③之际，于斯④为盛。有妇人焉⑤，九人而已。三分天下有其二⑥，以服事殷。周之德，其可谓至德也已矣。”

注 释

①五人：传说是禹、稷、契（xiè）、皋陶（yáo）、伯益。

②乱臣：治乱之臣。《说文》讲，“乱，治也”。

③唐虞：传说尧在位的时代叫“唐”，舜在位的时代叫“虞”。

④斯：指周武王时期。

⑤有妇人焉：指武王的“乱臣十人”中有武王之妻邑姜。

⑥三分天下有其二：《逸周书·程典篇》记载“文王令九州之侯，奉勤于商”。相传商分为九州（荆、凉、雍、豫、徐、扬、青、兖、冀），文王得六州（荆、凉、雍、豫、徐、扬），占三分之二。

译 文

舜有五位贤臣，就能治理好天下。周武王也说过：“我有十个帮助我治理国家的臣子。”孔子说：“人才难得，难道不是这样吗？唐尧和虞舜之间，更是这样。周武王时，十个大臣当中有一个是女性，实际上只有九人而已。周文王得了天下的三分之二，仍然侍奉殷朝。周文王的德，可以说是至高无上的了。”

悟 语

事在人为，人才难得。

就治理国家而言，第一要务是选对人，用对人，选贤任能。政在得才，政在选贤，政在选臣。选对了人，事成了一半；选不对人，事几乎不可能做成。

舜不过用了五个贤能之人便使天下大治。而武王呢？有治乱之臣十人。这十人中，有一人是妇人，是武王的夫人邑姜。邑姜是姜太公的女儿，周武王姬发的王后，周成王姬诵、唐叔虞的母亲。

据传她怀成王的时候，“立而不跂，坐而不差，独处而不倨，虽怒而不詈，胎教之谓也”。山西太原晋祠供奉的就是唐叔虞和邑姜。

武王说，他有治乱之臣十人，孔子却说九人，何也？孔子之所以把邑姜排除在外，是因为邑姜为武王王后，从孔子的角度看，王后非臣也。

8.21

原 文

子曰：“禹，吾无间（jiàn）然[1]矣。菲[2]饮食而致[3]孝乎鬼神，恶衣服而致美乎黻（fú）冕（miǎn）[4]，卑[5]宫室而尽力乎沟洫（xù）[6]。禹，吾无间（jiàn）然矣。”

注 释

①无间然：无缺点可说。间，空隙。

②菲：薄，不丰厚。

③致：致力，努力。

④黻冕：祭祀时穿的礼服叫“黻”，戴的帽子叫“冕”。

⑤卑：低矮。

⑥沟洫：沟渠。

译 文

孔子说：“对于禹，我找不出他任何缺点。他饮食简单，但祭祀先祖时非常丰盛；他平时衣着朴素，但祭祀时尽量穿得华美；他自己住的宫室很低矮，但修治水利不遗余力。对于禹，我实在是挑不出什么毛病。”

悟 语

禹有许多优点，自己平常吃得不怎么样，却把最好的食物用来祭祀；自己平常穿得不怎么样，却在祭祀时穿上最华美的衣服；自己平常住得不怎么样，却把精力和物力用到水利上。概括一下，禹敬重祖先，关心民众疾苦。

《论语》中孔子这段话，《说苑》中亦有记载：“卑小宫室，损薄饮食，土阶三等，衣裳细布。”

禹最让人熟知的是因治水三过家门而不入，《孟子·离娄下》对此有记载。

禹的君位是由舜禅让来的，据说在君位传给禹十七年后，舜去世了。三年丧之后，禹把君位传给舜的儿子商均，但诸侯不答应，禹就只好把天下再坐下去。

禹治理国家是用心的。比如定夏历为国历，至今仍在用；比如“夏后氏以松”，在庙里栽松树，至今仍然是；比如铸九鼎，重新划分九州，许多地名保持至今；比如根据离京畿地区的远近确定五服制度以规定岁贡标准。这都是蛮有创意的。

在治水的过程中，禹走遍天下，对各地的地形、习俗、物产等皆了如指掌。禹重新将天下规划为九个州，并制定了各州的贡物品种。舜帝、夏禹王还规定：天子帝畿以外五百里的地区叫甸服，再外五百里叫侯服，再外五百里叫绥服，再外五百里叫要服，最外五百里叫荒服。甸、侯、绥三服，进纳不同的物品或负担不同的劳务。要服，不纳物服役，只要求接受管教、遵守法制政令。荒服则根据自己习俗进行管理，不强制推行中央朝廷政教。

子罕篇第九

9.1

原 文

子罕[1]言利。与[2]命，与仁。

注 释

①罕：稀少，很少。

② 与：赞同，肯定。

译 文

孔子很少谈论利益方面的事。承认天命，赞成仁德。

悟 语

这个记录应当出自孔子最亲近的人之口。对孔子的思想如果没有深刻的理解，对孔子的生活如果没有熟悉的把握，不可能做出这样的评论。

首先，子罕言利。罕言不是不言，只是少而已。比如孔子讲过“君子喻于义，小人喻于利”。

利是什么？利益也。利益有两种，一是有义之利，二是无义之利。所谓有义之利，该得之利也，所谓无义之利，不该得之利也。该得之利当取，不该得之利不取。孔子讲：“富与贵，是人之所欲也，不以其道得之，不处也；贫与贱，是人之所恶也，不以其道得之，不去也。”我们常说的“君子爱财，取之有道”，这个有道就是有义。

其次，孔子“与命，与仁”。与者，赞同，赞许也。命者何也？命者，一是规律，二是使命，三是命运。孔子讲“五十而知天命”，这里的天命，既是规律，也是命运，也是使命。孔子讲：“不知命，无以为君子也。”这里的命，既有规律的意思，也有使命的意思。一个不懂得规律的人，一个不懂得使命的人，怎么可能会成为好的领导者呢？子夏讲过“死生有命，富贵在天”，这个“命”就是命运的意思。

孔子的核心思想是仁。仁者爱人也，仁者立人也，仁者达人也。《论语》中出现了109个仁字，孔子讲过一段著名的话：“君子去仁，恶乎成名？君子无终食之间违仁，造次必于是，颠沛必于是。”君子离开了仁，那还叫君子吗？在孔子的语境中，君子即仁，仁即君子也。

9.2

原 文

达巷党人①曰：“大哉孔子！博学②而无所成名③。”子闻之，谓门弟子曰：“吾何执？执御乎？执射乎？吾执御矣。”

注 释

①达巷党人：在达巷党这地方的人。古代500家为一党，“达巷”是党名。

②博学：学问渊博，样样精通。

③无所成名：不能以某一方面来称道。

译 文

达巷党这个地方有人说：“孔子真伟大啊！他学问渊博，样样精通，无法以某一方面的专长来称赞他。”孔子听说后，对他的学生说：“我的专长在哪个方面？驾车呢，还是射箭呢？我可能更擅长驾车吧。”

悟 语

达巷这个名字不错。达者，通达，通观也，寓意很好。

这段话传达了几个信息。

一、孔子博学。这基本上是定论。孔子讲：“君子博学于文，约之以礼，亦可以弗畔矣夫。”这既是他对学生们的要求，也是他自身的写照。

二、孔子的伟大不好形容。“无所成名”，实际上是无所称名，意思是找不到合适的词儿来赞美孔子的博学。

孔子的形象太高大，孔子的学问太深广。达巷党人除了找到“大哉孔子”以外，再也找不到其他的词来形容孔子。其实用“大哉孔子”这四个字就够了。

三、孔子很幽默。达巷党人的评价传到孔子那里后，孔子非常幽默。孔子讲：“我不过会驾车、会射箭，也就是在这两项上有点专长吧。就这两项而言，我可能驾车更好一些。”

9.3

原文

子曰：“麻冕①，礼也；今也纯②，俭③，吾从众。拜下④，礼也；今拜乎上，泰⑤也。虽违众，吾从下。”

注释

①麻冕：麻布制成的礼帽。

②纯：丝绸，黑色的丝。

③俭：俭省。麻冕费工，用丝则俭省。

④拜下：大臣面见君主前，先在堂下跪拜，再到堂上跪拜。

⑤泰：这里指骄纵、傲慢。

译文

孔子说：“（过去）用麻布制成的礼帽，符合礼的规定。现在大家都用黑丝绸制作，这样比过去节省了，我赞成大家的做法。（过去，臣见国君）首先要在堂下跪拜，这才是符合礼的。现在大家都到堂上跪拜，这种做法有些简慢。虽然与大家的做法不一样，我还是坚持在堂下拜。”

悟语

人总是活在取舍当中，孔子亦然。

随着条件的变化，礼也发生变化，有的变化孔子接受了，有的变化孔子不接受。礼的本质一是创造秩序，二是表达尊敬。

礼帽的材料由麻变成丝，似乎更精致了，没有改变礼帽的作用，孔子接受了。

但拜见君主由在堂下拜改成在台上拜，表达尊敬的程度降低了，孔子不接受。

孔子始终坚持君礼臣忠，认为要事君尽礼。知道孔子这个原则，就不难理解这段话。

9.4

原文

子绝①四：毋意②，毋必③，毋固④，毋我⑤。

注释

①绝：独一无二，或作杜绝解。第一种解释更好些。

②意：通“臆”，猜想、猜疑。

③必：必定，坚信不疑。

④固：固执己见。

⑤我：这里指自私之心，以自我为中心，不考虑别人。

译文

孔子有四绝：不主观臆测，不绝对化，不固执己见，不以自我为中心。(或译：孔子杜绝了这四种毛病——主观臆测，毫无变通，固执己见，以自我为中心。)

悟语

“意、必、固、我”是人常犯的毛病之一。

“意”者，臆也，主观臆测也，只凭自己的感觉做出判断。客观事物相当复杂，一个事物的产生有多种原因，我们认为的那个原因往往不是真正的原因。

“必”容易绝对化，容易一根筋，一条道走到黑。其实条条大路通罗马，事物发展有多种可能性，可以向多个方向发展。把事物绝对化了，实际上是限制了其无限的可能性。把偶然当成必然，怎么能不犯错误？

“固”是固执，总认为自己的对，总认为别人的错，听不得反对意见，也无视别人的劝告，不到黄河不死心，到了黄河也不死心，死扛，死犟，死磕，死碰。周围有不少这样的人。孔子讲“学则不固”，之所以出现这种情况，是因为学习不够，见识不广。

“我”是以自我为中心。人都是独立的个体，都是首先想到自己，然后再考虑别人。先考虑别人，后想到自己的人有没有？有，但很少。每个人都应认识到自己的局限，也要认识到在不同场合，人的位置是不一样的，人是环境的产物。在下属面前你是领导，你说了算；但在领导面前你是下属，你说了不算。不能谋求在任何场合下都是主角，都说了算。其实人都是在三种角色中来回变换，一会儿是主角，一会儿是配角，一会儿是看客。人要学会变换，学会切换。

孔子是伟大的，他的弟子们认为孔子身上没有“意、必、固、我”这四种毛病。对此，我多少有些怀疑。比如宰予昼寝曾被孔子大骂一顿，如果宰予拿着孔子的话不当回事儿那当然该骂，但如果有其他隐情，就不该骂了。

一笑。

9.5

原文

子畏于匡①，曰：“文王②既没（mò），文不在兹③乎？天之将丧（sàng）斯文也，后死者④不得与⑤于斯文也；天之未丧（sàng）斯文也，匡人其如予何⑥？”

注释

①畏于匡：公元前496年，孔子从卫国到陈国，途经匡地。匡人曾受到鲁国阳虎的掠夺和残杀，而孔子的相貌与阳虎相像，匡人误以为孔子就是阳虎，将他围困。匡，地名，在今河南长垣西南。畏，受到威胁。

②文王：即周文王。姓姬，名昌，西周开国之君周武王的父亲，是孔子认为的古代圣贤之一。

③兹：这里，指孔子自己。

④后死者：自我之后的人。

⑤与：通“举”，掌握。

⑥如予何：奈我何，把我怎么样。

译 文

孔子被匡地的人围困时说：“文王死了以后，周代的礼乐文化不都体现在我的身上吗？上天如果要灭绝这种文化，那我死后，就不会有人掌握这种文化了；上天如果不灭绝这种文化，那么匡人又能把我怎么样呢？”

悟 语

畏于匡，在匡地受到威胁。据史料记载，孔子曾经在匡地被围。匡地，据说是在今长垣西南一带，当时属于卫国。

孔子畏于匡是误会。阳虎在匡地烧杀抢掠，名声不好。孔子因长得像阳虎，当孔子路过时，匡人把他当作阳虎扣了起来。后来误会解除，才把孔子放了出来。

在生死未卜时，最能看出人的气节。

孔子的自信与勇敢在这一章得到了充分的体现。

先说自信。孔子有强烈的使命感，他把自己当成是周文王以来文化的继承者。如果没有这种强烈的自信，他大概不可能去周游列国，更不可能“知其不可为而为之”。

这种使命感用孔子的话来说就是“义”。孔子说：“君子之于天下也，无适也，无莫也，义之与比。”

次说勇敢。孔子实际上是做出了必死的准备才说出这番话的。当人真正地正视死亡以后，死亡就不可怕了。孔子讲“勇者不惧”，曾说过“志士仁人，无求生以害仁，有杀身以成仁”。孔子是这么说的，也是这么做的。

孔子避过了那次灾难，正是因此，我们这些后死者才“得与斯文也”。

说到“子畏于匡”，我想起老家山东邹平有一句俗语叫“mao si yang hu”，这句话的意思是一个人与另一个人长得差不多，但这几个字怎么写，我一直不知道。

后来读《论语》，读到了相关的注释，我猜想“mao si yang hu”应写作“貌似阳虎”。原来我们老家的那句土语，有可能就是说的孔子与阳虎模样差不多这件事。孔子的事迹就这样一代又一代地传了下来，只是时间久了，没人知道它的出处了。

9.6

原文

太宰[1]问于子贡曰：“夫子圣者与？何其多能也?”子贡曰：“固天纵[2]之将圣，又多能也。”子闻之，曰：“太宰知我乎？吾少也贱，故多能鄙事[3]。君子多乎哉？不多也。”

注释

①太宰：官名，掌管国君宫廷事务。当时吴、宋两国的上大夫也称“太宰”。

②纵：让，使。

③鄙事：卑贱的事。

译文

太宰问子贡说：“孔夫子是一位圣人吧？为什么这样多才多艺呢?”子贡说：“必定是上天让他成为圣人，而且使他多才多艺。”孔子听后说：“太宰怎么会了解我呢？我少年时地位低贱，所以学会许多卑贱的技艺。贵族会有这么多的技艺吗？不会的。”

悟语

这位太宰对孔子的情况摸得很透，与子贡也较熟。这应是发生在孔子周游列国期间的故事。

太宰认为夫子为圣者，又通晓各种技能。他不明白孔子为什么会这样，于是请教子贡。子贡认为孔子多能，“固天纵之将圣”，是拜老天所赐，这不仅是子贡的认识，也是许多人的认识。但孔子认为，自己之所以这样，是因为其“少也贱”。

孔子出身于贵族家庭，自从父亲去世以后，家庭就没落了。他三岁丧父，十六岁丧母，为了生计，做过许多贫贱之事，如委吏、乘田吏等。孔子认为，在贵族当中，有他这种经历的人并不多。“君子多乎哉？不多也。”孔子不认为世上有生而知之者，人的各种技能都是靠后天学习得来的。

在《论语》中，孔子不止一次地表达过这种观点。

最后，我提醒诸君注意子贡遇到类似问题时的不同回答。

子禽问于子贡曰：“夫子至于是邦也，必闻其政。求之与？抑与之与？”子贡曰：“夫子温、良、恭、俭、让以得之。夫子之求之也，其诸异乎人之求之与？”

其实子贡也并不认为夫子多能是“固天纵之将圣”，他之所以这样回答，在很大程度上是制造神秘感。至于为什么要制造这种神秘感，也许只有子贡本人知道。

9.7

原　文

牢[1]曰：“子云，‘吾不试[2]，故艺’。”

注　释

①牢：姓琴，字子开。郑玄说此人系孔子的学生，但在《史记·仲尼弟子列传》中未见此人。

②试：用，被任用，做官。

译　文

牢说：“孔子说过，‘我（年轻时）没有去做官，所以会许多技艺’。”

悟　语

注意这段话是琴牢转述的孔子的话。

牢在《论语》当中就出现了这一章，孔子有3000名学生，在《论语》当中能露脸的，也不过20多位，牢露脸算是难能可贵了。

孔子说这段话的时候还没有去做官。孔子从50岁开始做官，做到55岁，做了5年多的官。孔子从中都宰做起，后来做司空，做司寇，还摄相事。

在没有做官之前，孔子学了很多技艺，比如六艺。六艺者，礼乐射御书数也。

做官有做官的好处，不做官也有不做官的好处。从个人才能发挥来讲，不做官也许才能发挥得更多、更充分。

孔子说自己“艺”。“艺”当然是指多才多艺，有多方面的才能，与君子不器差不多。除了承认自己“艺”外，孔子曾经说“求也艺”。孔子认为，冉求也多才多艺。只是这个多才多艺的弟子曾经令孔子大为光火。《先进篇》记载：“季氏富于周公，而求也为之聚敛而附益之。子曰：‘非吾徒也。小子鸣鼓而攻之可也。’”

孔子讲：“道不同，不相为谋。”这大概是孔子对冉求发火的主要原因。

9.8

原　文

子曰：“吾有知乎哉？无知也。有鄙夫①问于我，空空如也②。我叩③其两端④而竭⑤焉。”

注　释

①鄙夫：文盲，没有文化的人。

②空空如也：指孔子自己心中空空无知。

③叩：叩问，询问。

④两端：两头，指正反、始终、上下方面。

⑤竭：穷尽，尽力追究。

译 文

孔子说："我有知识吗？我没有。有一个没有文化的人问我，（对他的问题）我一无所知。我从正反两个方面反复思考，尽量回答他提出的问题。"

悟 语

越有知识的人越谦虚，孔子是典型代表。孔子很谦虚，虽然孔子掌握那么多的知识，但孔子认为自己是一个无知的人。

并且孔子还举例说明。

孔子深知吾生有涯而知无涯的道理。

而我们在生活中经常遇到一些狂妄的人，觉得自己什么都懂，上知天文，下知地理，古今中外，无所不通。比起孔子来，这些人应当感到羞愧。

9.9

原 文

子曰："凤鸟①不至，河不出图②，吾已矣夫！"

注 释

①凤鸟：古代传说中的一种神鸟。传说凤鸟在舜和周文王时代都出现过，它的出现象征着"圣王"将要出世。

②河不出图：传说在上古伏羲氏时代，黄河中有龙马背负八卦图而出。它的出现也象征着"圣王"将要出世。

译 文

孔子说："凤鸟不会来了，黄河中也不会出现八卦图了。我这一生算是完了！"

悟 语

孔子生在一个动乱的年代，一个礼崩乐坏的年代，认为自己生不逢时。孔子非常希望自己生活在圣王时代，而圣王时代的出现，是有许多征兆的，比如“凤鸟至，河出图”，孔子没有看到这些，内心充满了深深的悲伤和失望。鲁哀公十四年（前481）的“西狩获麟”，是压垮孔子希望的最后一根稻草。

“西狩获麟”一词，源自《春秋》中的一句话：“西狩获死麟。”后演变为美丽传说，闻名全国。《曹州府志》《曹南文献录》《巨野县志》以及相关古碑刻，皆有“西狩获麟”之记载，其内容与诸古籍相同。

鲁哀公十四年，鲁哀公领着他的大臣们围猎，选择的地点是大野南部，因为轰赶野兽，突然惊扰了一只神兽，也就是麒麟。这只神兽被惊扰之后仓皇逃窜，鲁哀公和他的大臣们见到一只从来没见过的神兽，感到非常好奇，于是在后面拼命地追赶。其中孙叔氏之车子鉏商的马跑得较快，车子鉏商在后面对麒麟射了一箭，麒麟中箭后继续向西奔跑。最终麒麟因为负伤在今嘉祥卧龙山西部被车子鉏商一班人马围住并捕获，发现是一只从来没见过的母兽，鲁哀公等人赶到的时候，大家围在一起讨论也不能确定这个神兽到底叫什么名字。后来请来了大师鉴定，大师看到麒麟负伤惊魂未定的样子心中万分悲痛，言此乃麟也，天下第一仁兽。人以群分，物以类聚，仁者爱天下所有的生命，悲怜之情难以言表，建议鲁哀公将麒麟带回去疗伤，不想麒麟因惊吓过度不吃不喝很快就死了，葬在今巨野县麒麟镇。现在麒麟镇有麒麟冢。

相传孔子作《春秋》闻“西狩获麟”而辍笔，两年后，孔子去世。

9.10

原文

子见齐（zī）衰（cuī）[1]者、冕衣裳（cháng）者[2]与瞽[3]者，见之，虽少，必作[4]；过之，必趋[5]。

注释

①齐衰：丧服，古时用麻布制成。

②冕衣裳者：指做官的人。冕，官帽。衣，上衣。裳，下服，这里指官服。

③瞽：盲人。

④作：站起来，表示敬意。

⑤趋：小步快走，表示敬意。

译文

孔子遇居丧者、官吏和盲人时，即使他们很年轻，也一定要站起来（表示尊重）；从他们面前经过时，一定是小步快走（表示尊重）。

悟语

中国有五服之说，根据与死者关系远近，活着的人穿不同的丧服。天子驾崩，属国之丧，着斩衰；父母、爷爷奶奶去世，着齐衰。一般为父母服丧三年，为爷爷奶奶服丧一年。

齐衰者，一般要持哭丧棒。

人之亲人去世，当悲痛无比。孔子为仁爱之人，当体谅此种人之感受，故见之会表达善意。如何表达？不管其年龄大小，见了以后，孔子会站起来以表达尊敬；如果从他们身边走过，要小步快速离开以表达尊敬。

冕者，为官者也。过去为官者，戴帽子，以示与民区别。孔子见到官员，哪怕是极年轻的官员亦如此，以示对国家尊重也。

瞽者，瞎子也，两眼失明者也。见到失明者站起来施礼，失明者是看不见的；路过失明者快步离开，失明者亦是看不见的，但孔子却认真地做，对老瞽者是如此，对少瞽者亦是如此。

礼者，敬也。孔子用行动阐述了对人的尊重，尤其是对特殊群体的尊重。

《乡党篇》中有类似的内容，第25章这样记载：“见齐衰者，虽狎，必变。见冕者与瞽者，虽亵，必以貌。凶服者式之。式负版者。”

9.11

原文

颜渊喟[①]然叹曰：“仰之弥[②]高，钻[③]之弥坚[④]，瞻[⑤]之在前，忽焉在后。夫子循循然[⑥]善诱[⑦]人，博我以文，约我以礼。

欲罢[8]不能，既竭吾才。如有所立卓尔[9]。虽欲从之，末由[10]也已。”

注 释

①喟：叹息。

②弥：更加，越发。

③钻：往地下打孔。

④坚：硬，牢固，结实。

⑤瞻：视，看。

⑥循循然：有次序地。

⑦诱：劝导，引导。

⑧罢：穷尽。

⑨卓尔：高大、超群的样子。

⑩末由：指没有办法。末，无、没有。由，途径、路径。

译 文

颜渊感叹说：“抬头仰望（老师的学问与道德），越仰望越觉得高不可攀；低头钻研，越钻研越觉得深厚无比。看着它好像在前面，忽然又觉得像是在后面。老师善于一步一步地诱导我，用各种典籍来丰富我的知识，又用各种礼节来约束我。在各方面教育我，开发我的潜能与才气。（老师的学问与道德）如高山一样耸立在我面前。虽然我想上去，却找不到攀登的路。”

悟 语

颜回是孔子最喜欢的学生，孔子在《论语》中对颜回的赞扬，比对其他学生赞扬之和还要多。孔子是真心喜欢颜回的，喜欢他的仁爱，他的好学，他的反省，他的“不迁怒，不贰过”，他的讷言。

颜回对孔子是崇敬的。在这一章，颜回表达了他对孔子的真实感受。

第一，颜回赞叹了孔子的人品与学问。“仰之弥高，钻之弥坚。”

第二，颜回赞扬了孔子对事物的把握能力及对自己的教育。事物是很难把握的，是飘忽不定的，唯有孔子能掌握之。孔子教颜回各种知识，又用礼约束颜回的行动，可见他十分注意开发颜回各方面的潜能。

第三，颜回认为孔子是学问的高山，也是道德的高地，自己永远不可能达到孔子那样的高度。

孔子与颜回之间形同父子的师生关系，是人世间最美的关系。无论是作为老师还是作为学生，能体验到这种关系的人极少。

9. 12

原　文

子疾病，子路使门人为臣①。病间②，曰："久矣哉，由之行诈也。无臣而为有臣，吾谁欺？欺天乎？且予与其死于臣之手也，无宁③死于二三子之手乎！且予纵不得大葬④，予死于道路乎？"

注　释

①为臣：臣，家臣、总管。孔子当时已经不是大夫，没有家臣，但子路叫门人充当孔子的家臣，准备由此人负责安葬孔子之事。

②病间：病情减轻。也有的注解认为是病已好。

③无宁：宁可。"无"是发语词，没有意义。

④大葬：隆重的安葬，高规格的安葬。指按大夫的规格安葬。

译　文

孔子患了重病，子路派（孔子的）门徒扮作家臣。孔子病好后，说："仲由做这种弄虚作假的事情已经很久了。我明明没有家臣，却偏偏要装作有家臣，我骗谁呢？我骗天吗？与其在家臣的侍候下死去，我宁可在你们这些学生的侍候下死去！即使我不能以大夫之礼被安葬，难道我会死在路上没人管吗？"

悟　语

这一次孔子病得还不轻。为什么？子路都在给老师安排后事了。无疑子路是忠心耿耿的，他对孔子的忠诚，也许只有颜回能比得上。

子路有为政的天赋，所以未雨绸缪。

“子路使门人为臣”，当然这个“臣”是假扮的臣。

孔子以前当过鲁国的大司寇，手下有臣。但自从辞去鲁国的大司寇之后，他就只有弟子而没有臣了。

子路之所以这样安排，是因为他觉得只有这样，孔子才风光，才有面子。

病好以后，孔子批评子路的弄虚作假。孔子是一个实事求是的人，一个不务虚荣的人。

有臣就是有臣，无臣就是无臣，无臣而装作有臣，这是在欺天。我们常说，头上三尺有青天，这青天是不可欺的。孔子不肯欺骗天，更不肯欺骗人。

为人做事还是老老实实得好。

9.13

原文

子贡曰：“有美玉于斯，韫（yùn）椟（dú）[①]而藏诸？求善贾（gǔ）[②]而沽（gū）[③]诸？”子曰：“沽之哉，沽之哉！我待贾者也。”

注释

①韫椟：收藏物件的柜子。

②善贾：识货的商人。

③沽：有时指“买”，有时指“卖”。这里是“卖”的意思。

译文

子贡说：“这里有一块美玉，是把它收藏在柜子里呢，还是找一个识货的商人卖掉呢？”孔子说：“卖掉吧，卖掉吧！若是我，就等着识货的人。”

悟语

子贡富可敌国，估计子贡做过玉的生意。

春秋末年，贵族们都佩玉。

孔子讲君子如玉。玉者，温也，润也。玉在贵族之间是一种平常之物，所以师生两个拿玉作为谈论的话题。

从子贡的问话中可知，似乎子贡更看重的是玉的保值增值作用，“韫椟而藏诸”。这当然是典型的商人思维。

而孔子则赞成把它卖掉，当然要找个好买主。

很难说子贡对而孔子不对，也很难说子贡不对而孔子对。

对与不对，看情况。

表面上师生是在谈论玉，实际上是表明自己的处事态度。孔子希望自己的才能可以尽早被人发现，为人所用。

9. 14

原文

子欲居九夷①。或曰：“陋②，如之何?”子曰：“君子居之，何陋之有?”

注释

①九夷：指东部地区的少数民族。

②陋：鄙野，不开化。

译文

孔子想要搬到九夷去居住。有人说：“那里条件简陋，该怎么办?”孔子说：“君子居住，还管什么简陋不简陋?”

悟语

九夷，古代东方九个部落的总称。中国古代诸夏族称东方的少数民族诸部落为“夷”。夏周均有“九夷”。邢昺疏：九夷，“一曰玄菟，二曰乐浪，三曰高丽，四曰满饰，五曰凫臾，六曰索家，七曰东屠，八曰倭人，九曰天鄙”。又《尔雅·释地》：“九夷八狄，七戎六蛮，谓之四海。”

《后汉书·东夷传》云：“夷有九种，曰畎夷、于夷、方夷、黄夷、白夷、赤夷、玄夷、风夷、阳夷。”周穆王时，“徐夷僭号，乃率九夷以伐宗周，西至河上”。

九夷，在中原地区的人看来，为蛮荒之地，落后之地也。一言以蔽之，曰：“陋。”

孔子为什么要到九夷去？是因为厌倦了中原地区的礼崩乐坏，还是因为道不行？

孔子不止一次地产生这种想法。如《公冶长篇》：“子曰：‘道不行，乘桴浮于海，从我者，其由与！’子路闻之喜。子曰：‘由也，好勇过我，无所取材。’”

但据现在的文献表明，虽然孔子有这样的想法，却始终没有成行。

孔子重精神自由而轻物质享受，由此章可见一斑。

9.15

原文

子曰：“吾自卫反鲁①，然后乐（yuè）正②，《雅》《颂》③各得其所。”

注释

① 自卫反鲁：鲁哀公十一年（前484）冬，孔子从卫国返回鲁国，结束了长达14年的游历生活。反，通“返”。

② 乐正：调整乐曲的篇章。

③《雅》《颂》：这是《诗经》中两类不同的诗的名称。

译文

孔子说：“我从卫国返回鲁国以后，整理了乐，并使《雅》《颂》各得其所。”

悟语

这次“自卫反鲁”当是孔子晚年的事情，孔子是在冉求的帮助下返鲁的，时年六十八岁。

在孔子周游列国的14年中，孔子多次往返于卫鲁之间，这里讲的应当是最后一次由卫返鲁。

这里谈到的“乐”，是指《乐经》，但《乐经》失传了。这是中华优秀传统文化的重大损失，尤其是中国音乐的重大损失。

但也有人说，“乐”指礼乐制度，也通。

孔子是大音乐家，《论语》中有多处孔子谈论音乐的记载。如在《八佾篇》中：“子语鲁大师乐，曰：‘乐其可知也：始作，翕如也；从之，纯如也，皦如也，绎如也。以成。’”

《诗》包括三部分，《风》《雅》《颂》。这里谈到《雅》《颂》，没有提到《风》，可能有两种情况：一是这时《风》还没有“得其所”；二是虽说这里只提到《雅》《颂》，但是意指《风》《雅》《颂》。

9.16

原 文

子曰：“出则事公卿，入则事父兄，丧事不敢不勉，不为酒困，何有于我哉?”

译 文

孔子说：“在外侍奉公卿，在家孝敬父兄，有丧事不敢不尽力去办，且不为酒所困。这些事我做得如何呢?”

悟 语

我在讲课时经常谈到这一章，我把它命名为《孔子的反省》。

大家都知道曾子的反省。曾子曰：“为人谋而不忠乎？与朋友交而不信乎？传不习乎?”

曾子“吾日三省吾身”是“三省”，孔子在这里是“四省”。

其实第一省还是“为人谋而不忠乎?”不过这里的“为人谋”换成了为“公卿”谋。

第二省是“孝悌”。我在家孝悌做得怎么样?

第三省其实还是“孝悌”。“孟懿子问孝。子曰：‘无违。’”无违者，对父母“生，事之以礼；死，葬之以礼，祭之以礼”。

第四省是“不为酒困”。在孔子那个时代酒就已经很普遍了，《论语》中屡屡谈到酒。孔子提出了喝酒的基本原则：一是“不及乱”，二是“不为酒困”。酒不能喝多了，也不能因为酒耽误事，更不能有酒瘾，尤其不能酗酒。

若把第二省及第三省合起来，孔子讲的也是“三省”：忠否？孝悌否？因酒耽误过事否？

人要学会反省。如果做得不是很差，别人一般是不会说到你脸上的。如果已经说到你脸上，说明别人已经忍无可忍了。人一定要反省自己，人只有反省才能进步。

孟子在这方面也做得很好，也注重反省。孟子说：“行有不得，反求诸己。”

反省是一个人前进的内动力。

9.17

原文

子在川①上曰：“逝者如斯夫（fú）！不舍②昼夜。”

注释

①川：本义是指流向泽、海的水流。这里很可能是指孔子家乡的河。

②不舍：不停下来。

译文

孔子在河岸上说：“消逝的时光就像这河水一样啊，不分昼夜地向前流去。”

悟语

毛泽东曾经把这句话直接引用到他的词当中，那首词叫《水调歌头·游泳》：“才饮长沙水，又食武昌鱼。万里长江横渡，极目楚天舒。

不管风吹浪打，胜似闲庭信步，今日得宽余。子在川上曰：逝者如斯夫！”

这说明毛泽东很同意孔子的观点，同样感叹时光的流逝。

毛泽东得出的结论是：“一万年太久，只争朝夕。”

孔子的一生是努力学习的一生，是进取的一生，是“知其不可为而为之”的一生，这与孔子认识到时光飞逝有关。

其实想想，人在世界上不过几十年的时间。年轻时觉得生命漫长，到了老年以后，才知道人生苦短，真正用于学习与工作的时间不长。当意识到这一点的时候已经晚了，上愧天，下愧地。我现在就是这种感觉，相信与我有同样感觉的人大有人在。

9.18

原文

子曰：“吾未见好（hào）德如好（hào）色者也。”

译文

孔子说：“我从没有见过喜欢仁德如喜欢女色那样（强烈）的人。”

悟语

这句话在《卫灵公篇》中还重复过一次，大同小异。《卫灵公篇》是这样记载的：“子曰：‘已矣乎！吾未见好德如好色者也。’”

好德，喜欢美德；好色，喜欢美色。孔子认为，就人的天性而言，德难色易，喜欢品德难，喜欢美色容易。

这应当是孔子的观察，也是孔子的体验，孔子的观察与体验无疑是正确的。孔子只谈了自己的结论，没有解释为什么。

我讲课时，会遇到有的同学问：“孔子也是这样的吗？”

对这样的提问，我的回答是：“我给你讲个故事吧。”

“子见南子，子路不说。夫子矢之曰：‘予所否者，天厌之！天厌之！’”

孔子去见了南子，南子者，卫灵公之貌美夫人也，这时应是风韵十足，风情万种。司马迁描述了当时他们见面的情景：“夫人在絺帷中。孔子入门，北面稽首。夫人自帷中再拜，环佩玉声璆然。孔子曰：

‘吾乡为弗见，见之礼答焉。’子路不说。孔子矢之曰：‘予所不者，天厌之！天厌之！’”

这里有个问题，孔子见南子，子路为什么“不悦”？且这“不悦”是极为不悦，是大不悦。为什么这样说？因为见他不悦后孔子发了毒誓。师徒俩之间肯定发生了激烈的冲突，不然孔子不会发毒誓。有的人据此章判断，孔子做了不对的事，不然子路不会“不悦”。也有的人说，孔子不可能做错了什么，是莽撞的子路误解了孔子。

这两种情况都有可能。

9.19

原文

子曰：“譬如为山①，未成一篑（kuì）②，止，吾止也；譬如平地③，虽覆一篑，进，吾往也。”

注释

①为山：用土堆山。

②篑：土筐。

③平地：把洼地填平。

译文

孔子说：“譬如用土堆山，只差一筐土就完成了，这时停下来，那是我自己要停下来的；譬如把洼地填平，虽然只倒下一筐土，这时要继续下去，那是我自己要继续下去的。”

悟语

孔子说话的特点是“无喻不出口”，没有比喻不说话。

无论是为山还是平地，都要一篑一篑地来。设定了目标，就不应当停下来。如果停下来，为山造不成，平地平不成。

我总怀疑这一章有前后文，因为没有前后文，一上来就说比喻，似乎逻辑上讲不通。

做事，自己一定要想好了，该进的时候进，该退的时候退。如果弄反了，就是白费力气。

9.20

原文

子曰："语之而不惰（duò）者，其回也与！"

译文

孔子说："听我说话而一点也不倦怠的，只有颜回一个人吧！"

悟语

孔老夫子是一个何等细心的人，他注意到，在他讲话时只有颜回一个人不倦怠。颜回的不倦怠有两种情况：一是对老师讲的东西感兴趣；二是虽然对老师讲的东西不感兴趣，但是为了表示尊敬，还是强打精神。

有时我给研究生们开会，我注意到他们的表情是不一样的。有的学生认真听，也有的学生不认真听。有时我讲到兴头上，有的学生竟然打哈欠，这使我很不悦，免不了发脾气。

9.21

原文

子谓颜渊曰："惜乎！吾见其进也，未见其止也。"

译文

孔子评论颜渊说："可惜呀（他死得太早）！我只看见他不断前进，从来没有看见他停下脚步。"

悟语

颜回是孔子最喜欢的学生。这有两个原因：一是孔子偏爱颜回，二是颜回做得特别好。

颜回死了以后，孔子不止一次地谈起颜回。

这一章孔子赞扬了颜回的进取。人要想取得一点成就，就得不停地努力，不停地学习，不停地进取。孔子是这样，颜回也是这样。

我有时候会这样想，如果颜回不早死，他会成为一个什么样的人？

他会超过孔子吗？

也许会，也许不会。

你认为呢？

9.22

原文

子曰：“苗而不秀[①]者有矣夫（fú）！秀而不实[②]者有矣夫（fú）！”

注释

①秀：稻、麦等庄稼吐穗扬花。

②实：果实，结果。

译文

孔子说：“庄稼出了苗而不能吐穗扬花是有的！吐穗扬花而不结果实也是有的！”

悟语

9.21 章与 9.22 章合可以合在一起读。

后面这一章，表面上讲的是庄稼的事，实际上还是在谈论颜回的事。

颜回去世于公元前 481 年，早孔子两年去世。

颜回去世以后，孔子曾在多个场合，从多个方面谈论颜回。

9.21 章，孔子赞扬了颜回的不断学习，不断进取。“知其不可为而为之”的孔子何尝不是这样的人。

孔子与颜回不仅是师生，还如同父子。《先进篇》云：“颜渊死，门人欲厚葬之。子曰：‘不可。’门人厚葬之。子曰：‘回也，视予犹父也，予不得视犹子也。非我也，夫二三子也。’”

颜回是把孔子当父亲看待的，孔子其实也是把颜回当儿子看待的。

颜回去世以后，可能有的人说风凉话：“您不是喜欢颜回吗？可颜回死了。人死了，就什么也做不成了。”面对这样的诘问，孔子做出的回答是：“苗而不秀者有矣夫！秀而不实者有矣夫！”这既是回答，也是自我安慰。

人有时候要学会自我排解，学会自我解嘲。这既是一种智慧，也是一种解脱。

9.23

原文

子曰：“后生可畏，焉知来者之不如今也？四十、五十而无闻焉，斯亦不足畏也已。”

译文

孔子说：“年轻人是值得敬畏的，怎么就知道后一代不如今天这一代呢？如果到了四五十岁还默默无闻，那他就没有什么可敬畏的了。”

悟语

我们常讲的“后生可畏”就出自这一章。这段话的经典表述是：自古英雄出少年。

大家应知道甘罗这个人吧，据说甘罗十二为宰相。我虽不大相信，但历史上白纸黑字记载着这事儿。

历史上的秦始皇、康熙也都是年龄不大当了皇帝。

毛泽东特别看重年轻人，认为年轻人有朝气，有闯劲。

毛泽东如此阐述“后生可畏”：“世界是你们的，也是我们的，但归根结底是你们的。你们年轻人朝气蓬勃，正在兴旺时期，好像早晨八九点钟的太阳，希望寄托在你们身上。”

1957 年 11 月 17 日，毛泽东在莫斯科接见中国留学生，满怀激情地讲了上面这段话。

毛泽东的这段话，鼓舞了一代又一代的年轻人。

虽说中国人有大器晚成这个说法，但孔子似乎不赞成这样的观点。孔子认为，人到了四五十岁了，还默默无闻，这一辈子也就算完了。孔子生活的时代，人的寿命短，四五十岁已经是暮年了。

现在人的寿命普遍长了，比如日本人平均寿命83.4岁，瑞士人平均寿命83岁。从这个角度看，四五十岁正值壮年，好多人是这个年龄之后才到达人生的顶点的。

其实孔子说这句话的意思很明白，人在年轻时应当拼命努力，不能“少壮不努力，老大徒伤悲”。

成名要趁早。

9.24

原文

子曰：“法语之言①，能无从乎？改之为贵。巽（xùn）与之言②，能无说（yuè）③乎？绎④之为贵。说（yuè）而不绎，从而不改，吾末⑤如之何也已矣。”

注释

①法语之言：符合礼法规则的正言规劝。法，礼仪规则。

②巽与之言：恭顺赞许的话。巽，恭顺、谦逊。与，称许、赞许。

③说：通“悦”。

④绎：抽丝，引申为推究、追求、分析、鉴别。

⑤末：没有。

译文

孔子说：“符合礼法的正言规劝，谁能不听从呢？但（只有按它来）改正自己的错误才是可贵的。恭顺赞许的话，谁能听了不高兴呢？但只有认真推究它（的真伪是非），才是可贵的。只是高兴而不去分析，只是表示要改正错误而不真正去改正，（对这样的人）我拿他实在是没有办法了。”

悟语

首先，我认为，按照逻辑与对应顺序，这段话应当这样才完美，即把原文中的“说而不绎”“从而不改”掉换一下顺序。

子曰：“法语之言，能无从乎？改之为贵。巽与之言，能无说乎？绎之为贵。从而不改，说而不绎，吾末如之何也已矣。”

本章中孔子谈了两个问题：

一是如何对待别人的规劝，二是听了好话后应该怎么做。

首先有人规劝你，说明这个人真心对你好。规劝你的人对你满怀善意，对此要有清醒的认识。

当然，被别人规劝，自己肯定不舒服。毕竟自己做得不对、做得不够好时，别人才规劝你。有的人遇到别人的规劝，恼羞成怒、火冒三丈，这都是心胸小的表现。

孔子讲“过则勿惮改”。如果的确做了不对的事，就不应当害怕改正。孔子讲：“过而不改，是谓过矣。”人要勇于承认并改正自己的错误。

人都愿意听好听的话，听赞扬的话。但一定要弄清楚，别人说好听的话、赞扬的话，有两种可能：一是你自己做得确实好，二是你自己做得并不好，别人只是出于礼貌，甚至有求于你才不得不说。

所以，按照孔子的教导，认真对待别人的规劝并改正自己的错误，对别人赞扬的话做出实事求是的分析，特别重要。

9.25

原文

子曰：“主忠信，毋友不如己者。过则勿惮改。”①

注释

①此章系重出，见1.8章。

译文

孔子说：“坚持忠信，不要同与自己不同道的人交朋友；有了过错，就不要怕改正。”

悟语

有许多人不明白为什么这一章要重出，有必要把第一篇的第8章全文放在这里：“子曰：君子不重，则不威；学则不固。主忠信，无友不如己者。过则勿惮改。”

重出时，把“君子不重，则不威；学则不固”删掉了。只留下了“主忠信，毋友不如己者。过则勿惮改。”

其实，这一章和前一章连起来读就明白了。前一章是这样的：“子曰：‘法语之言，能无从乎？改之为贵。巽与之言，能无说乎？绎之为贵。说而不绎，从而不改，吾末如之何也已矣。’”

看到这里，就明白编者的意图了，人要“从而改，说而绎”。

如何才能做到“从而改，悦而绎”？最好的办法就是：“主忠信，毋友不如己者。过则勿惮改。”

读到这里，不得不佩服《论语》编纂者的匠心独运。

9.26

原文

子曰：“三军[1]可夺帅也，匹（pǐ）夫[2]不可夺志也。”

注释

①三军：指诸侯国的军队。天子的军队称为“六军”。

②匹夫：平民百姓，主要指男子。

译文

孔子说：“一国军队，其主帅可能被强取，但一个真正的男子汉，其意志是不可能被摧垮的。”

悟语

孔子喜欢用对比的方式谈论问题。

“三军夺帅”，意味着三军覆没。一般情况下，是很难从三军中夺帅的，换句话说，从三军中夺帅基本上是不可能的。

人要有志向，有气节。人有了志向，有了气节，就得守住它，在任何情况下，都要矢志不渝，坚贞不屈。

写到这里，想到了被称为最后一位大儒的梁漱溟先生。

网上有篇文章写到了梁漱溟在批林批孔中的表现：

1972年底，全国掀起“批林批孔运动”。梁漱溟参加政协组织学习近一个月，却一言不发。于是，有人说梁漱溟与孔子有着割不断的“阶级感情”。梁漱溟终于开口了，他花了两个半天时间，讲自己对“批林批孔”的意见。他说，我只批林，不批孔。批孔是从批林引起的，我看不出林彪与孔子有什么关系，所以我不批孔，至于批林，我认为林彪谈不上有什么政治路线，不过一心要搞政变夺权而已。

梁漱溟这番话一出口，政协学习组立即开始批判梁漱溟。从1974年2月到9月，先后6个月分小组批判，然后是两个月的批判大会。然而，当组织者询问梁漱溟有何感想时，他却一字一句地回答说：“三军可夺帅也，匹夫不可夺志也。”

孔子这句话对中国仁人志士产生了深远的影响，而“志士仁人无求生以害仁，有杀身以成仁”，相信大家并不陌生。

9.27

原文

子曰：“衣（yì）①敝缊（yùn）袍②，与衣（yì）狐貉（hé）③者立而不耻者，其由也与？‘不忮（zhì）不求，何用不臧？’④”子路终身诵之。子曰：“是道也，何足以臧？”

注释

①衣：用作动词，穿。

②敝缊袍：破旧的丝袍。敝，坏。缊，旧的丝絮。

③狐貉：用狐和貉的皮做的裘皮衣服。

④不忮不求，何用不臧：不嫉妒，不贪欲，做什么事能不好呢。

忮，忌妒。求，贪欲。这两句见《诗经·邶风·雄雉》。

译文

孔子说：“穿着破旧的丝袍，与穿着狐貉皮袍的人站在一起而不觉得羞愧的人，大概只有仲由吧？(《诗》上说：)‘不忌妒，不贪欲，做什么事能不好呢？’”子路反复背诵这句诗。孔子说：“这是做人的基本道理，还有比这更好的吗？”

悟语

孔子很少表扬子路，即使表扬，也是连带着鞭策。

子路对物质的东西不那么看重，穿着破棉袍子与那些穿着狐貉皮的人站在一起并没有觉得不好意思，而一般人会产生羞愧感。

孔子是一个善于观察的人，子路的“不忮不求”被孔子捕捉到了。

受老师表扬，子路当然很高兴 。为了尊重自己老师的教导，也为了宣扬自己的这一特点，子路总是把《诗经》中的“不忮不求，何用不臧”挂在嘴上，这一点也被孔子发现了。

孔子说：“不忮不求，这是最基本的道理，但这还不是最好的。”比“不忮不求”更好的，孔子没有讲，比如“贫而无谄，富而无骄”，比如“贫而乐，富而好礼者也”，比如“立人达人”。

但我的体会是，能做到“不忮不求”，就已经很不错了。我们发现周围心怀嫉妒的人特别多，同学中有，同事中也有。平时都差不多的人当中突然有一个脱颖而出，就会引起嫉妒。

何谓嫉妒？“因人胜过自己而产生的忌恨心理。”《楚辞·离骚》：“羌内恕己以量人兮，各兴心而嫉妒。”“害贤为嫉，害色为妒。”嫉与妒过去是两个词儿，现在合而为一了。

嫉妒有几种表现形式：

一是无论你做什么，对方都会有意或无意地看不起你或贬低你。

二是处处针对你，无论你做了什么或说了什么，对方总是听不顺耳，看不顺眼。

我们也发现，社会中有贪欲的人太多了。贪由“今”与“贝”两个字组成，意思是今天的宝贝。今天的宝贝就不是明天的宝贝，也不是后天的宝贝，你可以暂时占有，但是不可以长期拥有。

贪的意思是把不应该属于自己的变为自己的。贪者，无非三种，贪名、贪利、贪色也。

有权有势时容易把贪变为现实，比如华融集团董事长赖小民。2021年1月5日，赖小民被判处死刑。最高人民法院经复核确认："赖小民利用职务上的便利，为他人谋取利益，利用职权和地位形成的便利条件，通过其他国家工作人员职务上的行为，为他人谋取不正当利益，索取、非法收受他人财物共计折合人民币17.88亿余元；赖小民身为国家工作人员，利用职务上的便利，非法占有公共财物共计人民币2513万余元。"

一个人，真正做到"不忮不求"并不容易，虽然孔子认为这是最基本的要求。

9.28

原文

子曰："岁寒，然后知松柏之后凋[①]也。"

注释

①凋：草木衰落。

译文

孔子说："到了最寒冷的季节，才知道松柏（的叶子）是最后凋落的。"

悟语

首先，松树与柏树都是常绿针叶乔木，叶子像针一样，不容易落叶。不容易落叶不等于不落叶。比如在深冬，天很冷的时候，它会落叶，并且落得比较多。

这个细节被孔子捕捉到了，于是孔子说了上面的这段话。

松树与柏树自古以来就受到中国人的喜爱。比如《论语》中讲"夏后氏以松，殷人以柏”。夏后氏者，禹之后代也，祭祀禹的家庙里栽的是松树，而殷朝家庙中栽的是柏树。

松柏不怕严寒、傲然挺立的风格与孔子倡导的君子气节高度吻合。

泰山上有迎客松，黄山上也有迎客松。这两棵松树的出现，既是自然的选择，也是中国人喜爱松树的具体体现。

陈毅元帅的《青松》很有名：“大雪压青松，青松挺且直。要知松高洁，待到雪化时。”

高中时读过陶铸写的一篇散文《松树的风格》，印象深刻。

9.29

原文

子曰：“知（zhì）者不惑，仁者不忧，勇者不惧。”

译文

孔子说：“有智慧的人不会迷惑，有仁德的人不会忧愁，有勇气的人不会畏惧。”

悟语

这段话在《论语》中出现过两次，大同小异。

另一次出现在《宪问篇》，比本章更形象，更有画面感。“子曰：‘君子道者三，我无能焉：仁者不忧，知者不惑，勇者不惧。’子贡曰：‘夫子自道也。’”

“仁者不忧，知者不惑，勇者不惧”既可以看作是孔子对学生的要求，也可以看作是孔子的座右铭。

仁者何无忧？仁者，爱人、立人、达人也。君子无害人之心，有助人之怀，活得坦荡荡。

仁者不忧另一种表述是内省不疚。《颜渊篇》记载了孔子与司马牛的一段话，说得很透彻。“司马牛问君子。子曰：‘君子不忧不惧。’曰：‘不忧不惧，斯谓之君子已乎？’子曰：‘内省不疚，夫何忧何惧？’”

注意，在孔子的语境中，君子即仁者，仁者即君子也。

知者何无惑？知者，智者也。何谓智者？孔子说得很透，识人者也。就领导者而言，智者就是“举直错诸枉，能使枉者直”。提拔正直的人，弃用不正直的人，老百姓才会信服。

就领导者而言，“智”还有察势、察颜、谋事的含义。

勇者何不惧？勇者，见义而为者也。孔子曾讲：“君子之于天下也，无适也，无莫也，义之与比。”孔子又讲：“见义不为，无勇也。”义者，责任、义务也。该做的事做了为义，不该做的事做了，为不义。

古代人把仁、智、勇称为君子之三达德，是君子最基本的品质。

9.30

原　文

子曰：“可与共学①，未可与适道②；可与适道，未可与立③；可与立，未可与权④。”

注　释

①共学：一起学习。

②适道：追求道。适，往。

③立：坚持道而不变。

④权：秤锤，引申为权衡轻重。

译　文

孔子说：“可以一起学习的人，未必都能学到道；能够学到道的人，未必都能坚守道；能坚守道的人，未必都会权衡轻重。”

悟　语

孔子把学生分为四个层次：共学，适道，立，权。

第一个层次，共学。共学者，共同学习也。

第二个层次，适道。不仅共同学习，还有共同的志向，所谓道同相谋也。

第三个层次，立。立，汉语常用字，本义是人站在地上，后引申为树立、设立、建立，在社会上站住脚等意思，如三十而立。

第四个层次，权。权，权衡、权变也。不仅有原则，还会根据情况灵活处理。这应当是做事的最高层次。

在孔子的学生中，能够达到立与权的，大概只有端木赐吧。

9.31

原文

“唐棣（dì）①之华，偏其反而②。岂不尔思③？室④是远而。”子曰：“未之思也，夫（fú）何远之有?”

注释

①唐棣：一种植物，属蔷薇科，落叶灌木。

②偏其反而：形容花摇动的样子。

③岂不尔思：难道我不思念你。

④室：居住之处。

译文

“唐棣的花朵啊，翩翩摇摆。我岂能不想念你？只是由于你住的地方太远了。”孔子说：“他还是没有真的想念，如果真的想念，有什么遥远的呢?”

悟语

唐棣者，棠棣也。一种开黄花的落叶灌木。如果有风，棠棣之花摇动起来是很美的。

这当然是春天的景象。开花季节，也是人怀春之时。看到花，那位多情的男子便抒发情感。“我是多么想念你。可是我们离得太远了。我虽然爱你，但是我却无法去看你。”

但孔子一眼就看出了这个人的虚伪。孔子评论说，这个男子实际上并不真爱这位女子，若是真爱这位女子，他会跑去看她，路途远只是借口。

孔子是一位对爱情非常向往的人，如果真有这样的爱情，孔子会克服千难万苦去追求，去坚守。

孔子评论的是一首古诗。这古诗是佚诗，在《诗经》中是找不到的。

但《诗经》中确有反映棠棣的诗，诗名就叫《棠棣》，这诗不是歌颂爱情，而是歌颂兄弟之情。

最后说一句，中国还有一种花叫棣棠，据说与棠棣相差不大，我不是研究植物学的，分不清楚。

乡党篇第十

10.1

原　文

孔子于乡党[1]，恂（xún）恂[2]如也，似不能言者。其在宗庙、朝廷，便（pián）便[3]言，唯谨尔。

注　释

①乡党：指家乡。乡、党皆为古代的居民组织，500 家为党，12500 家为乡。

②恂恂：温和恭顺，不急不躁。

③便便：能言善辩，善于辞令。

译　文

孔子在家乡温和恭敬，像是不会说话。但在宗庙、朝廷，他却说话流畅、能说会道，只是特别谨慎。

悟　语

人是环境的产物，孔子亦然。

孔子在乡党表现得异常谦恭，态度恭谨，似乎不会说话；而在宗庙、朝廷，却很自如，侃侃而谈，同时又保持恭谨。

何也？因为孔子深知：恭则不侮。

10.2

原　文

朝（cháo）[1]，与下大夫[2]言，侃侃[3]如也；与上大夫言，訚（yín）訚[4]如也。君在，踧（cù）踖（jí）[5]如也，与（yǔ）与[6]如也。

注释

①朝：朝廷。

②下大夫：大夫分上大夫与下大夫。孔子的地位相当于下大夫。

③侃侃：说话自如流畅的样子。

④訚訚：说话态度诚恳的样子。

⑤踧踖：行动恭敬而不安的样子。

⑥与与：小心而谨慎的样子。

译文

孔子在朝廷，同下大夫说话时，流畅而自如；同上大夫说话时，率直而中肯。国君在场时，恭敬而拘谨。

悟语

孔子曰："侍于君子有三愆：言未及之而言谓之躁，言及之而不言谓之隐，未见颜色而言谓之瞽。"

在官场时，察言观色，把握说话的时机是一项基本功。不仅要把握说话的时机，还要把握说话的分寸。

孔子的身份是下大夫，故孔子与下大夫言，侃侃如也，比较轻松愉快。

上大夫是孔子的上级，孔子与上大夫言，訚訚如也。注意那个訚字，訚者，中正和悦之意也。訚訚如也，谦和而恭敬的样子。跟上级说话，当然要谦和而恭敬。

在朝廷中，国君是最高领导者。在最高领导者面前，行动、表情须更加谨慎，不能大摇大摆、旁若无人，步子应迈得小一点，说话应当轻声一些，表情应当愉悦甚至是谦恭一些。在国君面前，总不能板着脸吧。

10.3

原文

君召使摈（bìn）①，色勃如也②，足躩（jué）③如也。揖所与立，左右手，衣前后，襜（chān）如④也。趋进，翼如⑤

也。宾退，必复命曰："宾不顾矣。"

注 释

①摈：动词，接待宾客。

②色勃如也：脸色立即庄重起来。

③足躩：快步走。

④襜如：衣服整齐、飘动有致的样子。襜，古代系在身前的围裙。

⑤翼如：如鸟儿展翅飞一样。翼，展翅飞。

译 文

国君召孔子去接待宾客，孔子的神情立即庄重起来，脚步也快起来。他向两旁的人作揖，左右拱手，衣服随着身体的动作前后摆动，却整齐不乱。快步走的时候，像鸟儿展开双翅一样。宾客走后，必定向君主回报说："客人已经走远了。"

悟 语

这一章写得特别形象、细致、生动。

春秋时，各诸侯国之间你来我往相当频繁，除了经贸活动外，无非就是合纵连横，相互讨伐，所谓"春秋无义战"也。

而孔子本人为政的最高成就也是在外交上，齐鲁夹谷会盟，孔子凭智慧要回了被齐国占据的汶阳三城。

本章中记叙了国君召孔子招待外交使节的整个过程。

一、接受任务时神色庄重，快步行走。见国君，见使节，当然不敢懈怠。态度要庄重，行动要迅速，不可慢慢行走。

二、接待人须与不同的人打交道，要与各色人等打招呼（作揖）。孔子注意使自己各个身体部位（前后左右）协调一致，尤其是束身的带子不乱。快步行走时，整个身体如同鸟儿展开翅膀飞起来那样。古代人都穿宽松长袖的衣服。若走快了，就会像鸟儿展开翅膀那样。

三、最后一点特别关键，"宾退，必复命曰：'宾不顾矣。'"这叫事事有交代。孔子受命接待宾客，宾客走后，孔子必须给国君汇报一声。这既是工作的程序，也是对国君的尊重。

10.4

原文

入公门[1]，鞠躬[2]如也，如不容。立不中门[3]，行不履阈（yù）[4]。过位[5]，色勃如也，足躩如也，其言似不足者。摄齐（zī）[6]升堂，鞠躬如也，屏气似不息者。出，降一等[7]，逞[8]颜色，怡怡如也。没（mò）阶[9]，趋进，翼如也。复其位，踧（cù）踖（jí）如也。

注释

①公门：朝廷之门。

②鞠躬：弯着腰，谨慎而恭敬的样子。

③中门：门的当中。

④履阈：脚踩门槛。阈，门槛。

⑤过位：古代礼节，大臣议论政事时要入朝经过君主的座位，经过时态度必须恭敬严肃。

⑥摄齐：提起衣服的下摆。摄，提起。齐，衣服的下摆。

⑦降一等：从台阶上走下一级。

⑧逞：舒展开，松口气。

⑨没阶：走完台阶。

译文

孔子走进朝廷的大门，谨慎而恭敬，好像没有容身的地方一样。他从不站在门的中间，也不脚踩门槛。经过国君的座位时，他脸色庄重，脚步加速；若说话，则声音很低，似中气不足。升堂时，他提起衣服下摆，恭敬谨慎，憋住气好像不呼吸一样。走出来下台阶时，神态便舒展开来，轻松自然。下了台阶，快步向前，姿态像鸟儿展翅一样。重新回到自己的座位上时，态度又变得恭敬谨慎起来。

悟语

这章描写了孔子在朝廷时的工作状态。

孔子走进朝廷大门，谨慎而恭敬，好像没有容身的地方一样。他从不站在大门的中间，更不脚踩门槛。

注意“立不中门，行不履阈”，这一传统在农村的许多地区仍然保留着。小时，我老娘就告诉我，不能脚踏门槛。我问为什么？老娘说，“这是老辈子传下来的，反正不能那么做”。读了《论语》我才知道，原来这规矩出自本章。

朝廷中国君的地位最高，他高高在上，端坐在台子上，其他人要与他说话，必须到他跟前去，或者上几个台阶。大夫们依据官阶大小依次排开，官阶高的离国君的位子近，官阶低的离国君的位子远。孔子为下大夫，离国君的位子较远。了解这一情况，再看下面的记叙，就清楚多了。

“经过国君的座位时，他脸色庄重，脚步加速；若说话，则声音很低，似中气不足。到国君坐的台子上讲话，他提起衣服下摆，恭敬谨慎，憋住气好像不呼吸一样。走出来下台阶时，神态便舒展开来，轻松自然。下了台阶，快步向前，姿态像鸟儿展翅一样。”

从君位回到自己的座位上以后，孔子又踧踖起来，变得恭敬而谨慎。

我时常讲，人有三个角色随时变换：主角、配角、看客。孔子在朝廷中算不得主角，大多数时间是配角与看客，既然是配角与看客，就得有配角与看客的样子。

10.5

原文

执圭①，鞠躬如也，如不胜②。上如揖，下如授。勃③如战色④，足蹜（sù）蹜⑤，如有循⑥。享⑦礼，有容色。私觌（dí）⑧，愉（yú）愉如也。

注　释

①圭：一种上圆下方的玉器。举行典礼时，不同身份的人举着不同的圭。出使邻国，大夫拿着圭作为代表君主的凭信。

②胜：承担，承受。

③勃：突然，忽然。

④战色：脸色严肃，甚至有点战战兢兢。

⑤蹜蹜：小步走路的样子。

⑥如有循：好像沿着一条直线往前走一样。循，沿着，沿袭。

⑦享：贡献，指把礼品献给天子、君王。使者受到接见后，接着举行献礼仪式。

⑧觌：相见，会见。

译　文

（孔子出使别的诸侯国的时候，）举着圭，恭敬谨慎，像是举不动似的。向上举时好像在作揖，放在下面拿着时好像是在递给别人东西。他脸色庄重，诚惶诚恐，步子迈得很小，像沿着一条直线在走。赠送礼物时，满脸和气。与国君私下相见时，就轻松多了。

悟　语

这一章描写了孔子作为使者访问其他邦国的情景，从“执圭”开始。

何为圭？圭者，古玉器名。上端作三角形，下端正方，也有的是上端为圆形，下端为方形。中国古代帝王、诸侯、贵族朝聘、祭祀、丧葬、出访时作为礼器。依其大小，以别尊卑。又作珪。

使者代表国家，一举一动都要慎重。

“执圭，鞠躬如也，如不胜。上如揖，下如授。”这反映了孔子对本国国君的尊重。

“勃如战色，足蹜蹜，如有循。”这反映了孔子对出访国国君的尊重。

“享礼，有容色。”享礼者，贡献礼物也。当对方国君接受了礼物，表明这次外交活动比较顺利，故孔子这时表现得比较轻松。

“私觌，愉愉如也。”觌者，见也，私觌，私下见也。关系好才私下见面，关系不好私下不可能见面。对方国君私下与孔子见面，是把孔子当成朋友，孔子当然要表现得高兴，神情愉悦。

人是环境的产物，更是角色的产物。理解这一点，才会理解人的行为。对于孔子，也应作如是观。

10.6

原文

君子不以绀（gàn）緅（zōu）饰[1]，红紫不以为亵（xiè）服[2]。当暑，袗（zhěn）絺（chī）绤（xì）[3]，必表而出之。缁（zī）衣[4]，羔裘[5]；素衣，麑（ní）[6]裘；黄衣，狐裘。亵裘长，短右袂[7]。必有寝衣[8]，长一身有半。狐貉之厚以居[9]。去丧，无所不佩。非帷裳（cháng）[10]，必杀之[11]。羔裘玄冠[12]不以[13]吊。吉月[14]，必朝服而朝。

注释

①不以绀緅饰：不以深青透红或黑中透红的布给平常穿的衣服镶上边作饰物。绀，深青透红，斋戒时所穿衣服的颜色。緅，黑中透红，丧服的颜色。

②红紫不以为亵服：不用红和紫这两种颜色的布料做便服。亵服，平时在家里穿的衣服。

③袗絺绤：穿细葛布或粗葛布单衣。袗，单衣，此处用作动词，穿单衣。絺，细葛布。绤，粗葛布。

④缁衣：黑色的衣服。

⑤羔裘：羔皮衣。古代的羔裘都是黑羊皮，毛皮向外。

⑥麑：小鹿。毛为白色。

⑦短右袂：右袖短一点，是为了便于做事。袂，袖子。

⑧寝衣：睡衣。

⑨狐貉之厚以居：用毛厚的狐貉皮当坐垫。狐貉之厚，毛厚的狐貉

皮。居，坐。

⑩帷裳：上朝、祭祀时穿的礼服。用整幅布制作，多余的布不加以裁剪，折叠缝上。

⑪必杀之：一定要裁去多余的布。杀，裁。

⑫玄冠：黑色礼帽。

⑬不以吊：不用于丧事吊唁。

⑭吉月：阴历每月初一。

译 文

君子（这里指孔子）不用深青透红或黑中透红的布镶边，不用红色或紫色的布做平常在家穿的衣服。夏天穿细葛布或粗葛布单衣，但一定要套在内衣外面。黑色的羔羊皮袍，配黑色的罩衣。白色的鹿皮袍，配白色的罩衣。黄色的狐皮袍，配黄色的罩衣。平常在家穿的皮袍做得长一些，右边的袖子短一些。睡觉一定要有睡衣，睡衣要有一身半长。用毛厚的狐貉皮做坐垫。丧期结束，脱下丧服后，便佩戴上各种各样的装饰品。如果不是礼服，一定要加以裁剪。不穿着黑色的羔羊皮袍、戴着黑色的帽子去吊丧。每月初一，一定要穿着礼服去朝拜君主。

悟 语

这一章，可命名为《孔子穿衣九法》

孔子的穿衣是相当讲究的，涉及各个方面。

第一，色彩搭配：“君子不以绀緅饰，红紫不以为亵服。”孔子不用深青透红或黑中透红的布镶边，不用红色或紫色的布做平常在家穿的衣服。

第二，夏天与冬天不同：夏天穿单衣，冬天穿裘衣。“当暑，袗絺绤，必表而出之。”夏天穿细葛布或粗葛布单衣，但一定要套在内衣外面。冬天则是另一番景象：“缁衣，羔裘；素衣，麑裘；黄衣，狐裘。”黑色的羔羊皮袍，配黑色的罩衣。白色的鹿皮袍，配白色的罩衣。黄色的狐皮袍，配黄色的罩衣。

第三，平常在家穿的衣服长一些，宽一些，右胳膊衣袖短一些，怎么舒服怎么来。孔子习惯用右手，不是左撇子。

第四，孔子睡觉时穿睡衣，且睡衣很宽松，长一身有半。穿睡衣有很多好处，至少不会着凉。

第五，孔子冬天很注意保暖，用毛厚的狐皮、貉皮垫在屁股底下。

第六，丧期结束脱下丧服后，孔子便佩戴上各种各样的装饰品。由此看，孔子是个热爱生活的人。

第七，如果不是礼服，一定要加以裁剪，若是礼服则绝不裁剪。

第八，不穿着黑色的羔羊皮袍、戴着黑色的帽子去吊丧。

第九，每月初一，一定要穿着礼服去拜见君主。这一天应是国君接待日，国君肯定在，否则，孔子会扑空。

10.7

原文

齐（zhāi）[1]，必有明衣[2]，布。齐（zhāi）必变食[3]，居必迁坐[4]。

注释

①齐：通“斋”，祭祀或举行典礼前清心洁身。

②明衣：指斋戒期间换穿的贴身内衣。

③变食：改变平常的饮食。

④居必迁坐：指从内室迁到外室居住，不和妻同房。

译文

（孔子）斋戒时，一定要有贴身内衣，用麻布做成。斋戒时，一定要改变平常的饮食，居住也一定挪地方（不与妻同房）。

悟语

齐者，斋也。斋既可作名词用，也可作动词用。作名词用时，意房舍也；作动词用时，意斋戒也，这里是斋戒的意思。

古代有大的祭祀活动或者典礼，人要沐浴更衣。据说这规矩是周公制定的，之后延续了下来。这一是显示虔诚，二是表达敬意。

孔子斋戒时要有明衣。明衣者，内衣也，用布做成。

《仪礼·士丧礼》载："明衣裳用布。"贾公彦疏："下浴讫，先设明衣，故知亲身也。"

除了沐浴更衣，还要变食。一般人理解变食就是改变食物，就是吃素。做这样的理解没错。孔子是吃肉的，他有个原则："肉虽多，不使胜食气。"这里的变食，应当就是不吃肉。

居者，住也。迁坐，是一种委婉的说法，到别处住也。迁坐是与妻子分开，暂不与妻子同房。这就是中国文化的特点，有话不明说，点到为止。

10.8

原　文

食①不厌②，精；脍（kuài）③不厌，细。食饐（yì）④而餲（ài）⑤，鱼馁（něi）⑥而肉败⑦，不食。色恶，不食。臭（xiù）恶，不食。失饪⑧，不食。不时⑨，不食。割不正⑩，不食。不得其酱，不食。肉虽多，不使胜食气⑪。唯酒无量，不及乱⑫。沽酒⑬市脯（fǔ）⑭，不食。不撤姜食，不多食。

注　释

①食：粮食。

②厌：通"餍"，吃饱、满足。

③脍：切细的鱼、肉。

④饐：陈旧，指食物放置时间长了。

⑤餲：变味了。

⑥馁：鱼腐烂，这里指鱼不新鲜。

⑦败：肉腐烂，这里指肉不新鲜。

⑧饪：烹调制作饭菜。

⑨时：应时，时鲜。

⑩割不正：肉切得不方正。

⑪气：通“饩”，粮食。

⑫不及乱：不到酒醉时。乱，指酒醉。

⑬沽酒：从外面买的酒。

⑭脯：熟肉干。

译文

粮食无论舂得多么精，鱼和肉无论切得多么细，都不要吃太饱。粮食陈旧和变味了，鱼和肉腐烂了，都不吃。食物的颜色变了，不吃。气味变了，不吃。烹调不当，不吃。不新鲜的东西，不吃。切得不方正，不吃。佐料放得不适当，不吃。肉虽多，但吃的量不超过粮食的量。酒量很大，但从不喝醉。不吃从外面买来的酒和肉干。每餐必有姜，从不吃多。

悟语

这一章记录了孔子的吃。

民以食为天，人是铁，饭是钢，一顿不吃饿得慌。

人类与其他动物的不同在于人类能够生产食物，会种植与养殖。通过种植与养殖，人有了充足的食物，到了孔子这个时候，食物已经比较充足了。

孔子吃饭坚持两大原则：一是填饱肚子，二是食物绝对安全。

孔子讲：“君子食无求饱，居无求安。”孔子对物质生活并不那么看重，无论是吃，还是住，只要过得去就行。

本章记录孔子对吃的基本态度：“食不厌，精；脍不厌，细。”

厌者，餍也。餍也，饱也。饭做得再好，也不要吃撑；肉做得再好，也不要吃撑。这是吃饭的中庸原则。

孔子吃饭坚持的另一个原则是安全。吃了不能闹肚子，不能食物中毒。古语讲，病从口入，那时医疗条件差，医疗水平低，在吃上不注意，是要出人命的。

“身体发肤，受之父母，不敢毁伤，孝之始也。”这是孔子坚持食物绝对安全的重要理由。注意食物安全，不仅是保护自己，也是为了秉承孝道。

从这一章，我们还知道孔子的饮食偏好，比如他也喝酒，且酒量很大，但他坚持一个原则：“不及乱”；孔子喜欢吃姜，且顿顿吃姜，但从不多吃。

10.9

原文

祭于公[1]，不宿（sù）肉[2]。祭肉[3]不出三日。出三日，不食之矣。

注释

①祭于公：指士大夫参加国君的祭祀典礼。

②不宿肉：古代的大夫、士都有助君祭祀之礼。天子、诸侯的祭礼，当天早晨宰杀牲畜，然后举行祭典。第二天又祭，叫作“绎祭”。绎祭之后，才把肉分给助祭者。这样，到手的祭肉已不新鲜，所以不能再留过夜。

③祭肉：祭祀用的肉。

译文

（孔子）参加国君主持的祭祀时，（有时）分到祭肉，他不留到第二天。祭祀用的肉一般不超过三天。超过三天，就不再吃了。

悟语

祭祀当然要宰杀动物，大的如牛，小的如羊。

祭肉是献给神的，但神并不会真的吃肉，祭祀完之后，肉要分给助祭的人。作为朝廷官员，孔子当然要参加祭祀活动，而在古代，这种活动郑重而频繁，所以孔子分到了不少的祭肉。

如果祭祀在天热时举行，这祭肉当天还可以吃，到了第二天就不能吃了。但如果是在冬天，祭肉可以放长一些。

总而言之，以保持食物新鲜为要。

10.10

原 文

食不语，寝不言。

译 文

吃饭时不说话，睡觉前不言语。

悟 语

为什么要食不语？有人写了很长的一段话，我觉得挺有道理，放在这里：

“食不语，寝不言”这样的做法不仅仅是礼仪，还蕴含着养生道理。

首先是要进食专注。俗话讲，一心不可二用，中医认为，心主神明。进餐时候，将头脑中的各种琐事尽量抛开，人的精神集中在品尝食物上，阴阳之气集中于脾胃，能够增强食欲，促进肠胃蠕动，增强消化吸收能力，如果分心说话，则会有部分的阴阳之气分散，导致脾胃的能量不足。

其次是进食缓慢，既有利于各种消化液的分泌，使食物易被消化吸收；又能避免急食暴食，保护肠胃。急食则食下易化，暴食则会骤然加重肠胃负担，还容易发生噎、呛、咳等意外。

现代医学也认为，人们在进食时，消化系统在大脑统一指挥下，有条不紊地工作，唾液腺、胃肠的腺体不断地分泌消化液，胃肠蠕动加快而促使消化与吸收。

在吃饭时，人的嘴和食管为进食做准备，气管还要不断地呼吸，人的神经应当高度协调，才能确保食物不会进到气管中，而吃饭时说话，很容易导致神经调节紊乱，出现食物进入气管的现象，引起剧烈咳嗽或者气管堵塞。

另外，吃饭时说话，唾沫星子乱飞，容易污染食物，传播细菌，从卫生的角度来讲，“食不语”也是一种文明健康的习惯。

为什么要寝不言呢？也有人讲了一番道理：

寝不言的意思就是寝前不言。因为睡眠是人们生活中的一件大事，一个人的一生有三分之一的时间都在睡觉，睡眠质量的好坏关乎人的身体健康。在白天，人的中枢神经一直处在活跃的状态，睡眠需要把大脑从兴奋转到抑制状态，让大脑细胞和各器官组织得到充分休息，这样才能够彻底消除疲劳。如果睡觉前高谈阔论或者思考问题，就会让人精神过度兴奋，不能很快地使情绪平缓下来，容易导致失眠、睡眠质量降低，影响身心健康。

10.11

原文

虽疏食菜羹①，瓜祭②，必齐（zhāi）③如也。

注释

①菜羹：用菜做成的汤。

②瓜祭：古人在吃饭前，把席上各种食品分出少许，放在餐具之间祭祖。

③齐：通“斋”。

译文

即使是粗米饭、蔬菜汤，（孔子）吃饭前也要把它们取出一些来祭祖，而且表情像斋戒时那样严肃恭敬。

悟语

这一章记录了孔子的日常生活。

对祖先的尊重，表现在生活的各个方面，比如在吃饭时瓜祭。瓜祭就是在吃饭时，把所吃的瓜菜单独分出来一部分祭祖。

即使是瓜祭，孔子的态度仍是庄重的、严肃的，如斋戒一般。《乡党篇》有云：“子之所慎：齐、战、疾。”孔子在三件事上特别慎重，斋戒是其中之一。

《乡党篇》中记载了孔子的斋戒：“齐，必有明衣，布。齐必变食，居必迁坐。”

孔子在对祖先的祭祀活动中一丝不苟，怪不得孔子说：“祭如在，祭神如神在”，“吾不与祭，如不祭”。

所谓一以贯之，是也。

10.12

原 文

席[1]不正，不坐。

注 释

①席：用草或苇子编成的成片的东西，古人用以坐、卧。古代没有桌子和椅子，一般坐在席子上。

译 文

席子放得不端正，（孔子）不坐。

悟 语

这是《论语》中篇幅最短的一章，只有5个字。

孔子在日常生活中是非常讲究的，也是非常严谨的，“席不正，不坐”就是其中一例。

从记叙中我们猜测，席子不是孔子自己摆的，应当是学生或者是下属摆的。

什么叫正？正南正北、正东正西也。

我怀疑北方人特别重视方向应与这一章有关，别看这短短的一章，对北方人的生活产生了重大的影响。

小的时候，我的老娘特别重视这正南正北。

小时候在院子里摆桌子，老娘总是要求摆正。如果桌子摆得不正，老娘会亲自调正。

老娘并不知道《论语》，她的这些观念应当是从别人那里学来的，而别人应当是从《论语》中学来的。

10.13

原 文

乡人饮酒[1]，杖者[2]出，斯出矣。

注 释

①乡人饮酒：指举行乡饮酒礼，古代嘉礼之一。《后汉书·李忠传》："春秋乡饮，选用明经，郡中向慕之。"乡饮之礼，是中国的传统礼节，持续了两千多年。

②杖者：拄拐杖的人，指老年人。

译 文

（孔子）与家乡的人饮酒，（饮酒结束后，）一定要等老年人先出去，然后自己才出去。

悟 语

乡饮是中国古代持续逾两千年的风俗，这一礼俗直到民国成立后才废除。

乡饮由基层地方官主持，分春、秋两季举行，通过举行酒礼表达对乡绅、乡贤的尊重。

山东省有个宁阳县，宁阳县有个乡饮乡，乡饮乡有乡饮宴，当是此之遗存也。

杖者，拄着拐杖的人，意即岁数大之人也。"杖者出"，让年龄大的人先走，意尊老也。

孔子是仁者，是君子，这仁者、君子在各个方面都有体现。

10.14

原 文

乡人傩（nuó）[1]，朝服而立于阼（zuó）阶[2]。

注 释

①傩：古代腊月举行的驱鬼仪式。

②阼阶：东边的台阶，是主人迎宾送客时站的地方。

译 文

乡里人举行驱鬼仪式时，（孔子）总是穿着朝服站在东边的台阶上。

悟 语

傩，古代在腊月举行的一种驱疫逐鬼的仪式，是原始巫舞之一，后演变为一种舞蹈。

孔子对鬼神的态度是“敬鬼神而远之”，其实，孔子是不相信鬼神存在的。

人是社会的产物，人的行为往往受社会的约束，孔子亦然，也得从众，也得随大流。

这是对礼俗的尊重，也是对乡人的尊重。

“朝服”，郑重其事也。“立于阼阶”，礼之要求也。“约之以礼”在这里得到了充分的体现。

10.15

原 文

问[①]人于他邦，再拜[②]而送之。

注 释

①问：问候。古代人在问候时往往要致送礼物。

②再拜：在送别客人时，两次拜别。

译 文

（孔子）托人向在其他诸侯国的朋友问候送礼，在送别受托者时拜两次。

悟 语

古代交通不便，通信也不便，对朋友表示问候或者思念之情一般有两种办法，一是亲自去，二是委托别人。

委托别人致意也有两种情况，一是专门委托，二是顺便委托。

这种致意除了捎信（口信或者书信外），往往还得带点礼物。而带礼物给别人，这对受托者来说是很麻烦的事情。为了表达自己的谢意，孔子是“再拜而送之”，毕竟路途远，而远路无轻载。

当委托者郑重其事时，受托者才可能当回事儿，孔子深谙托人之道。

10. 16

原文

康子[1]馈药，拜而受之。曰：“丘未达，不敢尝。”

注释

①康子：季康子。即季孙肥，当时鲁国的执政者。“康”是谥号。

译文

季康子送药（给孔子），（孔子）拜谢之后接受了。说：“我对药性不了解，不敢尝用。”

悟语

季康子为鲁国上卿，是鲁国国相，季康子执政时把孔子接回了国内。

《论语》中关于季康子的篇章很多，大多是季康子向孔子请教如何为政。比如：“季康子问政于孔子。孔子对曰：‘政者正也。子帅以正，孰敢不正？’”

季康对孔子是尊重的，也是关心的，他们的关系不错。也正是因为关系不错，季康子才有可能馈药给孔子。

孔子一向秉承“知之为知之，不知为不知”的原则行事，对季康子送的药，因为对其药性不明，药效不知，所以没有吃。

孔子能够活到73岁，在当时可是高寿了，应当与他注意吃饭、注意吃药有关。

“身体发肤，受之父母，不敢毁伤，孝之始也。”我想，孔子之所以不吃季康子送的药，应当与此有关。

这件事，反映了孔子严谨的生活态度。

10.17

原文

厩[1]（jiù）焚。子退朝，曰：“伤人乎？”不问马。

注释

①厩：马棚，泛指牲口棚。

译文

马棚失火被烧掉了。孔子退朝回来，问：“伤人了吗？”不问马有没有死伤。

悟语

这应当是孔子当大司寇时候的事。按当时的礼制，当了大司寇的孔子须有车马，上朝下朝须乘车，乘车当用马。孔子曾经说过：“以吾从大夫之后，不可徒行也。”有车马是身份的象征。

有一天，孔子的马厩失火了。马厩失火，既可能伤到人，也可能伤到马。但孔子只问“伤人乎？”而没有问“伤马乎？”在孔子的心目当中，人是第一位的，至于马，那只是财产，孔子对物质的东西并不那么看重。也可能是孔子这个时候养了很多马，至少不是一匹马，耽误不了他上朝下朝用。

其实从我的角度看，孔子问问马也未尝不可。一个“钓而不纲，弋不射宿”的人，问问马也许更让人信服些。马可是比鸟、鱼珍贵多了。

一笑。

10.18

原文

君赐食，必正席先尝之；君赐腥[1]，必熟而荐[2]之；君赐

生，必畜（xù）之。侍食于君，君祭，先饭。

注释

①腥：生肉。

②荐：供奉。

译文

国君赐给熟食，（孔子）一定摆正坐席先尝一尝；国君赐给生肉，（孔子）一定煮熟了先给祖宗上供；国君赐给活的动物，（孔子）一定饲养起来。同国君一道吃饭，在国君举行饭前祭礼的时候，（孔子担心饭有毒，）一定要先尝一尝。

悟语

这个国君应当是鲁定公。鲁定公对孔子有知遇之恩，正是在鲁定公执政时期，孔子才开始从政，并且做到了很高的位置，做了鲁国的大司寇，且摄相事（代理国相）。

人关系好的时候才会在一起吃饭，这里记载了国君对孔子赐食以及与孔子在一起吃饭的场景，这说明鲁定公与孔子的关系不错。

“君赐食，必正席先尝之。”何谓正席？把席子摆正也。《论语》记载，孔子“席不正，不坐”。

“君赐腥，必熟而荐之。”腥者，生肉也。荐者，供奉也。煮熟后先供奉给祖先。国君赐腥，对臣下而言是一种荣耀，应当把这种荣耀让祖先知道。

“君赐生，必畜之。”如果国君赐的是活的动物，就把这动物养起来。这动物有可能是牛，有可能是马，有可能是羊，也有可能是狗。

“侍食于君，君祭，先饭。”作为国君的近臣，陪国君吃饭是少不了的。国君吃饭之前要进行祭祀，祭祀之前，孔子先把饭尝一尝（怕饭菜坏了，或者防备被人下毒）。这既是尊敬国君的先人，也是尊敬国君本人。

说到最后这一点，我想到了周恩来总理。据说在重庆谈判时，周恩来怕国民党特务给毛泽东的饭菜里下毒，总是在毛泽东吃饭之前，先把饭菜尝一尝。

10.19

原　文

疾，君视之，东首[1]，加朝服，拖绅[2]。

注　释

①东首：头朝东。

②拖绅：病人躺在床上，还做出穿朝服的样子，把带子拖在地上，表示对国君的尊敬。绅，束在腰间的大带子。

译　文

（孔子）病了，国君来探视，他便头朝东躺着，身上盖上朝服，拖着大带子。

悟　语

从本章看，孔子与国君的关系的确不错。不然的话，国君不会到家里来探视孔子。

东首者，头朝东也。为什么头朝东？太阳从东方升起，生命、生长亦来自东方，万物生长靠太阳。孔颖达疏："以东方生长，故东首乡生气。"一般病人为了早日康复，都愿意头朝东。生病的人一般都是靠北窗，但当国君来视时，一般会移到南窗下，为的是国君可以南面而视之。本章中没有提孔子是否移到南窗下，按礼，孔子是应当移到南窗下的。

孔子是朝廷命官，国君来了，为了表示尊重，应当穿上朝服。但由于有病，朝服就不穿了，只是盖在身上。拖绅，亦此义也。

10.20

原　文

君命召，不俟（sì）[1]驾行矣。

注 释

①俟：等待。

译 文

国君召见（孔子），他不等车马套好就先步行去了。

悟 语

在君臣关系中，孔子提倡君礼臣忠。臣子的忠表现在多个方面，对君主的命令马上执行是非常重要的方面。

“君命召”，说明君有急事。没有急事，君不会命召。遇到这种情况，孔子没有等车准备好，就匆匆往王宫赶。

由此我们判断，王宫离孔子住处不远。如果路远，孔子则不会徒步而去，因为孔子知道，徒步而去，也许用时最短。

10.21

原 文

入太庙，每事问。[1]

注 释

①此章系重出，见3.15章。

译 文

（孔子）到了太庙，每一件事都要询问。

悟 语

先看3.15章。

“子入太庙，每事问。或曰：‘孰谓鄹人之子知礼乎？入太庙，每事问。’子闻之，曰：‘是礼也。’”

说明两点：

一、祭祀是大事，来不得半点马虎。孔子以极其郑重的态度对待祭祀，孔子曾言：“使民如承大祭。”

二、孔子的学习态度是认真的。不仅要知其然，还要知其所以然，所以要“每事问”。孔子曾言，君子有九思，其中很重要的一思是“疑思问”。

10.22

原 文

朋友[1]死，无所归。曰：“于我殡[2]。”

注 释

①朋友：指与孔子志同道合的人。

②殡：停放灵柩和埋葬亡者都可以叫“殡”，这里泛指丧葬事务。

译 文

（孔子的）朋友死了，没有亲属敛埋。孔子说：“丧事由我来办吧。”

悟 语

这朋友是谁？无从考证。这朋友情况特殊，人死了丧事没人料理。孔子只有把这朋友的丧事揽下来，说：“由我来办吧。”

朋友关系是人生中非常重要的关系，孔子看重朋友，提出了处理朋友关系的原则：信而敬久。孔子说：“与朋友交，言而有信。”孔子还说：“晏平仲善与人交，久而敬之。”

孔子以实际行动践行了朋友之道。

10.23

原 文

朋友之馈，虽车马，非祭肉，不拜。

译 文

朋友馈赠物品，即使是车马，不是祭肉，（孔子在接受时）也是不拜的。

悟 语

孔子的人缘不错，有人送车马等贵重物品，也有人送祭肉。送祭肉的时候拜，送车马等贵重物品的时候不拜。

拜者，谢也。祭肉之所以要谢，因祭肉要献给祖先；而车马等贵重物品不拜，是因为这些东西自己用。

10.24

原 文

寝不尸，居不客。

译 文

（孔子）睡觉不像死尸一样挺着，平日居家也不像做客或接待客人时那样庄重严肃。

悟 语

这种记载之所以流传下来，应当是孔子最亲近的人所为，或是儿子，或是女儿，或是女婿，或是最亲近的学生。

“寝不尸”者，不直挺挺地躺着也。看样子孔子睡觉不是仰卧，而是侧卧。

“居不客”者，不用像有客人时那样正襟危坐，穿戴整齐也。没有客人时，或坐或躺，轻松随意。

大家还记得那句“子之燕居，申申如也，夭夭如也”吧。这两章可对比着看。

10.25

原 文

见齐（zī）衰（cuī）[1]者，虽狎（xiá）[2]，必变。见冕者[3]与瞽（gǔ）者[4]，虽亵[5]，必以貌。凶服[6]者式[7]之。式负版者[8]。有盛馔（zhuàn）[9]，必变色而作[10]。迅雷、风烈，必变。

注释

①齐衰：丧服。

②狎：亲近。

③冕者：戴帽子的人，指官员。

④瞽者：盲人。

⑤亵：常见，熟悉。

⑥凶服：丧服。

⑦式：通“轼”，古代车辆前部的横木。这里用作动词。乘车遇见地位高的人或其他人时，身子向前微俯，伏在横木上，以示尊敬或者同情。

⑧负版者：背负邦国图籍的人。当时无纸，用木版来书写，故称“版”。

⑨盛馔：盛大的宴席。

⑩作：站起来。

译文

（孔子）看见穿丧服的人，即使关系很亲密，也一定变得严肃起来。看见官员和盲人，即使是常在一起的，也一定脸色庄重。在乘车时遇见穿丧服的人，便俯伏在车前横木上（以示同情）。遇见背负国家图籍的人，也这样做（以示敬意）。（做客时）如果有丰盛的筵席，神色一定要变得庄重并站起来致谢。遇见迅雷、大风，也要神色庄重（以示对上天的敬畏）。

悟语

孔子特别强调恭，恭者，礼也，礼的本质是敬，对别人表达尊敬。对别人表达尊敬，就是尊重别人。

孔子遇到穿丧服的人是要致意的，即使与这个人很熟。遇到官员，遇到盲人，也要做出有礼貌的表示。这种表示官员可能会看到，但盲人却是绝对不会看到的。

有时孔子乘车会遇到穿丧服的人，或者是背负国家地图的人。在这种情况下，孔子总是扶着横木向他们致意。

别人备有丰盛的菜肴，一定要改变神色，站立起来致谢。何也？感恩上苍所赐也。遇到疾雷大风，也一定要改变神色，敬畏大自然也。

另外需要说明的是，本章的部分内容在《子罕篇》中出现过。《子罕篇》记载："子见齐衰者、冕衣裳者与瞽者，见之，虽少，必作；过之，必趋。"

10.26

原　文

升车，必正立，执绥①。车中，不内顾②，不疾言③，不亲指④。

注　释

①绥：上车时扶手用的索带。

②内顾：回头看。

③疾言：大声说话。

④亲指：用自己的手指指画画。

译　文

上车时，一定先直立站好，然后拉着扶手索带上车。在车上不回头，不高声说话，不指指画画。

悟　语

孔子坐车是小心的，安全第一。

通常一般马车拉人，牛车拉货。一般情况下，孔子坐的是马车，因为马车快。

"升车，必正立，执绥。"这是描写孔子上车时的状态。正立者，站直也，站如松。执绥者，抓紧绳子也，是为安全考虑。

"车中，不内顾，不疾言，不亲指。"

乘车有两种乘法，一是站着，二是坐着。一般是短途站着，长途坐着。无论是坐着还是站着，孔子掌握的原则是不内顾（体现庄重），不疾言（怕惊了牲口），不亲指（对驾车者给予充分的信任与尊重）。

见微知著。从孔子坐车，见识了孔子的庄重。

10.27

原文

色[1]斯举[2]矣，翔而后集[3]。曰：“山梁雌雉（zhì）[4]，时哉！时哉[5]！”子路共（gǒng）[6]之，三嗅[7]而作。

注释

①色：惊悚状。

②举：鸟飞起来。

③翔而后集：飞翔一阵，然后落到树上。鸟群停在树上叫“集”。

④山梁雌雉：聚集在山梁上的野母鸡。

⑤时哉！时哉：得其时呀！得其时呀！这是说野鸡自由自在，想飞就飞，想落就落。

⑥共：通“拱”。

⑦嗅：应为“狊（jú）”字之误，指鸟张开双翅。一本作“戛”字，指鸟的长叫声。

译文

一群野鸡受到惊吓飞起来，在空中盘旋几圈后落下。孔子说：“这些山梁上的野母鸡呀，想飞就飞，想落就落，自由自在啊！”子路向那群野母鸡拱拱手，那群野母鸡展翅飞走了。

悟语

2500年前的某一天，孔子与他的弟子仲由在山间活动。是周游列国之前，周游列国途中，还是周游列国之后？不得而知。

那个时候，由于人类活动不那么频繁，山中的野鸡还是很多的。“野鸡，是动物学上雉鸡类动物的俗称，据说汉代吕太后名雉，为了避讳，汉高祖下令将雉鸡改为野鸡称呼。雉，也称‘雉鸡’，通称‘野鸡’。因雄雉颈部有较宽的白色羽毛环绕，故学名‘环颈雉’，又名山鸡（商名）、雉鸡。雄雉重1～1.5千克，羽毛色彩鲜艳，尾羽40～50厘米，有黑褐相间的横纹，两颊绯红，颈部紫绿色。雌雉重1千克左右，夹杂着黑栗及沙褐色，尾羽较短，一般不超过30厘米，无绿颈和白环。”

野鸡受到惊吓，自然“色斯举矣”。不仅“色斯举矣”，还“翔而后集”，飞起后又落下。寥寥几个字，把这个过程描写得极为简洁、明快，形象生动。

这一幕被孔子看见了，孔子触景生情，大发感慨。“山梁雌雉，时哉！时哉！”

这里孔子说了两个关键词，一是山梁，二是雌雉。

首先，孔子说的是山梁。山梁者，有两种含义，一是山涧之桥也，二是山脊也。我觉得是山脊的可能性大。在山涧上修个桥并不容易，所以山梁为山涧之桥的可能性不大。另外，从鸟类的习性看，它们习惯“择高处立”，这样安全些。

其次，孔子说的是雌雉，说明孔子对野鸡是熟悉的，一下子便能分辨出雌雄。

“时哉！时哉！”应时而生，应时而动也，自由自在之意也。

孔子不时表现出对自然生活的向往，虽然孔子讲“鸟兽不可与同群”。这看似矛盾，而恰恰是生活的真实写照。

子路的表现说明了他的率性、真诚，不做作。“子路共之”，共者，拱也，拱手也。子路向野鸡拱手，或是向野鸡表达善意，或是响应老夫子的赞叹，或是纯粹的搞笑。又有谁猜得准呢？但从野鸡的角度看，这动作应当存在危险，于是“三嗅而作”，飞走了。

我想这一段之所以被记载下来，一是孔子所记，二是子路所记，或是师徒俩说过这个事多遍，被人记载下来了。也许这事背后有别的含义，我们并未参透。

先进篇第十一

11.1

原 文

子曰："先进[①]于礼乐（yuè），野人[②]也；后进[③]于礼乐（yuè），君子[④]也。如用之，则吾从先进。"

注 释

①先进：指先学习礼乐而后再做官的人。

②野人：指朴素粗鲁的人或乡野平民。

③后进：先做官后学习礼乐的人。

④君子：这里指统治者。

译 文

孔子说："先学习礼乐而后再做官的人，是（原来没有爵禄的）平民；先当了官然后再学习礼乐的人，是君子。如果选用人才，我主张选用先学习礼乐的人（平民）。"

悟 语

孔子是没落贵族的后代，其父亲叔梁纥是贵族，虽然地位和职位都不高。

孔子曾经讲过："吾少也贱，故多能鄙事。"

知道这点，有利于我们理解孔子的立场。

孔子念念不忘周礼，提倡"兴灭国、继绝世、举逸民"。但在现实生活中，他不是贵族，是穷苦人家的孩子，了解穷苦人家的甘苦。

学习礼乐是穷苦人家子弟到达上流社会的唯一途径，只有学习了礼乐，才有可能治理国家。

这样说来，孔子的"如用之，则吾从先进"就特别容易理解。

11.2

原文

子曰："从我于陈、蔡[①]者，皆不及门[②]也。"

注释

①陈、蔡：均为国名。孔子周游列国时，曾到过这两个国家，并且在那里同弟子们一起遭受过许多苦难。

②不及门：不在跟前受教。门，这里指受教的场所。

译文

孔子说："曾跟随我到陈国和蔡国去的弟子们，现在都不在我身边受教了。"

悟语

"门"可以当家门讲，也可以当"师门"讲。无论是"家门"，还是"师门"，表达的意思基本上是一回事。

孔子说这话的时候，应是暮年了。

垂垂暮年的人有两个特点，一是经常怀旧，另一个是特别失落。

在陈绝粮是孔子周游列国时最艰苦的时光。《论语》有云："在陈绝粮，从者病，莫能兴。子路愠见曰：'君子亦有穷乎？'子曰：'君子固穷，小人穷斯滥矣。'"

连子路这样忠心耿耿的人都产生了动摇，就不用说别人了。但患难见真情，也正是在这种生死存亡之际，才会结下深厚的感情。孔子与弟子们的感情是深厚的，孔子是个重情的人，重情的人老了就特别喜欢怀旧。

请注意，孔子在这里用了一个"皆"字，表达的不一定是事实，但应当表达的是感情，是强调之意。那些患难与共的学生们怎么会忘了他们的老师呢？只是因为忙，去的次数少了而已。

11.3

原文

德行[1]：颜渊、闵子骞、冉伯牛、仲弓。言语[2]：宰我、子贡。政事[3]：冉有、季路。文学[4]：子游、子夏。

注释

①德行：指能实行孝悌、忠恕等道德。

②言语：指善于辞令。

③政事：指能从事政治事务。

④文学：指通晓古代文献。

译文

（孔子的弟子中）德行好的有：颜渊、闵子骞、冉伯牛、仲弓。善于辞令的有：宰我、子贡。擅长政事的有：冉有、季路。通晓文献知识的有：子游、子夏。

悟语

有人据这一章认为，这里出现的是孔子的十大弟子。

因为本章中称字不称名，可以断定这不是孔子的原话。按照当时的规矩，孔子称呼弟子时称名不称字。

有两种可能。一是孔子讲过这段话，后人把它记下来了；二是孔子没有讲过，是编纂者的意思。

由这段话，产生了孔子有十大弟子之说。注意这段话当中，没有曾参，也没有子张。

这有失公允。也可能孔子说这段话的时候比较早，曾参与子张的才华还没有完全显露出来。

如果这段话确实是孔子所说，应当看到孔子特别注重“德行”，“德行”不仅排在前面，还出现了4个人。

在这段话当中，“言语”排在了“政事”前面，“政事”又排在了“文学”前面。这与孔子提倡的“君子欲讷于言而敏于行”又似乎不大一致。

曾参后来成了“宗圣”，当年却连十大弟子都挤不进去，这在逻辑上讲不过去。

至于子张，排不进去也有道理。子游也好，曾参也好，都不大待见他。子游说：“吾友张也，为难能也，然而未仁。”曾参说：“堂堂乎张也，难与并为仁矣。”说这人不仁，等于从根本上否定了这个人。

11.4

原　文

子曰：“回也，非助我者也，于吾言无所不说（yuè）。”

译　文

孔子说：“颜回，是对我没有什么帮助的人呀，他对我说的话没有不好好听的。”

悟　语

孔子曾经说过：“不知言，无以知人也。”

人有时候正话反说，有时候反话正说，这段话是典型的正话反说。其实孔子对颜回是十分肯定的，但他却说“非助我者也”。如果颜回对他没有帮助，那谁对他有帮助？

也有人这样解释说：孔子希望颜回刚直一些，能够顶撞他一下，因为孔子说过：“人之生也直；罔之生也幸而免。”

若真是那样，那就不是颜回了。

11.5

原　文

子曰：“孝哉闵子骞！人不间（jiàn）[1]于其父母昆[2]弟之言。”

注　释

①间：非难，批评，挑剔。

②昆：哥哥，兄长。

译　文

孔子说："闵子骞真是孝顺呀！人们对于他的父母兄弟赞扬他的话，从没有什么异议。"

悟　语

要想真正了解这句话背后的含义，要了解什么是"鞭打芦花"。

鞭打芦花是一个古老的传说，属于二十四孝之一。

春秋末期，孔子的弟子闵子骞十岁丧母，其父再娶，但继母李氏虐待他，给自己亲生的两个儿子做的棉衣里装的是丝绒，给闵子骞做的棉衣里装的是芦花。冬天外出驾车时其父发现了这件事，决定休了李氏。但闵子骞尽力劝说，双膝跪地以情动父："母在一子寒，母去三子单。留下高堂母，全家得团圆。"继母深受感动，遂对三个儿子同等看待。

后人把这一故事称为"单衣顺亲"或"鞭打芦花"。又有诗称赞："闵氏有贤郎，何曾怨后娘；车前留母在，三子免风霜。"

大概"鞭打芦花"让孔子知道了，孔子就发了上面的评论。在孔子的学生中，孔子明确称为孝的就是闵子骞。

济南有闵子骞路，也有闵子骞墓，闵子骞墓在闵子骞路上。很多年以前，我曾建议把百花公园改成闵子骞公园，但提议了好几年，也没有实现。

11.6

原　文

南容三复白圭（guī）[1]，孔子以其兄之子妻（qì）之。

注　释

①白圭：指代《诗经·大雅·抑》的诗句："白圭之玷，尚可磨也；

斯言之玷，不可为也。”意思是白玉上的污点还可以磨掉，我们言论中有毛病，就无法挽回了。

译 文

南容反复诵读“白圭之玷，尚可磨也；斯言之玷，不可为也”，孔子就把哥哥的女儿（侄女）嫁给了他。

悟 语

南容是孔子的学生，南容就是南宫适。

孔子从“南容三复白圭”这件事上，意识到南容是个谨言慎行的人，这样的人即使在乱世，也能平平安安地度过一生，所以孔子才把侄女嫁给他。

在《公冶长篇》中也记载了此事，略有不同。“子谓南容：‘邦有道，不废；邦无道，免于刑戮。’以其兄之子妻之。”

孔子有个同父异母的哥哥叫孟皮，对孔子极为信任，连嫁女这样的大事都托付给孔子，可见兄弟俩关系不错。

11.7

原 文

季康子问：“弟子孰为好学?”孔子对曰：“有颜回者好学，不幸短命死矣，今也则亡（wú）。”

译 文

季康子问孔子：“您的学生中，谁是好学的?”孔子回答说：“有一个叫颜回的学生很好学，不幸短命死了，现在再也没有像他那样好学的人了。”

悟 语

在《雍也篇》中，有一章的内容与本章高度相似。

哀公问：“弟子孰为好学?”孔子对曰：“有颜回者好学，不迁怒，不贰过，不幸短命死矣。今也则亡，未闻好学者也。”

看样子，季康子与鲁哀公关心的问题高度一致。

孔子有三千学生，其中有七十二贤者。孔子认为只有颜回一人好学。孔子之所以喜欢颜回，一个重要原因是颜回好学。

孔子曾说："十室之邑，必有忠信如丘者焉，不如丘之好学也。"孔子认为自己好学。

好学的老师喜欢好学的学生。

11.8

原文

颜渊死，颜路[1]请子之车以为之椁（guǒ）[2]。子曰："才不才，亦各言其子也。鲤[3]也死，有棺而无椁。吾不徒行以为之椁，以吾从大夫之后[4]，不可徒行也。"

注释

①颜路：即颜无繇（yóu），字路，颜渊的父亲，也是孔子的学生。

②椁：古人（有身份地位者）所用棺材有两层，内层为棺，外层为椁。

③鲤：孔子的儿子，字伯鱼，早孔子两年去世，死时50岁。

④从大夫之后：这是谦虚的说法。孔子做官时，地位相当于下大夫。从大夫之后，意即当过大夫。孔子在鲁国曾任大司寇，是大夫一级的官员。

译文

颜渊去世时，（他的父亲）颜路请求孔子把车子改装成椁。孔子说："（虽然颜渊和孔鲤）一个有才一个无才，但对你我来说都是儿子。孔鲤死的时候，也是有棺无椁。我没有把自己的车子改装成椁，是因为我跟随在大夫们之后，是不可以徒步而行的（必须有车才行）。"

悟语

颜回死了，最心痛的就是两个人，一是他的父亲，二是他的老师。

颜回家里穷，穷得连一场像样的葬礼都办不了，“有棺而无椁”，于是他的父亲颜路请孔老夫子“以子之车为之椁”，孔老夫子却婉言拒绝。

孔老夫子说了两个理由：一是儿子孔鲤“有棺而无惇”，儿子总比学生近吧；二是“吾从大夫之后，不可徒行也”。其实这都不是真正的原因。真正的原因是：无论是伯鱼还是颜回，他们都是平民，按当时的礼制，不应当享受有“椁”的待遇。孔子不“以己车为之椁”，是在坚持礼制。

有一次，一个学生问我：“老师，孔老夫子那么看重颜回，颜回死了，他却连车都不舍得，是不是很小气啊？”

我微微一笑，给他讲了上面这段话。

顺便说一句，颜路也是孔子的学生，他在《论语》中只出现了这一章。虽说为了儿子求“以子之车以为之椁”情有可原，但也是个死要面子的主儿。

11.9

原文

颜渊死，子曰：“噫！天丧（sàng）予！天丧（sàng）予！”

译文

颜渊死的时候，孔子说：“噫！是老天爷要我的命呀！是老天爷要我的命呀！”

悟语

颜回之死给孔子带来了巨大的悲痛，孔子不掩饰自己的悲痛。他说：“这是老天在要我的命啊！这是老天在要我的命啊！”

行文的重复，使我们感受到老夫子那种撕心裂肺的悲痛。孔子已经把颜回看成是自己的命根子了。

颜回的死可能彻底击垮了孔子，在颜回去世两年以后，孔子撒手人寰。

我有时候想，如果颜回不死，孔子可能会多活几年。但这也只是猜想，历史就是历史，无法假设。

孔子与颜回，不是父子，胜过父子。

11. 10

原文

颜渊死，子哭之恸（tòng）[1]。从者曰："子恸矣。"曰："有恸乎？非夫（fú）[2]人之为恸而谁为？"

注释

①恸：本义大哭，指过于悲痛以至于大哭。

②夫：指示代词，此处指颜渊。

译文

颜渊死后，孔子极为悲痛，大哭。跟随孔子的人说："您悲痛过度了！"孔子说："是悲痛过度了吗？我不为这个人悲痛过度，又为谁悲痛过度呢？"

悟语

颜回死了，孔子"哭之恸"。不仅"哭之恸"，并且解释说，不为这样的人哭之恸，又为谁哭之恸呢？

孔子为什么"哭之恸"？

我猜想有三个原因。

一、孔子与颜回感情深厚。他们既有师生之谊，又有父子之情。孔子说，"回也，视予犹父也"，颜回是把孔子当父亲看待的，而同样，孔子也是把颜回当儿子看待的。

二、孔子失去了接班人。孔子一直是把颜回当作接班人培养的，颜回的猝然离世，使孔子万念俱焚。

三、孔鲤、冉耕之死的叠加作用。在颜回死之前，孔子的儿子孔鲤去世了，好学生冉耕也去世了。这一而再再而三的打击，让老人家承受不住。

虽然孔子讲"哀而不伤"，其实他自己也做不到啊。

11. 11

原文

颜渊死，门人[1]欲厚葬[2]之。子曰："不可。"门人厚葬之。子曰："回也，视予犹父也，予不得视犹子也[3]。非我也，夫(fú)[4]二三子[5]也。"

注释

①门人：孔子的弟子。

②厚葬：隆重地安葬。

③予不得视犹子也：我不能把他当儿子一样看待。

④夫：语助词。

⑤二三子：两三个弟子。

译文

颜渊死后，孔子的弟子们想要隆重地安葬他。孔子说："不能这样做。"弟子们仍然隆重地安葬了他。孔子说："颜回把我当父亲一样看待，我却不能把他当儿子一样看待。这不是我的本意，是那些弟子们要强行这样做呀。"

悟语

颜渊在孔门中的威信是很高的。

虽然按礼制来说，孔子不同意厚葬颜回，但颜回的那些师兄弟们还是把他厚葬了。我猜想这"厚葬"应当包括"有棺也有椁"，这当然是"礼坏"了，众意难违，孔子也只好听之任之。

但孔子还是认为这违反了礼制，孔子认为，如果颜回有在天之灵的话，这同样也违背了颜回的初衷。

孔子说，如果颜回真是我的儿子，我就不让你们厚葬，可我说了不算啊。

颜回既是孔子的好学生，又是众弟子的好同学。讨老师喜欢，同时也让同学们喜欢，能做到这一点，不容易。

从11.7至11.11这五章可以连起来读。如果要给这五章起一个名字，就叫《颜回之死》。

11.12

原 文

季路问事鬼神。子曰："未能事人，焉能事鬼?"曰："敢①问死。"曰："未知生，焉知死?"

注 释

①敢：表示谦敬，意思是斗胆。

译 文

季路问怎样去侍奉鬼神。孔子说："人还没能侍奉好，怎么能侍奉鬼呢?"季路说："敢问死是怎么回事?"（孔子回答）说："活还没有弄清楚，怎么能明白死呢?"

悟 语

季路就是子路，因在季氏家当过家臣，故被称为季路。

虽然孔子讲过"非其鬼而祭之，谄也；见义不为，无勇也"。孔子还讲过"禹，吾无间然矣。菲饮食而致孝乎鬼神"，但我始终认为，孔子是不信鬼神的，是一个无神论者。因为孔子曾经对樊迟讲过"务民之义，敬鬼神而远之，可谓知矣"。在《论语》中还记载："子不语怪、力、乱、神。"

本章中，子路一问"事鬼神"，孔子就火冒三丈，因为孔子根本就不信这个。翻遍《论语》你会发现，孔子只谈此生，不谈往世，更不谈来世。

《论语》涉及鬼神的一共有5章，这是其中之一。

子路也真是糊涂，问点啥不好，非得挑老夫子不愿意谈的话题提问。

按说勇而果敢的子路不该问这样的问题。

11.13

原文

闵子[1]侍侧，訚（yín）訚[2]如也；子路，行（hàng）行[3]如也；冉有、子贡，侃侃[4]如也。子乐。"若由也，不得其死然。"

注释

①闵子：指闵子骞。

②訚訚：和悦而诚恳的样子。

③行行：刚强、气壮的样子。

④侃侃：说话流畅，轻松自如。

译文

闵子骞侍立在孔子身旁，和悦而诚恳；子路刚强而气壮；冉有、子贡则侃侃而谈。孔子非常高兴。（但孔子话锋一转说：）"像仲由这样（总是雄赳赳，气昂昂），恐怕会死于非命。"

悟语

孔子的学生神态各异，在孔老夫子面前的表现也不一样。

闵子是一个孝子，在老师面前当然不会张狂，说话和悦而诚恳。

子路是个好勇果断之人，说话时则会表现得雄赳赳、气昂昂，一副舍我其谁的样子。

而冉有与子贡一个"艺"，一个"达"，侃侃而谈。

有这样的一帮学生围绕在身旁，孔老夫子怎么会不高兴呢？

最后那一句转折得很突然。"若由也，不得其死然。"这应当不是当时讲的，是之后讲的。这话若是当着子路的面讲，也太不近人情了。

后来子路死在了卫国的内乱中，被人剁成了肉酱。子路坦然赴死，临死前还特意戴正了帽子。

孔子一语成谶。

11. 14

原文

鲁人[1]为长府[2]。闵子骞曰："仍旧贯[3]，如之何？何必改作？"子曰："夫（fú）人[4]不言，言必有中（zhòng）。"

注释

①鲁人：这里指鲁国的当权者。在当时，"人"与"民"是两个完全不同的概念。人指官员，民指百姓。

②为长府：改建鲁国的国库。为，改建。长府，鲁国的国库。

③旧贯：盛钱的旧房子。贯，古代串钱的绳索（把方孔钱串在绳子上，每1000个为一贯）。

④夫人：夫，语气词。人，指闵子骞。

译文

鲁国当政者翻修仓库。闵子骞道："保持原样，不是很好吗？何必改建呢？"孔子道："这个人（指闵子骞）平日不大开口，一开口就说到点子上。"

悟语

长府是鲁国存放钱粮兵器的大仓库，公元前517年鲁昭公曾凭此抵抗过权臣季氏的进攻。季氏在把鲁昭公赶走之后，便急于改建长府，企图消除其在军事上的作用。孔子的弟子闵子骞得知这件事后评论道："还是照原来的样子好，为什么一定要改变它呢？"隐晦地表达了对于季氏以下犯上、驱逐国君的强烈不满。

孔子在得知这件事之后非常欣赏闵子骞的措辞与见识，称赞道："闵子骞这个人，要么不说话，要么一说话就说到点子上。"

本章贡献了一个成语：言必有中。

11.15

原　文

子曰："由之瑟（sè）[1]，奚[2]为[3]于丘之门？"门人不敬子路。子曰："由也升堂[4]矣，未入于室[5]也。"

注　释

①瑟：中国古代的拨弦乐器。

②奚：为什么。

③为：弹。

④堂：正厅，入室的必由之路。

⑤室：内室。

译　文

孔子说："仲由将瑟弹成这样，为什么还在我这里弹呢？"孔子的弟子们因此不敬子路。孔子便说："仲由嘛，（弹瑟水平）已经升堂了，只是还没有入室。"

悟　语

本章为中国贡献了一个成语：登堂入室。

中国无论南北，大户人家一般遵循前堂后室的建筑格局，小户人家则往往堂室一体。

在前堂后室的建筑格局中，如不经过前堂，就不可能进入后室。

孔子教学生六艺，乐是其中之一。孔子说子路的鼓瑟水平已经相当高了，但还有很大的提升空间。

后来，弟子便被分为了三种：入门弟子、登堂弟子、入室弟子。入门弟子为初级阶段，登堂弟子为中级阶段，而入室弟子为高级阶段。

11.16

原文

子贡问：“师[1]与商[2]也孰贤?”子曰：“师也过，商也不及。”曰：“然则师愈[3]与?”子曰：“过犹不及。”

注释

①师：颛孙师，即子张。

②商：卜商，即子夏。

③愈：胜过。

译文

子贡问孔子：“颛孙师和卜商二人谁更好一些呢?”孔子回答说：“颛孙师嘛，做得过头；卜商嘛，有些不足。”子贡说：“那么是颛孙师更好一些吗?”孔子说：“过头和不足是一样的。”

悟语

过犹不及的意思是，事情做过了头与做不到位都不够好，都没有达到中庸状态。

孔子是在回答子贡提问时提出这一观点的。

师者，颛孙师也，子张是也。商者，卜商也，子夏是也。孔子认为，颛孙师做事往往做过了头，而卜商做事往往做不到位。

可见孔子对这两位学生是非常了解的。

在我们现在的语境中，做过了头往往表示为“左”，做不到位往往表示为“右”，许多人坚持“宁左勿右”，当年子贡就持这种观点，但孔子断然否定这种观点。

孔子的观点是既反左，又反右，永远保持中庸。

孔子说“君子中庸，小人反中庸”，然。

11. 17

原　文

季氏富于周公[1]，而求也为之聚敛（liǎn）[2]而附益[3]之。子曰："非吾徒也。小子鸣鼓[4]而攻之可也。"

注　释

①周公：一说是周公旦，一说是在周朝天子旁边做公卿的人。后者的可能性大些。

②聚敛：积聚和收集钱财。

③益：增加。

④鸣鼓：过去打仗进攻时鸣鼓，退兵时敲锣。

译　文

季氏比周公还富有，而冉求还继续帮他积聚和搜刮钱财。孔子说："他不是我的学生了。你们可以大张旗鼓地轰他出去。"

悟　语

吃人饭，受人管。做了季氏管家的冉求，把自己的全部才华用在为季氏敛财上。虽然季氏已经比周公还富，但冉求还在不遗余力为其敛财。这使老夫子不高兴了，嚷着要与冉求断绝关系。

"非我徒也。"老夫子不再承认冉求是自己的学生，并且让弟子们"鸣鼓而攻之"。弟子们是不是真正"鸣鼓而攻之"不得而知，恐怕没有人会当真。

冉求名列孔子十大弟子，若真正被逐出师门，大概《论语》中就不会记载了吧。

孔子刀子嘴豆腐心，只是说说而已。

11. 18

原文

柴[1]也愚[2]，参（shēn）也鲁[3]，师也辟[4]，由也喭（yàn）[5]。

注释

①柴：即高柴，字子羔。孔子的学生，比孔子小30岁。

②愚：不聪明，这里指愚而耿直。

③鲁：迟钝。

④辟：偏激。

⑤喭：鲁莽，粗鲁，刚猛。

译文

高柴愚直，曾参迟钝，颛孙师偏激，仲由鲁莽。

悟语

这段话应是孔子的原话，因为在这段话里，称名不称字。称名不称字，唯师长可为。

孔子各用一个字评价自己的四位学生，这说明孔子对自己的学生非常了解。

说高柴“愚”。愚可以理解为笨，反应慢；也可以理解为忠厚老实。高柴后来做了官，名声很好。据说高柴活了118岁，是孔门弟子中最长寿者。

说曾参“鲁”。鲁可以理解为慢，也可以理解为稳重。曾参比孔子小46岁，最后成了孔子的接班人。

说颛孙师“辟”。辟，通“僻”，怪僻、孤僻。也可以理解成孤傲，不大会与人相处。曾参评价他：“堂堂乎张也，难与并为仁矣。”子游对他也有类似的评价。

说仲由“喭”。喭者，粗鲁也，可理解为勇而无礼。孔子在其他地方对他也有类似的评价，如说“由也果”。还曾说“由也，好勇过我”。

在另外的篇章中，孔子还用一个字评价过冉求，说“求也艺”。孔子还评价过端木赐，说“赐也达”。看样子，用一个字评价学生，这是孔子的一大特点。

11. 19

原　文

子曰：“回也，其庶①乎！屡空②。赐不受命，而货殖③焉，亿④则屡中（zhòng）。”

注　释

①庶：庶几、相近，一般多用于称赞的场合。这里指颜渊的学问道德接近于完善。

②空：贫困，匮乏。

③货殖：做买卖。

④亿：通“臆”，猜测、估计、预测行情。

译　文

孔子说：“颜回的学问道德接近于完善了吧，可是他常常贫困。端木赐不服从命运的安排，去做买卖，对行情每猜必中。”

悟　语

我们常说一人一命。

有道德有才华的颜回是个穷命，只能“一箪食，一瓢饮，在陋巷”，他安贫乐道。

而端木赐就是个富命，结驷连骑，富可敌国，与国君、大夫分庭抗礼，“赐不受命，而货殖焉”，是个经商天才。

还是应了子夏那句老话：“死生有命，富贵在天。”

除此以外，还有更好的解释吗？没有。

11.20

原文

子张问善人[1]之道。子曰："不践迹[2]，亦不入于室[3]。"

注释

①善人：好官。人，官员。

②践迹：踩着前人的脚印走。迹，脚印。

③入于室：进入内室。比喻学问和修养达到了精深地步。

译文

子张问如何才能成为一个好官。孔子说："如同走路，如果不沿着前人的脚印走，其学问和修养就不到家。"

悟语

子张是向善之人。不向善之人，问不出这样的问题来。

向善，要跟着好人学。好人怎么做，自己就怎么做。这如同回家，沿着以前留下的足迹才可回家。

在这里，孔子只是用了个简单的比喻而已。

11.21

原文

子曰："论笃是与[1]，君子者乎？色庄者乎？"

注释

①论笃是与：对说话笃实诚恳的人表示赞许。论，言论。笃，诚恳。与，赞许。

译文

孔子说："对说话笃实诚恳的人应当表示赞许。但应分辨他是真君子，还是伪装成君子。”

悟 语

君子受人尊敬。由此，有些人为了获得别人的尊敬，就把自己伪装成君子。

君子的特点是论笃。论笃者，诚实可信也，社会都肯定诚实可信的人。因此，有必要分清什么是真君子，什么是伪君子。

切记，有些君子是伪装出来的，这些人只是表面上像君子而已。

看样子，孔子当时深受伪君子之害，故有此说。

11.22

原 文

子路问："闻斯行诸[①]？"子曰："有父兄在，如之何其闻斯行之？"冉有问："闻斯行诸？"子曰："闻斯行之。"公西华曰："由也问'闻斯行诸'，子曰，'有父兄在'；求也问'闻斯行诸'，子曰，'闻斯行之'。赤也惑，敢问。"子曰："求也退，故进之；由也兼人[②]，故退之。"

注 释

①闻斯行诸：听到就行动。诸，"之乎"二字的合音。

②兼人：好勇过人，意即敢作敢为。

译 文

子路问："听到了就行动如何？"孔子说："有父兄在，怎么能听到了就行动呢？"冉有问："听到了就行动如何？"孔子说："听到了就行动。"公西华说："仲由问'听到了就行动吗'，您回答说'有父兄在'；冉求问'听到了就行动吗'，您回答说'听到了就行动'。我被弄糊涂了，冒昧地问问。"孔子说："冉求总是退缩，我那样讲是为了鼓励他；仲由好勇过人，我那样讲是为了约束他。"

悟 语

对不同学生的同一个问题给予不同的回答，这是孔子的因材施教。有的学生性格强，激进，如子路；有的学生性格弱，绵软，如冉有。有的人色厉内荏，有的人绵里藏针，大千世界，无奇不有。做老师的，就得根据学生的不同特点予以指导。

这里得感谢公西华的敏锐，是他看出了这一点。

要与学生同吃同住同生活，才可能做到如此。孔子在《述而篇》中讲："二三子以我为隐乎？吾无隐乎尔。吾无行而不与二三子者。是丘也。"

这谈何容易！

11.23

原 文

子畏[1]于匡，颜渊后。子曰："吾以女（rǔ）为死矣。"曰："子在，回何敢死？"

注 释

①畏：难。这里指受难、蒙难。另解释为受到威胁。

译 文

孔子在匡地受到当地人围困，颜渊最后才逃出来。孔子说："我以为你已经死了呢。"颜渊说："夫子活着，我怎么敢死呢？"

悟 语

孔子一行曾经在匡地被围，师生逃难，颜回最后一个逃了出来。孔子悬着的心终于放了下来。

"我以为你死了呢"，孔子实话实说。孔子无时无刻不在挂念颜回，一见到颜回，情不自禁。

而颜回的回答太妙了："子在，回何敢死？""老师，您活得好好的，我怎么敢死？"

这样的回答，让人感动，让人惊叹，也让人温暖。有人据此说，这颜回真会说话。我说，这是颜回的真情流露。

唯有真情才会打动人。

世上没有无缘无故的爱，孔子把颜回当作儿子看，不是没有道理的。

11. 24

原 文

季子然[①]问：“仲由、冉求可谓大臣[②]与？”子曰：“吾以子为异之问，曾[③]由与求之问。所谓大臣者，以道事君，不可则止。今由与求也，可谓具臣[④]矣。”曰：“然则从之[⑤]者与？”子曰：“弑父与君，亦不从也。”

注 释

①季子然：姓季孙，名平子，字子然。也有注说其名襄，字子然。

②大臣：帮助天子与国君处理政事的人。天子与国君遇事时往往向大臣咨询。

③曾：乃，原来是。

④具臣：办理具体事务的官员，地位比大臣低。

⑤之：指季氏。当时冉求和子路都是季氏的家臣。

译 文

季子然问：“仲由和冉求可以算是大臣吗？”孔子说：“我以为您是问别人，原来是问由和求呀。所谓大臣者，侍奉君主时办事讲原则，如大道不行，他宁肯不做。由和求这两个人，顶多也就是办理具体事务的具臣。”季子然说：“那么他们会完全服从吗？”孔子说：“杀父、弑君这样的事，他们是不会跟着干的。”

悟 语

季子然认为仲由、冉有具备做大臣的才智，孔子认为这两人顶多也就是个具臣。具臣者，负责具体事务的官员也。

大臣具有原则性：一是“以道事君”，只扶助君王走正路，不会助纣为虐；二是“不可则止”，大臣认为君王的命令不对，就不会再去执行，而是想办法劝阻。

孔子对仲由、冉求有着清醒的认识：对于杀父、弑君这样的事，他们是绝对不会跟着干的。

结合16.1那一章去看，发现孔子的判断无比准确。仲由、冉求在那件事情上的做派完全不像大臣的样子，是典型的具臣做法。

16.1讲的是季氏将伐颛臾，是《论语》中字数较多的一章。

11.25

原 文

子路使子羔①为费（bì）宰。子曰：“贼②夫（fú）人之子。”子路曰：“有民人焉，有社稷③焉，何必读书，然后为学？”子曰：“是故恶（wù）夫（fú）佞者。”

注 释

①子羔：姓高，名柴，字子羔，齐国人，小孔子30岁（《家语》作40岁）。孔子以为愚，不怎么看重他。曾受子路提携，做了费郈宰。后来卫乱，子路死，高柴逃归，孔子赞他明大义、善保身。

②贼：害。

③社稷：指祭祀土地神和谷神的地方，即社稷坛。古代国都及各地都设立社稷坛，分别由国君和地方长官主祭，故社稷成为国家政权的象征。社，土地神。稷，谷神。

译 文

子路让子羔去做费地的长官。孔子说：“这是在坑害人家的孩子。”子路说：“那个地方有老百姓，有社稷，（管理百姓、进行祭祀活动，不是很好吗？）何必读书，何必光做学问呢？”孔子说：“所以我讨厌强词夺理、善于狡辩的人。”

悟 语

虽然子路对孔子忠心耿耿，但师生两人经常发生冲突。

子路推荐高柴到季氏的封地费去做费宰，孔子认为这是在坑害高柴。

为什么孔子会这样认为？

一是孔子认为去季氏家做宰不是个好的选择，冉有、子路都曾做过季氏家臣，孔子均不赞成。“季氏富于周公，而求也为之聚敛而附益之。子曰：‘非吾徒也。小子鸣鼓而攻之可也。’”另外，当“季氏将伐颛臾”时，孔子对冉有、季路进行过严厉的批评。

二是孔子认为高柴现阶段的任务是继续学习，而不是去从政。别忘了孔子曾说“柴也愚”。高柴愚直，学东西比较慢。

遭到孔子反对后，子路并不认错，反驳道：“有民人焉，有社稷焉，何必读书，然后为学？”

子路不愿意好好学习，觉得高柴也没有必要好好学习，这对好学的孔子是直接的挑战。

孔子也不是好惹的，反击子路说：“所以我讨厌巧言善辩、强词夺理的人。”

不知最终高柴有没有去做费宰，应当没有吧？

11. 26

原 文

子路、曾皙①、冉有、公西华侍坐。子曰：“以吾一日长（zhǎng）乎尔，毋吾以也②。居③则曰：‘不吾知也！’如或知尔，则何以哉④？”子路率尔⑤而对曰：“千乘（shèng）之国，摄⑥乎大国之间，加之以师旅，因之以饥馑，由也为之，比及三年，可使有勇，且知方也。”夫子哂⑦之。“求，尔何如？”对曰：“方六七十⑧，如五六十，求也为之，比及三年，可使足民。如其礼乐（yuè），以俟（sì）君子。”“赤，尔何如？”

对曰："非曰能之，愿学焉。宗庙之事⑨，如会同⑩，端章甫（fǔ）⑪，愿为小相（xiàng）⑫焉。""点，尔何如？"鼓瑟希⑬，铿（kēng）尔，舍瑟而作⑭，对曰："异乎三子者之撰（zhuàn）⑮。"子曰："何伤乎？亦各言其志也。"曰："莫（mù）⑯春者，春服既成，冠者⑰五六人，童子六七人，浴乎沂⑱，风乎舞雩（yú⑲），咏而归。"夫子喟然叹曰："吾与点也！"三子者出，曾皙后。曾皙曰："夫（fú）三子者之言何如？"子曰："亦各言其志也已矣。"曰："夫子何哂由也？"曰："为国以礼，其言不让，是故哂之。""唯⑳求则非邦也与？""安见方六七十如五六十而非邦也者？""唯赤则非邦也与？""宗庙会同，非诸侯而何？赤也为之小，孰能为之大？"

注释

①曾皙：姓曾，名点，字子皙，曾参的父亲，也是孔子的学生。

②以吾一日长乎尔，毋吾以也：不要因为我比你们年长而不敢说话。

③居：平日，平时。

④则何以哉：将会怎么样呢。

⑤率尔：轻率，急切。

⑥摄：迫于，夹于。

⑦哂：讥讽地微笑。

⑧方六七十：纵横各六七十里。

⑨宗庙之事：指祭祀之事。

⑩会同：诸侯会见。

⑪端章甫：端，古代礼服的名称。章甫，古代礼帽的名称。

⑫相：赞礼之人，司仪。

⑬希：通"稀"，指弹瑟的速度放慢，节奏逐渐稀疏。

⑭作：站起来。

⑮撰：撰述，说法。

⑯莫：通“暮”。

⑰冠者：成年人。古代子弟到20岁时行冠礼，表示已经成年。

⑱沂：水名，发源于山东南部，流经江苏北部入海。

⑲舞雩：地名，原是祭天求雨的地方，在今山东曲阜南。

⑳唯：语首词，无实义。

译文

子路、曾皙、冉有、公西华四个人陪孔子坐着。孔子说：“我年龄比你们大，不要因为我年长而不敢说话。你们平时总说：‘没人了解我呀！’假如有人了解你们，那你们会成为什么样的人？”子路率先回答：“一个拥有千辆兵车的国家，夹在大国中间，常常受到别国侵犯，且国内又闹饥荒，假若让我去治理，只要三年，就可以使人们勇敢善战，而且懂得如何去做。”孔子听了，微笑一下，似有讥讽之意。孔子又问：“冉求，你怎么样呢？”冉求答道：“国土有六七十里或五六十里见方的国家，让我去治理，三年以后，就可以使百姓富足。至于礼乐教化，就要等君子来施行了。”孔子又问：“公西赤，你怎么样？”公西赤答道：“我不敢说能做到，而是愿意学习，向这方面努力。在宗庙祭祀的活动中，或者在同别国的会盟中，我愿意穿着礼服，戴着礼帽，做个负责些具体工作的小司仪。”孔子又问：“曾点，你怎么样呢？”曾点正在弹瑟。听到孔子的问话，他放慢动作，接着“铿”的一声，离开瑟站起来，回答说：“我想的和他们三位说的不一样。”孔子说：“那有什么关系呢？也就是各人讲各自的志向罢了。”曾皙说：“春暮时，换上春装，和五六位成年人，带上六七个少年，去沂河里洗洗澡，在舞雩台上吹吹风，一路唱着歌走回来。”孔子长叹一声说：“我赞成曾点的想法。”子路、冉有、公西华三个人先出去了，曾皙后走。曾皙问孔子说：“他们三人的话怎么样？”孔子说：“也就是各自谈谈自己的志向罢了。”曾皙说：“夫子为什么要讥笑仲由呢？”孔子说：“治理国家要讲礼让，可是他说话一点也不谦让，所以我笑他。”曾皙又问：“那么是不是冉求讲的不是治理国家呢？”孔子说：“哪里见得六七十里或五六十里见方的地方就不是国家呢？”曾皙又问：“公西赤讲的是治理国家吗？”孔子说：“宗庙祭祀和诸侯会盟，这不是诸侯间的大事又是什么？像公西赤这样的人如果只能做一个小司仪，那谁又能做大司仪呢？”

悟语

在《论语》的512章中，这一章篇幅最长，有315个字。

这一章出场的人物也比较多：孔子、子路、曾皙、冉有、公西华。

这一章的故事性也很强：夫子循循善诱，弟子侃侃而谈，还夹杂着曾皙鼓瑟。

这一章内容也很有趣，在孔子的启发下，弟子们敞开心扉，表达了自己的志向。

这一章是非常有特点的一章。

子路、冉有、公西华都是谈的治国，孔子也只是姑妄听之，没有表现出多大的兴致。

孔子唯独对曾皙的“莫春者，春服既成，冠者五六人，童子六七人，浴乎沂，风乎舞雩，咏而归”表现出浓厚的兴趣，并且喟然叹曰：“吾与点也!”

孔子不仅仅满足于“知其不可而为之”的治国追求，还对田园生活产生了浓厚的兴趣。

在另一章当中，孔子提到了“鸟兽不可与同群”。孔子的整个兴趣集中在对社会生活的改造上。

曾皙是曾参的父亲，曾皙、曾参父子俩都是孔子的学生。父子都是孔子学生的还有颜路和颜回。

这是曾皙在《论语》中的唯一一次出场。他对暮春生活的向往，对中国的文人产生了深刻的影响。

中国文人之所以特别喜欢田园生活，当与曾皙有关。

颜渊篇第十二

12.1

原 文

颜渊问仁。子曰：“克己复礼[1]为仁。一日[2]克己复礼，天下归仁[3]焉。为仁由己，而由人乎哉？”颜渊曰：“请问其目[4]。”子曰：“非礼勿视，非礼勿听，非礼勿言，非礼勿动。”颜渊曰：“回虽不敏，请事[5]斯语矣。”

注 释

①克己复礼：克己，克制自己。复礼，使自己的言行符合礼的要求。

②一日：一旦，假如有一天。

③归仁：归顺仁道。归，归顺。仁，仁道。

④目：与“纲”相对，指孔眼、网眼，如“举一纲而万目张”。后引申为条目、细目。

⑤事：从事，照着去做。

译 文

颜渊问怎样做才是仁。孔子说：“克制自己，一切都照着礼的要求去做，这就是仁。假如某一天，天下人都做到了克己复礼，那么天下就会变成一个仁爱的世界。实行仁德，完全在于自己，难道还在于别人吗？”颜渊说：“请问实行仁的细则。”孔子说：“不合于礼的不要看，不合于礼的不要听，不合于礼的不要说，不合于礼的不要做。”颜渊说：“弟子我虽然愚笨，但会照您说的去做。”

悟 语

克己者，克制自己的欲望、规范自己的言行也。复礼者，符合礼的要求也。如果天下所有的人都克己复礼，则天下就会是个仁爱的世界。而行仁，应是自觉的行为，与别人无关。如孔子言："我欲仁，则斯仁至矣。"

何谓仁？仁者，爱人、立人、达人者也。何谓礼？礼法、礼仪、礼貌也。礼的本质是敬人。爱人、立人、达人的前提是对人表达尊敬，对别人不敬，则很难爱人、立人、达人。

如何做到敬呢？则须"非礼勿视，非礼勿听，非礼勿言，非礼勿动"。即在"视听言动"四个方面特别注意。

注意孔子讲完以后，颜回说了一句"回虽不敏，请事斯语矣"。这才是好学生应有的样子。这话在《论语》中，一共出现过两次，冉雍也讲过类似的话。在《颜渊篇》第2章这样记载："仲弓问仁。子曰：'出门如见大宾，使民如承大祭；己所不欲，勿施于人；在邦无怨，在家无怨。'仲弓曰：'雍虽不敏，请事斯语矣。'"

这样会说话的学生，谁不喜欢？

12.2

原文

仲弓问仁。子曰："出门如见大宾①，使民如承大祭②；己所不欲，勿施于人③；在邦④无怨，在家⑤无怨。"仲弓曰："雍虽不敏，请事⑥斯语矣。"

注释

①大宾：重要的客人，贵宾。

②大祭：重要的祭祀活动。

③己所不欲，勿施于人：自己不愿意做的，不要强迫别人去做。

④邦：诸侯统治的国家。

⑤家：卿大夫统治的封地。

⑥事：从事，照着去做。

译文

仲弓问怎样做才是仁。孔子说："出门办事如同去接待贵宾，使唤百姓如同去进行重大的祭祀；自己不愿意做的，不要强加于别人；在诸侯的国家里没人怨恨（自己），在卿大夫的封地里也没人怨恨（自己）。”仲弓说：“我虽然笨，会按照您的话去做。”

悟 语

孔子说，行仁，可以从三方面考察。

第一是态度。要敬：“出门如见大宾，使民如承大祭。”

第二是方法。是恕：“己所不欲，勿施于人。”

第三是目标。无怨：“在邦无怨，在家无怨。”

这是典型的施政纲领。冉雍出身贫寒，但极有出息，孔子说：“犁牛之子，骍且角。”孔子对冉雍的评价甚高，曾说：“雍也，可使南面。”冉雍这个人还特别会说话，如讲“雍虽不敏，请事斯语矣”。

冉雍字仲弓。雍者，和也。弓者，打猎之器也。雍与弓相对，相反相成也。

12.3

原 文

司马牛①问仁。子曰：“仁者，其言也讱（rèn）②。”曰：“其言也讱，斯③谓之仁已乎?”子曰：“为之难，言之得无讱乎?”

注 释

①司马牛：姓司马，名耕，又名犁，字子牛。孔子的弟子，宋国人。《史记·仲尼弟子列传》提到过他，说他“多言而躁”。

②讱：话难说出口，这里引申为说话谨慎。

④斯：就。

译 文

司马牛问怎样做才是仁。孔子说：“仁人说话是谨慎的。”司马牛说：“说话慎重，这就叫作仁了吗?”孔子说：“做起来困难，说话能不谨慎吗?”

悟语

孔子曾讲过："刚、毅、木、讷，近仁。"

讱，可以理解成木讷。人为什么要讱？因为说了话要兑现。如果只说不做，讱不讱倒也无所谓。

这段话表面是谈言语谨慎，实质上是在强调信。

君子不可吹大牛，话要想好了再说。如子贡言："君子一言以为知，一言以为不知，言不可不慎也。"

12.4

原文

司马牛问君子。子曰："君子不忧不惧。"曰："不忧不惧，斯谓之君子已乎？"子曰："内省（xǐng）不疚，夫（fú）何忧何惧？"

译文

司马牛问怎样做一个君子。孔子说："君子不忧愁、不恐惧。"司马牛说："不忧愁，不恐惧，就可以叫作'君子'了吗？"孔子说："自己问心无愧，那还有什么忧愁和恐惧呢？"

悟语

忧、惧是人类两种基本的情感。

忧，担忧也；惧，害怕也。

人为什么忧？欲望大而力不足也。人为什么惧？心有愧而心不安也。消除忧的办法是降低欲望，消除惧的办法是不做对不起良心的事。

想成为君子，就应当朝这两个方向努力。

12.5

原文

司马牛忧曰："人皆有兄弟，我独亡（wú）。"子夏曰：

“商闻之矣，‘死生有命，富贵在天’。君子敬而无失，与人恭而有礼，四海之内，皆兄弟也。君子何患乎无兄弟也？”

译文

司马牛忧愁地说：“别人都有兄弟，唯独我没有。”子夏说：“我听说过，‘死生有命，富贵在天’。君子只要对待所做的事情严肃认真，不出差错，对人恭敬而合乎礼的规定，那么，天下人就都是他的兄弟了。作为君子，怎么会担忧自己没有兄弟呢？”

悟语

看样子，司马牛是一个怕这怕那、忧东忧西的人。他问什么是君子时，孔子告诉他“君子不忧不惧”。

本章中，他忧的问题是“人皆有兄弟，我独亡”。按说，这问题应当是他父母忧才对，他这是典型的杞人忧天。

子夏很有学问，也很会劝人。首先，子夏说“商闻之矣，‘死生有命，富贵在天。’”人有没有兄弟，那是上天的安排。其次，子夏又说：“君子敬而无失，与人恭而有礼，四海之内，皆兄弟也。”补救的办法就是敬，就是恭。子夏把敬、恭提到了很高的高度。

毛泽东在接见外宾时经常说“四海之内，皆兄弟也”，这既是大胸怀，也是大格局。

12.6

原文

子张问明。子曰：“浸润之谮（zèn）①，肤受之愬（sù）②，不行焉，可谓明也已矣。浸润之谮，肤受之愬，不行焉，可谓远③也已矣。”

注释

①浸润之谮：像水那样一点一滴地渗进来的谗言。这种谗言不易觉察。谮，谗言。

②肤受之愬：像皮肤感觉到疼痛那样的诬告，即恶毒的诽谤。这种诽谤容易激怒人。愬，诬告。

③远：明之至，明智的最高境界。

译　文

子张问怎样才算是明智。孔子说："像水润物那样暗中挑拨的坏话，像切肤之痛那样直接的诽谤，在你那里行不通，那你可以算是明智的了。像水润物那样暗中挑拨的坏话，像切肤之痛那样直接的诽谤，在你那里行不通，那你可以算是有远见的了。"

悟　语

这一章可以加上个题目：《何为领导者的明远?》

作为领导者，因为掌握着生杀予夺大权，就往往成为别人利用的对象。

利用领导主要有两种方法。

方法之一，谮。谮者，进谗言，说别人坏话。说坏话的目的是让对自己不好、不利的人失去领导的信任。有时这坏话听着还像好话，让听的人挺受用。就像人接触温水那样，觉得挺舒服。耳旁风、枕边风属于此类。

方法之二，愬。愬者，诬告别人。或说某人看不起领导，或说某人对领导不忠，或说某人有异心、正密谋造反等。这话于领导来说，就像火灼皮肤那样难以忍受。领导最听不得这个，十有八九会上当。历史上这种例子比比皆是。

所以，对领导而言，所谓明远，就是不上这两种当。

办法就是亲君子，远小人。

但这谈何容易!

12.7

原　文

子贡问政。子曰："足食，足兵[1]，民信之矣。"子贡曰：

“必不得已而去，于斯三者何先？”曰：“去兵。”子贡曰：“必不得已而去，于斯二者何先？”曰：“去食。自古皆有死，民无信不立。”

注　释

①兵：兵器、武器。这里指军队、军备。

译　文

子贡问怎样治理国家。孔子说：“粮食充足，军备充足，老百姓信任。”子贡说：“如果不得不去掉一项，那么在三项中先去掉哪一项呢？”孔子说：“去掉军备。”子贡说：“如果不得不再去掉一项，那么这两项中去掉哪一项呢？”孔子说：“去掉粮食。自古以来，什么东西都有灭亡的时候，如果老百姓对统治者不信任，那么国家就无法存在。”

悟　语

这一章对理解孔子的治国思想非常有帮助。

当子贡问政时，孔子给出了三个答案：“足食，足兵，民信之矣。”

这似乎是孔子不假思索的一个答案，这里的排序是食、兵、信。食，粮食也；兵，军队也；信，老百姓信任也。

但在子贡追问下，孔子对这个问题进行了深入的思考，并重新排序。孔子的重新排序是信、食、兵。老百姓的信任最重要，其次是粮食，最后是军队。

这与一般人的理解不同。

从这里，我们可以得到两点启示。

一、问题越讨论越深入。对于讨论问题，如切如磋、如琢如磨是非常重要的。

二、孔子之所以思想深刻，是因为有一帮好问的学生。学问学问，学往往来自问。

12.8

原文

棘子成[1]曰："君子质而已矣，何以文为？"子贡曰："惜乎，夫子[2]之说君子也！驷不及舌[3]。文犹质也，质犹文也，虎豹之鞟（kuò）[4]犹犬羊之鞟。"

注释

①棘子成：卫国大夫。古代大夫都可以被尊称为"夫子"，所以子贡这样称呼他。

②夫子：这里指棘子成。

③驷不及舌：指话一说出口，就收不回来了。驷，拉一辆车的四匹马。

④鞟：去掉毛的兽皮。

译文

棘子成说："君子只要注重内容就行了，在乎那些形式干什么呢？"子贡说："真遗憾，夫子您这样谈论君子！一言既出，驷马难追。本质就是文采，文采就是本质，二者是同等重要的。去掉了毛的虎皮、豹皮，就如同去掉了毛的狗皮、羊皮一样（是难以区分的）。"

悟语

任何事物都有形式，也都有内容，二者相辅相成，缺一不可。质代表内容，文则代表形式。

可有的人就愿意偏重一点。如棘子成就认为："君子质而已矣，何以文为？"意思是君子注重内容就可以了，何必在乎那些形式？

子贡不赞成他的说法，子贡认为内容和形式要完整统一，没有内容就没有形式，没有形式就没有内容。子贡甚至认为，从某种意义上讲，内容就是形式，形式就是内容。

这话我们听着特别耳熟，因为在学唯物辩证法时，常常看到这样的表述。

针对棘子成只重内容不重形式的观点，子贡用了个比喻："虎豹之鞟犹犬羊之鞟。"

是呀，我们之所以能分出什么是虎豹，什么是犬羊，是因为它们皮上面的那层毛。如果那层毛没有了，我们就难以区分了。

孔子讲话善用比喻，端木赐也心领神会，并且运用得炉火纯青。

12.9

原文

哀公问于有若曰："年饥，用不足，如之何？"有若对曰："盍彻①乎？"曰："二②，吾犹不足，如之何其彻也？"对曰："百姓足，君孰与不足？百姓不足，君孰与足？"

注释

①彻：西周时的一种田税制度，"什一而税谓之彻"。

②二：抽取十分之二的税。

译文

鲁哀公问有若说："遭了饥荒，用度困难，怎么办？"有若回答说："为什么不实行彻法，抽十分之一的税呢？"哀公说："现在抽十分之二，我还不够，怎么能实行彻法呢？"有若说："如果百姓的用度够，您怎么会用度不够呢？如果百姓的用度不够，您用度够又有什么意思呢？"

悟语

中国夏商周以来的赋税制度是"贡助彻"。贡者，进贡也；助者，劳务也；彻者，实物地租也。《孟子·滕文公上》："夏后氏五十而贡，殷人七十而助，周人百亩而彻，其实皆什一也。"

本章中谈论的是最后一种情况：彻。

年成不好，税就收得少，鲁哀公琢磨着要另辟财路，就去问有若。

有若当然不赞成加税，就装着不明情况的样子，给国君说，为什么不征十分之一的税呢？逼着国君说出“二，吾犹不足，如之何其彻也”的话来，于是趁机进谏。当国君的，应当处处为老百姓着想，老百姓的日子好了，国君的日子就自然好；老百姓日子不好，只是国君自己的日子好，那又有什么意义呢。当国君的，就应当把老百姓的日子搞好，把老百姓的日子搞好，才是目标。

有若谈的是正理，鲁哀公会听吗？不见得。古代的天子也好，国君也好，虽然口口声声地讲黎民百姓，但大多是先想着自己，如齐景公曾说：“信如君不君，臣不臣，父不父，子不子，虽有粟，吾得而食诸?”

另外提一句，有若不是孔子的十大弟子，在《论语》中只出现过4章（其中有3章出现在《学而篇》），被称为“有子”，并且开篇的第二章就是有若讲的，位置特别重要。许多人据此认为，有若的弟子参与了《论语》的定稿工作，这推论很有道理。

12. 10

原文

子张问崇德[①]、辨惑[②]。子曰：“主忠信，徙（xǐ）义[③]，崇德也。爱之欲其生，恶（wù）之欲其死。既欲其生，又欲其死，是惑也。‘诚不以富，亦只以异。’[④]”

注释

①崇德：尊崇道德。

②惑：迷惑，不分是非。

③徙义：向义靠拢。徙，迁移。

④诚不以富，亦只以异：语出《诗经·小雅·我行其野》。意思是说，这样做即使不是嫌贫爱富，也是喜新厌旧。此诗表现了一个被遗弃的女子对其丈夫喜新厌旧的愤怒情绪。(这里有此句，令人费解)

译文

子张问怎样提高道德修养和辨别是非的能力。孔子说：“以忠信为主，使自己的思想合于义，这就是提高道德修养水平了。爱一个人，就希望他活下去；厌恶起来，就恨不得他立刻死去。既要他活，又要他死，这就是迷惑。(正如《诗》所说的:)‘即使不是嫌贫爱富，也是喜新厌旧。’”

悟　语

何谓崇德？主忠信，徙义也。何谓徙义？向义靠拢也。子曰：“君子之于天下也，无适也，无莫也，义之与比。”又言：“见义不为，无勇也。”

何谓辨惑？知何为惑也。惑者，非中庸也。“爱之欲其生，恶之欲其死”是非中庸也。“既欲其生，又欲其死”是自相矛盾也。自相矛盾，更是非中庸。非中庸者，为惑也。

“诚不以富，亦只以异。”从上下文的意思看，这里要说的意思是：人往往心里想的与嘴里说的不一致，这一点也要特别注意。

12.11

原　文

齐景公[1]问政于孔子。孔子对曰：“君君，臣臣，父父，子子。”公曰：“善哉！信如君不君，臣不臣，父不父，子不子，虽有粟[2]，吾得而食诸?”

注　释

①齐景公：名杵（chǔ）臼（jiù），齐国国君，公元前 547 ~ 前 490 年在位，在位时间长达 57 年。

②粟：小米，古称“稷”或“粟”。脱壳制成的粮食，因其粒小，故名。原产于中国北方黄河流域，是中国古代的主要粮食作物之一。

译　文

齐景公问孔子如何治理国家。孔子说：“做君主的要像君主的样子，做臣子的要像臣子的样子，做父亲的要像父亲的样子，做儿子的要像儿子的样子。”齐景公说：“讲得多好呀！如果君不像君，臣不像臣，父不像父，子不像子，虽然有粮食（小米），我能吃得上吗?”

悟 语

“君君，臣臣；父父，子子”的意思是：国君要像国君的样，臣要像臣的样；父亲要像父亲的样，儿子要像儿子的样。

孔子这句话强调了两点：一是秩序，二是角色。这八个字对中国历史产生了深刻的影响。后来，有人把这八个字理解错了，解释反了，把这八个字解释成“君叫臣死，臣不得不死；父叫子亡，子不得不亡”，弄得整个封建社会的历史乱七八糟，乌烟瘴气，一点民主、自由的气氛都没有。有的人还把这板子打在了孔老夫子身上，这真是冤枉他老人家了。

其实，齐景公误解了孔子的原意，并从自身的利益出发做出了错误的解释。

当然，齐景公是故意为之。

12.12

原 文

子曰：“片言①可以折狱②者，其由也与③？”子路无宿诺④。

注 释

①片言：诉讼双方中一方的言辞，即片面之词，古时也叫“单辞”。

②折狱：断案。狱，案件。

③其由也与：大概只有仲由吧。

④宿诺：拖了很久而没有兑现的诺言。宿，久。

译 文

孔子说：“只听了单方面的供词就可以判决案件的，大概只有仲由吧？”子路对应诺的事总是马上去做，从不拖拉。

悟 语

孔子说“由也果”。孔子还说“由也喭”。本章是对由之果与喭的注脚。

子路做事果断，不拖拖拉拉，有事马上办。

片言可以折狱，果断是果断，但未免有些轻率，而轻率难免会出错。

但“无宿诺”应当提倡。

12.13

原　文

子曰：“听讼①，吾犹人也。必也使无讼②乎！”

注　释

①听讼：审理案件。讼，诉讼。

②使无讼：使没有诉讼案件发生。

译　文

孔子说：“审理案件，我同别人没有什么两样。（听讼的目的）最好是使人们不进行诉讼！”

悟　语

孔子当过鲁国的大司寇，有丰富的司法实践经验。

听讼者，审理案件也。孔子说在审理案件方面，他与其他人没有什么不同。当然，他不会像子路那样片言可以断狱。

孔子说，他听讼的目的在于消除听讼。当然，这只是一种理想。

天下无讼，只有人人都是君子的情况下才可能实现。

12.14

原　文

子张问政。子曰：“居之无倦，行之以忠。”

译　文

子张问如何治理政事。孔子说：“恪尽职守不懈怠，执行政令要忠诚。”

悟　语

本章中，孔子强调为政的态度一是无倦，二是忠诚。

孔子讲："知之者不如好之者，好之者不如乐之者。"要想为好政，必须特别喜欢这项工作，热爱这项工作。只有热爱，才可能无倦。

至于忠诚，即忠于职守。孔子讲："君使臣以礼，臣事君以忠。"孔子又讲："事君，敬其事而后其食。"曾子曰："为人谋而不忠乎?"子夏曰："事君，能致其身。"忠诚乃为人臣下之第一要务。

12.15

原文

子曰："博学于文，约之以礼，亦可以弗畔矣夫（fú）！"[①]

注释

①本章系重出，见6.27章，略有差异。

译文

孔子说："广泛地学习各种文化知识，又以礼来约束自己，这样就不会犯错了。"

悟语

本章的关键词是学与约，学要博学，约要以礼。这段话在《论语》中出现过三次，包括颜回的有感而发。颜回曰："仰之弥高，钻之弥坚，瞻之在前，忽焉在后。夫子循循然善诱人，博我以文，约我以礼。欲罢不能，即竭吾才。如有所立卓尔。虽欲从之，末由也已。"

孔子最看重学习，在《论语》中出现了65个"学"字，孔子强调乐学、好学、博学、会学、恒学、学以致用。博学者，学习各种知识与能力也。孔子是一个博学的人。孔子说："吾少也贱，故多能鄙事。"达巷党人曰："大哉孔子！博学而无所成名。"

约者，约束自己的行为也。约者，克己复礼也。约者，"非礼勿视，非礼勿听，非礼勿言，非礼勿动"也。孔子讲："以约，失之者鲜矣。"孔子又讲："不仁者不可以久处约，不可以长处乐。"约的目的是使言行达到中庸。

约的实质是不能任性。

学与约，是成长为君子的必备条件。

12.16

原 文

子曰："君子成人之美，不成人之恶。小人反是。"

译 文

孔子说："君子成全别人的好事，而不助长别人的恶行。小人则与此相反。"

悟 语

帮别人是一种美德，但要分清所帮之事是好事还是坏事。好事则帮，坏事则不帮。

何为好事？对对方有利，对别人也有利，至少对别人无害之事也。

何为坏事？对对方有利，对别人有害之事也。

为人，不可助纣为虐，这是底线。

12.17

原 文

季康子问政于孔子。孔子对曰："政者正也。子帅以正，孰敢不正？"

译 文

季康子问孔子如何治理国家。孔子回答说："政的本义就是正。假如您本人行得正，那还有谁敢不正呢？"

悟 语

政者，为政，从政也。无论是为政还是从政，都是治理国家、管理国家也。

治理、管理国家的最高准则是什么？就一个字：正。

正则公正也，一碗水端平。正则正派也，不搞阴谋。孔子特别看重这个正字。孔子说："苟正其身矣，于从政乎何有？不能正其身，如正人何？"孔子还说："其身正，不令而行；其身不正，虽令不从。"

孔子曾经评价历史上的两个名人："晋文公谲而不正，齐桓公正而不谲。"

唯正才可以服人。

12.18

原　文

季康子患盗，问于孔子。孔子对曰："苟子之不欲，虽赏之不窃。"

译　文

季康子担忧被盗，问孔子怎么办。孔子回答说："假如你自己不贪图钱财，即使奖励偷窃，也没有人偷盗。"

悟　语

有钱的人怕被盗，无钱的人不怕盗。

季康子积聚了大量的财富，"季氏富于周公，而求也为之聚敛而附益之"。这样的人自然怕盗。

孔子说话直接，说季康子太贪婪了。如果自己不贪婪，家里没有那么多财富，即使鼓励盗贼去窃，盗贼也不会去。

12.19

原　文

季康子问政于孔子曰："如杀无道[1]，以就有道[2]，何如？"孔子对曰："子为政，焉用杀？子欲善而民善矣。君子之德风，小人之德草。草上之风[3]，必偃[4]。"

注释

①无道：指无道的人。

②有道：指有道的人。

③草上之风：吹草的风。

④偃：仆，倒。

译文

季康子问政，说："如果杀掉无道的人，留下有道的人，怎么样？"孔子说："您治理国家，怎么能用杀戮的手段呢？您只要行善，老百姓也会跟着行善。在上位的人的品德好比风，在下位的人的品德好比草。风吹到草上，风向什么方向吹，草就向什么方向倒（草是随风倒的）。"

悟语

季康子为鲁国上卿，实为鲁国国相。一人之下，万人之上，有生杀予夺之权。在季康子当政之时，国君为鲁哀公，鲁哀公不仅年纪轻，能力也弱，很多时候得看季康子的脸色。

杀无道，就有道，这是季康子的想法。至于什么是无道？什么是有道？这自然由他来定义。在很多时候，这容易成为他杀人的借口。也许很多冤案，正是打着"就有道"的借口制造出来的。

孔子是何等聪明的人，一听就明确劝阻："子为政，焉用杀？"并且讲了一番道理，"子欲善而民善矣"。国家是不是有道，完全取决于国相你自己。国相倡导善，则民善矣。国相你倡导恶，则民恶矣。

孔子说话的特点是"无喻不出口"，本章是精彩的例证。此章孔子用风与草的关系做比喻。领导者是风，被领导者是草。"君子之德风，小人之德草。"国家的方向是由领导者决定的。这容易使人想起另一则典故："楚王好细腰，宫中皆饿死。"

12.20

原文

子张问："士何如斯可谓之达[1]矣？"子曰："何哉，尔所谓达者？"子张对曰："在邦必闻[2]，在家必闻。"子曰："是闻也，非达也。夫（fú）达也者，质[3]直而好义，察言而观色，虑以下人[4]。在邦必达，在家必达。夫（fú）闻也者，色取仁而行违，居之不疑。在邦必闻，在家必闻。"

注释

①达：通达。

②闻：有名声。

③质：本质，本色。

④下人：地位低的人。

译文

子张问："士怎样才可以叫作达？"孔子说："你说的达是什么意思？"子张答道："在诸侯的国家里有名望，在大夫的封地里也有名声。"孔子说："这只是虚假的名声，不是通达。所谓达，要为人正直，见义勇为，善于揣摩别人的话语，善于察看别人的脸色，从下位人的角度考虑问题。这样的人，就可以在诸侯的国家里行得开，在大夫的封地里行得通。至于那些有虚假名声的人，只是外表上装出仁的样子，而行动上却正是违背了仁，自己还以仁人自居不惭愧。这种人在诸侯的国家里追求的是出名，在大夫的封地里追求的也是出名。"

悟语

本章中孔子对闻与达进行了区分与定义。

闻者，有名也，大家都知道也，邦里人知道，家里人也知道。当然，这里的家指士大夫的领地。往往有名的人，表面是君子，但行动上离君子差得很远，一切靠装，一切靠演，说白了，伪君子而已。

而达也者，真君子也。真君子有三个特质：一是“质直而好义”，为人正直，敢于担当；二是察言观色，进退有据；三是“虑以下人”，为下属着想，考虑手下人的利益。

子张想做一个有名的人，而孔子建议他做一个达者。但最终子张也没有做成真君子。曾子曰：“堂堂乎张也，难与并为仁矣。”子游说：“吾友张也，为难能也，然而未仁。”做个真正的达者，并不容易。

12.21

原文

樊迟从游于舞雩之下，曰：“敢问崇德、修慝（tè）①、辨惑。”子曰：“善哉问！先事后得②，非崇德与？攻其恶，无攻人之恶，非修慝与？一朝之忿③，忘其身，以及其亲，非惑与？”

注释

①修慝：改正邪恶的念头。修，改正。慝，邪恶的念头。

②先事后得：先致力于做事，把利禄放在后面。

③忿：愤怒，气愤。

译文

樊迟陪着孔子在舞雩台下散步，说：“请问怎样提高品德修养？怎样改正自己的邪念？怎样辨别迷惑？”孔子说：“问得好！先致力于做事，后说报酬的事，这不就是提高品德了吗？检讨自己的错误，而不是只攻击别人的错误，这不就是改邪为正吗？由于一时气愤，就忘记了自身的安危，以至于牵连自己的亲人，这不就是迷惑吗？”

悟语

孔子有学生3000人，其中贤者72人，而出现在《论语》中的不过32人。

也只有很好的学生才能陪侍在老师身旁，而樊迟是其中之一。俗话说，近水楼台先得月。陪侍在老师身旁的最大好处是可以随时提问，很容易得到老师的真传。樊迟在从孔子游于舞雩台时抓住时机向老师提问，且提的问题都是很重要的问题。

“敢问崇德、修慝、辨惑。”这个“敢问”，表示了樊迟的谦虚。

“善哉问”，孔子表扬樊迟，问题不错嘛。

问题问得再好，如果没有好的回答，也是白搭。

孔子的回答充满了智慧，让人深省。在孔子看来，先事而后得为崇德；检讨自己而不是一味攻击别人为修慝；不能因生气搭上自己的性命而殃及亲人这是辨惑。

我有时真想回到2500年前去做孔子的学生，那该是多么幸福与惬意的事，只是自己没有这样的造化和福分。

12.22

原文

樊迟问仁。子曰：“爱人。”问知（zhì）。子曰：“知人。”樊迟未达。子曰：“举直错诸枉①，能使枉者直。”樊迟退，见子夏，曰：“乡（xiàng）②也，吾见于夫子而问知（zhì），子曰：‘举直错诸枉，能使枉者直。’何谓也?”子夏曰：“富哉言乎！舜有天下，选于众，举皋（gāo）陶（yáo）③，不仁者远④矣。汤⑤有天下，选于众，举伊尹⑥，不仁者远矣。”

注释

①举直错诸枉：选拔直者，罢黜枉者。错，通“措”，放置。枉，不正直、邪恶。

②乡：通“向”，刚才。

③皋陶：姓嬴，名䍃，出生地为山东曲阜，逝世地为皋城（今安徽六安）。他是舜、禹时期的士、士师、大理官，是中国历史上第一位大法官。

④远：用作动词，远离、远去。

⑤汤：商朝的第一个君主，名履。

⑥伊尹：一说名挚，商初大臣，曾辅助汤灭夏兴商。生于伊洛流域古有莘国的空桑涧（今山东曹县）。因为其母亲在伊水居住，以伊为氏。尹为官名。甲骨卜辞中称伊尹为“伊”，金文则称其为“伊小臣”。

译文

樊迟问什么是仁。孔子说：“爱人。”樊迟问什么是智。孔子说：“知人。”樊迟还不明白。孔子说：“选拔正直的人，罢黜邪恶的人，这样就能使邪者归正。”樊迟退出来，见到子夏说：“刚才我见到老师，问他什么是智，他说：‘选拔正直的人，罢黜邪恶的人，这样就能使邪者归正。’这是什么意思？”子夏说：“这话说得多么深刻呀！舜之所以有天下，是因为在众人中把皋陶选拔出来，不仁的人就远去了。汤之所以有天下，是因为在众人中把伊尹选拔出来，不仁的人就远去了。”

悟语

什么是仁？爱人。仁者爱人的思想是孔子提出来的，后来孟子把这四个字连在一起说。

什么是智？知人。何谓知人？“举直错诸枉，能使枉者直。”直者，正直也。枉者，邪佞也。为政之要，在于举才，在于提拔任用正直正派的人。

樊迟笨一些，理解不了孔子的话，就去问子夏。

子夏学问做得好，不仅理解了孔子的话，还举历史上的例子加以说明。

“舜有天下，选于众，举皋陶，不仁者远矣。汤有天下，选于众，举伊尹，不仁者远矣。”

国家是如此，企业是如此，团队也是如此，选对人比什么都重要。

12.23

原文

子贡问友。子曰：“忠告而善道之，不可则止，毋自辱焉。”

译文

子贡问怎样对待朋友。孔子说："诚心诚意地劝告他，用恰如其分的方式引导他，如果不听也就罢了，不要自取其辱。"

悟语

没有朋友的人生是暗淡的人生。人要有朋友，不用多，三五知己可。交朋友有三个原则：信、敬、忠。

信者，说话算数也；敬者，尊重也；忠者，忠告也。缺一不可。

对于朋友的错误，不指出不行，孔子说"友直"，要实话实说，但指出朋友的错误，要考虑到朋友的接受程度，要有度，不可逼迫。说不说是你的事，听不听那是他的事。

12.24

原文

曾子曰："君子以文会友，以友辅仁。"

译文

曾子说："君子以文章学问来结交朋友，依靠朋友（帮助自己）提高仁德。"

悟语

"以文会友"，得先有文。何谓文？文化、知识、智慧也，学问也。孔子讲"博学于文"，即此意也。要做一个博学的人。

"以友辅仁"，须交好友，交德行高尚之人。孔子讲："择其善者而从之。"孔子还讲："益者三友：友直，友谅，友多闻。"

简言之：做好学问，交好朋友。

子路篇第十三

13.1

原 文

子路问政。子曰："先之，劳之[1]。"请益[2]。曰："无倦[3]。"

注 释

①先之，劳之：先之，做在下属或老百姓之前，率先垂范。劳之，动员下属或老百姓劳动。

②请益：请求多讲一点。

③无倦：不厌倦，不松懈。

译 文

子路问怎样管理政事。孔子说："凡事做在下属（或老百姓）之前，使下属（或老百姓）勤劳。"子路请孔子多讲一些。孔子补充说："要勤勉，不要懈怠。"

悟 语

《论语》中关于子路的章节很多，但子路向孔子请教问题的章节并不多，故此，这一章难能可贵。

孔子的回答应当是针对子路的性格特点说的，尤其是最后一点。对子路这种风风火火、干净利落的人来讲，"无倦"较难。

"先之"，身先士卒也，起带头作用也。"劳之"，为民服务也，立人达人也。"无倦"，忠于职守也，不敢懈怠也。

13.2

原 文

仲弓为季氏宰，问政。子曰："先[1]有司[2]，赦小过，举贤

才。”曰：“焉知贤才而举之？”曰：“举尔所知。尔所不知，人其舍诸[3]？”

注释

①先：做在前。

②有司：古代负责具体事务的官吏。

③诸：“之乎”二字的合音。

译文

仲弓做了季氏的家臣，问怎样管理政事。孔子说：“做在负责具体事务的官吏前面，赦免手下人的小过错，选拔贤才来任职。”仲弓又问：“怎样知道是贤才而把他们选拔出来呢？”孔子说：“选拔你所知道的。至于你不知道的贤才，别人难道会埋没他们吗？”

悟语

冉雍被列为孔子的十大学生，名列德行科第四。孔子对冉雍的评价很高，说“雍也，可使南面”。孔子还称赞冉雍为“犁牛之子，骍且角”。这当然是比喻，说冉雍虽然出身贫苦，但会成为国家栋梁之材。

孔子提了三条建议。

第一是“先有司”。首先完善职能，事有专人负责。也有的解释是为有司带好头，做在有司的前面。

第二是“赦小过”。部下都会有小毛病、小错误，不要抓着小辫子不放，该放过的就放过，要宽容，孔子讲“宽则得众”。

第三是“举贤才”。为政之要，在于举才。没有人才，什么也办不了。但如何得到人才冉雍不清楚，孔子的建议是“举尔所知”，把自己了解的人才先用起来。如果人人都把自己身边的人才用起来，那人才就不会浪费了。

顺便说一句，季氏的封地在今山东费县。“费”由“鄪”演变而来，这个字过去读 bì。

13.3

原 文

子路曰："卫君[1]待子而为政，子将奚[2]先？"子曰："必也正名[3]乎！"子路曰："有是哉？子之迂[4]也！奚其正？"子曰："野哉，由也！君子于其所不知，盖阙（quē）[5]如也。名不正则言不顺，言不顺则事不成，事不成则礼乐（yuè）不兴，礼乐（yuè）不兴则刑罚不中（zhòng）[6]，刑罚不中（zhòng）则民无所措手足。故君子名之必可言也，言之必可行也。君子于其言，无所苟[7]而已矣。"

注 释

①卫君：卫出公，名辄，卫灵公之孙。其父蒯聩被卫灵公驱逐出国。卫灵公死后，蒯辄继位。蒯聩要回国争夺君位，遭到蒯辄拒绝。这里，孔子对此事提出了自己的看法。

②奚：为什么。

③正名：正名分。

④迂：迂腐。

⑤阙：放在一旁。

⑥中：得当。

⑦苟：苟且，马马虎虎。

译 文

子路（对孔子）说："如果卫国国君要您去治理国家，您打算先从什么地方做起呢？"孔子说："首先要正名啊。"子路说："有这样做的吗？老师真是迂腐！正什么名？"孔子说："仲由，你真是胡搅蛮缠！君子对于他所不知道的事情，应放在一旁不表态。名分不正，说起话来就不顺当合理；说话不顺当合理，事情就办不成；事情办不成，礼乐也就不能兴盛；礼乐不能兴盛，刑罚的执行就不会得当；刑罚不得当，百姓就不知怎么办好。因此，君子做事一定要师出有名，此名必须能够说得通，说得通才能行得通。君子对于自己所说的话，是一点也不敢马虎的。”

悟语

这故事发生在卫国，孔子在周游列国的十四年中，在卫国待的时间最长，前后有六年半。无论是在卫灵公当政期间，还是在卫灵公的儿子和孙子当政期间，孔子在卫国都没有做官。孔子不是不想做官，而是因为环境条件不允许。

有一天，他的学生子路抛出了这样的问题：“卫君待子而为政，子将奚先?”假设卫君让您去治理国家，您从什么地方开始呢?

孔子回答：“必也正名乎!”

所谓正名，就是研究事物的规律，并给它合适的名称。谁知，他的学生子路不以为然，且出言不逊：“子之迂也，奚其正?”意思是老师是不是迂腐啊?为政怎么能从正名开始?学生说老师迂腐，背后说说也就罢了，当面说，老夫子哪能受得了?

于是老夫子回敬道：“野哉，由也!”仲由啊，你怎么这么不懂礼数呢?在批评了子路不懂礼数以后，孔子开始讲道理。

孔子平常说话很短，但这段话很长，几乎是连珠炮似的在讲话。孔子不仅讲得长，还讲逻辑，讲推理，一层层地讲，让子路根本插不上话。结束时，孔子还忘不了教训子路：“君子于其言，无所苟而已矣。”意思是“君子从来不随便说话，而都是想好了再说”。

从这一章，我们得到以下几点印象。

一、子路有时对孔子不大尊敬，或者说尊敬不够。别的学生是把孔子当老师看待，甚至当父亲看待，子路似乎把孔子当成兄长看待。在子路的心目中，他与孔子既是师生关系，也是兄弟关系。这定位似乎不怎么对。

二、虽然老夫子秉承“温良恭俭让”的态度对人，但遇到像子路这样对他失敬的学生，还是忍不住要发脾气。他痛斥子路不知礼数，并郑重提醒他慎言。

三、孔子在这章中提出名正言顺的理念，之后成为中国最重要的做事法则之一。做事不仅必须要有正当的理由，而且还要有恰当的名称。

子路最大的特点是忠诚，最大的毛病是对老师的尊敬不够。

人都需要面子，孔子亦然。

13.4

原 文

樊迟请学稼。子曰：“吾不如老农。”请学为圃（pǔ）①。曰：“吾不如老圃。”樊迟出。子曰：“小人哉，樊须也！上好礼，则民莫敢不敬；上好义，则民莫敢不服；上好信，则民莫敢不用情②。夫（fú）如是，则四方之民襁③负其子而至矣，焉用稼？”

注 释

①圃：菜地，引申为种菜。

②用情：以真心实意来对待。

③襁：又称“背单”，背小孩子的布、布带。这里用作动词。

译 文

樊迟（向孔子）请教如何种庄稼。孔子说：“我不如老农。”樊迟又请教如何种菜。孔子说：“我不如老菜农。”樊迟退出以后，孔子说：“樊迟，真是小人！在上位的人只要重视礼，老百姓就不敢不敬畏；在上位的人只要重视义，老百姓就不敢不服从；在上位的人只要重视信，老百姓就不敢不用真心实情来对待。要是做到这样，四面八方的老百姓就会背着自己的小孩来投奔，哪里用得着自己去种庄稼呢？”

悟 语

这个故事可能发生在樊迟初见孔子时。在樊迟看来，孔子应无所不能，无所不会，所以他向孔子请教如何种庄稼，如何种菜。孔子回答说我不如老农，我不如老圃。

注意孔子说的是“我不如老农，我不如老圃”。孔子不是不会种庄稼，也不是不会种菜，只是他认为种庄稼与种菜，不是他的强项。

孔子的强项是教书育人，培养治国人才。

孔子认为治国人才应当“好礼”“好义”“好信”。

孔子解释说：“上好礼，则民莫敢不敬；上好义，则民莫敢不服；上好信，则民莫敢不用情。”

孔子认为，樊迟应当树立远大理想，把精力放在将来的治国上，而不应该把精力放在种庄稼、种菜上。

有人拿这一章说事，说孔子看不起农民，我不这样认为。我认为这反映了孔子的劳动分工思想。能治国的就培养他治国，能种庄稼和种菜的，就培养他种庄稼、种菜。

我曾经写过一篇文章《由樊迟请学稼、学圃看孔子的分工思想》，百度上有，大家可看看。

13.5

原文

子曰：“诵《诗》三百，授之以政，不达①；使于四方，不能专对②。虽多，亦奚以③为？”

注释

①达：通达，融会贯通。

②专对：独立对答，应对。

③以：用。

译文

孔子说：“把《诗》三百篇背得很熟，让他处理政务，不能融会贯通；让他当外交使节，又不能独立应对。背得虽多，又有什么用呢？”

悟语

《诗》者，《诗经》也。孔子讲：“《诗》三百，一言以蔽之，曰：

‘思无邪。’”

《诗》是孔子编的，孔子说：“吾自卫反鲁，然后乐正，《雅》《颂》各得其所。”

《诗经》有三大部分组成，一曰《风》，二曰《雅》，三曰《颂》。

《诗》被认为是孔子教学生文化课的教材。

孔子认为，学《诗》的目的有两个：一是内政，二是外交。即所谓授之以政则达；出使四方则能专对。典型的学以致用。

孔子认为，如果只是把词句背得滚瓜烂熟，而不能用到实际活动中，这种学习一点意义也没有。但生活中学而不用的人比比皆是。

2016年夏天年我随中国孔子基金会的领导到广州真光中学（孙中山曾在此作过演讲，至今演讲的礼堂还保留着）讲课，遇到一位青年教师，名字就不说了。他满足于知，满足于道，满足于自己被别人称为学问家。虽然学了很多东西，但工作没搞好，人际关系也没搞好，快四十的人了，甚至连个对象都谈不成。

学而不用，还不如不学。

13.6

原 文

子曰：“其身正，不令而行；其身不正，虽令不从。”

译 文

孔子说：“自身正了，即使不下命令，老百姓也会跟着去干；自身不正，即使下了命令，老百姓也不一定服从。”

悟 语

孔子讲的是领导学，他认为，政者，正也。

季康子曾向孔子请教何为政。孔子对曰：“政者正也。子帅以正，孰敢不正?”

正者，端端正正，堂堂正正也，公平、公正、正直也。所谓正，不走歪路，不走邪路也。

从政者，为国为民为大多数人服务为正，为己为家为少数人服务为邪。

孔子认为，如果你思想正，行动也正，即使你不下命令，别人也听你的；如果你思想不正，行动不正，即使你下了命令，别人也不会听你的。

可见，以身作则是多么重要。

2015 年 4 月 26 日，我根据《论语》中的内容，作了一首《正字歌》，反映了我对这个问题的认识：

政不正不为，礼不正不行。

人不正不交，利不正不要。

言不正不出，貌不正不临。

席不正不坐，割不正不食。

这正字做起来特别难。但唯有正，才能久。

13.7

原 文

子曰：“鲁、卫之政，兄弟也。”

译 文

孔子说：“鲁和卫两国的政治，就像兄弟之间的事一样（差不多）。”

悟 语

这一句话，可以从正反两方面理解。

首先从正面看，鲁国与卫国是周王朝最重要的封国。周公与康叔是兄弟俩，周公在鲁国受封，康叔在卫国受封，两国的政风都非常好。因为两位都是圣君，国家都国泰民安，人民百姓都懂伦理、守道德，所以两国关系非常好，就像兄弟一样。

其次从反面看，到春秋时期，两国的政风也好，民风也好，每况愈下。从国君到大夫、庶民，都唯利是图，见利忘义，所谓礼崩乐坏也。

孔子善于借古讽今，这句话很可能是孔子到了卫国之后说的。孔子的意思是，原来卫国与鲁国一样，也都是乱糟糟的。

13.8

原 文

子谓卫公子荆[1]："善居室[2]。始有，曰'苟[3]合[4]矣'；少有，曰'苟完矣'；富有，曰'苟美矣'。"

注 释

①卫公子荆：卫国大夫，字南楚，卫献公的儿子。

②善居室：善于管理经济，居家过日子。

③苟：将就，差不多。

④合：足够。

译 文

孔子谈到卫国的公子荆时说："他善于居家理财。刚开始有一点(财产)，他说'差不多已经够了'；稍微多一点时，他说'差不多已经完备了'；更多一点时，他说'差不多已经完美了'。"

悟 语

人有两种，有一种人知足常乐，有一种人贪得无厌。像卫公子荆就属于前者，容易满足。

从语气看，孔子特别赞成卫公子荆。孔子何尝不是一个知足常乐的人呢。孔子说："饭疏食饮水，曲肱而枕之，乐亦在其中矣。不义而富且贵，于我如浮云。"

子欲居九夷。或曰："陋，如之何?"子曰："君子居之，何陋之有?"

人只有不贪，才会快乐。

13.9

原 文

子适卫，冉有仆（pú）[1]。子曰："庶[2]矣哉!"冉有曰：

"既庶矣，又何加焉?"曰:"富之。"曰:"既富矣，又何加焉?"曰:"教之。"

注释

①仆：驾车。

②庶：众多，这里指人口众多。

译文

孔子到卫国去，冉有为他驾车。孔子说："人口真多呀!"冉有说："人口已经够多了，还要再做什么呢?"孔子说："使他们富起来。"冉有说："富了以后还要做些什么?"孔子说："对他们进行教化。"

悟语

孔子周游列国到了卫国，学生冉求为其驾车。冉求位列孔门十哲，擅长政事。

卫国比鲁国人口多，也繁华，引起了孔子的赞叹。

"这么多人啊!"

若是一般的学生就会附和："是啊老师，人的确多。"但冉求却从另外一个角度考虑问题："人多，该怎么办呢?"

孔子的回答很明确："富之。"

如何富？孔子没有讲。

其实想想，要想富，正确的做法有二：一是肯定富，富无错，富无罪；二是先让一部分人富起来，然后带动全体人民富起来。

第一条，孔子有明确的认识。孔子说："富与贵，是人之所欲也。"还说："富而可求也，虽执鞭之士，吾亦为之。"但第二条，孔子似乎没有这么认识。2500年以后，邓公（邓小平）意识到这一点，他与他的继任者通过几十年的不懈努力，把中国从一个贫穷落后的国家变成一个比较富裕的国家。

"富了以后怎么办?"冉求又提问。

"教之。"孔子回答。

看样子，孔子对治国有成熟系统的思考，到现在这种思想也不过时。

教什么？无非是德、礼二字。

孔子说：“道之以政，齐之以刑，民免而无耻；道之以德，齐之以礼，有耻且格。”

13.10

原 文

子曰：“苟[1]有用我者，期（jī）月[2]而已可也，三年有成。”

注 释

①苟：假设。

②期月：从这一年的此月份到下一年的此月份，时间为一整年。

译 文

孔子说：“假设有人用我治理国家，一年便可以治理得差不多，三年就一定会大见成效。”

悟 语

孔子很自信，认为自己有治国才能。

孔子从五十岁以后开始做官，从中都宰做起，一直做到鲁国的大司寇，摄相事。

孔子的为政经历，说明孔子此言不虚。

《史记·孔子世家》记载，孔子执政期间，政治清明，民风淳朴，“与闻国政三月，粥羔豚者弗饰贾；男女行者别于途；途不拾遗；四方之客至乎邑者不求有司，皆予之以归。”孔子执政三个月，市场上卖羊和卖猪的商人都不敢乱要价，男女各行其道，掉到地上的东西也没有人拾取，四方的宾客到鲁国办事不用向官员求情，都能得到令他们满意的照顾，都像回到家里一样。“定公以孔子为中都宰，一年，四方皆则之。由中都宰为司空，由司空为大司寇。”孔子在定公九年任鲁国中都宰，治理一年大见成效，四方都来效仿他。接着被提拔为小司空，又由小司空提拔为大司寇。定公十年，孔子以大司寇的身份摄行相事。在齐鲁

“夹谷之会”上，孔子据“礼”力争，不仅捍卫了鲁国尊严，并且还使齐国归还了侵占鲁国的土地 。

明朝万历年间，首辅张居正解释过为何“期月而可，三年有成”，这当然是他自己的体会，不一定是孔子的本意。“一年则弊政革除，良政复兴，纪纲法度渐次就理，皆有可观者矣。若至于三年之久，则教化行而风俗美，礼制齐备而音乐和，民生富足，民德一新，治功有成。”

张居正曾为太子师，后来这太子成了皇帝。他的《四书直解》是他带领翰林院讲官为当时的万历皇帝朱翊钧（明神宗）编的启蒙读本，是唯一留存的《四书》皇家读本，读读还是很有意思的。

13.11

原文

子曰：“‘善人为邦[①]百年，亦可以胜残去杀矣。’诚哉是言也！”

注释

①为邦：治理国家。

译文

孔子说：“‘善人治理国家，经过一百年，也就可以消除残暴，废除杀戮了。’这话真对呀！”

悟语

善人者，好人也。何谓好人？道德高尚之人士也。为邦者，治理国家也。这里的“百年”可以理解成一百年，也可以理解成一个较长时期。

“善人为邦百年”，如果把“善人”理解成是一个人，那么这“百年”就是较长时间的意思，因为一个人是不可能为邦百年的，如果把“善人”理解成是“几个善人”，这个“百年”才可能是一百年，才有可能“胜残去杀”，如果不是善人为邦，那就永远不可能“胜残去杀”。

13.12

原文

子曰：“如有王者，必世[1]而后仁。”

注释

①世：代。三十年为一世。

译文

孔子说：“如果有王者兴起，也一定要三十年后才能实现仁政。”

悟语

看样子君王执政前三十年无法施行仁政，因为反叛的力量太强，必须靠强大的镇压手段方能站住脚。仁政是需要条件的，不是说施行就施行的。

13.13

原文

子曰：“苟正其身矣，于从政乎何有？不能正其身，如正人何？”

译文

孔子说：“如果自己行得正，从政会有什么困难呢？如果自己行得不正，又如何使别人行得正呢？”

悟语

这一章可以看作是13.6的姊妹章，讲的都是“政者，正也”的道理，只不过是换了一种说法而已。

对于为政者，最重要的就是修养自己，做好自己。自己正派，就有说服力；自己不正派，就没有说服力，别人就不会听你的。

13.14

原文

冉子[1]退朝。子曰："何晏[2]也？"对曰："有政[3]。"子曰："其事也。如有政，虽不吾以，吾其与闻之。"

注释

①冉子：冉有。在孔子的弟子中，称"子"的不多，冉有是其中之一。

②晏：晚。

③政：政事，国家大事。

译文

冉求退朝回来。孔子说："为什么回来得这么晚呀？"冉求说："有大事。"孔子说："只是一般的事务吧。如果有大事，即使我没有参与，我也会听说的。"

悟语

喜欢吹牛，是人的本性之一。吹牛是为了显得自己很厉害，孔子的弟子冉有也有这个毛病，但孔子并不信冉有的吹牛。

孔子说："冉有回来晚绝对不是因为有什么国家大事。如果真有国家大事，即使我不参与，我也会通过别的渠道了解到。"

13.15

原文

定公[1]问："一言[2]而可以兴邦，有诸？"孔子对曰："言不可以若是，其几（jī）[3]也。人之言曰：'为君难，为臣不易。'如知为君之难也，不几（jī）乎一言而兴邦乎？"曰："一言而丧（sàng）邦，有诸？"孔子对曰："言不可以若是，

其几（jī）也。人之言曰：‘予无乐乎为君，唯其言而莫予违[4]也。’如其善而莫之违也，不亦善乎？如不善而莫之违也，不几（jī）乎一言而丧（sàng）邦乎？”

注释

①定公：名宋，鲁国国君，鲁昭公之子。

②一言：有时指一个字，有时指一句话。这里指一句话。

③几：差不多。

④莫予违：不违背我。

译文

鲁定公问：“一句话就可以使国家兴盛，有这样的话吗？”孔子答道：“不可能有这样的话，但有近似的话。有人说：‘做君主难，做臣下也不容易。’做国君的如果明白了这句话，不几乎是一言兴邦吗？”鲁定公又问：“一句话可以亡国，有这样的话吗？”孔子回答说：“不可能有这样的话，但有近似的话。有人说过：‘我做君主并没有什么可高兴的，我所高兴的只在于我所说的话没有人敢于违抗。’如果说得对而没有人违抗，不也是很好的吗？但如果说得不对而没有人违抗，那不就近乎一言丧邦吗？”

悟语

鲁定公是一位有作为的君主，从他的问话中可见端倪。“在其位，谋其政”，既然是当了国君，当然要思考两件事，一是如何兴邦，二是如何不丧邦。

如何才能兴邦？关键得看君主。孔子指出的路是：“为君难，为臣不易。”君臣之间要上下同心，相互体谅。做国君的尤其要意识到做臣子不容易，要体谅臣下。

如何才能不丧邦？关键还是得看君主。如果国君搞一言堂，什么事都是自己说了算，不让别人违背，也不让别人提意见，那迟早就会丧邦。

“为君难，为臣不易”的实质是国君考虑属下，而“予无乐乎为君，于其言而莫予违也”的实质是国君只考虑自己，这是二者的区别。

顺便说一句，定公对孔子有知遇之恩。孔子从中都宰一直做到鲁国大司寇，是因为得到了定公的赏识与提拔。没有定公，孔子不会有那么大的影响力，是定公把他推向了历史舞台。

13.16

原文

叶公问政。子曰：“近者悦（yuè），远者来。”

译文

叶公问如何为政。孔子说：“使近处的人高兴，使远处的人来归附。”

悟语

“近者悦，远者来”是为政的目标。但如何做到才是问题的关键。我想，要想做到“近者悦”，至少做到三点：尊敬近者，关心近者，惠及近者。

被尊重是人的第一需要，任何人都需要被尊重；仁者爱人，关心别人是仁者最重要的体现；“惠则足以使人”。说一千，道一万，一个人对另一个人没有恩惠，是支使不动对方的。

13.17

原文

子夏为莒（jǔ）父①宰②，问政。子曰：“无欲速，无见小利。欲速则不达，见小利则大事不成。”

注释

①莒父：鲁国的一个城邑，在今山东莒县境内。

②宰：先秦时代君主或诸侯等贵族的副官，在内管家称“宰”，在外理事称“相”。

译 文

子夏做了莒父的宰，问孔子怎样处理政事。孔子说：“不要求快，不要贪求小利。求快反而达不到目的，贪求小利就做不成大事。”

悟 语

“欲速则不达”在中国可谓家喻户晓。为什么“欲速则不达”？因为一味求快，往往准备工作不足。准备工作不足，往往要返工，而一返工，就会耽误更多的时间与精力。

孔子强调“欲速则不达”，不是一味反对快，而是反对做事时准备不足。这使我想到了《中庸》中的一句话：“凡事预则立，不预则废。言前定则不跲，事前定则不困，行前定则不疚，道前定则不穷。”

至于见小利而大事不成，也容易理解。这就是老百姓常说的捡了芝麻丢了西瓜。

13. 18

原 文

叶公语（yù）孔子曰：“吾党[①]有直躬[②]者，其父攘（rǎng）羊[③]，而子证[④]之。”孔子曰：“吾党之直者异于是：父为子隐，子为父隐，直在其中矣。”

注 释

①党：古代500户为一党。

②直躬：直身而行。

③攘羊：偷别人家的羊。攘，侵夺、偷窃。

④证：做证，这里引申为揭发、告发。

译 文

叶公告诉孔子说：“我的家乡有个正直的人，他的父亲偷了人家的羊，他告发了父亲。”孔子说：“我家乡的正直的人和你讲的正直的人不一样：（若有这种事）父亲为儿子隐瞒，儿子为父亲隐瞒，正直就在其中了。”

悟 语

第一，攘羊是不对的。不管是顺手牵羊还是别人家的羊混入自己家的羊群假装不知道，不是自己的东西就不该拿，不该占。

第二，“其父攘羊，其子证之”在叶公的家乡被认为是正直的行为，而孔子认为，这种事情在鲁国不会被认为是正直，其正确做法是“父为子隐，子为父隐”。

第三，如果不是当事人，仅从道理上判断，大多数人会认为孔子不对，但如果其父攘羊发生在自己身上，可能看法会不一样，毕竟，告发父亲一般人很难做得出来。

第四，如果仅从是非来判断是容易下结论的，但从利益、亲情等因素考量，处理起来就复杂多了。

恐怕这是引起争议最多的一章。

我的微博中记载过这样一件事。

2013 年 10 月 24 日，我收到一位网友的来信：“王教授好，请教《论语》上有一篇“叶公语孔子曰：‘吾党有直躬者，其父攘羊，而子证之。’孔子曰：‘吾党之直者异于是：父为子隐，子为父隐，直在其中矣。’”最后一句的意思怎么理解呢?”

我当即做了回答：“第一，攘羊不对。第二，攘羊是顺手牵羊，是小过而非大罪。第三，家庭为重。子告父，父告子易使家庭失和也。第四，对外隐而对内劝也。第五，直有大直小直，弃小直而循大直也。第六，不能为直而直，该直则直，不该直则不直，要考虑做事后果。”

孔子就攘羊主张“父为子隐，子为父隐”也许是对的，因攘羊是小过而非大罪。如果其父不是攘羊而是杀人，其子该如何对待呢?

13. 19

原 文

樊迟问仁。子曰：“居处（chǔ）恭，执事敬，与人忠。虽之夷狄[①]，不可弃也。”

注　释

①夷狄：古代中原地区对少数民族的称呼。居于东部者称为“夷”，居于北部者称为“狄”。

译　文

樊迟问怎样才是仁。孔子说：“平常在家规规矩矩，办事严肃认真，待人忠心诚意。即使到了夷狄，也不可背弃。”

悟　语

樊迟虽不是孔子最好的学生，但却经常陪伴孔子左右。樊迟不但给孔子驾车，还曾“从游于舞雩之下”，陪着孔子到舞雩台游玩。

另外，樊迟还是孔子唯一讲过“仁、义、礼、智、信”全部内容的人。

在这里，当樊迟问仁的时候，孔子讲了三点：恭、敬、忠。当然，孔子在这里讲的仁，是作为属下的仁。

在《颜渊篇》第22章，樊迟也曾问仁，孔子回答说“爱人”。后来，孟子把“仁者爱人”连在一起使用，成为最有影响的成语。

13.20

原　文

子贡问曰：“何如斯可谓之士[①]矣？”子曰：“行己有耻，使于四方，不辱君命，可谓士矣。”曰：“敢问其次。”曰：“宗族称孝焉，乡党称弟（tì）焉。”曰：“敢问其次。”曰：“言必信，行必果[②]，硁（kēng）硁[③]然小人哉！抑亦可以为次矣。”曰：“今之从政者何如？”子曰：“噫！斗筲（shāo）之人[④]，何足算也？”

注　释

①士：上古掌刑狱之官。商、西周、春秋时为贵族阶层，多为卿大夫的家臣。士在周代贵族中位于最底层。春秋末年以后，逐渐成为统治

阶级中知识分子的统称。

②果：果断，坚决。

③硁硁：象声词，敲击石头的声音。这里引申为像石块那样坚硬。

④斗筲之人：比喻器量狭小的人。斗，古代容量单位，十升为一斗。筲，竹器，盛一斗二升。

译文

子贡问道："怎样才可以叫作士呢？"孔子说："自己在做事时有知耻之心，出使外国各方，能够完成君主交付的使命，可以叫作士。"子贡说："请问次一等的呢？"孔子说："宗族中的人称赞他孝顺父母，乡党们称赞他尊敬兄长。"子贡又问："请问再次一等的呢？"孔子说："说到一定做到，做事一定坚持到底，不问是非地固执己见，那是小人啊！但也可以说是再次一等的士了。"子贡说："现在的执政者，您看怎么样？"孔子说："唉！都是些器量狭小的人，哪里能算得上是士呢？"

悟语

士也分为几等。第一等是能为国做事的人，第二等是得到家族肯定的人，第三等是"言必信，行必果"，说话算数的人。

至于当时的当政者，孔子是颇为瞧不起的。孔子认为他们是些器量小的人，根本不值一提。

怪不得孔子挂冠而去周游列国，原来是孔子不屑与他们为伍。

13.21

原文

子曰："不得中行①而与之，必也狂狷（juàn）②乎！狂者进取，狷者有所不为也。"

注释

①中行：行为合乎中庸。

②狂狷：狂，言行粗野，不受约束。狷，行为拘谨，胆小怕事。

译　文

孔子说："找不到奉行中庸之道的人共事，现在的人不是言行粗野就是谨小慎微！言行粗野的人敢作敢为，谨小慎微的人缩手缩脚。"

悟　语

孔子认为，能做到中庸的人不多。孔子曾经这样说过："中庸之为德也，其至矣乎！民鲜久矣。"所以我们在生活中要么遇到狂者，要么遇到狷者。狂者的特点是进取，狷者的特点是不思进取。狂者也好，狷者也好，都不是最好的，努力的方向应是使自己变得越来越中庸。

13.22

原　文

子曰："南人[①]有言曰：'人而无恒，不可以作巫医[②]。'善夫（fú）！""不恒其德，或承之羞。"[③]子曰："不占[④]而已矣。"

注　释

①南人：南方之人。在孔子看来，吴、楚等地的人当属南人。

②巫医：用卜筮为人治病的人。

③不恒其德，或承之羞：不能恒久地持守自己的仁心，或许会因此蒙受耻辱（见《易经·恒卦·爻辞》）。

④占：占卜。古人迷信，用火灼龟甲，以为看了那灼开的裂纹，就可以推测出行事的吉凶。

译　文

孔子说："南方人有句话说：'人如果做事没有恒心，是不能做巫医的。'这句话说得真好啊！""不恒其德，或承之羞。"孔子说："这是无须占卜就会明白的。"

悟　语

孔子认为，人要想成事，必须有恒心，有恒志，持之以恒。孔子引用南方俗语以及《易经》上的话来阐明他的观点。

一、这说明当时的南北方交流甚多。孔子有个学生叫言偃（子游），便是来自长江以南（常熟）。子游曾为武城宰，后来回到南方，被称为南方夫子。

二、孔子喜欢引经据典，尤其是《诗》《易》。《论语》中谈《诗》多，谈《易》少。《论语》中孔子这样谈《易》："加我数年，五十以学《易》，可以无大过矣。"据说孔子晚年特别喜欢《易经》，曾韦编三绝。

如此推断，这句话应是孔子在晚年说的。也许到了晚年，才更加知道"恒"的极端重要性。孔子还曾讲过这样一段话，可以加深对这一章的理解。

"圣人，吾不得而见之矣！得见君子者，斯可矣。"子曰："善人，吾不得而见之矣！得见有恒者，斯可矣。亡而为有，虚而为盈，约而为泰，难乎有恒矣。"

13.23

原文

子曰："君子和①而不同②，小人同③而不和④。"

注释

①和：心不争。

②不同：立志各异。

③同：恶性一致。

④不和：争斗。

译文

孔子说："君子讲求和谐相处，但相互尊重；小人臭味相投，但明争暗斗。"

悟语

君子和而不同，君子知道事物与人的多样性、复杂性、特殊性，所以能以更广阔的胸怀与视野容纳别人与别的事。小人同而不和，小人不懂得事物与人的多样性、复杂性、特殊性，所以胸怀比较小，眼界比较低，只接纳与自己观点、做派相同或一致的人或事。

“君子”与“小人”是孔子在《论语》中多次谈到的一对概念。应特别提醒的是，“君子”与“小人”不仅是两类人，更是人身上的两个面。

13.24

原文

子贡问曰：“乡人①皆好（hào）②之，何如？”子曰：“未可也。”“乡人皆恶（wù）③之，何如？”子曰：“未可也。不如乡人之善者好之，其不善者恶（wù）之。”

注释

①乡人：全乡的人。

②好：喜欢。

③恶：讨厌。

译文

子贡问孔子说：“全乡人都喜欢、赞扬他，这个人怎么样？”孔子说：“不好断定。”子贡又问孔子说：“全乡人都厌恶、憎恨他，这个人怎么样？”孔子说：“这也不好断定。最好的人是全乡的好人都喜欢他，全乡的坏人都厌恶他。”

悟语

孔子认为，乡人分为两种，一种是善者，另一种是不善者。2500年前，孔子就懂得两分法。

如果善者与不善者都说某个人好，这个人肯定不是真正的好人。如果善者与不善者都说某个人坏，这个人也不一定是一个真正的坏人。

孔子在《卫灵公篇》中还这样讲过：“众恶之，必察焉；众好之，必察焉。”

13.25

原文

子曰："君子易事①而难说（yuè）②也。说（yuè）之不以道，不说（yuè）也；及其使人也，器之③。小人难事而易说（yuè）也。说（yuè）之虽不以道，说（yuè）也；及其使人也，求备焉。"

注释

①易事：易于与人相处共事。

②难说：难以取得他的欢喜。

③器之：量才使用他。

译文

孔子说："为君子做事比较容易，但很难取得他的欢喜。不按正道去讨他的喜欢，他是不会喜欢的。君子用人时总能量才而用。为小人办事很难，但要取得他的欢喜则是很容易的。即使不按正道去讨好他，也会得到他的喜欢。但等到他用人的时候，却总是求全责备。"

悟语

君子是有原则的人，君子用人也好，做事也好，都有一定之规。小人是没有原则的，用人也好，做事也好，随意性大。

君子用人是量才而用，小人用人是求全责备。

如果你的领导是位君子，你在他手底下做事会感到舒心；但你的领导如果是个小人，那你在他手底下干事会感到不舒服，由于他的求全责备，你会感到无所适从。

13.26

原　文

子曰：“君子泰而不骄，小人骄而不泰。”

译　文

孔子说：“君子坦然而不傲慢，小人傲慢而不坦然。”

悟　语

泰，泰然也，泰然自若也。君子平等待人，不卑不亢，处处坦然。

骄，傲慢也，骄横也，目中无人也。小人不知天高地厚，时时骄横。

孔子对“骄”是特别反感的。孔子讲：“如有周公之才之美，使骄且吝，其余不足观也已。”

13.27

原　文

子曰：“刚、毅、木、讷（nè），近仁。”

译　文

孔子说：“刚强、坚定、朴实、慎言，（这四种品德）接近于仁。”

悟　语

仁最本质的特征是爱人，不是爱自己，而是爱别人。因为要爱别人，就必须克制自己、锻炼自己、修养自己，使自己身上具备好的品质。故“刚、毅、木、讷，近仁”。

13.28

原　文

子路问曰：“何如斯可谓之士矣？”子曰：“切切偲（sī）

偲[1]，怡（yí）怡[2]如也，可谓士矣。朋友切切偲偲，兄弟怡怡。”

注释

①切切偲偲：亲密无间，互相勉励、督促。切切，亲密无间的样子。偲偲，互相勉励、督促。

②怡怡：和气、亲切、顺从的样子。

译文

子路问孔子说："怎样才可以称为士呢?"孔子说："亲密无间，互相督促、勉励，相处和和气气，可以算是士了。（士之相处，）应似朋友那样亲密无间，相互督促、勉励，如兄弟间那样和和气气。"

悟语

士最初只是泛指部落中的成年男子。到西周和春秋时，士被用来特指卿大夫以下的低级贵族。他们拥有一定数量的"食田"，在王官之学中接受礼、乐、射、御、书、数的"六艺"教育，文武兼修，有参与国家政治的权利，也是国家军事力量的中坚。

春秋后期，随着西周宗法等级制度的瓦解和世卿世禄制度的衰落，加上民间聚徒讲学风气的兴起，西周以来的教育体制逐步瓦解。过去由贵族垄断的学术文化流传到社会下层，民间开始聚徒讲学（孔子就是这方面的代表人物），很多庶民子弟通过接受教育掌握了学术文化知识。士逐渐成为知识分子的代称，身份逐渐由武士转变为文士，成为可以自由流动的"四民"之首。此时的"士"已与出身无关，可能来自贵族，也可能起于微贱，其共同的身份标志仅仅是知识、智慧和才能。这些文士已经脱离了昔日分封制和等级制的束缚，能够自由流动。他们学习知识并不是单纯出于好奇，而是有很强的功利性目的，即治国安邦，从事政治实践。这也是与当时官僚制的确立过程相适应的。

子路正是在这种背景下，提出了"何如斯可谓之士矣"这样的问题。

孔子给出的答案，一是"切切偲偲"，二是"怡怡如也"。要像朋友那样互相敬重，切磋勉励，要像兄弟那样和和气气，融洽相处。

13.29

原 文

子曰："善人[1]教民七年，亦可以即（jí）戎矣。"

注 释

①善人：有道德的人，善良的人。

译 文

孔子说："善人当政，且对百姓加以七年以上的军训，就可以叫他们去打仗了。"

悟 语

战争是一件严肃的事，也是一件严酷的事，其不仅影响到社稷命运，也影响到民众福祉，还会造成人员伤亡，故不得不慎重。《论语》讲，"子之所慎：齐、战、疾"。孔子对战争持异常慎重的态度。

但有时又不得不面临战争。你不想战争，不等于别人不想战争。有时候，当政者要提防别人发动与挑起战争，积极备战。

在这种情况下，要时刻保持警惕，要对人民进行长期的训练，只有进行训练，才有可能在战争中减少伤亡。

善良、有品德的人当政不想要战争，但不得不应对战争。

13.30

原 文

子曰："以不教民战，是谓弃之。"

译 文

孔子说："如果不先对老百姓进行作战训练，就让他们去打仗，这可以说是抛弃了他们。"

悟语

我认为，13.29 与 13.30 应当连在一起读。两章的主题只有一个，孔子主张打仗前应对士兵进行训练，13.29 是正着说，13.30 是反着说。

战争是要死人的，一定要打有准备之仗。所谓有准备之仗，首先要对士兵进行训练。如果不对士兵进行训练而派他们上战场，这与直接杀死他们没有什么两样。

孔子极少谈论战争，他是反对战争的。《论语》中讲："子之所慎：齐、战、疾。"

《论语》中还记载："卫灵公问陈于孔子。孔子对曰：'俎豆之事，则尝闻之矣；军旅之事，未之学也。'明日遂行。"

宪问篇第十四

14.1

原 文

宪[1]问耻。子曰："邦有道，谷（gǔ）[2]；邦无道，谷，耻也。""克、伐[3]、怨、欲不行焉，可以为仁矣？"子曰："可以为难矣，仁则吾不知也。"

注 释

①宪：姓原，名宪，字子思。孔子的学生。

②谷：俸禄。

③伐：自夸。

译 文

原宪问孔子什么是可耻。孔子说："国家政治清明，做官拿俸禄（不为耻）；国家政治混乱，还做官拿俸禄，这就是可耻。"原宪又问："好胜、自夸、怨恨、贪欲都没有的人，可以算做到仁了吧？"孔子说："这可以说是很难得的，但至于是不是做到了仁，我就不知道了。"

悟 语

原宪是孔子的学生，与颜回一样，也不爱财。他曾经给孔子当管家，孔子给他粟，他坚辞不要。孔子劝他说："你可以分给你的邻里乡党嘛！"

原文见《雍也篇》第5章。"原思为之宰，与之粟九百，辞。子曰：'毋！以与尔邻里乡党乎！'"

也许只有这样的人才能提出什么是"耻"这样的问题来。

孔子的回答总是联系实际："邦有道"（国家政治清明）的时候可以出来做事，"邦无道"（国家政治不清明）的时候还出来做事，这就是耻。

什么叫"邦无道"？就是国君不行。可能是品行不行，随便杀人；也可能是能力不行，分不清好坏；也可能是别的原因净出昏招，总之是把国家弄得乱糟糟的。

仁是孔子思想的核心，孔子的许多学生都问过什么是仁。原宪可能认为，一个人不争强好胜、不自吹自擂、不怨恨别人，又能克制自己的欲望，应当算是仁者了吧。但孔子说，做到这样难能可贵，但离仁的要求还差得远。为什么？仁者爱人。这些行为虽然很好，但与爱人不大沾边。

由此看，孔子是一个概念极清的人。

孔子死后，他的许多学生都飞黄腾达，如子贡。但原宪还是坚持清贫的生活态度。《庄子》记载了这样一段故事。

> 原宪居鲁，环堵之室，茨以生草，蓬户不完，桑以为枢，而瓮牖二室，褐以为塞，上漏下湿，匡坐而弦歌。子贡乘大马，中绀而表素，轩车不容巷，往见原宪。原宪华冠縰履，杖藜而应门。子贡曰："嘻！先生何病？"原宪应之曰："宪闻之，无财之谓贫，学而不能行谓之病。今宪贫也，非病也。"子贡逡巡而有愧色。原宪笑曰："夫希世而行，比周而友。学以为人，教以为己。仁义之慝，舆马之饰，宪不忍为也。"

14.2

原文

子曰："士而怀居[①]，不足以为士矣。"

注释

①怀居：留恋家庭的安逸生活。怀，思念，留恋。居，居家。

译文

孔子说："士如果留恋家庭的安逸生活，就不配做士了。"

悟语

孔子认为，士应当以天下为己任，而不应当只把眼光放到家庭生活的小圈子里。

孟子讲“穷则独善其身，达者兼济天下”，大概是受了这句话的影响。

人要想有点理想，有点出息，有点作为，就不能太享受家庭生活。

熊掌与鱼不可兼得啊。

14.3

原 文

子曰：“邦有道[①]，危[②]言危行；邦无道，危行言孙（xùn）[③]。”

注 释

①邦有道：国家政治清明，君主不昏庸。

②危：高，这里指正直。

③孙：通“逊”。

译 文

孔子说：“国家政治清明，要正言正行；国家政治混乱，行为要正直，但说话要谦和谨慎。”

悟 语

孔子认为，人无论在什么情况下都要正直。政治清明的时候正直，政治不清明的时候也要正直，不要做亏心事。

人要管住自己的嘴，不能乱说话，尤其是在政治不清明的时候。乱说话，会惹来祸患，甚至会惹来杀身之祸。

别忘了那个时候是君主制，君主对臣民有生杀予夺之权，因言获罪甚至掉脑袋的事比比皆是。

14.4

原 文

子曰：“有德者必有言，有言者不必有德。仁者必有勇，勇者不必有仁。”

译文

孔子说："有道德的人一定有（好的）言论，有（好的）言论的人不一定有道德。仁人肯定勇敢，但勇敢的人未必都有仁德。"

悟语

"有德者必有言"，必有善言。德者，走正路者也。走正路的人必定有好的感悟，好的体会。"有言者不必有德"，夸夸其谈者往往言不及义，下笔千言，离题万里。

"仁者必有勇"，仁者，爱人、立人、达人者也。孔子心目中的仁者，往往就是君子。君子即仁，仁即君子也。孔子讲："知者不惑，仁者不忧，勇者不惧。"勇是仁者的一个突出将征，孔子讲的勇乃见义为也。

"勇"还有另一层意思，勇敢也，敢做敢为者也。孔子注意到，许多敢做敢为的人未必有仁德之心。孔子曾这样批评子路："由也，好勇过我，无所取材"。

14. 5

原文

南宫适（kuò）[①]问于孔子曰："羿（yì）[②]善射，奡（ào）[③]荡舟[④]，俱不得其死然。禹、稷[⑤]躬稼而有天下。"夫子不答。南宫适（kuò）出。子曰："君子哉若人！尚德哉若人！"

注释

①南宫适：即南容，孔子的学生，也是孔子的侄女婿。适，通"括"。

②羿：古代传说中叫羿的人有三个，都是射箭能手。一是帝喾的射师，见于《说文》；二是传说当时有十个太阳，射落了其中九个的羿，见《淮南子·本经训》；三是传说中夏代有穷国的国君，善于射箭，曾夺夏太康的王位，后被其臣寒浞所杀。这里指后者。

③奡：传说中寒浞的儿子，后来为夏少康所杀。

④荡舟：用手推船。传说奡力大，善于水战。

⑤禹、稷：禹，善于治水，注重发展农业。稷，传说是周朝的祖先，又为谷神，教民种植庄稼。

译文

南宫适问孔子："羿善于射箭，奡善于水战，最后都不得好死。禹和稷都亲自种植庄稼，却得到了天下。"孔子没有回答。南宫适出去后，孔子说："君子就是这个样啊！崇尚道德的人就是这个样啊！"

悟语

羿也好，奡也好，都是力大无比者，这样的人最终还是把国家丢了，把命丢了。原因何在？勇有余而仁不足也。而禹也好，稷也好，不逞蛮力，老老实实地种地，最终得了天下，这是靠仁不是靠勇。

南宫适是善于思考的人，把这个规律讲给孔子听，孔子不答。

不知这段对话发生在南宫适成为孔子侄女婿之前还是之后。孔子因材施教，这又是一例。

14.6

原文

子曰："君子而不仁者有矣夫（fú），未有小人而仁者也。"

译文

孔子说："君子有时会做出不仁的事来，而小人肯定不会做出有仁德的事。"

悟语

这一章孔子讲话的逻辑与14.4完全相同。孔子掌握了辩证法，用辩证思维看待事物。

君子可能会做出不仁的事来，所以君子要小心；而小人绝对做不出仁德的事来，这一点不用怀疑。既然如此，如果你认定身边有小人，迟早会祸害你，最好的办法就是敬而远之，躲得远远的。

14.7

原　文

子曰："爱之，能勿劳[①]乎？忠焉，能勿诲（huì）乎？"

注　释

①劳：劳动，操劳。有的解释为"为其劳"，有的解释为"让其劳"。

译　文

孔子说："爱他，能不为他操劳吗（能不让他劳动吗）？忠于他，能不对他进行劝告吗？"

悟　语

从这一章的语气来看，说的是臣下如何侍奉君主。臣下对君主要做到两个字：劳与忠。如果爱君主，就要为君主操劳；如果忠诚于君主，就要对君主的不当言行进行劝告。为君主操劳，君主肯定喜欢；但对君主规劝，君主可能会不喜欢。

14.8

原　文

子曰："为命[①]，裨（bì）谌（chén）[②]草创之，世叔[③]讨论之，行人[④]子羽[⑤]修饰之，东里[⑥]子产润色之。"

注　释

①为命：制定政令或外交文书。命，指国家的政令，另解释为诸侯会盟的外交文书。

②裨谌：人名，郑国的大夫，以多谋见称。

③世叔：即子太叔，名游吉，郑国的大夫。子产死后，继子产为郑国宰相。

④行人：官名，掌管外交事务。

⑤子羽：姓公孙，名挥，字子羽，郑国大夫。

⑥东里：地名，郑国大夫子产居住的地方。

译 文

孔子说："郑国拟定的政令公文（外交文书），首先由裨谌起草，再由世叔提出意见，然后由外交官子羽加以修饰，最后由东里子产润色。"

悟 语

这里讲了为文的四个步骤：草、讨、修、润。这些步骤恐怕永远也不会过时。

我经常给我的研究生讲这一段，曾给徐勤航讲过。徐勤航跟我读完硕士后，到南京农业大学去读博士，现在已毕业。2018 年 12 月 3 日，徐勤航在蔚然经管师门群里发论语"每日一悟"，谈到了这一段，贴在这里：

> 今天我与大家分享的是"为命，裨谌草创之，世叔讨论之，行人子羽修饰之，东里子产润色之"。不仅制定政令是如此，写文章亦是如此。因为毕业有要求，必须要在相关学术期刊上发表论文。刚刚结束了最近一版的修改，打开文件夹一看，第一版（2018.5.21）已是半年多之前的事情。在这半年多的时间里不知经历了多少次的"草、讨、修、润"。一开始先要根据研究主题确定研究思路、厘清研究方法、构建分析框架、起草初步稿件；有了初步的想法之后要跟老师讨论，看看文章中的问题和存在的不足，并根据反馈意见进行文章的修改；把文章修改完之后还要对文章的逻辑和语言进行进一步的修饰和润色，达到让别人看懂、看顺、看好的目的。在投稿之后要根据评审专家的意见再次经历"草、讨、修、润"的过程，往复循环，直至见刊。

14. 9

原 文

或问子产[1]。子曰："惠人也。"问子西[2]。曰："彼哉！

彼哉！”问管仲。曰：“人也[3]。夺伯氏[4]骈（pián）邑[5]三百，饭疏食，没（mò）齿[6]无怨言。”

注释

①子产（？~前522）：即姬侨，字子产，又字子美，又称公孙侨、郑子产，春秋后期郑国（今河南新郑）人，是孔子最尊敬的人之一。公元前543~前522年执掌郑国国政，是当时著名的政治家、思想家。

②子西：楚国的令尹，名申。

③人也：此人。

④伯氏：齐国的大夫。

⑤骈邑：地名，伯氏的采邑。

⑥没齿：一辈子，终身。

译文

有人问子产是个怎样的人。孔子说：“是个施惠于人的人。”又问子西。孔子说：“他呀！他呀！”又问管仲。孔子说：“他是个有能力的人。他曾剥夺伯氏骈邑三百户的采地，使伯氏只能吃粗茶淡饭，但直到老死，伯氏也没有怨言。”

悟语

《论语》中多次出现“或”，意思是“有人”。至于是谁，无从考证了。这人问了几个历史人物，孔子给了不同的回答。孔子对子产的评价是“惠人也”。《公冶长篇》曾这样记载：“子谓子产：‘有君子之道四焉：其行己也恭，其事上也敬，其养民也惠，其使民也义。’”

对于子西，孔子是不屑一顾的：“他呀，他呀。”今天，如果我们对谁不屑一顾，还用这样的语气。

对管仲，孔子的评价更高，说他是个人物。虽然夺了伯氏的骈邑，但伯氏口服心服，至死都没有怨言。大概的情况有二：一是管仲处理得公道，二是伯氏也是个君子，真正认识到了自己不对。但还有一种情况是伯氏敢怒而不敢言，管仲权势炙手可热，伯氏不得不装出心服口服的样子。

14.10

原　文

子曰："贫而无怨难，富而无骄易。"

译　文

孔子说："贫穷而没有怨恨是很难做到的，富裕而不骄傲却是容易做到的。"

悟　语

要想实现共同富裕，正确的做法就是把穷人都变成富人，但做到这一点谈何容易。让一部分人先富起来容易，而让所有人都变成富人很难。

中国正在探索如何走共同富裕的道路，希望这条道路越走越宽。

14.11

原　文

子曰："孟公绰①为赵魏老②则优③，不可以为滕薛④大夫。"

注　释

①孟公绰：鲁国大夫，属于孟孙氏家族。

②老：这里指古代大夫的家臣。

③优：有余。

④滕薛：滕，诸侯国家，在今山东滕州。薛，诸侯国家，在今山东滕州东南一带。

译　文

孔子说："孟公绰做晋国赵氏、魏氏的家臣才力有余，但做不了滕、薛这样的小国的大夫。"

悟 语

人各有志，人各有才。有的人做大臣可，但不一定做得了具臣。有的人在A岗位上表现突出，但在B岗位上却表现得一塌糊涂。如孟公绰，可在赵魏老的岗位游刃有余，但却做不了滕、薛大夫。所以，做领导的要务是知人善任，把人安排到最合适的岗位上去。

一位好的宣传部长，不一定是一位合格的铁道部长。而让一位合格的铁道部长去做卫生部长，可能把卫生系统弄得一团糟。顺便说一句，孔子对孟公绰的评价甚高，曾说这人的最大的特点是“不欲”，不欲者，不贪也。不贪，在任何朝代都是好品质。

14.12

原 文

子路问成人①。子曰：“若臧武仲②之知（zhì）、公绰③之不欲、卞（biàn）庄子④之勇、冉求之艺，文之以礼乐（yuè），亦可以为成人矣。”曰：“今之成人者何必然？见利思义，见危授命，久要（yāo）⑤不忘平生之言，亦可以为成人矣。”

注 释

①成人：人格完备的完人。

②臧武仲：鲁国大夫臧孙纥。

③公绰：指孟公绰。鲁国大夫，属于孟孙氏家族。

④卞庄子：鲁国卞邑大夫。

⑤久要：长久处于穷困中。

译 文

子路问怎样做才是一个完美的人。孔子说：“如果具有臧武仲的智慧、孟公绰的廉洁、卞庄子的勇敢、冉求的才艺，再学习礼乐，也就可以算是一个完人了。”孔子又说：“现在的完人何必一定要这样呢？见到财利能想到义，遇到危险愿意献出生命，长久处于穷困仍不忘终生的诺言，这样也可以成为一个完美的人。”

悟语

这里的“成人”可以理解成“君子”。君子有三达德，仁、智、勇。

在这里，孔子谈到了智（臧文仲），谈到了勇（卞庄子），没有谈及仁，但谈到了不欲（孟公绰），谈到了艺（冉求），还谈到“文之以礼乐”。

君子多乎哉？不多也。

注意，上一章孔子谈到了孟公绰的能（才干），这一章孔子谈到了孟公绰的德（不欲）。

有必要了解一下孟公绰。

孟公绰，鲁国大夫，三桓孟氏族人，《史记》说他是孔子所尊敬的人，其廉静寡欲。

《史记·仲尼弟子列传》记载：“孔子之所严事：于周则老子；于卫，蘧伯玉；于齐，晏平仲；于楚，老莱子；于郑，子产；于鲁，孟公绰。数称臧文仲、柳下惠、铜鞮伯华、介山子然，孔子皆后之，不并世。”

《左传》对孟公绰也有记载：“二十五年春，齐崔杼帅师伐我北鄙，以报孝伯之师也。公患之，使告于晋。孟公绰曰：‘崔子将有大志，不在病我，必速归，何患焉？其来也不寇，使民不严，异于他日。’齐师徒归。”

14.13

原文

子问公叔文子①于公明贾②曰：“信乎，夫子③不言，不笑，不取乎？”公明贾对曰：“以④告者过也。夫子时然后言，人不厌其言；乐然后笑，人不厌其笑；义然后取，人不厌其取。”子曰：“其然？岂其然乎？”

注释

①公叔文子：即公孙拔，卫国大夫，卫献公之子，谥号文。

②公明贾：姓公明，字贾，卫国人。

③夫子：这里指公叔文子。

④以：此处是“这个”的意思。

译文

孔子向公明贾问公叔文子，说：“传说先生他不说话，从不笑，也不要钱财，是真的吗？”公明贾回答道：“告诉你这话的那个人说得不对。先生他到该说时才说，因此别人不讨厌他说话；快乐时才笑，因此别人不讨厌他笑；合于道义的财利才求取，因此别人不讨厌他求取。”孔子说：“原来是这样？难道真是这样吗？”

悟语

孔子从旁人那里知道了公叔文子的三个特点：不乱说话，不苟言笑，不贪财。孔子不相信，就去向公明贾求证。

公明贾熟悉公叔文子，说传说有点过头了，公叔文子达不到传说中的那样。公叔文子的特点是，该说话的时候就说话，该笑的时候就笑，该求取财利的时候就求取。度把握得相当好。

公明贾的意思是，公叔文子秉承中庸之道，在说话及做人做事上拿捏得非常到位。公明贾的话解开了孔子的疑惑，于是孔子说：“这样啊，原来是这样啊。”

一般而言，人的真实面目往往与传说中的不一样，没有像传说中的那么好，也没有像传说中的那么坏。

谁人背后无人说，哪个人前不说人？

14. 14

原文

子曰：“臧武仲以防求为后于鲁[①]，虽曰不要（yāo）[②]君，吾不信也。”

注释

①臧武仲以防求为后于鲁：防，臧武仲的封邑，在今山东费县东北

60 里的华城，紧靠齐国边境。公元前 550 年，臧武仲因帮助季氏废长立少，得罪了孟孙氏，逃到邻近的邾国（见《左传·襄公二十三年》）。不久又回到他的封邑防城，请求鲁襄公为臧氏立后代于防，继承他的封邑。

②要：要挟，胁迫。

译 文

孔子说："臧武仲凭借防邑请求鲁君在鲁国为臧氏立后代，虽自己说这样做不是要挟君主，但我不相信。"

悟 语

到鲁襄公的时候，鲁国的君权已经很弱了。臧武仲的封地是防，他要求鲁襄公把这块地方封给自己的后代。虽然他自己说这不是要挟国君，但孔子说，这就是在要挟国君。

臧武仲做过鲁国的大司寇，这是在孔子做大司寇之前。

群众的眼睛是亮的，孔子的眼睛更亮。这种事情怎么能逃得过孔子的法眼？

14. 15

原 文

子曰："晋文公[1]谲（jué）[2]而不正，齐桓公[3]正而不谲。"

注 释

①晋文公（前 697～前 628）：姓姬，名重耳，春秋时期有作为的政治家，著名的霸主之一。公元前 636～前 628 年在位，开创晋国长达百年的霸业，与齐桓公并称"齐桓晋文"，为后世儒家、法家等学派称道。晋文公在处事时善于玩弄权术。

②谲：欺诈，玩弄手段，玩弄权术。

③齐桓公（前 716～前 643）：姓姜，名小白，春秋时期有作为的政治家，著名的霸主之一。公元前 685～前 643 年在位，是历史上第一个

充当盟主的诸侯。但其晚年昏庸，最终在内乱中饿死。齐桓公在处事时往往直接说出自己的想法。

译文

孔子说："晋文公诡诈而不正派，齐桓公正派而不诡诈。"

悟语

孔子在这里用的是对比手法。对比，是把具有明显差异、矛盾和对立的双方安排在一起，进行对照比较的表现手法。对比是把对立的观点或事物，或事物的两个方面放在一起作比较，让读者在比较中分清好坏、辨别是非。写作中的对比手法，就是把事物、现象和过程中矛盾的双方，安置在一定条件下，使之集中在一个完整的统一体中，形成相辅相成的比照和呼应关系。运用这种手法，有利于充分显示事物的矛盾，突出被表现事物的本质特征，加强文章的艺术效果和感染力。

"晋文公谲而不正，齐桓公正而不谲。"短短的 14 个字，让我们记住了这两个历史人物。

孔子在教育学生的过程中，经常用对比法。如《公冶长篇》第 9 章记载："子谓子贡曰：'女与回也，孰愈？'对曰：'赐也何敢望回？回也闻一以知十，赐也闻一以知二。'子曰：'弗如也。吾与女，弗如也。'"

14.16

原文

子路曰："桓公杀公子纠①，召忽②死之，管仲不死。"曰："未仁乎？"子曰："桓公九合诸侯③，不以兵车④，管仲之力也。如其仁⑤，如其仁。"

注释

①公子纠：齐桓公的哥哥。他与齐桓公争王位，为齐桓公所杀。

②召忽：管仲和召忽都是公子纠的家臣。公子纠被杀后，召忽自杀，管仲归服于齐桓公，并当上了齐国的宰相。

③九合诸侯：指齐桓公多次召集诸侯会盟。

④不以兵车：不用武力。

⑤如其仁：这就是他的仁德。

译文

子路说："齐桓公杀了公子纠，召忽自杀以殉，但管仲却没有自杀。"又说："管仲不能算是仁人吧？"孔子说："桓公多次召集诸侯会盟，且不用武力，这都是管仲的功劳。这就是仁，这就是仁。"

悟语

孔子强调仁。仁者，爱人、立人、达人也。忠也是好的品质，但忠与仁是两回事。召忽为主自杀，这是忠；而管仲没有为主自杀，这是不忠。子路混淆了不忠与不仁的概念。

古代人讲三立，立言，立德，立功。以此观，召忽做的是立德，而管仲做的是立功。立德重要呢？还是立功重要呢？真说不清楚。

在小德与大功之间，孔子选择了大功。

14. 17

原文

子贡曰："管仲非仁者与？桓公杀公子纠，不能死，又相（xiàng）之。"子曰："管仲相（xiàng）桓公，霸诸侯，一匡天下，民到于今受其赐。微①管仲，吾其被（pī）发（fà）左衽（rèn）②矣。岂若匹夫匹妇之为谅③也，自经④于沟渎⑤而莫之知也。"

注释

①微：无，没有。

②被发左衽：当时的夷狄之俗。被，通"披"。衽，衣襟。

③谅：遵守信用。这里指小节小信。

④自经：上吊自杀。

⑤渎：小沟渠。

译文

子贡问："管仲不能算是仁人吧？桓公杀了公子纠，他不能为公子纠殉死，反而做了齐桓公的国相。"孔子说："管仲辅佐桓公，称霸诸侯，匡正了天下，老百姓直到今天还蒙受他的恩惠。如果没有管仲，恐怕我们也要披散着头发、衣襟向左开了。哪能像普通百姓那样恪守小节，自缢于小山沟里，而谁也不知道呀。"

悟语

这一章，子贡与子路犯了同样的毛病，把管仲的不忠当成了管仲的不仁。就管仲相桓公这件事而言，管仲是舍小忠而就大仁。这一章孔子给予管仲非常高的评价，看样子，在对管仲的认识问题上，孔子是一以贯之的。人有时候就要做出选择，要舍小节而就大义。对事物的取舍决定了这个人的格局与气度，也决定了这个人的命运与前途。

14.18

原文

公叔文子之臣大夫僎（xún）[1]与文子同升诸公[2]。子闻之，曰："可以为文矣。"

注释

①僎：公叔文子的家臣。

②升诸公：指僎由家臣升为大夫，与公叔文子同位。公，公室。

译文

公叔文子的家臣僎和文子一同做了卫国的大夫。孔子知道后说："（公叔文子死后）可以给他'文'的谥号了。"

悟语

谥号是指社会地位相对较高的人物死之后，后人按其生平事迹进行评定后给予或褒或贬评价的文字，始于西周，曾广泛通行于汉字文化圈。评价一个人物的是非功过，往往不是只言片语就能叙述清楚，古人为了方便对历史人物盖棺定论，选择用谥号来进行概括。总的来说，古代历史上的皇帝、皇后以及诸侯大臣等社会地位相对较高的人物，在其去世之后朝廷会依据其生前所作所为给出一个具有评价意义的称号，这就是通常意义的谥号。谥号用来高度概括一个历史人物的生平。

根据对西周青铜铭文的研究，约周穆王时期，给地位较高或较有身份的死者加谥的做法已比较普遍。

公叔文子与自己的家臣僎同升诸公而安然自得，这是一种胸怀，也是一种格局。这样的人的确应当有个好的谥号，“文”便是他的谥号。

14. 19

原文

子言卫灵公①之无道也，康子②曰：“夫（fú）如是，奚而不丧（sàng）？”孔子曰：“仲叔圉（yǔ）③治宾客，祝鮀（tuó）④治宗庙，王孙贾（gǔ）⑤治军旅。夫（fú）如是，奚其丧（sàng）？”

注释

①卫灵公：卫国国君。孔子周游列国到卫国时，卫灵公在位。

②康子：即季康子。

③仲叔圉：即孔文子，卫国大夫。

④祝：卫国大夫。

⑤王孙贾：卫国大夫，负责军事。

译文

孔子讲到卫灵公的无道，季康子说：“既然如此，为什么他没有败亡呢？”孔子说：“仲叔圉管理外交，祝鮀管理宗庙祭祀，王孙贾统率军队。像这样，怎么会败亡呢？”

悟　语

自己不行不要紧，手下的人能干就行了。如何让能干的手下人保持忠诚，这才是问题的关键。卫灵公做到了。

不知这无道的卫灵公是如何做到的？

14.20

原　文

子曰："其言之不怍（zuò）[1]，则为之也难。"

注　释

①怍：惭愧。

译　文

孔子说："说大话的人，让他兑现诺言是很难的。"

悟　语

人在说大话的时候，本身就没有想着去做。所以，不要相信说大话的人。中国人常讲，轻诺者必寡信，也许是从这一章延伸出来的。

生活中我们常遇到这样的人，拍着胸脯答应这答应那，但到了真事上，却一件也没有做成过。与这样的人打交道，得多留个心眼，千万不要太拿他的话当真，否则会追悔莫及。

14.21

原　文

陈成子[1]弑简公[2]。孔子沐浴而朝，告于哀公曰："陈恒弑其君，请讨之。"公曰："告夫（fú）三子[3]。"孔子曰："以吾从大夫之后[4]，不敢不告也。君曰'告夫（fú）三子'者。"之[5]三子告，不可。孔子曰："以吾从大夫之后，不敢不告也。"

注　释

①陈成子：即陈恒，齐国大夫，又叫田成子。他以大斗借出、小斗收进的方法得到百姓拥护。公元前481年，他杀死齐简公，夺取了政权。这个时候孔子已经70岁了。

②简公：即齐简公，姓姜，名壬。公元前484~前481年在位。

③三子：指季孙、孟孙、叔孙三家。

④从大夫之后：孔子曾任过大夫职，但此时已经去官，所以说“从大夫之后”。

⑤之：往。

译　文

陈成子杀了齐简公。孔子斋戒沐浴以后，随即上朝去见鲁哀公，报告说：“陈恒把他的君主杀了，请您出兵讨伐。”哀公说：“你去报告那三位大夫吧。”孔子退朝后说：“因为我曾经做过大夫，所以不敢不来报告，君主却说‘你去告诉那三位大夫吧！’”孔子去向三位大夫报告，但三位大夫不愿派兵讨伐。孔子说：“因为我曾经做过大夫，所以不敢不来报告呀！”

悟　语

孔子于公元前486年回到鲁国，被鲁哀公拜为国老，国老相当于现在的国家顾问。当顾问，可顾可问，也可不顾不问，显然孔子选择了前者。

在孔子回国5年以后，陈恒弑简公。孔子认为这是大逆不道的事情，应当讨伐，所以就去找鲁哀公。鲁哀公虽贵为国君，但不掌握实权，实权掌握在三桓手中，所以鲁哀公说你去找三桓吧，于是孔子又到三桓那里去。三桓不愿意出兵。第一，他们虽然没有到弑君的地步，但也不太拿国君当回事儿。第二，齐国力量强大，鲁国那点兵力根本不是对手。所以他们答复“不可”。

其实孔子是明知不可为而为之，在他去找哀公和三桓之前，他就知道是这个结局，所以他强调说：“以吾从大夫之后，不敢不告也。”

孔子是在表明一种态度。

14.22

原 文

子路问事君[1]。子曰："勿欺也，而犯之。"

注 释

①君：君主。

译 文

子路问怎样侍奉君主。孔子说："不要欺君，以至于去冒犯他。"

悟 语

这一句话很多人翻译成："子路问怎样侍奉君主。孔子说不能欺君，但可以犯颜直谏。"这当然是错的了。

过去国君掌握着生杀予夺之权，你去犯他，那不是明摆着找死吗？孔子绝对不会教学生这样做。有人之所以这样翻译，是因为不知道"而"有多种用法，这个"而"，既可以表示转折，也可以表示递进。这里是表示递进的意思。

14.23

原 文

子曰："君子上达，小人下达。"

译 文

孔子说："君子向上通达（仁义），小人向下通达（财利）。"

悟 语

孔子最伟大的贡献就是改造了君子和小人这两个概念。请注意，君子和小人既是两类人，也是人身上的两个面。就是说，每一个人身上既有君子的一面，也有小人的一面。修身的目的就是把自己身上小人的那一面压缩或者去掉。如此，人人可以为尧舜。

多关心仁义之事，少做点财利之梦，这就是上达；如果相反，则是下达。

14. 24

原 文

子曰："古之学者为己，今之学者为人。"

译 文

孔子说："古代的人学习是为了提高自己，而现在的人学习是为了做给别人看。"

悟 语

为人者，做给别人看也。为己者，使自己品行提高也。自古以来，就有这两种人。

孔子这么说，只不过强调世风日下而已。

现在的人学习，更多是为了做给别人看，为了使自己品行提高的却很少。

14. 25

原 文

蘧（qú）伯玉[1]使人于孔子。孔子与之坐而问焉，曰："夫子何为？"对曰："夫子[2]欲寡其过而未能也。"使者出，子曰："使乎！使乎！"

注 释

①蘧伯玉：卫国大夫。姓蘧，名瑗，字伯玉，卫国大夫蘧庄子（无咎）之子，谥号成子。蘧伯玉是孔子的好朋友，孔子在卫国时曾住在他的家里。

②夫子：指蘧伯玉。

译文

蘧伯玉派使者去拜访孔子。孔子让使者坐下，然后问道："先生最近在做什么?"使者回答说："先生想要减少自己的错误，但未能做到。"使者走了以后，孔子说："好一位会说话的使者啊，好一位会说话的使者啊!"

悟语

蘧伯玉是孔子在卫国的老朋友，他俩关系不错。孔子回到鲁国后，蘧伯玉派使者去拜访孔子。人际关系的维持在于来往，没有了来往，关系也就淡了。

孔子问使者蘧伯玉在做什么。使者似乎答非所问："夫子欲寡其过而未能也。"

这是一句概括性极强的话，从这句话中，我们看到了蘧伯玉对自己要求严格，在努力修身。

话只有一句，却把蘧伯玉的一切努力都说明白了。怪不得使者离开后，孔子对使者大加赞扬。

话不在多，关键是说到点子上了。

关于蘧伯玉，我多说一点。

蘧伯玉是孔子的好朋友，其不欺暗室的例子广为流传。

春秋时候，有一天卫国国君卫灵公正与夫人夜坐闲聊，忽然听到宫外车声辚辚，车行到宫殿门前的宫阙，声音就戛然而止，过了一会儿，才又有辚辚车声。灵公问夫人："你能猜出门外乘车而过的是谁吗?"夫人回答："这一定是蘧伯玉。"

她解释说，按照礼的规定，经过君王之门应该下车，见到国君使用的路马应凭轼行礼，这是为了从多方面显示对君王的尊敬之心。忠臣和孝子，从不因天色明亮就张扬节操，也从不因天色昏暗就败坏品行。蘧伯玉是卫国有名的贤大夫，仁义而聪慧，侍奉国君十分谨慎，这样的人"必不以暗昧废礼"。所以这个在黑夜里还严格守礼，在国君门前下车步行而过的人一定是蘧伯玉。

灵公派人出去探个究竟，果然不出夫人所料，这个人正是蘧伯玉。

蘧伯玉“不欺暗室”，赢得了国君的认可和尊重。虽然他遵守的那些礼制和背后的忠君观念已经成为历史的陈迹，可是他在无人监督的情况下还严格按照规矩办事的精神，至今仍然没有过时。

14.26

原文

子曰：“不在其位，不谋其政。”[1]曾子曰：“君子思不出其位。”

注释

①本章前一部分系重出，见8.14章。

译文

孔子说：“不在那个职位，就不要考虑那个职位上的事情。”曾子说：“君子考虑问题，从来不超出自己的职权范围。”

悟语

这句话的另一种表达是“在其位，谋其政”。

“在其位，谋其政”，强调的是尽职尽责。“不在其位，不谋其政”的确切含义是强调不越位，尊重别人的权限。

同事之间的矛盾，往往是越位所致。如果同事之间都能遵照“不在其位，不谋其政”的原则，同事之间的矛盾会少得多。

孔子意识到很多矛盾都是不在其位而谋其政引起的，聪明的人离开原来的位置之后，对继任者的工作从不说三道四，评评点点。

曾子讲的那段话，可以看成是孔子“不在其位，不谋其政”的补充。

曾子也是个明白人。

14.27

原文

子曰：“君子耻其言而过其行。”

译文

孔子说："君子认为说得多而做得少是可耻的。"

悟语

孔子强调慎言，反对夸夸其谈，言过其实；强调言行一致，反对言行不一。

子贡曾向孔子请教什么是君子，孔子回答说："先行，其言而后从之。"孔子还说："君子欲讷于言而敏于行。"

由此看，孔子对这个问题的认识是一贯的。

做一说一，千万不能做一说十。

14.28

原文

子曰："君子道者三，我无能焉：仁者不忧，知（zhì）者不惑，勇者不惧①。"子贡曰："夫子自道也。"

注释

①仁者不忧，知者不惑，勇者不惧：此句系重出，见9.29章。

译文

孔子说："君子之道有三个方面，我都未能做到：仁德的人不忧愁，聪明的人不迷惑，勇敢的人不畏惧。"子贡说："这正是老师的自我表述啊！"

悟语

仁、智、勇为君子之三达德。孔子自谦地认为，自己做不到这三点。孔子是一个善于反省的人，而子贡认为，孔子恰恰做到了这三点。

想想也是，如果连孔子都做不到，那谁还能做到呢？

我们得佩服子贡的聪明。如果孔子说完以后，子贡没有后面这句话，那孔子该有多尴尬。

什么是聪明人？在关键的时候说关键的话，说该说的话，说画龙点睛的话，子贡就是这样的聪明人。

14.29

原 文

子贡方（bàng）人[①]。子曰："赐也贤乎哉？夫（fú）我则不暇。"

注 释

①方人：评论、诽谤别人。方，诽谤。

译 文

子贡评论别人的短处。孔子说："赐啊，你真的就做得那么好吗？我就没有闲工夫去评论别人。"

悟 语

谁人背后无人说，谁人背后不说人。这是中国的一句老话。这句老话应当流传了2500年了吧。

子贡也有背后说人的毛病，被孔老夫子逮了个正着。孔老夫子认为那是子贡闲的，无事生非，孔老夫子说我就没有闲工夫去议论别人。

孔老夫子说了一个真理，当人闲下来的时候会去议论别人，如果忙得脚不着地，就没有闲工夫去议论别人。

忙比闲好。

14.30

原 文

子曰："不患人之不己知，患其不能也。"

译 文

孔子说："不担心别人不知道自己，只担心自己没有本事。"

悟　语

类似的话，孔子说过几次。孔子曾这样说：“君子病无能焉，不病人之不己知也。”担心没什么用，没有能力，别人怎么会了解你呢？

加强学习，从各方面努力提升自己，这才是正途。

14.31

原　文

子曰：“不逆①诈，不亿②不信，抑亦先觉者，是贤乎！”

注　释

①逆：预先猜测。

②亿：通“臆”，猜测。

译　文

孔子说：“不预先怀疑别人欺诈，也不猜测别人不诚实，然而能及早觉察别人的欺诈和不诚实，这就是贤人了。”

悟　语

怀疑一切是不对的，不要轻易地认为别人有诈，也不要轻易地认为别人不可信。

人与人交往有一个规律，你害怕别人欺诈你，别人就可能欺诈你；你不相信别人，别人就可能不相信你，所以还是要先相信别人。

但的确有人有察觉别人欺诈和不诚实的本事，他往往对事情有预感，而且预感得比较准。别人是蒙不了他的，也骗不了他。

孔子说，这样的人不是一般的人啊，是圣贤！

14.32

原　文

微生亩①谓孔子曰：“丘，何为是②栖（xī）栖③者与？无乃为佞乎？”孔子曰：“非敢为佞也，疾固④也。”

注释

①微生亩：姓微生，名亩，鲁国人。这里称孔子名，其应当比孔子年长。

②是：如此。

③栖栖：忙碌不安、不安定的样子。

④疾固：疾，恨。固，固执。

译文

微生亩对孔子说："孔丘，你为什么这样四处奔波游说呢？难道是为了显示自己的口才吗？"孔子说："我怎么敢花言巧语，我只是痛恨那些顽固不化的人。"

悟语

这微生亩称孔子名，有两种情况：一是岁数比孔子大，二是辈分比孔子高。

从说话的语气看，微生亩多少有点教训的口吻了。"整天忙忙碌碌地干啥呢？今天教育这个，明天教育那个，有点过分地炫耀自己的口才了吧？"

孔子一向尊老，即使这话不好听，也还得回复，并好好解释："我哪敢花言巧语？有许多顽固不化的人，我不说不行啊。"

我们知道孔子一向是反对"佞"的。《公冶长篇》中记载了这样一件事，"或曰：'雍也，仁而不佞。'子曰：'焉用佞？御人以口给，屡憎于人，不知其仁。焉用佞？'"

生活中，人常被别人误解，孔子亦然。

14.33

原文

子曰："骥[1]不称其力，称其德也。"

注释

①骥：千里马。古代称善跑的马为"骥"。

译文

孔子说：“千里马值得称赞的不是它的气力，而是它的品德（恒心）。”

悟语

在孔子那个时代，马的作用比现在要大得多。与人比起来，马不仅力气大，而且速度快，可拉车，可骑乘，是人类最有用的朋友。而马中精品，乃千里马也。拥有千里马，是多少人的梦想。

一匹马要成为千里马，靠两点：一是气力，二是品行。有气力的马多，但有德行的马少。千里马的德行是“恒”。

孔子特别赞成恒。《易经》说：“不恒其德，或承之羞。”《论语》说：“人而无恒，不可以作巫医。”

只是千里马之恒是人类用鞭子抽出来的，不知孔老夫子讲这话时是否想到过这一点？

14.34

原文

或曰：“以德报怨，何如？”子曰：“何以报德？以直报怨，以德报德。”

译文

有人问：“用恩德来回报怨恨怎么样？”孔子说：“那用什么来回报恩德呢？应该是用正直来回报怨恨，用恩德来回报恩德。”

悟语

有人对你不好，这就算是怨了。人对你不好，有两种情况：一是你自己不好，别人才待你不好，这就是所谓的以不好对不好。还有一种情况，就是你对别人不错，但是别人就是对你不好，这就是所谓的怨。从理论上讲，对这种怨有三种处理方法。

一是以德报怨，二是以怨报怨，三是以直报怨。

第一种情况孔子是坚决反对的。人家对你不好，你却以好待之。别人打你的右脸，你连左脸也贴上去。

第二种情况是别人对你不好，你也对别人不好。这种情况孔子也不赞成。人不犯我，我不犯人，人若犯我，我必犯人，冤冤相报何时了？

孔子赞成第三种情况。别人对你不好，你要把话说清楚，说明白，阐明自己的立场，解释自己的观点，不藏着，不掖着，坦坦荡荡，光明磊落。这是最好的做法，但往往我们不愿意用。有时候对有些人，我们不屑用，并不是对所有的人都可以把道理讲明白的。有些人天生就是小人，喜欢胡搅蛮缠，东拉西扯，不讲是非，讲什么道理也没有用。遇到这种人最好就是“敬鬼神而远之”，孔子不是说过吗，“道不同，不相为谋”。

14.35

原文

子曰：“莫我知也夫（fú）！”子贡曰：“何为其莫知子也？”子曰：“不怨天，不尤①人；下学而上达②。知我者其天乎！”

注释

①尤：责怪，怨恨。

②下学而上达：下学人事，上达天命。

译文

孔子说：“没有人了解我啊！”子贡说：“怎么能说没有人了解您呢？”孔子说：“我不埋怨天，也不责备人；学习人世间的常识，探索自然间的道理。了解我的只有天吧！”

悟语

孔子渴望被人理解，认为别人并不真正了解自己。

人不被别人理解是痛苦的，这是真正的痛苦。孔子曾经说：“知我者谓我心忧，不知我者谓我何求？”

孔子认为，真正了解他的只有老天，他认为自己是一个“下学而上达”的人。

这两句话说了两层意思。

首先，孔子认为自己是学者，一个学习者，一个不断学习的人。孔子说：“十室之邑，必有忠信如丘者焉，不如丘之好学也。”正因为好学，孔子才上达。

其次，孔子认为自己是个上达的人。上达者，知命、知礼，知言也。在《论语》最后一章，孔子说：“不知命，无以为君子也；不知礼，无以立也；不知言，无以知人也。”

子贡是孔子的好学生，在这里，孔子是把子贡当“知己者”看待的。也许孔子认为，只有与子贡才可以谈论如此私密的话题。事实证明，子贡是一个很好的聊天对象，他诱导孔子把想说的话说出来，不是所有的人都有这个能力。

14.36

原文

公伯寮①愬②子路于季孙③。子服景伯④以告，曰：“夫子⑤固有惑志⑥于公伯寮，吾力犹能肆⑦诸市朝⑧。”子曰：“道之将行也与，命也；道之将废也与，命也。公伯寮其如命何！”

注释

①公伯寮：姓公伯，名寮，字子周，又作公伯僚。孔子的学生，曾任季氏的家臣。

②愬：通“诉”，告发、诽谤。

③季孙：这里指季康子。

④子服景伯：姓子服，名伯，谥号景。鲁国大夫。

⑤夫子：指季康子。

⑥惑志：惑乱人心。

⑦肆：古时处死罪人后陈尸示众。

⑧市朝：集市，街市。

译文

公伯寮向季孙告发子路。子服景伯把这件事告诉了孔子，并且说："季孙氏已经被公伯寮迷惑了，但我却能够把公伯寮杀了，把他陈尸于市。"孔子说："道能够得到推行，是天命决定的；道不能得到推行，也是天命决定的。公伯寮能把天命怎么样呢？"

悟语

这一章虽然不长，但牵扯了五个人：孔子、季氏、公伯寮、子路、子服景伯。

孔子的沉着冷静与子服景伯的心浮气躁形成了鲜明对比。

不知公伯寮在季氏面前说了子路什么坏话，弄得子服景伯义愤填膺，连杀他的心都有了。

子服景伯也就是说说而已，生气归生气，如果因为生气杀人，性质就变了。

我们应当学习孔子的淡定。孔子认为，像公伯寮这样的跳梁小丑（小人）根本用不着搭理，这样的人对道之将行与道之将废不会产生影响。

中国人常说，君子勿与小人斗，与小人斗，会拉低自己的身段，得不偿失。

14.37

原文

子曰："贤者辟（bì）[①]世，其次辟（bì）地，其次辟（bì）色，其次辟（bì）言。"子曰："作者七人[②]矣。"

注释

①辟：通"避"，逃避。

②七人：或为伯夷、叔齐、虞仲、夷逸、朱张、柳下惠、少连七人。

译 文

孔子说："贤者逃避动荡的社会而隐居，次一点的逃避到另外一个地方去，再次一点的逃避别人难看的脸色，再次一点的回避别人难听的话。"孔子又说："这样做的已经有七个人了。"

悟 语

孔子说过："危邦不入，乱邦不居。"还说过："天下有道则见，无道则隐。"按孔子的说法，遇到战乱或社会动荡，应当躲得远远的。

第一，不去做无谓的牺牲。

第二，留得青山在，不怕没柴烧。为了家庭乃至家族的最高利益，活下去是最高原则。

故，最好的选择是避世，其次是避地，再次是避言。

历史上有七人是这么做的，他们是伯夷、叔齐、虞仲、夷逸、朱张、柳下惠、少连。

14.38

原 文

子路宿于石门[1]。晨门[2]曰："奚自？"子路曰："自孔氏。"曰："是知其不可而为之者与？"

注 释

①石门：地名。鲁国都城的外门。

②门：看守城门的人。

译 文

子路夜里住在石门，早上起来后，看门的人问："从哪里来？"子路说："从孔子那里来。"看门的人说："是那个明知做不到却还要去做的人吗？"

悟 语

孔子姓什么？姓子，孔氏。后来孔子的后代以氏为姓，改姓孔。

这一章中孔子的学生子路讲得特别清楚，其老师是孔氏。

孔子在当时就非常有名了，连看城门的人都知道。不仅知道他的名，还知道他的特点："知其不可而为之者。"

一个孤独者、抗争者和奋斗者的形象跃然纸上。

孔子后来有那么大的成就，在很大程度上得益于这种精神。

后来，"知其不可而为之者"成了孔子的典型标签，也成了中国人不屈不挠、努力进取的精神写照。

14.39

原文

子击磬（qìng）[①]于卫，有荷（hè）蒉（kuì）[②]而过孔氏之门者，曰："有心哉，击磬乎！"既而曰："鄙哉，硁（kēng）硁[③]乎！莫己知也，斯己而已矣。'深则厉，浅则揭。'[④]"子曰："果哉！末[⑤]之难[⑥]矣。"

注释

①磬：古代石制的一种打击乐器。甲骨文中"磬"字左半像悬石，右半像手执槌敲击。磬起源于某种片状石制劳动工具，其形在后来有多种变化，质地也从原始的石制进一步发展到玉制、铜制。

②荷蒉：肩背着草筐。荷，肩扛。蒉，草筐。

③硁硁：击磬的声音。

④深则厉，浅则揭：过河时水深就垂衣过，水浅就提裙走。

⑤末：无。

⑥难：困难。

译文

孔子在卫国的时候，一次，他正在敲击磬，有一位背着草筐的人从门前走过说："这个击磬的人有心事啊！"一会儿又说："声音硁硁的，见识一般。是说没有人了解自己，没有人了解怕什么呢。'人应当这样

（好像涉水一样），水深就穿着衣服趟过去，水浅就撩起衣服趟过去。'"孔子说："说得真对，若这样，就没有什么困难了。"

悟 语

孔子是位大音乐家，不仅懂乐理，还会演奏各种乐器，比如磬。

这里谈到"子击磬于卫"。

总体来说，孔子在卫国过得并不顺利，更谈不上惬意。击磬的时候，郁闷、彷徨甚至孤独都展现出来了。那位荷蒉者是位行家，边听边评论，并且都说到了点子上。听完后，他给孔子的建议是"深则厉，浅则揭"。

这是很有智慧的建议，人要根据具体情况做出调整。这类似于在劝孔子不用愁，走一步，说一步，到什么山上唱什么歌。如此，会有什么愁事呢。

孔子最后的回应意味深长："是啊，如果能够做到'深则厉，浅则揭'，这世上还有什么难事呢。"

14. 40

原 文

子张曰："《书》①云：'高宗②谅阴③，三年不言。'何谓也？"子曰："何必高宗？古之人皆然。君薨（hōng）④，百官总己⑤以听于冢宰⑥三年。"

注 释

①《书》：指《尚书》，是一部多体裁文献汇编，长期被认为是中国现存最早的史书。该书分为《虞书》《夏书》《商书》《周书》。战国时期总称《书》，汉代改称《尚书》，即"上古之书"。是儒家"五经"之一，又称《书经》。

②高宗：这里指商王武宗。

③谅阴：古时天子守丧之称。

④薨：古时诸侯国君之死叫"薨"。

⑤总己：自己管理自己。

⑥冢宰：官名，相当于后世的宰相。

译文

子张说："《书》上说：'殷高宗守丧，三年不议政事。'这是什么意思？"孔子说："不仅是高宗，古人都是这样。国君死了，继位的国君不问政事，朝廷百官各自管理自己的职事，听命于冢宰三年。"

悟语

在孔子的学生中，子张是一个极有个性且善于思考的人，他向孔子请教了各方面的问题，孔子都给予认真的回答。

古代人是非常讲究的，对于死，有多种不同的说法。比如天子死曰崩，国君死曰薨，大夫死曰卒，士曰不禄，庶人曰死。而现在，则是一个"死"字了之。不论如何称呼这个死字，从天子到庶民，父母死后守孝三年，这是通例。

确切地讲，这三年不是三整年，而是两年零六个月。

孔子的学生宰我，也向孔子请教过类似的问题。宰我有点叛逆，认为守孝不用三年，一年就够了。当然，孔子不赞成宰我的说法，孔子伤感地说："予之不仁也！"

宰我姓宰名予，是孔子的十大弟子。

用现在的眼光看，宰我的观点还是对的。现在社会的生活节奏快，父母去世守孝三年，基本上是不可能的，国家规定父母去世后的丧假只有三天。如果是路途遥远，这三天连赶路的时间也不够啊。

14. 41

原文

子曰："上好礼，则民易使也。"

译文

孔子说："在上位的人喜好礼，那么百姓就容易役使了。"

悟 语

礼者，敬也。好礼者，尊敬人者也。对人来讲，被尊敬是一种稀缺资源。

所以，当上位的人对下位的人表示出尊敬时，处于下位的人无论是出于感动，还是出于礼貌，都会愿意听上位人的话。

14.42

原 文

子路问君子。子曰："修己以敬。"曰："如斯而已乎?"曰："修己以安人[①]。"曰："如斯而已乎?"曰："修己以安百姓[②]。修己以安百姓，尧舜其犹病诸?"

注 释

①安人：使自己的下属安于工作。人，与"百姓"相对，在这里指官吏。

②百姓：人民大众。

译 文

子路问怎样做才能成为君子。孔子说："以严肃恭敬的态度修养自己。"子路说："这样就够了吗?"孔子说："修养自己，使部下（下属的官吏）感到心安。"子路说："这样就够了吗?"孔子说："修养自己，使天下老百姓生活安乐。修养自己，使所有百姓都安乐，尧舜（这样的道德高尚、修养极高的圣人）犹恐难以做到，难道不是吗?"

悟 语

这里的君子是指国君，或者是一个好的领导者。成为好的领导者应当加强自我修养，爱护下属，爱护老百姓。前提是一个敬字。

敬人者，人恒敬之，敬的实质是尊重别人，尊重所有人。

14.43

原 文

原壤[1]夷俟（sì）[2]。子曰："幼而不孙（xùn）弟（tì）[3]，长（zhǎng）而无述焉，老而不死，是为贼。"以杖叩其胫。

注 释

①原壤：姓原，名壤，鲁国人，孔子的旧友。他的母亲死了，他还大声歌唱，孔子认为这是大逆不道的行为。

②夷俟：夷，双腿分开而坐。俟，等待。

③孙弟：通"逊悌"，谦逊与孝悌。

译 文

原壤叉开双腿坐在地上。孔子骂他说："年幼的时候不讲孝悌，成年后也没有什么可以称道的，老了还不死，真是害人虫。"（边说边）用手杖敲他的小腿。

悟 语

这原壤应当是孔子的发小。说是好朋友吗，未必，但是与孔子很熟，孔子对其一生也十分了解。

过去的人讲坐有坐相，站有站相，而原壤一点也不讲究，随意地瘫坐在大路上。

这一幕让孔子碰见了，孔子好一顿数落："幼而不孙弟，长而无述焉，老而不死。"

原壤应当不是第一次这样做，不过是这一次让孔子碰见了。

注意最后一个细节，孔子"以杖叩其胫"，说孔子用拐杖敲原壤的小腿，我想也就是做做样子而已，不会真敲的。

这时孔子年岁也不小了，都拄拐杖了，风烛残年了。

14.44

原文

阙（què）党[1]童子将命[2]。或问之曰："益者与?"子曰："吾见其居于位[3]也，见其与先生并行也。非求益者也，欲速成者也。"

注释

①阙党：阙里，孔子居住的地方。

②将命：在宾主之间传话。

③居于位：童子与长者同坐。

译文

阙里的一个少年在宾主间传话。有人问孔子："这是个追求上进的孩子吗?"孔子说："我看见他坐在成年人的位子上，又看见他和长辈并肩而行。他不是个追求上进的人，而是个急于求成的人。"

悟语

人是个什么样的人，往往从细节中反映出来。

孔子从阙党童子的两个表现（坐在大人的座位上，与大人并肩而行）得出结论：这孩子不是一个谦虚踏实的人，而是一个急于求成的人。

什么也瞒不过孔子那双眼睛。

卫灵公篇第十五

15.1

原　文

卫灵公问陈（zhèn）①于孔子。孔子对曰："俎（zǔ）豆②之事，则尝闻之矣；军旅③之事，未之学也。"明日遂（suì）行。

注　释

①陈：通"阵"，军队作战时布列的阵势。

②俎豆：俎，祭祀时盛牛、羊等祭品的礼器。豆，上古时盛食物的器皿。

③军旅：指军队。

译　文

卫灵公向孔子问军队列阵之法。孔子回答说："祭祀礼仪方面的事情，我听说过；用兵打仗的事，从来没有学过。"第二天，孔子便离开了卫国。

悟　语

孔子说："道不同，不相为谋。"孔子从卫灵公那里离开，这是标准例证。

孔子从仁爱出发，是反对战争的。孔子强调和，讲"君子和而不同"。孔子还强调"君子无所争"。《论语》中讲："子之所慎：齐、战、疾。"孔子对卫灵公谈论战争是很厌恶的。孔子讲："以不教民战，是谓弃之。"孔子认为，如果实在避免不了战争，就要对民众进行训练，否则就是涂炭百姓。

15.2

原　文

在陈[1]绝粮，从者病，莫能兴[2]。子路愠[3]见曰："君子亦有穷乎?"子曰："君子固穷[4]，小人穷斯滥矣。"

注　释

①陈：周代诸侯国，在今河南淮阳一带。孔子周游列国时经过此国，在此住过。

②兴：站起来。

③愠：怒，怨恨。

④固穷：固守穷困，安守穷困。

译　文

（孔子一行）在陈国断了粮食，随从的人都饿病了，站不起来。子路很不高兴地来见孔子，说道："君子也会走投无路吗?"孔子说："君子受困，但能坚持；小人受困，那就会无所不为。"

悟　语

在陈绝粮，是孔子一生中最困厄的时期。子路是孔子最忠实、最可靠的信徒，都有点坚持不住了，气哼哼地质问老师："君子亦有穷乎?"翻译成现代汉语就是："老师，您怎么会混到这步田地?"这已经是赤裸裸的指责了。孔子是越挫越勇，坚定地回答："君子固穷，小人穷斯滥矣。"孔子说："君子在遇到艰难困苦的时候会意志坚定，而小人在这种情况下还不知道会做出什么事来呢。"这里没有记录子路听到这话是什么表现。

据《庄子·秋水》记载，孔子在匡地被围时曾弦歌不断："孔子游于匡，宋人围之数匝，而弦歌不辍。"而明人冯梦龙在《东周列国志》第七十九回说："孔子绝粮三日，而弦歌不辍。"

也许是为了纪念孔子大无畏的精神，也许是为了激励后人，在陈绝粮的地方建有弦歌台。

陈国在今淮阳一带，是孔子教泽所及之地，加之孔子在陈绝粮，两千年来，世人共知。所以历代陈人建祠纪念，教化后人不忘儒家老祖宗一生的困苦与艰辛。淮阳现存弦歌台，为清乾隆四十八年重修。弦歌台正殿两边的石柱上镌刻着一副对联："堂上弦歌七日不能容大道，庭前俎豆千年犹自仰高山。"2017 年 5 月，我发起首次重走夫子路活动，曾带领弟子们在弦歌台凭吊。还曾听当地人说蒲菜在当地被称作"圣人菜"。

公元前 489 年，楚昭王派人请孔子讲学，没等孔子到楚国，老百姓就把孔子和他的弟子们围困在南坛湖的一个小岛上，不给他们吃，不给他们喝，孔子和弟子们饿得头晕眼花。没办法，孔子和弟子们分头到湖边找吃的。孔子看湖里生长着一种现在叫蒲的植物，就拔出来，上边的绿茎不能吃，而下边的蒲根细腻白嫩，脆甜可口，孔子就和弟子们吃蒲根，一连七日，靠蒲根生存下来。现在，这种蒲根叫"圣人菜"，凉拌、红烧味道都很美，成了陈州城各大餐馆里的一道特色菜。

人在困厄时期，遭遇疑问甚至部下背叛乃是难免的。据说井冈山时期，有人提出"红旗到底能打多久"的疑问。毛泽东同志高瞻远瞩写了《星星之火，可以燎原》予以回应。一位圣人，一位伟人，关键时刻的做法如出一辙。

15.3

原 文

子曰："赐也！女（rǔ）以予为多学而识（zhì）之者与？"对曰："然。非与？"曰："非也。予一以贯之①。"

注 释

①贯之：用一个根本性的事理贯通事情的始末或全部的道理。贯，贯串。之，代词，指"道"。

译文

孔子说："赐啊！你以为我是博学而强记的吗？"子贡答道："是啊，难道不是吗？"孔子说："不是的。我是用一个根本的道把所学贯串始终的。"

悟语

这是孔子传授的学习（记忆）的方法。死记硬背是不行的，要理解记忆某个事物（东西），必须用一根主线穿起来。

比如《论语》有二十篇，512 章，15924 字，背下来难度太大。但如果我们用《论语》680 来学习，掌握起来就容易得多。

《论语》680，是我总结的关于学习和记忆《论语》的方法。所谓 6，是《论语》六学论也。我认为，《论语》是生活之学、教育之学、修身之学、处世之学、为政之学、智慧之学。所谓 80，80 字歌也。可以分为生活教育智慧 40 字歌与修身处世为政 40 字诀。生活教育智慧 40 字歌为：

衣食住行详，喜怒哀乐多。
乐好博会恒，有因启喻琢。
天命安直进，上下左右悦。
中庸质文慧，先做而后说。

修身处世为政四十字诀为：

学思省政约，恭敬温谦和。
孝悌忠信义，仁恕礼惠乐。
德正智勇立，宽庄敏慎讷。
见闻明达远，虐暴贼吝绝。

15.4

原文

子曰："由[1]！知德者鲜[2]矣。"

注 释

①由：即仲由。姓仲，名由，字子路。老师一般称其弟子的名。

②鲜：少。

译 文

孔子说："由啊！懂得仁德的人太少了。"

悟 语

德者，用眼、用心走正路也。人如果用眼、用心走正路，会确保所走的路不歪、不邪。但这样的人少。孔子那个时候这样的人少，现在这样的人似乎更少。

孔子对子路的耳提面命，跃然纸上。

15.5

原 文

子曰："无为而治[①]者，其舜也与？夫（fú）何为哉？恭己正南面[②]而已矣。"

注 释

①无为而治：国家的统治者不必非在政刑上有所作为，便可以治理国家。

②南面：坐北朝南。朝廷上的君位都是坐北朝南。

译 文

孔子说："能够看似无为而治理天下的人，大概只有舜吧？他做了些什么呢？只是庄严端正地坐在王位上罢了。"

悟 语

治理国家有两种基本形式：一是无为而治，不折腾；二是有为而治，猛折腾。就老百姓而言，还是喜欢第一种方式，舜采取的就是第一种方式。老子讲，治大国如烹小鲜，不折腾是一种大智慧。

15.6

原文

子张问行[1]。子曰："言忠信，行笃敬[2]，虽蛮貊[3]之邦，行矣。言不忠信，行不笃敬，虽州里[4]，行乎哉？立，则见其参（cān）[5]于前也；在舆，则见其倚于衡[6]也。夫（fú）然后行。"子张书诸绅[7]。

注释

①行：行动，如何行动，怎么做。

②笃敬：笃厚敬肃。《尚书·盘庚下》："朕及笃敬，恭承民命，用永地于新邑。"

③蛮貊：古人对少数民族的贬称。蛮在南，貊在北。

④州里：近处，本乡本土。5家为邻，5邻为里，500家为党，5党为州。

⑤参：列，显现。

⑥衡：车辕前面的横木。

⑦绅：古代士大夫系在腰间的大带子。

译文

子张问如何才能使自己无论走到何处都能行得通。孔子说："说话忠信，行事笃敬，就算到了蛮貊地区，也可以行得通。说话不忠信，行事不笃敬，就是在本乡本土，能行得通吗？站着，就仿佛看到'忠信笃敬'这几个字显现在面前；坐车，就好像看到这几个字刻在车辕前的横木上。这样才能使自己到处行得通。"子张把这些话写在腰间的大带子上。

悟语

人在社会上生存，无非是言行二字。言者，说话也；行者，做事也。孔子认为，说话的原则是忠信，行事的原则是笃敬。如忠信笃敬，则蛮貊之地可行；如不忠信笃敬，即使在家乡，也吃不开。这话是孔子对他的学生子张讲的，注意子张听完孔子教导后的动作——“书诸绅”，子张把孔子的话记在腰间的大带子上。老师看到这样的学生，当然是极喜欢的。

15.7

原文

子曰：“直哉史鱼①！邦有道，如矢②；邦无道，如矢。君子哉蘧伯玉！邦有道，则仕；邦无道，则可卷③而怀之。”

注释

①史鱼：名鳅，字子鱼，卫国大夫。他多次向卫灵公推荐蘧伯玉。史鱼最著名的故事是“尸谏”。《孔子家语·困誓》：“未有若史鱼，死而尸谏，忠感其君者也。不可谓直乎？”

②如矢：像箭那样直。矢，箭。

③卷：孔子读的是竹简，竹简的特点是可卷可放。

译文

孔子说：“史鱼真是正直啊！国家有道，他的言行像箭一样直；国家无道，他的言行也像箭一样直。蘧伯玉真是一位君子啊！国家有道就出来做官，国家无道就（辞官）把自己的主张收藏在心里，如同把竹简卷起来藏在怀里一样。”

悟语

史鱼直而已，孔子不称其为君子。

蘧伯玉“邦有道，则仕；邦无道，则可卷而怀之”，孔子称其为君子。

同为卫国大夫，孔子给予他们不同的评价，这反映了孔子的价值观。

孔子表达方式的一个重要特点是“无喻不出口”。这里的“卷而怀之”，又一次做了例证。

竹简可卷而怀之，孔子善于用身边的事物作比喻，既形象，又容易让别人理解、接受。

类似的例子颇多。如“子曰：君子之德风，小人之德草。草上之风，必偃”。

15.8

原 文

子曰：“可与言而不与之言，失人；不可与言而与之言，失言。知（zhì）者不失人，亦不失言。”

译 文

孔子说：“可以同他谈话却不同他谈话，就失去了这个人；不可以同他谈话却同他谈话，这就是说错了话。有智慧的人既不失人，又不说错话。”

悟 语

在孔子的心目中，君子是完美的。完美的君子至少要满足三个条件：仁、智、勇。

子曰：“知者不惑，仁者不忧，勇者不惧。”

何谓知？不惑也。清清楚楚，明明白白。大者察势，中者察人，小者察言。在这里，孔子谈到了人极易犯的两类错误：失人与失言。

失人者，错失人也；某人有品德，有能力，有水平，比自己强，本应当向他求政问计，但因种种原因却没有。失人，或因自己傲慢，或因自己水平低下。

失言者，说话找错了对象，说了不该说的话。某人没品德，没能力，没水平，比自己还差，本不该向他求计问政，却问了，本不该说话，却说了。失言，或因自己判断力不够，或因自己情况不明，功课做得不够，情况不熟。

平常人的失人失言，危害不大，但掌握权力的人失人失言，却危害巨大。故为政者，尤其是（单位或部门）一把手应慎之又慎，研究人才，发现人才，尊重人才，重视人才，不让人才从自己的手下溜走。

15.9

原 文

子曰："志士仁人①，无求生以害仁，有杀身以成仁②。"

注 释

①志士仁人：指仁爱而有节操，能为正义牺牲生命的人。

②杀身以成仁：为了成全仁可以牺牲自己的性命。

译 文

孔子说："志士仁人，不会因为贪生怕死而损害仁，反而会牺牲自己的性命来成全仁。"

悟 语

志士，有志之士也。仁人，深怀大爱之人也。志士、仁人可以分开解释，也可以做整体理解。

满怀崇高理想，又深怀大爱的人，是真正的君子，这样的人，不会贪生怕死，不会苟且偷生，不会做损害仁的事，必要时为了心中的大爱，为了仁，会献出自己的生命。这种大爱，实际上是为国家、为社稷、为黎民、为百姓。

像文天祥，像史可法，像刘胡兰，像江竹筠，都可以划为这一类。

写到这里，我突然就想起另外一句名言："士可杀，不可辱。"这句话出自《礼记·儒行》："儒有可亲而不可劫也，可近而不可迫也，可杀而不可辱也。"

由《礼记》到《论语》，这种思想是一以贯之的。

被称为当代最后一位儒家的梁漱溟先生在批林批孔中被要求批孔，他拒绝了。他说："三军可夺帅也，匹夫不可夺志也。"这句话出自《子罕篇》。

这在当时，是要有极大的勇气的，梁先生作为知识分子的优秀代表，铁骨铮铮。

志士仁人是中华民族的脊梁，体现了中华民族的不屈不挠精神。这些人是真正的君子，是大仁大智、大智大勇者。

15.10

原 文

子贡问为仁。子曰："工欲善其事，必先利其器。居是邦也，事其大夫之贤者，友其士之仁者。"

译 文

子贡问怎样实行仁德。孔子说："做工的人想把活儿做好，必须首先使他的工具锋利。治理一个国家，就要任用大夫中的那些贤者，与士人中的仁者交朋友。"

悟 语

孔子善于用比喻说话，比喻有好多种：明喻、暗喻、借喻、隐喻等。"无喻不出口"，是孔子讲话的一大特点。

子贡问孔子如何实行仁政。孔子的回答从日常生活常识入手："工欲善其事，必先利其器。"老百姓讲，磨刀不误砍柴工，讲的是同样的道理。治理国家也要用"利器"，这利器便是"大夫之贤者"，"士之仁者"。

大夫也好，士也好，都是贵族。在那时，治理国家的人才要从大夫、士中选拔。

要想把国家治理好（实行仁政），必须要选用贤能者。贤能者，君子也。

孔子在这里讲的是"亲君子，远小人"。

在《论语》的另外一章，记叙了仲弓为季氏宰，曾向孔子请教，孔子表达了同样的思想。"仲弓为季氏宰，问政。子曰：'先有司，赦小过，举贤才。'曰：'焉知贤才而举之？'曰：'举尔所知。尔所不知，人其舍诸？'"

后来这一思想为诸葛亮采纳。诸葛亮在《前出师表》中说："亲贤臣，远小人，此先汉所以兴隆也；亲小人，远贤臣，此后汉所以倾颓也。”

之后有作为的明君也都是按照这一要求去做的。如唐太宗选用魏征，宋神宗选用王安石。明君们知道，治国之要，首在用人。其实在单位与部门，也是如此。

结论是：亲君子，远小人，则兴旺发达；亲小人，远君子，则颓败不堪。

当家人不可不察也。

15.11

原　文

颜渊问为邦。子曰：“行夏之时①，乘殷之辂（lù）②，服周之冕（miǎn）③，乐（yuè）则《韶》舞④。放⑤郑声⑥，远⑦佞人。郑声淫，佞人殆⑧。”

注　释

①夏之时：夏代的历法，就是所谓的夏历，也称“阴历”。

②殷之辂：殷时的车。辂，古代车辕上用来挽车的横木，后代指车。

③周之冕：周代的帽子。周朝对穿衣戴帽特别讲究。

④《韶》舞：舜时的舞乐，孔子认为其尽善尽美。

⑤放：禁绝，排斥，抛弃。

⑥郑声：郑国的乐曲。孔子认为是淫声。

⑦远：远离。

⑧殆：危险。

译　文

颜渊问怎样治理国家。孔子说：“用夏代的历法，乘殷代的车子，戴周代的礼帽，奏《韶》乐，起《韶》舞。禁奏郑国乐曲，疏远奸佞之人。郑曲浮靡容易使人变坏，花言巧语的人太危险。”

悟　语

颜回是孔子最喜欢的学生，好学深思，但极少向孔子提问。

孔子曾经这样说：“吾与回言终日，不违，如愚。退而省其私，亦足以发，回也不愚。”

不大提问题不等于不提问题。在《颜渊篇》的第1章，颜回曾向孔子问仁。

“颜渊问仁。子曰：‘克己复礼为仁。一日克己复礼，天下归仁焉。为仁由己，而由人乎哉?’颜渊曰：‘请问其目。’子曰：‘非礼勿视，非礼勿听，非礼勿言，非礼勿动。’颜渊曰：‘回虽不敏，请事斯语矣。’”

这里最精彩，最能反映颜渊尊师的是最后一句：“回虽不敏，请事斯语矣。”我颜回虽然愚笨，但一定会按照老师的教导去做。对这样有礼貌的学生，老师想不喜欢都难。

本章，颜回向孔子请教如何治理国家。

孔子的答案是“择其善者而从之”。告诉颜回说，要行夏时、乘殷辂、戴周冕、起《韶》舞。孔子特别强调，要“放郑声，远佞人”。为什么这样？因为郑国音乐浮靡淫荡，奸佞小人危害国家。

孔子的回答特别具体，说明孔子非常了解当时的国情。如子禽所言：“夫子至于是邦也，必闻其政。”

中国农村还在用夏历。夏历也称阴历，对指导农业生产特别有用。阴历与二十四节气相结合，是中国的一大特色，估计会永远存在下去。至于殷辂、周冕、《韶》舞、郑声，当时应当是极好的，现在则荡然无存，连影子也找不到了。但佞人仍然存在，似乎比以前更多了，哪个单位、哪个部门都少不了这种人。

15.12

原　文

子曰：“人无远虑，必有近忧。”

译文

孔子说："人如果没有长远的打算，近期就一定有麻烦。"

悟语

我们生活中常说这句话。何为远虑？战略考虑也，战略安排也。何为近忧？即将面临或者已经面临的问题也。

孔子告诉我们，凡事应当从长远打算，做出战略性安排，否则会麻烦不断。战略性安排要有预见，要预见到各种困难，并且能够找出克服困难的办法。

当你有了预见，有了预案，把握了事物发展的规律和方向，出问题的概率就少了，麻烦就少了。凡事预则立，不预则废，讲的就是这个道理。

这个远虑，往往通过规划的形式表现出来，国家有国家规划，如现在我们正在集全国之力推进完成十四五发展规划。单位也有规划，比如我所在的山东财经大学正在推进完成学校的十四五发展规划。我的发小、初中同学魏承洋先生是学校规划处的处长，职责所在，当仁不让。

个人其实也应当做做规划。比如年轻人要做做职业规划。自己想干什么？喜欢做什么？能做什么？最好想清楚。

此外，最好自己也做做五年规划，三年规划，一年规划。未来五年做什么？三年做什么？一年做什么？做到心中有数。

一个国家，一个单位，一个人，如果有了战略考虑、战略安排，琐事、烦事就会少，否则就会麻烦事不断。

当然，这种战略考虑、战略安排，要符合大势，符合规律，既要考虑到自己，也要考虑到别人。如果只考虑自己，不考虑别人，做出的战略考虑、战略安排，不但不会减少麻烦，还会制造出更大的麻烦。不只有近忧，还会有远忧。

遇到这种情况，要学会调整，学会妥协。要认识到调整与妥协不是失败，而是一种迂回前进的艺术。

国家也好，单位也好，个人也好，都是在调整、妥协中前进的。

15.13

原 文

子曰："已矣乎！吾未见好德如好色者也。"

译 文

孔子说："算了吧！我从来没有见到像好色那样好德的人。"

悟 语

在《子罕篇》中，有相同的一句话，只不过前面没有"已矣乎"三个字。

"已矣乎"翻译成现代汉语就是"算了吧"，大概是有人在孔子面前讲自己如何厉害，孔子忍不住了，以此来打断他。

从语气上看，这个人应当是孔子的学生，不然孔子不会这么没耐心。

孔子在这里做出了一个判断：好色容易好德难。

孔子仍然用的是比喻：好德（坚持好的品行）很难，而好色却容易得多。孔子从自身的经历出发，讲了一句大实话。孔子并不是提倡好色，他只不过是提醒大家，好德太难了。

何为好德？修君子之行也。修君子之行，就是使自己成为仁者。在孔子的语义系统中，君子即仁者，仁者即君子也。孔子在《里仁篇》中讲："君子去仁，恶乎成名？君子无终食之间违仁，造次必于是，颠沛必于是。"

虽然孔子讲过"我欲仁，则斯仁至矣"，但成为君子，是个终生奋斗的目标。曾子对此的认识是任重道远。"仁以为己任，不亦重乎？死而后已，不亦远乎？"

在《论语》中，孔子只是对颜回、宓子贱、蘧伯玉等少数人给予君子的评价。孔子评价颜回："回也，其心三月不违仁；其余，则日月至焉而已矣。"孔子评价宓子贱："君子哉若人！"孔子评价蘧伯玉："君子哉蘧伯玉！邦有道，则仕；邦无道，则可卷而怀之。"

话题再回到"好色"上来，有一次一个学生问我："孔子好不好色?”我没有正面回答。我说：“《论语》当中有一章很有意思，可以间接回答你的问题。”

“哪一章?”

“6.28，即《雍也篇》第28章。子见南子，子路不说。夫子矢之曰：‘予所否者，天厌之！天厌之！’”

这一章我劝大家仔细看看，看完后可以自己得出结论。

15.14

原文

子曰：“臧文仲其窃位①者与！知柳下惠②之贤而不与立也。”

注释

①窃位：通过不正当的手段获得官位。

②柳下惠：姓展，名获，又名禽，春秋中期鲁国大夫。因他受封于柳下，谥号惠，所以人称柳下惠。传说他坐怀不乱。

译文

孔子说：“臧文仲是一个窃居官位的人！他明知道柳下惠是个贤人，却不举荐他。”

悟语

我们先了解一下臧文仲。

臧文仲（? ~前617），姬姓，臧氏，名辰，曲阜（今山东曲阜市）人。春秋时鲁国大夫。世袭司寇，执礼维护公室。博闻强识，不拘常理。服事鲁庄公、闵公、僖公、文公四位国君，废除关卡，利于经商，利国利民。鲁文公十年去世，谥号为文，世称臧文仲。

臧文仲出生早孔子几十年。孔子生时，其早已去世多年。

柳下惠也是鲁国的名大夫，以坐怀不乱为后人所知，柳下惠出生也比孔子早几十年。

嫉贤妒能大概是人类的恶劣天性之一。在孔子的心目中，臧文仲就是这样的人。

臧文仲很了解柳下惠的品德、才能，但就是不推荐柳下惠。也许臧文仲怕柳下惠干得好，把自己比下去。

臧文仲不仅嫉贤妒能，还是位玩物者。《论语》中这样记载："臧文仲居蔡，山节藻棁，何如其知也?"孔子说："臧文仲藏了一只大龟，藏龟的屋子斗拱雕成山的形状，短柱上画以水草花纹，他这个人怎么能算是有智慧呢?"

最终柳下惠还是去做了官。柳下惠曾任鲁国士师，掌管刑罚狱讼。《论语》中曾记载其三落三起："柳下惠为士师，三黜。人曰：'子未可以去乎?'曰：'直道而事人，焉往而不三黜? 枉道而事人，何必去父母之邦?'"

说起柳下惠的"三黜"，容易想起邓小平的三落三起。人能够三落三起，这得有多大的眼光、胸怀与气度！当然，还得活得长。柳下惠活了一百岁，邓小平活了九十三岁。

周襄王三十一年（前621），柳下惠卒于鲁地故赵村，谥号为惠。因其封地在柳下，后人尊称其为"柳下惠"。柳下惠死后，被孟子称为"和圣"。

据说柳下惠有好几个家乡，有说是山东莱芜的，有说是山东平阴的。这不奇怪，名人、贤人的出生地大家都争。据说平阴县孝直镇展洼村是柳下惠的家乡，原来有展洼一村（前）、二村（中）、三村（后），后来合并成展洼社区。我曾到那里调研，墙上到处展示的都是柳下惠坐怀不乱的故事。

15.15

原文

子曰："躬自厚而薄责于人，则远怨矣。"

译文

孔子说："对自己要求严而少责备别人，就可以远离（别人的）怨恨了。"

悟 语

人最高兴的事是受表扬，人最讨厌的事是被别人指责或者批评。这是人的天性，也是人的弱点。

要想与人为善，建立和谐、良好的关系，必须自厚，凡事从自己身上找原因，严格要求自己。

人最讨厌被别人指责。即使最亲近的人的指责，一般人也接受不了。被指责意味着自己做得不好，被否定、被指责后，有的人怀恨在心，甚至终生难以释怀，还有的人伺机报复。人间的争斗，许多都因怀恨而致。大部分人被指责后的第一反应是不接受，甚至愤而反击。

有一年，我遇到一个人，上进心也有，人也长得漂亮。但我很快发现这人有个致命弱点：好指责别人，不断地指责别人，对这样的人最好的办法就是敬而远之。

我记得我给这人发出的最后一条短信是孔子这句话：“躬自厚而薄责于人，则远怨矣。”我想给这人一个忠告，毕竟这人还年轻。

我的体会，无论是多么铁的关系，经不住三次指责。有时候，一次就足够了。

所以，对人尽量地少指责、少批评，多做自我批评是维持良好关系的重要原则。

15.16

原 文

子曰：“不曰‘如之何[1]，如之何’者，吾末如之何也已矣。”

注 释

①如之何：怎么办。

译 文

孔子说：“遇事从来不说‘怎么办，怎么办’的人，我对他也不知怎么办才好。”

悟 语

孔子主张学习，主张每事问。

“子入太庙，每事问。或曰：‘孰谓鄹人之子知礼乎？入太庙，每事问。’子闻之，曰：‘是礼也。’”

孔子主张遇事要积极想办法。

孔子曾对子路说：“暴虎冯河，死而无悔者，吾不与也。必也临事而惧，好谋而成者也。”

总之，孔子喜欢动脑子的人。但生活中有人遇事既不动脑子，也不想办法。这样的人是典型的懒人。

孔子幽默地说，遇事从不想怎么办的人，我对他是没有办法的。

孔子都没办法，我们更没办法。

15.17

原 文

子曰：“群居终日，言不及义，好行小慧，难矣哉！”

译 文

孔子说：“整天聚在一块儿，说话离经叛道，专好卖弄小聪明，这种人真难办！”

悟 语

学生中总有不爱学习的人。孔子列举了这种人的三个特点：喜欢凑在一起瞎混，说话不在点子上，还耍小聪明。

此章句一下子贡献了三个成语，这三个成语往往与别的成语连用，成为三组短句，批评力更强：

群居终日，无所事事；
言不及义，东拉西扯；
好行小慧，投机取巧。

这三组行为的共同特点是不踏踏实实学习，不认认真真工作，其实质是在浪费时间，浪费生命。

没有比浪费时间、浪费生命更让人痛惜的了。孔子认为，这种人很难教化。

我比孔子幸运，至少在我的研究生中没有这样的人，也许有，但我没有发现。

15.18

原文

子曰："君子义以为质，礼以行之，孙（xùn）[1]以出之，信以成之。君子哉！"

注释

①孙：通"逊"，谦逊。

译文

孔子说："君子用义来修养自己的品质，按照礼来行事，用谦逊的态度讲话，靠信用取得成功。这才是君子啊！"

悟语

孔子发明了两把尺子，一把叫君子，另一把叫小人。在《论语》中，孔子与其弟子从多个方面阐述君子与小人。

在这一章中，孔子从义、礼、态度、诚信这四个方面来阐明君子。

第一是义。义者，宜也，应做之事也。义者，义务、担当、责任也。孔子强调了君子对社会、对家庭的作用。在孔子看来，人在社会与家庭中不尽义务，不敢担当，不负责任，这人活得就没有意义。孔子讲："见义不为，无勇也。"孔子还讲："君子之于天下也，无适也，无莫也，义之与比。"

第二是礼。孔子讲："不知礼，无以立也。"人如果不懂礼，在社会上就无法立足。何谓"礼以行之"？孔子曾对颜渊说："非礼勿视，非礼勿听，非礼勿言，非礼勿动。"

第三是孙。孙者，逊也，态度谦和也。内心恭而外敬于人也。有子曾言："恭近于礼，远耻辱也。"内心的恭与敬，其外在形式为逊。人人都喜欢被尊重。毛润之先生曾言："谦虚使人进步。"

第四是信。信者，说话算数也。孔子曾言："人而无信，不知其可也。大车无輗，小车无軏，其何以行之哉?"人而无信，则无人敢亲近也。无人亲近的人，如何成事？如何成功？一个人，一个单位，一个国家，凡事成，必靠信字。孔子还曾对子贡言："自古皆有死，人无信不立。"

15.19

原文

子曰："君子病①无能焉，不病人之不已知也。"

注释

①病：担心，害怕。

译文

孔子说："君子只担心自己没有才能，不害怕别人不了解自己。"

悟语

看到这一章，我想到了《学而篇》第16章。那一章中孔子说："不患人之不己知，患不知人也。"

其实还有一章大同小异。《里仁篇》中有一章孔子说："不患无位，患所以立；不患莫己知，求为可知也。"

虽然表述不一样，但意思差不多，不要担心别人不了解自己，要担心的是自己不了解别人。别人之所以不了解自己，是因为自己做得还不够好，不够优秀。如果自己做得足够好，足够优秀，怎么会有人不了解自己呢?

怕别人不了解自己，实质是太把自己当回事儿。如果不那么把自己当回事儿，就不会有这种担心。但这就是人性的弱点，孔子看得透透的。也许是孔子看透了这一点，才强调正确做法是"毋意，毋必，毋固，毋我”。翻译成现代汉语就是：不主观臆测，不绝对化，不固执己见，不以自我为中心。

15. 20

原文

子曰：“君子疾[1]没（mò）世[2]而名不称焉。”

注释

①疾：担心，害怕，痛恨。

②没世：死后。

译文

孔子说：“君子担心自己死后名不副实。”

悟语

谁都在乎名声。中国人常讲，雁过留声，人过留名。死后要想有个好名声，生前就应当做好人。生前不做好人，死后难有好名声。所以，人活着要多行善事，争做好人。

何谓好人？仁者也，君子也。何为善事？利他之事也。实际上就是爱人，立人，达人。

孔子讲，仁者爱人。孔子又讲：“己欲立而立人，己欲达而达人。能近取譬，可谓仁之方也已。”

孔子虽然主张“泛爱众，而亲仁”，但爱人、立人、达人，应先从自己身边的人做起。

15. 21

原文

子曰：“君子求诸己，小人求诸人。”

译文

孔子说：“君子依靠自己，小人攀附别人。”

悟语

君子与小人在多个方面是不同的。其中一点不同体现在依靠自己还是依靠别人。孔子主张君子要依靠自己，不能依靠别人。自己能够做到的，尽量自己去做。

我们常说的自力更生大概就是这个意思。

也有的人凡遇到事总是想依靠别人来解决，求父母，求兄弟，求姐妹，求朋友，求认识的所有人。有时候这个办法管用，有时候不管用。

凡事依靠自己，这个话到什么时候也没有错。实在解决不了的问题也得求别人，但不要随便张口。没有人可以随随便便把一个问题搞定，即使他再有本事，再有能力，再有人脉关系。

因为，每个人都有局限。

15.22

原文

子曰："君子矜（jīn）[1]而不争，群而不党[2]。"

注释

①矜：自尊，庄重。

②党：结党，拉小团伙。

译文

孔子说："君子庄重而不与别人争执，合群而不结党营私。"

悟语

君子不争，是孔子的一贯主张。

在3.7，孔子说："君子无所争。必也射乎！揖让而升，下而饮。其争也君子。"

孔子主张君子要庄重，"君子不重，则不威"。

我前面说的这两章，说明了孔子的处事态度，即"君子矜而不争"。

我的一个学生叫"学武"，他请我给他起一个字。凡是跟我学《论语》的学生有这个要求，我都会答应。

我想了一下，给他取字“无争”。懂得起字规矩的人都知道，我这里用的是相反相成法。

“学武”之人最怕争。这字他很喜欢，就用了。

君子不但要“矜而不争”，更重要的是“群而不党”。“群而不党”的意思是要跟团体中大多数人处好关系，而不是拉帮结派，结党营私。

陈司败曾讲：“君子不党，君子亦党乎?”陈司败者，陈国司寇也。

“君子不党”，应当成为一个重要的原则来坚持。

15.23

原　文

子曰：“君子不以言举人，不以人废言。”

译　文

孔子说：“君子不凭一个人说的话来举荐他，也不因为不喜欢某人而不听取他的好意见。”

悟　语

在孔子的话语中，君子有三个含义：一是国君，二是贵族，三是有品行、有能力的人。如果不区分三者，就不知道孔子真正说的是什么。

这一章的“君子”，可以理解为国君，也可以理解为贵族，他们都是当政者。当政者有两条最基本的，也是最重要的原则：一是选拔人才，二是虚心听取别人的建议。

选拔任用人才要从多方面考察，不能只看他说得怎么样。人往往说得好不一定做得好，比如马谡。

孔子讲，“听其言而观其行”。

作为领导者，肯定有喜欢的人，也肯定有不喜欢的人，不能只听自己喜欢的人讲话，也要听听自己不喜欢的人讲话。领导者往往能从自己不喜欢的人那里得知真实情况并收获好的建议，正所谓忠言逆耳也。

用好人与听取好的建议，是领导者必做的功课，为政者不可不察也。

15. 24

原　文

子贡问曰："有一言[①]而可以终身行之者乎？"子曰："其'恕'[②]乎！己所不欲，勿施于人[③]。"

注　释

①一言：有时指一个字，有时指一句话。这里指一个字。

②恕：有两层含义，一是原谅、宽容；二是以自己的心推想别人的心。

③己所不欲，勿施于人：自己不愿意做的，也不要勉强别人去做。

译　文

子贡向孔子问道："有没有一个字可以终身奉行呢？"孔子回答说："大概是'恕'吧！自己不愿意做的，也不要强迫别人去做。"

悟　语

理解这一章的关键，是正确理解"恕"字。"恕"既可以作名词讲，也可以作动词用。基本的释意有三：

一是以仁爱之心待人。用自己的心推想别人的心，即所谓忠恕、恕道。

二是不计较（别人的）过错。原谅，宽恕，饶恕，恕罪。

三是客套话，请对方不要计较。如"恕不招待""恕难从命"等。

《论语》中"恕"字只出现过两次，还有一次出现在《里仁篇》："子曰：'参乎，吾道一以贯之。'曾子曰：'唯。'子出，门人问曰：'何谓也？'曾子曰：'夫子之道，忠恕而已矣。'"

别看"恕"字只出现过两章，但"恕"的思想极其伟大。学贯中西的国学大师杜维明认为，恕道是孔子对世界文明的最大贡献（因独特而伟大），在杜维明看来，"恕"字甚至超过了仁字。杜维明曾受联合国秘书长安南的邀请，起草《世界文明公约》，他把“恕”字放在了所有原则的前面。在杜维明看来，如果国家与国家之间，民族与民族之间，宗教与宗教之间秉承“恕”字，坚持恕道，则矛盾少矣、冲突少矣、战争少矣。

“恕”的本意是推己及人，大家常说的换位思考是“恕”的另外一种表达。用自己的心去考虑一下别人的感受，站在别人的立场上去考虑一下对方的决定，不能说是一切洞察、一切释然，但基本上会大体理解、大体明白，不至于钻牛角尖。我们之所以钻牛角尖，是因为我们只从自己的角度考虑问题，而不顾及对方的感受。换句话说，是我们太自我，甚至是太自私。太自我、太自私的人，是极难做到“恕”的。

“恕”的实质是最大限度地理解别人。人与人之间的矛盾主要是从不理解别人开始的。从某种意义上说，理解是最大的尊重，没有理解便没有尊重。而被尊重，对任何人来讲，都是稀缺资源。

注意，本章是孔子对端木赐讲的“恕”，如果是换了别人问同样的问题，孔子的答案会有所不同。孔子总是会针对性地回答问题，这就是所谓的因材施教。在孔子的学生中，端木赐属于极端聪明、极端强势的人。极端聪明、极端强势的人往往不大容易做到恕。

注意，许多人把“恕”解释为“己所不欲，勿施于人”，这不能说不对，但不全面。其实，“己所不欲，勿施于人”是孔子举的例子。孔子告诉端木赐，“己所不欲，勿施于人”就是“恕”的一种表现。你不愿意做的事，你也不要强迫别人去做。无喻不出口，是孔子施教的一大特色，在这里又得到了体现。

比如，你不愿意别人强迫你去加班，你也不要强迫别人去加班。比如，你不愿意说违心的话，做违心的事，你也不要强迫别人说违心的话，做违心的事。当然，做到这一点很难。

很多情况下，是你被强迫后，你又去强迫别人。

我总结过处理人际关系的一般原则：仁、恕、礼、惠、乐。

仁者爱人也，恕者理解人也，礼者尊重人也，惠者帮助人也，乐者使人快活也。

若能如此，人际关系没有处理不好的。建立和谐的人际关系，从仁爱开始，从理解开始。从理解开始，就是从“恕”开始。

15.25

原文

子曰：“吾之于人也，谁毁谁誉？如有所誉者，其有所试矣。斯民也，三代[①]之所以直道而行也。”

注释

①三代：指夏、商、周三代。

译文

孔子说：“我对于别人，诋毁过谁？赞美过谁？如有所赞美的，一定是经过考验了的。这样的人必定是夏、商、周三代都能直道而行的人。”

悟语

孔子对待历史人物的评价是严肃认真的，既不随便诋毁，也不随便赞美。他赞美别人，必定是经过详细考察的，是经得住历史考验的。

孔子说，他赞扬过的人，必定是夏商周三代“直道而行”的人。

所谓直道而行，就是走直路，走正路。公平公正，实话实说。既不夸大其词，也不藏着掖着。

孔子赞成直率，正直。孔子说：“人之生也直；罔之生也幸而免。”

孔子主张要“举直错诸枉”，要提拔任用正直正派的人。哀公问曰：“何为则民服？”孔子对曰：“举直错诸枉，则民服；举枉错诸直，则民不服。”

孔子主张“以直报怨”。当有人问“以德报怨，何如”时，孔子回答说：“何以报德？以直报怨，以德报德。”

在孔子心目中，柳下惠是个直道而行的君子。《论语》中如此记载：“柳下惠为士师，三黜。人曰：‘子未可以去乎？’曰：‘直道而事人，焉往而不三黜？枉道而事人，何必去父母之邦？’”

直道而事人的结果往往是被黜。黜者，被罢免也。历史上记载，柳下惠曾三次被罢免。说起柳下惠，会使人想起三落三起的邓公。

但历史的经验告诉我们，坚持直道而行非常难。有时，人在屋檐下，不得不低头。在这种情况下，需要用孔子的另一句话："小不忍则乱大谋。"

要忍。直道而行与忍，是一对矛盾，处理得好才是高手。邓公是把直与忍完美结合的人。

实事求是地讲，对这一点，我明白道理，但做不到，恐怕永远也做不到。这是我的缺陷，致命的缺陷。

15.26

原文

子曰："吾犹及史之阙（quē）文①也，有马者借人乘之②。今亡（wú）矣夫！"

注释

①阙文：史官记史，遇到有疑问的地方便缺而不记，这叫作"阙文"。

②有马者借人乘之：有马的人把马借给别人骑。

译文

孔子说："我还注意到史书存疑的地方，（比如）有马的人把马借给别人骑。这种做法，今天没有了吧！"

悟语

孔子是位历史学家，整理史书，翻阅史书是他经常做的工作。不然，他写不出《春秋》。《春秋》是中国历史上第一部编年体史书，记载了鲁国二百多年的历史。

孔子注意到，由于年代久远，竹简散乱，或者由于记录者的取舍，史书中有许多阙文。该记录的没有记录，弄得后来人一头雾水。

比如"有马者借人乘之"。有马者是谁？他有多少匹马？他又是借给何人乘之？均语焉不详。在这里，表现出了孔子的认真态度与求学精神。

也有的人认为，孔子只是表述了一个事实：过去的人还舍得把自己的马借给别人乘骑，而现在这样的人没有了。

在孔子那个时代，马是最重要的交通工具，既可以骑乘，也可以拉车，它是财富的象征。

马多代表富，马少则不富。大国叫“千乘之国”。孔子曾言：“道千乘之国，敬事而信，节用而爱人，使民以时。”

孔子曾讲齐景公之富：“齐景公有马千驷，死之日，民无德而称焉。”孔子评价他，马是多，德却差。

就一般人而言，有马十乘就不算少了。比如陈文子，为了表明对崔杼的不屑，连马都不要了。

“崔子弑齐君，陈文子有马十乘，弃而违之。至于他邦，则曰：‘犹吾大夫崔子也。’违之。之一邦，则又曰：‘犹吾大夫崔子也。’”

话说回来，我认为孔子这段话只表明了一个意思：过去的人大方，现今的人小气。

自孔子说这话到现在，已过去了2500多年，现在的人是不是更小气了？我认为是。

15.27

原 文

子曰：“巧言①乱德。小不忍则乱大谋②。”

注 释

①巧言：花言巧语。

②小不忍则乱大谋：小事不忍则可能把大事弄坏。

译 文

孔子说：“花言巧语会败坏人的德行。在小事情上不忍耐，就会导致大谋略失败。”

悟语

这一章虽短，但说了两个道理。

第一个说明巧言的危害，第二个强调忍耐的重要性。

孔子反对巧言令色，说“巧言令色，鲜矣仁”。

注意，“巧言令色，鲜矣仁”这句话，在《论语》中出现过两次。第一次是在《学而篇》第 3 章，第二次是在《阳货篇》第 17 章。

巧言者，巧舌也，花言巧语也。令色者，脸色变化快也。根据形势的需要，说哭就哭，说笑就笑。孔子认为，这样的人，德行好的不多。

“巧言令色”的另一种叫法是佞。佞者，惯于用花言巧语谄媚人也。

《论语》中有人讲：“雍也，仁而不佞。”孔子就此发挥说：“焉用佞？御人以口给，屡憎于人，不知其仁。焉用佞？”

孔子指出了佞者的两个毛病：一是“御人以口给”，二是“屡憎于人”。

“御人以口给”者，与人强辩也，言语中不让人，类似我们北方人讲的“抬杠”，“屡憎于人”，非常惹人讨厌。

故孔子告诉弟子要讷于言。孔子说：“君子欲讷于言而敏于行。”孔子还说：“刚、毅、木、讷，近仁。”

孔子还拿左丘明说事：“巧言、令色、足恭，左丘明耻之，丘亦耻之。”孔子说，左丘明不屑于“巧言、令色、足恭”，我也是。

与巧言令色相对的是讱。孔子说：“仁者，其言也讱。”

我认为，反对巧言，主张敏行，是孔子的三大智慧之一。另两大智慧是强调中庸与正确理解质与文的关系。

孔子说：“中庸之为德也，其至矣乎！民鲜久矣。”

孔子说：“质胜文则野，文胜质则史。文质彬彬，然后君子。”

点到此，不再细说了。再说，就有佞的嫌疑了。

本章中的第二个意思，是强调忍。

忍者何也？心头一把刀也。从感觉上来说，忍是很难受的。忍当然不如率性而为、随心所欲痛快。但人在很多情况下，是要忍的。

有上级领导在场，你不忍行吗？有父兄师长在场，你不忍行吗？在大庭广众、众目睽睽之下，你不忍行吗？不忍当然行，但结果是乱大谋。

忍实际上是克己复礼。孔子曰：“克己复礼为仁。一日克己复礼，天下归仁焉。”

忍就是在视、听、言、动四个方面做到“非礼勿视，非礼勿听，非礼勿言，非礼勿动”。

凡成大事者，必忍。忍实际上是受得了委屈，经得起羞辱。韩信曾受胯下之辱，太史公曾受宫刑之耻。他们忍了，所以成了大人物。

现在人常说，成就都是委屈撑大的，想想有一定道理。

凡事该忍则忍。

15.28

原 文

子曰：“众恶（wù）之，必察焉；众好之，必察焉。”

译 文

孔子说：“若大家都厌恶某人，必须对他进行考察；若大家都喜欢某人，也必须对他进行考察。”

悟 语

什么样的人能够让人众恶之？又是什么样的人能够让人众好之？答案是：要么这人坏得出奇，谁的账都不买，坏透了；要么这人好人坏人都讨好，见人说人话，见鬼说鬼话，两面讨好，八面玲珑。如孔子所言：“乡原，德之贼也。”在孔子看来，无论哪一种情况，这人都不是好人。

必察焉，就是要认真分析研究，弄清其所以然。何为察，仔细看也。孔子曾言，君子有九思，第一思是视思明。视思明就是察，就是要看明白。

看到这一章，我想到了《子路篇》中的另外一章，子贡向孔子请教。

"子贡问曰：'乡人皆好之，何如？'子曰：'未可也。''乡人皆恶之，何如？'子曰：'未可也。不如乡人之善者好之，其不善者恶之。'"

孔子认为，人要坚持原则，不要逢迎讨好。什么是正确的？好人喜欢你，坏人讨厌你。这是检验你是好人还是坏人的标准。乡里的好人喜欢你，且乡里的坏人讨厌你，如果是这样，你才是真君子。

当然，这样的人必定是坚持原则、一身正气的人。

《论语》中曾经出现过106次"君子"，孔子从各个方面描述君子，定义君子，这里不过是其中之一。

15.29

原文

子曰："人能弘①道，非道弘人。"

注释

①弘：扩充，光大。

译文

孔子说："人应当使道发扬光大，而不是借道炫耀自己。"

悟语

弘，大也，广也。弘既可作名词，也可以作动词。本章中的弘，显然是动词，为深化、扩大之意。

道是什么？道是天道，是人道。天道，自然界之规律也。人道，人世间之伦理也。天道也好，人道也罢，德也，理也。

道即德，德即理，理即正，正即常。常者，事物之理也。为学、格物、致知之目的，皆探究理也。

弘天道者，求真理也。弘人道者，施仁爱也。天道人道，大道正道也。

孔子云："朝闻道，夕死可矣。"

孔门中，颜回是真正的弘道者。颜回好学求真，安贫乐道，大仁大爱也。

当然，也有的人打着求真与仁爱的幌子，一味地推销自己，扩大自己，拉大旗做虎皮，招摇撞骗，沽名钓誉。

孔子把这种人看得透透的，这种人的特点是借道弘己，“色取仁而行违”，表面一套，背后又一套。

另外，谈到这个话题，忽然想起傅佩荣先生讲《论语》，他有一本书就是把《人能弘道》作为书名，可买来一读。我与傅先生有一面之缘，是大千先生攒的局，那是2014年3月14日的事，屈指已六年半了。

物是人非。

15.30

原　文

子曰：“过而不改，是谓过矣。”

译　文

孔子说：“有了过错而不改正，这才真叫错了。”

悟　语

有了错不要害怕改正是孔子的一贯主张，孔子言“过则勿惮改”。

人最好是不贰过。同样的错误绝对不犯两次。在这一点上，颜回为我们树立了好的榜样。当孔子回答哀公“弟子孰为好学时”，孔子说颜回好学。不仅如此，孔子还强调了颜回的另外两个特点：“不迁怒，不贰过”。

在这一章中，孔子强调有了错就改。如果有了错不改，这本身就是错。

自古以来，对待错误的态度是君子和小人的分水岭。君子是有过就改，小人则是过而不改。小人不仅不改，还要文过饰非。子夏曰：“小人之过也，必文。”有人概括这种情况说，君子常过，小人无错。

知错必改的关键是认错，这是改错的基础。如果连错都不认，就谈不上改错了。人之所以不认错，有两种情况：一种是认识水平低，意识不到自己错；二是好面子，虚荣心强。

无论是哪种情况，都不值得同情，也不值得赞扬。

还是孔子说得对："学则不固。"

15.31

原　文

子曰："吾尝[1]终日不食，终夜不寝，以思，无益。不如学也。"

注　释

①尝：曾经。

译　文

孔子说："我曾经整天不吃饭，彻夜不睡觉，左思右想，结果没有什么好处。不如去学习。"

悟　语

学与思的问题孔子讲过多次。孔子说："学而不思则罔，思而不学则怠。"

只学而不用脑子思考，则越学越迷糊，闲想而不学习，纯粹是在耽误时间，浪费生命。

孔子有过这种经历，白天不吃饭，晚上不睡觉，胡思乱想。孔子的结论是，这一点用处也没有，还不如学习。

我想这种情况应当发生在孔子40岁之前，孔子自己讲过，"四十而不惑"。

四十岁之前犯这毛病可恕，四十岁之后再犯这毛病，就不可恕了。

15.32

原　文

子曰："君子谋道不谋食。耕也，馁（něi）[1]在其中矣；

学也，禄[2]在其中矣。君子忧道不忧贫。”

注释

①馁：饥饿。

②禄：俸禄。

译文

孔子说：“君子以如何行仁义之道为念，而不是整天想着丰衣足食。耕田的人，常饿肚子；学习做官的人，可以得到俸禄。因此，君子的注意力应放在道能不能实现上，而不应放在生活能不能富足上。”

悟语

孔子开门办学，从事教育活动的目的就是为国家培养管理人才。当然，这样的人得是君子。君子除了有能力，还得品行高尚。

对于君子来说，应当把如何治理国家放在首要的位置去考虑，而不仅仅考虑自己的待遇是高是低，生活是不是富足。

为了强调自己的观点，孔子说，你看到那些种地的了吗？虽然辛辛苦苦，但有时还饿肚皮。而学好了以后做官则可以从国家得到俸禄。所以，弟子们要好好学习，好好研究为政之道，争取将来为国家做事。

这番话应当是孔子说给那些贫困的弟子们听的，勉励他们只有好好努力，才有可能学而优则仕。

孔子当了官以后也青睐这些贫苦出身的弟子们。在《先进篇》第1章，孔子说：“先进于礼乐，野人也；后进于礼乐，君子也。如用之，则吾从先进。”

其实这段话是在激励那些穷苦子弟们要发愤图强，改变自己的命运。

夫子用心良苦。

15.33

原文

子曰：“知（zhì）[1]及之[2]，仁不能守之，虽得之，必失之。

知（zhì）及之，仁能守之，不庄以莅（lì）③之，则民不敬。知（zhì）及之，仁能守之，庄以莅之，动之不以礼，未善也。”

注 释

①知：通“智”。

②之：一说是指百姓，一说是指国家，其实二者是一回事。

③莅：通“涖”，视。

译 文

孔子说：“如果有足够的智慧，但不坚持仁德，即使得到，也一定会丧失。如果有足够的聪明才智，而且也知道用仁德保持，但不用严肃的态度对待百姓，百姓也不会尊重你。如果有聪明才智，有仁德之心，态度也庄重，但行动不符合礼的要求，也是不完善的。”

悟 语

孔子在这一章讨论为政问题，也就是领导问题。孔子认为，做领导要注意知、仁、庄、礼。

第一是知。知者，智也。做领导要有智慧，且要超过一般人的智慧。何为做领导的智慧？一是察势知进退，二是知人使善任，三是远虑抓战略，四是善思不被骗。

没有一定的智慧是当不了领导的，即使当了领导，也会被别人比下去，或者被下属蒙蔽。一句老话说得好，下属蒙骗上级虽不能说是天经地义，但也情有可原。做领导的不要怪下面的人蒙蔽你，做领导的应该做的，是尽量不被下属蒙蔽。

第二是仁。仁者，爱人也。孔子讲：“己欲立而立人，己欲达而达人。能近取譬，可谓仁之方也已。”爱人就是关爱下属，立人就是培养下属，达人就是成就下属。做领导的一定要想着下属，想着与下属共成长，而不仅仅只考虑自己的发展。关于这一点，孟子有透彻的理解。孟子曾对齐宣王说：“君之视臣如手足，则臣视君如心腹；君之视臣如犬马，则臣视君如国人；君之视臣如土芥，则臣视君如寇仇。”

第三是庄。庄就是庄重，在下属面前，做领导的一定要庄重。孔子讲

“君子不重，则不威”，同时还讲“临之以庄，则敬”。做领导的不自重、不庄重是一大忌。有许多人把庄重与亲民对立起来，是不对的。庄重不等于不亲民，亲民不等于不庄重，这是两回事。“出门如见大宾，使民如承大祭”讲的就是庄重。在公开场合，在郑重场合，领导一定要庄重。说话、举止、穿着、打扮，一定要特别注意。庄重也是对下属的尊重。

第四是礼。礼者，创造秩序、表达敬意也。孔子讲“不学礼，无以立”，又讲“不知礼，无以立也”，人在社会上如果不讲礼是无法立足的。对于领导者的礼，孔子更看重。孔子说：“上好礼，则民易使也。”如果领导者礼遇或礼待下属，则下属更容易受其领导。

有一次我到一个单位去调研，发现那个单位的领导对下属要么高声训斥，要么严厉批评，我当时就觉不妥。后来与他的下属接触，才知下属对他这一套异常反感，只是碍于面子，敢怒而不敢言而已。做领导的不要满足于别人当面的尊敬和奉承，让人家从心里真正佩服，才是最重要的。

为君难。但懂得知、仁、庄、礼的辩证关系并细心体察之，也就不难。

15. 34

原 文

子曰：“君子不可小知①而可大受②也，小人不可大受而可小知也。”

注 释

①小知：小聪明。

②大受：承担大任。

译 文

孔子说：“君子不可要小聪明而应当承担大的责任，小人不能让他们承担大的责任，但可以让他们知道一些基本常识。”

悟 语

读《论语》者应特别注意孔子关于君子与小人的描述。

在《论语》中，“君子”一词出现过 106 次，“小人”一词出现过 34 次。孔子从多个角度描述与阐述君子与小人。本章中孔子从大受与小知两个方面分析。

孔子认为，君子应当大受，承担大的责任，担负重要任务。孔子强调，既然君子要承担大任，就不要在一些小事上下功夫。人的精力是有限的，如果在小事上用心，在大事上可能就做不好。

子夏对孔子这个说法特别赞同。《子张篇》第 4 章中子夏说：“虽小道，必有可观者焉，致远恐泥，是以君子不为也。”

这里的小道，指的是小事情。

孔子特别担心小人大受。小人者，品行不端，能力不强者也。品行不端、能力不强的人不足以托付大事，若托付大事，一是有可能做不了，二是有可能把事情弄糟。

但现实生活中小人往往大受，因为小人会忽悠上级，容易取得上级的信任。

如三国时的马谡，夸夸其谈者也。夸夸其谈者多为小人，孔子曾讲过：“君子欲讷于言而敏于行。”刘备曾多次提醒诸葛亮此人不可重用，但诸葛亮就是不听。结果马谡痛失街亭，给蜀军造成重大损失，诸葛亮不得不挥泪斩马谡。

许多人认为，诸葛亮这泪表面上是为马谡流的，实际上是后悔与自责之泪。

孔子认为，小人可让他做些小事，做些具体事。这样即使弄糟了，也不会影响大局。

孔子眼光独到，不佩服不行。

15. 35

原 文

子曰：“民之于仁也，甚于水火。水火，吾见蹈而死者矣，未见蹈仁而死者也。”

译 文

孔子说："百姓们对于仁（的需要），比对于水和火更迫切。我见过赴汤蹈火的人，但却没有见过为了实行仁而慷慨赴死的人。"

悟 语

这一章孔子仍然在谈论为政，是孔子对当政者讲的。

水、火是民众日常生活不可或缺的。离开了水、火，老百姓既无法生活，也无法生存。

孔子认为，仁政对民众来说，比水、火还重要。既然民众如此渴望仁政，当政者就应当施行仁政。

仁政是什么？仁政是和平、是安全、是秩序、是平安。仁政是什么？仁政是福祉、是祥和、是美满、是快乐。仁政是什么？仁政是全心全意为人民服务。但孔子认为，很少有当政者为了施行仁政而愿意赴死的。

既然当政者为了别的事可以赴汤蹈火，为了仁政有何不可呢？孔子对当政者提出了太高的要求。

说到这里，我忽然想到了一个词：苦口婆心。用到这里，再恰当不过了。

为什么当政者不愿意去实行仁政？因为从当政者的角度看，实行仁政远没有实行暴政舒服。

15.36

原 文

子曰："当仁，不让于师。"

译 文

孔子说："实行仁德时，就是自己的老师，也不同他谦让。"

悟 语

从语气上看，这话应当是孔子对他的弟子们说的。

仁者，爱人也；仁者，立人也；仁者，达人也。爱人，立人，达人，构成一个完整的仁爱体系。

爱人也好，立人也好，达人也好，是一种自觉行为。恰如孔子言：“我欲仁，斯仁至矣。”

实行仁德，是义之所在，不需要向老师请示，也不需要向老师汇报，更不需要同老师谦让。想做就做，立马去做。

15.37

原 文

子曰：“君子贞[1]而不谅[2]。”

注 释

①贞：一是指坚定，有节操；二是指忠，真诚。

②谅：一是指信，守信用；二是指固执，坚持己见。

译 文

孔子说：“君子固守正道，但不能固执己见。”

悟 语

贞者，坚定，有节操也。引申为坚持，固守。

谅者，信也，守信用也。意为说话算数，言出必行。

无论是贞还是谅，都是好的品质。但事物都有个界限，一旦越过了界限，好的就变成坏的，真理就变成谬误。

比如谅，说话算数是好事，但如果承诺做的事为不合义之事，这种承诺就不能算数，因为再坚持做，就害义了。“君子之于天下也，无适也，无莫也，义之与比。”于君子而言，害义的事坚决不能做。

15.38

原 文

子曰：“事君，敬其事而后其食[1]。”

注 释

①食：食禄，俸禄。

译 文

孔子说："侍奉君主，首先把事做好，把领取俸禄的事放在后面。"

悟 语

给君主做事，君主当然要给俸禄。

作为臣下，有两种选择，一是先把待遇谈好然后再工作；二是先把工作干了，再谈俸禄。

第一种情况在古代根本行不通，古代是君主说了算，臣下没有说话的份儿；在现代社会当中倒是可以实现，先谈好条件，再接受工作。但活还没干，先讲待遇，有些领导可以接受，有些领导却难以接受。

孔子赞成的是第二种办法，先把君主的活干完了，再谈待遇，其实这也是忠的表现。应当相信，大部分领导是不会亏待下属的。

15.39

原 文

子曰："有教无类。"

译 文

孔子说："对于受教育者来讲，不要区别对待，要一视同仁。"

悟 语

孔子主张"泛爱众，而亲仁"。作为教师，要平等地对待每一位学生，无论其出身如何，是贵是贱；无论其智力如何，是聪是愚；无论其长相如何，是美是丑。

话是这么说，做起来很难。孔子本人也差一点做不到。诸君应当知"以貌取人，失之子羽"这句话吧。

《史记·仲尼弟子列传》中记载："澹台灭明，武城人，字子羽。少孔子三十九岁。状貌甚恶。欲事孔子，孔子以为材薄。既已受业，退而修行，行不由径，非公事不见卿大夫。南游至江，从弟子三百人，设取予去就，名施乎诸侯。孔子闻之，曰：‘吾以言取人，失之宰予；以貌取人，失之子羽。’”

我常告诫自己，应向孔子学习，力争做到有教无类，一碗水端平，但也有端不平的时候，我不求学生们原谅，只怪自己修养不够。

15.40

原 文

子曰：“道不同，不相为谋。”

译 文

孔子说：“主张（信仰）不同，就不要在一起做事情。”

悟 语

道不同，则主张不同；主张不同，则意见相左；意见相左，则会发生争执；发生争执，则会产生内耗；发生内耗，则事情做不下去；事情做不下去，则白费了时间与精力。如此，还不如一开始就不在一起做事。

所以做事前，认真选择合作伙伴很重要。

15.41

原 文

子曰：“辞达而已矣。”

译 文

孔子说：“言辞只要能表达意思就行了。”

悟 语

孔子主张慎言，主张讷言，主张逊言。孔子反对巧言，反对夸夸其谈，反对佞。

孔子说，把话说明白就可以了，说那么多话做什么？

如果我们社会中的每一个人说话、写文章都能秉承“辞达而已矣”的原则，说实话、说短话，社会得节约多少资源啊。

在这一方面，邓小平先生做得最好。在三卷《邓小平文选》中，你找不到虚话、套话、大话、空话，里面全是实话、干货。

15. 42

原文

师冕[1]见，及阶[2]，子曰：“阶也。”及席[3]，子曰：“席也。”皆坐，子告之曰：“某在斯，某在斯。”师冕出。子张问曰：“与师言[4]之道与?”子曰：“然，固相（xiàng）[5]师之道也。”

注释

①师冕：名冕，是位盲人乐师。

②阶：台阶。

③席：用草或苇子等编成的成片的东西。古人用以坐、卧，现通常用来铺床或炕等。

④言：主动与人说话。

⑤相：帮助，辅助。

译文

乐师冕来见孔子，走到台阶，孔子说：“这儿是台阶。”走到座席旁，孔子说：“这是座席。”等大家都坐下来，孔子告诉他：“某某在这里，某某在这里。”师冕走了。子张问孔子：“这就是与乐师谈话的方式吗?”孔子说：“对，这就是与乐师相处的方式。”

悟语

本章中记叙了孔子与师冕相见的过程，子张应是参与了会见。

师冕是一位盲人乐师，这一点是必须特别强调的。孔子对师冕是耐心的、尊重的，甚至表现得十分谦恭。他对师冕细微与细致的照顾，让人动容，让人敬佩。

待人以礼，这是孔子的一贯主张。对待盲人乐师，孔子同样以礼相待。告诉师冕台阶在哪里，席子在哪里，都是由谁作陪等。

注意孔子在这里提到了席，那个时候还没有发明椅子，人都是席地而坐。孔子很讲究，《论语》中记载孔子“席不正，不坐”。北方人须正南正北，正东正西，大约与孔子的“席不正，不坐”有关。

据有关史料，先有凳，后有椅。汉魏时期，胡床传入中原，中原人才有了坐凳子与椅子的习惯。而椅子的广泛使用，是唐代之后的事。

孔子对残疾人不但没有歧视，反而格外尊重。除了本章，在《乡党篇》中亦有记载，孔子“见冕者与瞽者，虽亵，必以貌”。冕者是做官的人，瞽者是瞎子。师冕是两者的结合体，当然更要加以尊重。

待人处世的细节最能体现一个人的教养与水平，在这里，孔子给我们树立了极好的榜样。

子张是孔子学生中最为敏锐最有个性的学生，孔子称其“师也辟”。他虽然没有被列入孔门十大弟子，但他在孔门中极为活跃，在《论语》中出现的次数也较多，若没有子张，“半部论语治天下”的话基本不会成立，孔子的许多为政思想是在与子张的谈话中提出的。

在这里，我们不得不佩服子张观察问题的细致。

季氏篇第十六

16.1

原 文

季氏将伐颛（zhuān）臾（yú）[1]。冉有、季路见于孔子曰：“季氏将有事[2]于颛臾。”孔子曰：“求！无乃尔是过与？夫（fú）颛臾，昔者先王以为东蒙主[3]，且在邦域之中矣，是社稷之臣也。何以伐为？”冉有曰：“夫子欲之，吾二臣者皆不欲也。”孔子曰：“求！周任[4]有言曰：‘陈力就列[5]，不能者止。’危而不持，颠而不扶，则将焉用彼相（xiàng）[6]矣？且尔言过矣，虎兕（sì）[7]出于柙（xiá）[8]，龟玉毁于椟[9]中，是谁之过与？”冉有曰：“今夫（fú）颛臾，固而近于费（bì）[10]。今不取，后世必为子孙忧。”孔子曰：“求！君子疾夫（fú）舍曰欲之[11]而必为之辞。丘也闻有国有家者，不患寡而患不均，不患贫而患不安。盖均无贫，和无寡，安无倾。夫（fú）如是，故远人不服，则修文德以来之。既来之，则安之。今由与求也，相（xiàng）夫子[12]，远人不服，而不能来也；邦分崩离析[13]，而不能守也；而谋动干戈于邦内。吾恐季孙之忧，不在颛臾，而在萧墙[14]之内也。”

注 释

①颛臾：鲁国的附属国，在今山东费县西。

②有事：指有军事行动，用兵作战。

③东蒙主：东蒙，蒙山。主，主持祭祀的人。

④周任：人名，周代史官。

⑤陈力就列：发挥自己的能力，按才力担任适当的职务。

⑥相：搀扶盲人的人。此处是辅助的意思。

⑦兕：雌性犀牛。

⑧柙：用以关押野兽的木笼。

⑨椟：匣子。

⑩费：季氏的采邑。

⑪舍曰欲之：把丢掉说成是求之（说反话）。

⑫夫子：指季康子。

⑬分崩离析：崩塌解体，四分五裂。崩，倒塌。析，分开。

⑭萧墙：古代宫室内作为屏障的矮墙。萧，通“肃”。

译文

季氏将要攻打颛臾。冉有、子路去见孔子说：“季氏可能要找颛臾麻烦了。”孔子说：“冉求，这不就是你的过错吗？从前是周天子让颛臾主持东蒙祭祀的，且它在鲁国的疆域之内，是国家的臣属，为什么要攻打它呢？”冉有说：“是季孙大夫想这么做，我们两个人都不同意。”孔子说：“冉求，周任有句话说：‘尽自己的力量去履行你的职责，实在做不好就辞职。’有了危险不去扶助，跌倒了不去搀扶，那还用辅助的人干什么？而且你说的话错了。老虎、犀牛从笼子里跑出来，龟甲、玉器在匣子里毁坏了，这是谁的过错？”冉有说：“现在颛臾城墙坚固，而且离费邑很近。现在不把它夺过来，将来一定会成为子孙的忧患。”孔子说：“冉求，君子最讨厌你这种人，把不要说成要，并且还为此编造许多理由。我听说，对于诸侯和大夫，不怕贫穷，而怕财富不均；不怕人口少，而怕不安定。因为财富平均，也就没有所谓贫穷；大家和睦，就不会感到人少；安定了，也就没有倾覆的危险了。为此，如果远方的人还不归服，就用仁、义、礼、乐感召他们；已经来了，就让他们安心住下去。现在，仲由和冉求你们两个人辅助季氏，远方的人不归服，你们无法感召他们前来；国内民心离散，你们不能保全，反而策划在国内使用武力。我只怕季孙的忧患，不在颛臾，而在鲁国的宫廷之内啊！”

悟 语

这个故事发生在孔老夫子周游列国回到鲁国以后，这时鲁国的国君是鲁哀公，国相是季康子。孔子两个著名的学生冉求、季路在季氏家里做家臣。季康子就是季孙肥，姓季孙，名肥，康子是他的谥号，他的封地在现在的山东省临沂市费县，它旁边有一个非常小的国家，叫颛臾。

下面是2022年我在山东老年大学的讲课实录。

> “季氏将伐颛臾。冉求、季路见于孔子曰”，得到这个消息以后，冉求、季路就觉得必须把个事情告诉孔老夫子，于是跑到孔老夫子那里说，“季氏将有事于颛臾”。注意，冉求说得非常委婉，他不说要攻打，而是说“将有事于颛臾”。孔子一听就很明白了，“求！无奈尔是过与?”孔老夫子听完后马上表态说，冉求啊，这不是你的过错吗？之后孔老夫子就讲颛臾为什么不能伐。“夫颛臾，昔者先王以为东蒙主”，先王，应当是指周武王，颛臾这个国家是先王封的，让它负责祭祀东蒙。“且在邦域之中矣”，颛臾在鲁国境内，“是社稷之臣也”，人家恪守君臣之道。“何以伐为”呀？为什么去攻打人家呢？冉求就给孔子解释。“夫子欲之，吾二臣者皆不欲也。”这不是我们的主意，是季大夫的主意，是他想去攻打颛臾。“吾二臣者皆不欲也”，我们两个并不想这样。一看老师不高兴，冉求就把责任向季氏身上推。冉求讲完后，孔子说：“求！周任有言曰。”周朝有一个叫周任的，他讲过一段话：“陈力就列，不能者止。”人要根据自己的能力来做事情，有能力就去做，没能力就不去做。意思是冉求、季路的能力不行。然后孔老夫子继续说：“危而不持，颠而不扶，则将焉用彼相矣?”你知道瞎子吗？瞎子为什么要找个相啊？相的作用就是危而持，颠而扶。季氏让你们去当这个家宰，就如同盲人找相一样，你得好好地帮着人家，不能让他们做错事。“且尔言过矣”，冉求，你刚才说的话错了。“虎兕出于柙，龟玉毁于椟中，是谁之过与?”平常老虎和犀牛都要关在笼子里，老虎与犀牛从笼子里出来了，这是谁的错？不就是看管的人的责任吗？龟甲呀，玉石呀，这些珠宝，平常是在椟中藏着，结果被弄坏

了，这不就是管理者的责任吗？冉求继续辩解。“今夫颛臾，固而近于费。今不取，后世必为子孙忧。”老夫子您是知道的，颛臾这个地方的城墙非常坚固。从地理位置上来讲，它离季氏的封地非常近。如果现在不把它拿下来，以后就更麻烦了。所以为了以后着想，现在就把它拿下。“孔子曰，‘求！君子疾夫舍曰欲之而必为之辞。’”孔老夫子说，冉求，我来告诉你君子最痛恨的是什么。君子最讨厌的就是把舍说成得，为了达到目的，编很多理由，找很多借口。你去攻打颛臾，攻打就攻打吧，还说人家好多不是。孔子发完脾气，就给这两个学生讲道理了，“丘也闻”，我孔丘听说过，“有国有家者”，治理国家，“不患寡而患不均，不患贫而患不安”。东西少了不要紧，就怕不平均；国家穷了不要紧，就怕不安于现状。“盖均无贫，和无寡，安无倾。”平均了就没有贫穷，和气了就不觉得少，安定了国家就不会倾覆。这样做了，若远人还不服，“则修文德以来之”。文可以理解成是文化，也可以理解成是教化。德可以理解成为政以德，实行仁政。“既来之，则安之。”如果人家来投奔了，就好好地安顿人家，让人家安安心心地过日子。讲到这里，孔老夫子发现光批评冉求了，还没有点仲由呢，就说，“今由与求也”，“相夫子，远人不服，而不能来也”。你们两个给人家季氏做家宰，外面的人不来，是因为你们没有修文德，不修文德别人怎么会来呢？“邦分崩离析，而不能守也。”你看看你们把国家都弄得四分五裂了，快守不住了。“而谋动干戈于邦内”，只想到动武，只想到讨伐，只想到发动战争。我想这个季大夫真正忧虑的地方“不在颛臾，而在萧墙之内也”。我担心呀，季氏他应当担心的是内部出了问题。他的意思是冉求和季路没有尽到自己的责任。孔子说话善于用比喻，说话的特点是“无喻不出口”，孔子这里讲的“萧墙”，也是用的比喻。萧墙是王宫内很矮的墙，也有的人解释是进了王宫门后的屏风，屏风后是君与臣议事的地方，借指内部。孔子说季氏更应当担心的是内部要出问题，是说冉求和季路给季氏当家宰不合格。

读罢这一章，我们得佩服孔子的睿智，也佩服孔子一眼就把事情看

穿看透。老师就是老师，冉求、季路虽然也很了得，但在孔子面前，就是小儿科，只有挨批评的份儿。

16.2

原文

孔子曰："天下有道①，则礼乐（yuè）征伐②自天子出；天下无道，则礼乐（yuè）征伐自诸侯出。自诸侯出，盖十世希不失矣；自大夫出，五世希不失矣；陪臣③执国命，三世希不失矣。天下有道，则政不在大夫。天下有道，则庶人④不议。"

注释

①天下有道：国家政治清明，君主圣贤。

②征伐：出兵攻打。

③陪臣：古代天子以诸侯为臣，诸侯以大夫为臣，大夫又自有家臣。大夫对于天子，大夫之家臣对于诸侯，都是隔了一层的臣，即所谓"重臣"，因之都称为"陪臣"。这里指大夫之家臣。

④庶人：泛指无官爵的平民百姓。周代统治阶层居住在国中（城内）及国郊，称为"国人"。国人中的上层为卿、大夫、士，下层为庶人。大部分庶人居于城郊，耕种贵族分给的土地，享有贵族给予的政治、军事权利。庶人还包括具有自由身份的劳动者及被免除人身依附关系的奴隶。

译文

孔子说："天下有道的时候，规制礼乐和出兵打仗由天子决定；天下无道的时候，规制礼乐和出兵打仗由诸侯决定。由诸侯决定，大概经过十代，很少有不垮台的；由大夫决定，经过五代，很少有不垮台的；如果是家臣操纵了国家政令，经过三代，很少有不垮台的。天下有道，国家政权就不会落在大夫手中。天下有道，老百姓也就不会议论朝政了。"

悟语

"天下有道"，天子圣明，政治清明，"则礼乐征伐自天子出"，天下在正常轨道上运行；“天下无道”，天子昏庸，政治昏暗，“则礼乐征伐自诸侯出”，天下在非正常轨道上运行。层次越低的人执掌天下大权，垮得越快。“天下有道，则政不在大夫”，政在诸侯。“天下有道，则庶人不议。”但天下无道，连庶人也看不下去，会议论纷纷。

纵观孔子的一生，是处在天下无道的环境中。孔子生活于春秋末期，生于公元前551年，去世于公元前479年，享年73岁。春秋末期，天子是有，但已经说了不算，政令不出京城；国君也有，但大夫专权，甚至陪臣（阳虎）执国命。孔子去世后四年，为公元前475年，中国进入战国时期。战国比春秋更乱了，你打我，我打你，最终在公元前256年，秦国把东周也给灭了。

孔子去世那年，是周敬王在位，在敬王之后，东周又传了十一代，至周郝王时被秦国所灭。应了孔子那句话，“礼乐征伐自诸侯出，十世希不失矣”。由此看，孔子还真是了不起，预见了十代之后的事。

16.3

原文

孔子曰：“禄之去公室五世①矣，政逮（dài）②于大夫四世③矣，故夫（fú）三桓④之子孙微矣。”

注释

①五世：指鲁宣公、鲁成公、鲁襄公、鲁昭公、鲁定公五世。

②逮：到，及。

③四世：指季孙氏文子、武子、平子、桓子四世。

④三桓：鲁国孟孙、叔孙、季孙都出于鲁桓公，所以叫“三桓”。

译文

孔子说：“鲁君失去禄爵之权已有五代了，政权落在大夫之手已经四代了，所以三桓的子孙衰微了。”

悟　语

重点是最后一句，“三桓之子孙微矣”。为什么“三桓之子孙微矣”？是因为陪臣执国命，诸如阳货之类的大夫把持了鲁国的政权。

有必要认识一下阳货这个人。阳货，名虎，字货，是春秋时期鲁国人。鲁国大夫季平子的家臣，季氏曾一连几代掌握鲁国朝政，而这时阳货又掌握着季氏的家政。季平子死后，阳货专权管理鲁国政事，后来他与公山弗扰共谋杀害季桓子，失败后逃往晋国。

《论语》中曾记载孔子与阳货的交往，孔子十分不愿意见阳货，但冤家路窄，孔子与阳货竟然在路上碰到了。阳货的跋扈与孔子的屈尊跃然纸上。

“阳货欲见孔子，孔子不见，归孔子豚。孔子时其亡也，而往拜之，遇诸涂。谓孔子曰：‘来！予与尔言。’曰：‘怀其宝而迷其邦，可谓仁乎？’曰：‘不可。’‘好从事而亟失时，可谓知乎？’曰：‘不可。’‘日月逝矣，岁不我与。’孔子曰：‘诺，吾将仕矣。’”

这是典型的礼崩乐坏。

16.4

原　文

孔子曰：“益者三友，损者三友。友直，友谅[1]，友多闻，益矣；友便辟（pì）[2]，友善柔[3]，友便佞[4]，损矣。”

注　释

①谅：诚信。

②便辟：惯于走邪道。

③善柔：善于和颜悦色骗人。

④便佞：惯于花言巧语。

译　文

孔子说：“有益的朋友有三种，有害的朋友也有三种。同正直的人交朋友，同诚信的人交朋友，同见闻广博的人交朋友，这是有益的；同走邪道的人交朋友，同阿谀奉承的人交朋友，同花言巧语的人交朋友，这是有害的。”

悟 语

益者三友，虽有益但感觉上并不舒服。损者三友，有害但感觉上舒服。

“友直”，与正直的人交朋友。正直的人有时候说话难听，对此要有充分的准备。“友谅”，谅者，诚信也，与说话算数的人交朋友。朋友说话是不是算数，过一段时间才知道。“友多闻”，与阅历丰富，见识多的人交朋友，从这样的人身上可以得到知识与教益。但很多人却不愿意这样做，在这样的人面前会感到压抑，往往会自卑得抬不起头来。

“友便辟，友善柔，友便佞”，明明知道有害，但人就是喜欢。为什么？因为与便辟、善柔、便佞的人在一起感觉舒服。

2012 年 12 月 8 日，我为此专门写过一篇小文。

> 孔子认为君子有三友：“友直，友谅，友多闻。”直者，非曲非枉也。直言为直，危行为直，直道而行，直道而事人。于职场，于官场，忠为直矣。“勿欺也，而犯之”，既为忠，亦为直。“人之生也直，罔之生也幸而免。”《论语》中谓直者两人，一为史鱼，二为柳下惠。子曰：“直哉史鱼，邦有道如矢，邦无道如矢。”至于柳下惠，一般人只知其坐怀不乱，知道其为有德之君子，很少有人知其为“士师”，士师者，典狱官也。《论语》有云，“柳下惠为士师，三黜”。柳下惠为何被三黜？直道而事人，得罪上边人而已。所以直的好处是名声好，但往往结局不好，这一点在官场上表现得尤为明显。窃以为，夫子虽赞赏直者，然用地有别，于官场，政治清明时可直，所谓邦有道“危言危行”也。政治不清明时则“危行言孙”。虽然直道而行，但话则“其言也讱”，要慎言。所谓“用之则行，舍者则藏”者也。
>
> 在交友中应当直，然直须在信、敬之后。交朋友第一要旨为信，无信则无友。第二要旨为敬，且敬而久。“晏平仲善与人交，久而敬之。”朋友处得越久，越要尊重。交朋友的第三个原则是直，但也要有度。有一次子贡问友，夫子如是说：“忠告而善道之，不可则止，勿自辱焉。”

因此结论就是，直者好品质也，但用之有度。邦有道可直，邦无道则不可“全直”也，危行言逊即可。至于交友，对朋友之过错，点到为止即可。

再说“谅”。谅者三意也。一者，恕也。今之原谅者，是谓恕也。恕者，宽也，容也。唯恕者能容人，能得人。二者，谅，推测、判断也。“谅已到达”，推测别人已到达矣。三者，小信也，此是于“大信”而言。君子“贞而不谅”，即此意也。后者极难理解，歧义多矣。

至于多闻，多听别人语也。闻者，听也。其一，多闻为学习之道。孔子讲：“多闻而志之。”其二，多闻为为官之道。“子张学干禄。子曰：‘多闻阙疑，慎言其余，则寡尤。’”，为官者要多听少说，听多了，才不会做出片面的决定。

16.5

原文

孔子曰：“益者三乐，损者三乐。乐节礼乐（yuè）①，乐道人之善，乐多贤友，益矣；乐骄乐②，乐佚③游，乐晏乐④，损矣。”

注释

①节礼乐：用礼乐来节制人。

②骄乐：骄纵而不知节制的乐。

③佚：通“逸”。

④晏乐：宴饮之乐。

译文

孔子说：“有益的喜好有三种，有害的喜好也有三种。喜欢以礼乐节制自己，喜欢称道别人的好处，喜欢多结交贤德之友，这是有益的；喜欢骄纵作乐，喜欢安逸游乐，喜欢宴饮取乐，这是有害的。”

悟语

对自己有益的喜好有三种，“乐节礼乐，乐道人之善，乐多贤友”。

这三件事许多人并不愿意为，何也？节制使自己受到限制，道别人善不如自吹自擂更令自己愉快，贤友会使自己显得相形见绌。而对自己有害的喜好则很多人愿意为之，何也？骄乐、佚游、宴乐能使自己感到开心啊。

16.6

原文

孔子曰："侍于君子有三愆（qiān）①：言未及之而言谓之躁，言及之而不言谓之隐，未见颜色而言谓之瞽（gǔ）②。"

注释

①愆：罪过，过失。

②瞽：盲人。

译文

孔子说："侍奉在君子旁边陪他说话，要注意避免犯三种过失：还没有问到你的时候就说话，这是急躁；已经问到你的时候却不说，这叫隐瞒；不看君子的脸色说话的人可以称之为瞎子。"

悟语

这里的君子可理解成国君。一般人侍奉君主常犯三个毛病，一是躁，二是隐，三是瞽。躁者，不该说话的时候说了；隐者，该说话的时候却没有说；瞽者，像瞎子那样，不看脸色说话。总而言之，就是时机没有把握好，不会察言观色，或者是察言观色的能力欠缺。而在官场上，说话时机不对，不会察言观色是一大忌。改进的办法只有一条，虚心向前辈学习并多多历练。

16.7

原文

孔子曰："君子有三戒：少之时，血（xuè）气未定，戒之在色；及其壮也，血气方刚，戒之在斗；及其老也，血气既

衰，戒之在得。”

译文

孔子说：“有三种事情君子应引以为戒：年少的时候，血气还不成熟，要戒除对女色的迷恋；壮年的时候，血气正旺，要戒除与人争斗；等到老年，血气已经衰弱了，要戒除贪得无厌。”

悟语

对于人生的每个年龄段，孔子都给出了建议。“少之时，血气未定，戒之在色；及其壮也，血气方刚，戒之在斗；及其老也，血气既衰，戒之在得。”

请注意“血气”这个概念。血气指血液和气息，是人和动物体内维持生命活动的两种要素。血气在人体生命活动中占有很重要的地位。气是一种至精至微的物质，对人体有着推动调控、温煦凉润、防御、固摄和中介的作用。血对人体有涵养的作用。《礼记·三年问》：“凡生天地之间者，有血气之属，必有知；有知之属，莫不知爱其类。”由此看，孔子对医学还是蛮懂的，至少能熟练地运用“血气”这个概念。

此外，“血气方刚”这个成语的发明者是孔子，这一点当无可争议。在中国常用的3000个成语中，《论语》贡献了接近300个，就凭这一点，《论语》就该好好读。

16.8

原文

孔子曰：“君子有三畏①：畏天命，畏大人，畏圣人之言。小人不知天命而不畏也，狎大人，侮圣人之言。”

注释

①畏：害怕，敬畏。

译文

孔子说：“君子有三件敬畏的事情：敬畏天命，敬畏地位高贵的人，敬畏圣人说的话。小人不懂得天命，故不知敬畏；小人对地位高的人满不在乎，故不礼貌；小人出言不逊，侮辱圣人的教导。”

悟 语

君子知天高地厚，而小人往往不知。君子知天比自己高，故敬畏天命；知大人比自己强，故敬畏大人；知圣人之言绝对正确，故敬畏圣人之言。而小人呢，无知者无畏。对天命不在乎，对大人不尊重，将圣人之言踩在脚下。两者的区别是：君子可保长久，小人只逞一时。

16.9

原 文

孔子曰：“生而知之者，上也；学而知之者，次也；困而学之，又其次也；困而不学，民斯为下矣。”

译 文

孔子说：“生来就知道的人，是上等人；经过学习以后才知道的，是次一等的人；遇到困难再去学习的，是又次一等的人；遇到困难还不学习的人，就是下等的人了。”

悟 语

孔子按学与知的关系把人分为四等：生而知之者，学而知之者，困而学之者，困而不学者。有没有生而知之者，当有。只是我们接触得少。

孔子认为自己是“学而知之者”。在《述而篇》中孔子说：“我非生而知之者，好古，敏以求之者也。”

大部分人应当是“困而学之者”。为了混碗饭吃，为了有较好的工作，不学不行啊。最糟糕的是“困而不学者”，说什么也不肯学习。对于不愿意学习的人，你纵有天大的本事，也一点办法没有，况且你还没有天大的本事。

人的智力水平应当符合正态分布，两头少，中间多。

16.10

原　文

孔子曰：“君子有九思：视思明，听思聪，色思温，貌思恭，言思忠，事思敬，疑思问，忿思难（nàn），见得思义。”

译　文

孔子说：“君子有九思：看要看得清，听要听得明，脸色要温和，态度要谦恭，说话要真诚，做事要敬业，有了问题就问，生气的时候要想到后果，面对财利要考虑该不该取。”

悟　语

孔子的“君子有九思”是日常行为与做事的指南，可以分成两部分记忆。

第一部分是日常行为（视、听、色、貌、言）该如何做，第二部分是遇到事（事、疑、忿、得）该怎么做。

“视思明，听思聪”，看要看清楚，听要听明白。日常生活中应当认真，不应当马虎。“色思温，貌思恭，言思忠”，脸色要温和，态度要谦恭，说话要诚恳，日常生活中应当恭敬，不应当蛮横。

“事思敬”，为人谋要忠。“疑思问”，遇到不懂的要问。学问、学问，只有问才有学。“忿思难”，生气的时候一定要想到它的严重后果。要学会制怒，怒火中烧，容易丧失理智。

“见得思义”，对于物质也好，荣誉也好，该拿的则拿，不该拿的坚决不拿。孔子讲：“富与贵，是人之所欲也，不以其道得之，不处也。”君子爱财，取之有道。

我有写微博的习惯，写了十几年，几乎每天都写。2020 年 2 月 22 日，我在微博中记载了这样一件事：

> N 年以前，我的一研究生陈文结婚。我定好了带几个研究生去参加婚礼。出发之前，去财大附近的一快餐店吃早餐。在那快餐店

里，一老者在破口大骂一年轻服务员（似为农村出来打工的），我就劝了一句："老同志，大清早的，生那么大气干嘛？"这可了不得了，那老者冲着我大喊大叫，足足骂了我有二十分钟，什么难听的话都有，并且一把把我的眼镜抓走。我高度近视，没眼镜什么也看不见。研究生们看不下去，要与他理论，我制止了。我继续吃我的早餐，决定不再理他。我判断这是个负能量的人，对负能量的人，讲道理是没有用的。我边吃饭，边念叨"忿思难"。我也深知"一朝之忿，忘其身，以及其亲，非惑与？"对这种负能量的人，是不能真正生气的，更不能与之理论，上策是远远地躲开。

16.11

原　文

子曰："见善如不及，见不善如探汤①。吾见其人矣，吾闻其语矣。隐居以求其志，行义以达其道。吾闻其语矣，未见其人也。"

注　释

①探汤：把手伸到开水里。汤，开水。

译　文

孔子说："看到善良的行为，就担心自己达不到；看到不善良的行为，就好像把手伸到开水中一样（赶快避开）。我见到过这样的人，也听到过这样的话。以隐居避世来保全自己的志向，依照义来贯彻自己的主张。我听到过这种话，却没有见到过这样做的人。"

悟　语

宋代张载在评论这一章时说："见善如不及，此好仁者也；见不善如探汤，此恶不仁者也。'无欲而好仁，无畏而恶不仁'，同此义。"（《张子全书·语录》）孔子曾讲过好仁者与恶不仁者。孔子说："好仁者，无以尚之；恶不仁者，其为仁矣，不使不仁者加乎其身。"见善则追，见不善则避，这个容易做到。所以孔子说“吾见其人矣”“吾闻其语矣”。

“隐居以求其志”，是不得志时的所作所为，“穷不失义”。“行义以达其道”，是得志时的施展抱负，“达不离道”。二者皆是人生的价值体现，也是人生的责任担当。孟子对此解释得很透：“穷不失义，故士得己焉；达不离道，故民不失望焉。古之人，得志，泽加于民；不得志，修身见于世。穷则独善其身，达则兼善天下。”（《孟子·尽心上》）

人生有时屈，有时伸，而伸的时候少，屈的时候多，能屈能伸方为大丈夫，真正能做到这一点的人极少。想想，邓小平应是这样的人，正是因为“文革”时在江西七年的隐居求志，才有后来二十年的行义达道。

16.12

原　文

齐景公有马千驷，死之日，民无德而称焉。伯夷、叔齐饿于首阳之下，民到于今称之。（“诚不以富，亦只以异。”）其斯之谓与？

译　文

齐景公有4000匹马，他死的时候，百姓们觉得他没有什么德行可以称颂。伯夷、叔齐饿死在首阳山下，百姓们到现在还在称颂他们。（“诚不以富，亦只以异。”）说的就是这个意思吧？

悟　语

齐景公年少登基，在位58年，几乎是在位时间最长的国君。孔子陪鲁定公参加夹谷会盟，当时齐国国君就是齐景公。正是从齐景公手里，鲁国君臣通过艰苦努力，最终收回了被齐国占领的汶阳三田。

据说，齐景公治国用两帮人，一是能臣，一是佞人。能臣使齐国保持强大，佞人使景公过得舒坦。临死前，齐景公积累了大量财富，“有马千驷”，但老百姓并不说他好，“民无德而称焉”。

伯夷、叔齐是商末孤竹君的两位王子。相传孤竹君遗命立三子叔齐为君，孤竹君死后，叔齐让位给伯夷，伯夷不受；叔齐尊天伦，不愿打乱社会规则，也未继位，二人先后前往周国考察。周武王伐纣，二人拦马谏阻。武王灭商后，他们耻食周粟，采薇而食，饿死于首阳山。（见《吕氏春秋·诚廉》《史记·伯夷列传》）

首阳山位于今河南洛阳市偃师区邙岭乡，海拔 359.1 米，是邙山山脉的最高峰，因“日出之初，光必先及”而得名。

孔子很赞赏伯夷、叔齐的德行与气节，经常跟弟子们提及，本章又是一例。

16.13

原　文

陈亢（kàng）①问于伯鱼②曰：“子亦有异闻③乎？”对曰：“未也。尝独立，鲤趋而过庭④。曰：‘学《诗》乎？’对曰：‘未也。’‘不学《诗》，无以言。’鲤退而学《诗》。他日，又独立，鲤趋而过庭。曰：‘学礼乎？’对曰：‘未也。’‘不学礼，无以立。’鲤退而学礼。闻斯二者。”陈亢退而喜曰：“问一得三。闻《诗》，闻礼，又闻君子之远⑤其子也。”

注　释

①陈亢：即陈子禽。

②伯鱼：姓孔，名鲤，字伯鱼。孔子的儿子。

③异闻：不同的听闻。这里陈亢怀疑孔子对孔鲤有偏私，对他教授的比弟子们多。

④庭：堂阶前的院子。

⑤远：不亲近，不偏爱。

译　文

陈亢问伯鱼：“您在夫子（孔子）那里听到过什么特别的教诲吗？”伯鱼回答说：“没有呀。有一次他（指孔子）独自站在堂上，我快步从庭里走过。他问：'学《诗》了吗？'我回答说：'没有。'他说：'不学《诗》，就不懂得怎么说话。'我回去后就开始学《诗》。又有一天，他又独自站在堂上，我快步从庭里走过。他问：'学礼了吗？'我回答说：'没有。'他说：'不学礼，就不懂得怎样立身。'我回去后就开始学礼。我就听到过这两件事。"陈亢回去后高兴地说："我提一个问题，得到三方面的收获。知道了《诗》，知道了礼，知道了夫子不偏爱自己的儿子。"

悟 语

孔子有儿有女，女儿的名字没有流传下来，我们只知道她嫁给了公冶长；但儿子孔鲤（字伯鱼）的名字流传下来了，伯鱼是孔子唯一的儿子。伯鱼先孔子而死，且在颜回之前。《论语》中记载颜路请孔子卖掉车子给颜回买个外椁，孔子说："鲤也死，有棺而无椁。"

《论语》中孔鲤极少出场，所以这一章弥足珍贵。

这一章描述的场景，让我们知道孔子是如何做父亲的，也知道了孔鲤是如何做儿子的。孔子与孔鲤的关系，是父严子顺的关系。父子俩均一本正经，一是一，二是二，各守其位，毫不马虎。后来中国的父子关系大抵如此，应是受了这一章的影响。

这一章提到了孔子的"尝独立"，还提到了孔子的"又独立"。看样子，老夫子经常站在院子中独立，或沉思静想，或苦思冥想。这时孔鲤出现了，他或者是不愿意打扰父亲，或者是怕父亲，想趁父亲不注意的时候溜过去，但终究还是被父亲发现了。第一次，孔子说："学《诗》乎？不学《诗》，无以言。"于是"鲤退而学《诗》"。第二次，孔子说："学礼乎？不学礼，无以立。"于是"鲤退而学礼"。孔子教学生《诗》礼，也用这些东西教育儿子。

请注意陈亢对孔子的总结："君子之远其子也。"这句话的意思不是说孔子作为父亲疏远自己的孩子，而是说孔子是一位严肃的父亲，对儿子从不溺爱，该严格要求的时候就严格要求。

孔子的"远其子也"一般人做不到。

16.14

原文

邦君[1]之妻，君称之曰夫人，夫人自称曰小童[2]；邦人称之曰君夫人；称诸异邦曰寡[3]小君；异邦人称之，亦曰君夫人。

注释

①邦君：指诸侯国的国君。

②小童：国君妻子自己的谦称。

③寡：少。这里是“寡德”的意思，自谦之辞。古代王侯和士大夫均可自谦为“寡人”。唐以后，只有皇帝称“寡人”。

译文

国君的妻子，国君称他为夫人，夫人自称为小童；本国人称她为君夫人；（国君）在其他国家的人面前称她为寡小君；其他国家的人称呼她，也叫君夫人。

悟语

自古称呼都是大问题，本章围绕着“邦君之妻”的称呼展开。

第一，“夫人”不是随便称的，只有“邦君之妻”才可被称为“夫人”。

第二，“夫人”是尊称。国君称自己之妻为“夫人”，而国君之妻在国君面前只能自称“小童”（千万不能称自己为“本夫人”）。注意“小童”二字，为又小又无知之意。国君在异邦人面前称自己的妻子为“寡小君”（在本邦人面前可能不会称“寡小君”，而应当称“寡夫人”）。无论是本邦的人，还是异邦的人，都称国君的妻子为“君夫人”。

阳货篇第十七

17.1

原 文

阳货①欲见孔子，孔子不见，归（kuì）孔子豚（tún）②。孔子时其亡（wú）③也，而往拜之，遇诸涂④。谓孔子曰："来！予与尔言。"曰："怀其宝而迷其邦⑤，可谓仁乎？"曰："不可。""好从事而亟（qì）⑥失时，可谓知（zhì）乎？"曰："不可。""日月逝矣，岁不我与⑦。"孔子曰："诺，吾将仕矣。"

注 释

①阳货：姓阳，名虎，字货，春秋时鲁国人。鲁国大夫季平子的家臣。季氏曾几代掌握鲁国朝政，而阳货又掌握着季氏的家政。季平子死后，阳货曾一度掌管鲁国政事。阳货曾与公山弗扰共谋杀害季桓子，失败后逃往晋国。

②归孔子豚：赠给孔子一只蒸熟的小猪。归，通"馈"，赠送。豚，小猪、猪。

③时其亡：等他外出不在家的时候。亡，通"无"，不在家。

④遇诸涂：在路上遇到了他。涂，通"途"，道路。

⑤迷其邦：听任国家迷乱。

⑥亟：屡次。

⑦岁不我与：我不可能永远与时间在一起，意思是时间不等人。

译 文

阳货想见孔子，孔子不见，他便赠送给孔子一只（蒸熟的）小猪（想要孔子回拜他）。孔子打听到阳货不在家时，去阳货家拜谢，不想却在半路上遇见了。阳货对孔子说："来，我有话要跟您说。"（孔子走过去，）阳货说："把自己的本领藏起来而听任国家迷乱，这可以叫作仁吗?"（孔子回答）说："不可以。"（阳货）说："喜欢参与政事而又屡次错过机会，这可以说是智吗?"（孔子回答）说："也不可以。"（阳货）说："时间一天天过去了，年岁是不等人的。"孔子说："好吧，我将考虑去做官。"

悟 语

中国人有一句成语叫冤家路窄，大概由此而来。

孔子最反对礼崩乐坏，礼崩乐坏的突出标志就是"陪臣执国命"，家臣掌控了国家大权。

阳货即阳虎，原来是季氏家的家臣，一度把持鲁国的大权。三桓拿他没办法，鲁君也拿他没办法，孔子更拿他没办法。

阳货知道孔子有能力，威望高，且还有一大帮学生，想请孔子出来做官。他想见孔子，但孔子不见，于是阳货送给孔子一只蒸熟的小猪，按照当时的礼仪，收到礼物，孔子要登门拜谢。孔子是讲礼的人，不可能悖礼而行。孔子便趁阳货不在家时，前去拜谢。谁料两人在路上对面相碰，这下躲不过去了。阳货居高临下谓孔子曰："来！予与尔言。"你过来，我跟你说话。人在屋檐下不得不低头，这时，孔子只得老老实实地听着。阳虎很会讲话，他知道孔子讲仁义，于是以子之矛攻子之盾。首先，阳货指责孔子不仁："怀其宝而迷其邦"；其次指责孔子不智："好从事而亟失时"。这两点直击孔子命门。孔子不仅老老实实地听着，还得虚与委蛇，表态说："诺，吾将仕矣。"

仔细想想，这一章是蛮有意思的。

第一，孔子讲"道不同，不相为谋"。孔子不愿意与阳虎共事，更不愿意帮阳虎的忙。

第二，孔子虽然赞成"直"，但是孔子还是蛮有心计的。"时其亡也，而往拜之。"往而无来不可废，但可以来个有来不见。人算不如天算，孔子也有尴尬的时候，谁想竟然在路上碰到了。

第三，阳货的专横跋扈跃然纸上，但有这几句话讲得还是蛮好的。尤其是"日月逝矣，岁不我与"，到今天看也有很强的警示作用。

第四，虎落平阳被犬欺。孔子纵然伟大，那是后来的事情，在当时，孔子跟普通人一样，也有活得很窝囊的时候。

17. 2

原 文

子曰："性相近也，习相远也。"

译 文

孔子说："人的本性是相近的，但后天的习惯却相差很远。"

悟 语

孔子从两个方面去观察人。一是从人的天性，二是从人所处的环境。孔子的结论是，人的天性相差不大，但习性相差很大。人的天性是什么？孔子没有讲。其实在《论语》中，孔子很委婉地讲了人的天性的很多方面。比如孔子讲"人不知而不愠，不亦君子乎?"这是委婉地说人很把自己当回事儿，这就是人的天性之一。又有谁不把自己当回事呢？人一般是先想到自己，后想到别人，所以孔子劝他的学生："不患人之不己知，患不知人也。"

根据《论语》，我总结了孔子对人性的十大认识，称为"十难十易"。分别是：他难己易，德难色易。庸难偏易，直难枉易。义难利易，学难耍易。事难言易，讼难伐易。改难好易，贫难富易。

最后这"贫难富易"指的是"贫而无怨难，富而无骄易"。孔子说，人穷了让其没有怨恨是很难的，但人富了让其不骄横是容易做到的。

17. 3

原 文

子曰："唯上①知（zhì）与下②愚不移。"

注 释

①上：努力向上。

②下：不求上进。

译文

孔子说："有一点是肯定无疑的：人如果努力向上就会变得聪明，如果不求上进就会变得愚蠢。"

悟语

我见过有这样翻译这句话的："有一点是肯定无疑的：在上位的人有智慧，在下位的人则愚蠢。"智慧愚蠢是相对而言的，如果从这个角度考虑，当然也有一定的道理。职位高的人总比职位低的人见的多，听的多，想的多，见的多、听的多、想的多的人，总比见的少、听的少、想的少的人要有智慧。这也就是为什么上级领导下级。当然事情不能绝对化，应当承认，对于具体情况、个别情况、新鲜情况，下级要更熟悉一些，所以万事不可绝对化，要看是处在什么角度上看问题。我认为，比起上面的讨论，本章现在的译文更准确。

17.4

原文

子之武城[1]，闻弦歌[2]之声。夫子莞尔而笑，曰："割鸡焉用牛刀？"子游对曰："昔者偃也闻诸夫子曰：'君子学道则爱人，小人学道则易使也。'"子曰："二三子！偃之言是也。前言戏之耳。"

注释

①武城：鲁国的一个小城。

②弦歌：以琴瑟伴奏歌唱。弦，指琴瑟。

译文

孔子到了武城，听见弹琴弹瑟唱歌的声音。孔子微笑着说："杀鸡何必用宰牛的刀呢？"子游回答说："以前我听夫子说过：'君子学了道就能爱人，小人学了道就容易支使。'"孔子说："弟子们，言偃的话是对的。我刚才说的话，不过是开个玩笑而已。”

悟 语

子游是孔老夫子为数不多的南方的学生，吴国（今江苏常熟）人，后来在南方设坛讲学，死后被称为“南方夫子”。子游做了武城宰，老夫子很高兴，带着几个学生去看他。一进城，闻弦歌之声，孔子一下子乐了：言偃这不是在小题大作吗？孔子善用比喻，他来了句“割鸡焉用牛刀”。这里之所以用割，大概是杀鸡要用刀割鸡喉咙的缘故。在山东农村，仍保留着杀鸡割喉咙的习惯。言偃一听这话不高兴了：“老师，用礼乐治国是跟您学的。您不是曾经讲过吗？‘君子学道则爱人，小人学道则易使也。’”典型的以子之矛攻子之盾。遇到这样认真的学生，孔子只好自打圆场，找个台阶下来。“你们好好听着，我刚才的话是闹着玩的，言偃说得对。”这是一幅多么温馨的画面啊。我们设想一下，孔子如果不是自己找台阶下，而是辩解，或是发脾气，都收不到如此好的效果。这大概就是所谓的寓教于乐吧。

17.5

原 文

公山弗扰①以费（bì）畔，召，子欲往。子路不悦（yuè），曰：“末之②也已，何必公山氏之之③也？”子曰：“夫召我者，而岂徒④哉？如有用我者，吾其为东周乎⑤！”

注 释

①公山弗扰：复姓公山，名不狃（也作“弗扰”“不扰”），字子泄。春秋时期鲁国人。他和阳虎同时，都是鲁国当政者季桓子的家臣。季桓子非常器重公山弗扰，派他担任季氏的私邑——费邑的邑宰。

②末之：无处去。末，无。之，到、往。

③之之：前一个“之”字是助词；后一个“之”字是动词，去。

④徒：徒然，空无所据。

⑤吾其为东周乎：我将在东方复兴周礼（或周公之道）。周，周公

之礼（或周公之道）。

译文

公山弗扰据费邑反叛，来召孔子，孔子准备前去。子路不高兴地说："没有地方去就算了，为什么一定要去公山弗扰那里呢？"孔子说："他来召我，难道是白忙活吗？如果有人用我，我想利用这个机会，在东方复兴周礼（或周公之道）。"

悟语

有时候，有一个忠直的学生真是幸事。孔子有子路，除了"自吾得由，而恶言不入于耳"外，还能避免犯许多原则性错误，比如子路劝阻了孔子去公山弗扰那里做事。如果孔子真去了公山弗扰那里，就会与季氏结下梁子，季氏就会激烈地反对孔子出仕。在季氏的强烈反对下，定公就不可能让孔子做中都宰，做司空，做鲁国的大司寇，那孔子的历史就会改写。请注意孔子在被劝阻后说的那句话："夫召我者，而岂徒哉？如有用我者，吾其为东周乎！"公山弗扰有公山弗扰的打算，孔子有孔子的想法。孔子是想借公山弗扰的力量恢复周礼，想法是不错的，但路径不可取。孔子的想法有机会主义成分。

17.6

原文

子张问仁于孔子。孔子曰："能行五者于天下，为仁矣。""请问之。"曰："恭、宽、信、敏、惠。恭则不侮，宽则得众，信则人任焉，敏则有功，惠则足以使人。"

译文

子张向孔子请教什么是仁。孔子说："能够处处实行五种品德的人就是仁人了。"子张说："请问哪五种？"孔子说："恭谨、宽厚、诚信、勤敏、恩惠。恭谨就不会招致侮辱，宽厚就会得到众人拥护，诚信就能得到别人任用，勤敏就会做出成绩，对人有恩惠才能够使唤别人。"

悟 语

北宋宰相赵普说“半部《论语》治天下”，他还说了另外一句话，“半部《论语》夺天下（定天下）”。只是后面这句话，知道的人少。《论语》一共有15924个字，而其中5800个字是讨论为政（管理）的。孔子几乎与所有的好学生都讨论过为政问题，但提问题最多的是子张，孔子很多重要的思想，如“尊五美，屏四恶”，就是在回答子张提问题时提出来的。本章孔子提出了为政五字要诀并进行了详解，这五字是“恭、宽、信、敏、惠”。孔子说：“恭则不侮，宽则得众，信则人任焉，敏则有功，惠则足以使人。”“为政的人如果谦恭就不会遭到羞辱；如果心胸宽阔了，就会得到别人的拥护；想让别人信任必须说话算数；勤奋才能做出成绩；想真正支使动别人让别人跟你走，那只有一个办法，就是给别人恩惠。”字字珠玑。为什么孔子把“恭”字放在前面？因为只有掌握权力，谦恭才能成为收获人心的工具。孔子为什么把“惠则足以使人”放在最后？因为这是这五个字的核心。人与人之间实际上是相互恩惠，相互成就的关系，是一个相互交换的关系，所谓人人为我，我为人人也。你给别人恩惠，对对方是一种帮助，因为你帮助了对方，对方才愿意听你的话，跟你走。我们之所以愿意听母亲的话，无非是因为母亲给了我们最大的恩惠，不仅给了我们身体，还养育了我们，还为我们的成长遮风挡雨，甚至为了我们牺牲自己都在所不惜。母爱是世界上最伟大的恩惠。每个政治家，每个管理者，如果真正理解了“惠则足以使人”，就会无往而不胜。

孔子讲过“起予者商也”，但孔子真正应该讲的是“起予者师也”。师，就是颛孙师，颛孙师不大会处理人际关系，孔子曾说“师也辟”，“辟”是什么？有点孤僻，有点骄傲。

17.7

原 文

佛（bì）肸（xī）[1]召，子欲往。子路曰：“昔者由也闻诸

夫子曰：‘亲于其身为不善者，君子不入也。’佛肸以中牟（móu）[2]畔[3]，子之往也，如之何？”子曰：“然，有是言也。不曰坚乎，磨而不磷[4]？不曰白乎，涅（niè）[5]而不缁（zī）[6]？吾岂匏（páo）瓜[7]也哉？焉能系（jì）[8]而不食？”

注释

①佛肸：晋国大夫范中行的家臣，中牟地方官。

②中牟：地名，在晋国，约在今河北邢台与邯郸之间。

③畔：通“叛”，叛乱。

④磷：损伤。

⑤涅：一种矿物质，可用作颜料染衣服。

⑥缁：黑色。

⑦匏瓜：葫芦中的一种，味苦，不能食用。

⑧系：结，扣。

译文

佛肸在中牟反叛，召孔子去，孔子打算前往。子路说：“从前我听夫子说过：‘亲自做坏事的人那里，君子是不去的。’现在佛肸据中牟反叛，您却要去，这如何解释呢？”孔子说：“是的，我说过这样的话。（但是，）不是说坚硬的东西磨也磨不坏吗？不是说洁白的东西染也染不黑吗？我难道是个葫芦吗？怎么能只挂在那里而不能吃呢？”

悟语

这是子路又一次阻止孔子去叛臣那里做事，前一次是子路阻止孔子去公山弗扰那里（见17.5）。

这次子路用的是以子之矛攻子之盾的方法，用孔子的话驳斥孔子的行动。孔子首先老老实实地承认自己说过那句话，他深知，在学生面前矢口否认，会失去学生的信任。再一个，那也违背了“忠”的原则。忠者，不骗己也不骗别人也，曾参讲过，“夫子之道，忠恕而已矣”。孔子以退为进，为自己的行动进行了辩解。“不是说坚硬的东西磨也磨不坏吗？不是说洁白的东西染也染不黑吗？”仲由你放心，环境是改变不了我的初衷的。我意志坚强，即使我去佛肸那里做事，也不会受佛肸的影响。讲完这一点，孔子强调说：“难道我就是无用的葫芦吗？只系在那儿让人看，而不能吃？”

这里孔子用的又是比喻。说归说，孔子最终还是没去佛肸那里。

我们发现，孔子也有强词夺理的时候。孔子是人不是神，因为他是人，是一个真实的人，最终才成了神。

17.8

原文

子曰：“由也！女（rǔ）闻六言六蔽矣乎？”对曰：“未也。”“居①！吾语（yù）女（rǔ）。好仁不好学，其蔽也愚②；好知不好学，其蔽也荡③；好信不好学，其蔽也贼④；好直不好学，其蔽也绞⑤；好勇不好学，其蔽也乱；好刚不好学，其蔽也狂。”

注释

①居：坐。

②愚：受人愚弄。

③荡：放荡。

④贼：害。

⑤绞：说话尖刻。

译文

孔子说：“由呀！你听说过六字说法（六种品德）和六种弊病吗？”子路回答说：“没有。”孔子说：“坐下！我告诉你。爱好仁德而不爱好学习，它的弊病是受人愚弄；爱好智慧而不爱好学习，它的弊病是行为放荡；爱好诚信而不爱好学习，它的弊病是（容易受人愚弄而）危害亲人；爱好直率而不爱好学习，它的弊病是说话尖刻；爱好勇敢而不爱好学习，它的弊病是犯上作乱；爱好刚强而不爱好学习，它的弊病是狂妄自大。”

悟 语

人为什么要学习？孔子讲得特别透彻。仁、智、信、直、勇、刚都是好的品质，但这些好的品质如果不与学习结合起来就会有弊端，弊端是愚、荡、贼、绞、乱、狂。

我曾经就这一章撰过一副对联：发扬仁智信直勇刚，摒弃愚荡贼绞乱狂。横批是：好好学习。

孔子是因材施教的典范。孔子对子路有很多评价，比如说“由也，好勇过我”，比如说“由也喭”，比如说“野哉，由也！”子路最大的毛病是不愿意学习，且不懂装懂。孔子曾经谆谆教导子路说：“由，诲女！知之乎？知之为知之，不知为不知，是知也！”

孔子认为，子路身上有仁、智、信、直、勇、刚六大好品质，如果不好好学习，这些好的品质容易转化成愚、荡、贼、绞、乱、狂。

孔子讲这段话的时候态度是严肃的：“居！吾语女。”意思是“坐下来，好好听我讲”。这与对待孩子差不多。孔子很少用这种语气跟其他学生说话，大概也就是对子路、宰我与冉求才用这种语气讲话，因为他们三个人不大听孔子的话。

17.9

原 文

子曰：“小子何莫学夫（fú）《诗》？《诗》，可以兴①，可以观②，可以群③，可以怨④。迩⑤之事父，远之事君；多识于鸟兽草木之名。”

注 释

①兴：激发感情。

②观：观察了解天地万物与人间万象。

③群：合群。

④怨：恨。

⑤迩：近。

译文

孔子说："弟子们为什么不学习《诗》呢？学《诗》可以激发志气，可以从中了解天地万物及人间的盛衰得失，可以使人懂得合群的必要，可以使人学会表达不平。近可以用来侍奉父母，远可以用来侍奉君主；还可以多知道一些鸟兽草木的名字。"

悟语

这一章孔子系统地阐述了学《诗》的作用与意义。《诗》者，《诗经》也，据说《诗》是孔子是在子夏的帮助下编定的。

孔子在《论语》中多次谈到《诗》，其中有一章是这样的："《诗》三百，一言以蔽之，曰'思无邪'。"

孔子曾经告诉儿子伯鱼说："不学《诗》，无以言。"据许多专家考证，《诗》后来成为孔门的基本教材。中国人经常讲《诗》《书》《礼》《乐》，《诗》是排在首位的。孔子不仅笼统地谈论《诗》，还谈到《诗》的一些具体篇章。如孔子说："《关雎》，乐而不淫，哀而不伤。"孔子曾经批评过一个人耍嘴，对其所说的女子不是真爱："'唐棣之华，偏其反而。岂不尔思？室是远而。'子曰：'未之思也，夫何远之有？'""唐棣之华，偏其反而。岂不尔思？室是远而"也是来自《诗经》。

在中国，搞文学的人不懂点《诗经》是不行的。最近我的一位文友许枫先生说他正沉浸在《诗经》中，如孔子般"三月不知肉味"。想想，没事的时候，或春或秋，或冬或夏，拿出《诗经》来读一读，还是蛮好的。

17.10

原文

子谓伯鱼曰："女（rǔ）为《周南》① 《召南》②矣乎？人而不为《周南》《召南》，其犹正墙面而立③也与？"

注释

①《周南》：《诗经·国风》中的部分作品，周朝时期采集的诗篇，

因在周王朝都城的南面而得名。同时，“南”又是方向之称。在周代习惯将江汉流域的一些小国统称为“南国”或“南土”“南邦”（见《小雅·四月》《大雅·嵩高》）等，所以诗的编辑者便将采自江汉流域许多小国的歌词，连同受“南音”影响的周、召一些地方采来的歌词，命名为“周南”。

②《召南》：《诗经·国风》中的部分作品，共有14首诗。

③正墙面而立：面向墙壁站立着。

译 文

孔子对伯鱼说：“你学习《周南》《召南》了吗？一个人如果不学习《周南》《召南》，那就像面对墙壁而站着那样（是没有前途的）。”

悟 语

在《论语》中，孔子的儿子孔鲤（伯鱼）只出现了三章。从这三章中看出，孔子对伯鱼的要求极为严格。如子禽所言：“君子之远其子也。”孔子要求伯鱼学《诗》、学《礼》。孔子讲：“不学《诗》，无以言。”“不学《礼》，无以立。”

在本章，孔子重点强调要伯鱼学习《周南》和《召南》。《周南》和《召南》是国风中的两部分，共25首民歌。孔子指出学习《周南》《召南》的极端重要性，说如果不学习《周南》和《召南》，如同人面对墙壁一样。墙把一切都挡住了，面对墙的人是没有出路、没有见识的。中国人讲不撞南墙不回头，大概是从这里演化来的。这里孔子还是用的比喻。

另外，也有的学者提出，这里的《周南》《召南》实质上是代指的《诗经》，我同意这种说法。

17. 11

原 文

子曰：“礼云礼云，玉帛云乎哉？乐（yuè）云乐（yuè）云，钟鼓云乎哉？”

译 文

孔子说："礼呀礼呀，只是说的玉帛吗？乐呀乐呀，只是说的钟鼓吗？"

悟 语

礼当然通过玉帛体现出来，但玉帛本身不是礼；乐当然通过钟鼓发出来，但钟鼓本身不是乐。礼的作用是维护秩序，体现尊重；乐的作用是抒发情感，表达庄重。看问题要看内容，要看本质，不能只看形式，只看现象。

17.12

原 文

子曰："色厉而内荏（rěn）①，譬诸小人，其犹穿窬（yú）②之盗也与？"

注 释

①色厉而内荏：外表严厉而内心虚弱。厉，威严。荏，虚弱。

②窬：洞。

译 文

孔子说："外表严厉而内心虚弱的人，以小人作比喻，就像是挖墙洞的小偷吧？"

悟 语

中国人常说，大千世界无奇不有；中国人也常说，林子大了，什么样的鸟儿都有。有一种人表面很强大，实际上很虚弱，所谓外强中干者也。这种人当然是典型的小人，会使人联想到在墙上打洞盗窃的小偷。这一章很短，但给中国人贡献了两个成语：色厉内荏与穿窬之盗。

17.13

原 文

子曰："乡原[1]，德之贼也。"

注 释

①乡原：指乡中貌似谨厚，而实与流俗合污的伪善者。

译 文

孔子说："没有原则到处讨好的人，对道德的危害特别大呀。"

悟 语

乡原者，好好先生也。没有原则，没有立场，没有是非，没有对错，一味地"好好好"，见到谁都点头哈腰，曲意奉迎；见到谁都唯唯诺诺，低声下气，其实内心当中并不以为然。这种人其实很自私，伪装的目的是维护自己的利益。孔子对这样的人很看不起，认为这种人私德不怎么样，还会对公德造成损害。这种人的特点是枉，是不直。

孔子曾讲过这样一段话："巧言、令色、足恭，左丘明耻之，丘亦耻之。匿怨而友其人，左丘明耻之，丘亦耻之。"理解了这段话，就理解了什么是乡原。乡原者，巧言令色，足恭之徒也。

17.14

原 文

子曰："道听而途说，德之弃也。"

译 文

孔子说："在路上听到传言就到处去传播，有道德的人是不会这样做的。"

悟 语

孔子的意思是听到消息以后要分析判断，要明辨是非。不要一点脑子都不动，就把听到的消息向外传播。古代人得到外界的消息只能靠道听途说，而现在得到消息的渠道多了，有电视，有广播，有报纸，还有各种网站、自媒体。说白了，现在人得到外界消息的主要媒介是网络，一部手机全办了。网上的消息有对有错，同样要有分析、有判断。出于政治目的与商业目的，有些人、有些机构往往发布一些错误的信息，甚至公开造谣，所以在朋友圈和微信群转发的每一条消息，都要判断一下，确认没有问题再转。

17.15

原文

子曰："鄙（bǐ）夫（fū）[①]！可与事君也与哉？其未得之也，患得之；既得之，患失之。苟患失之，无所不至矣。"

注释

①鄙夫：人品鄙陋、见识浅薄的人。

译文

孔子说："可以和粗俗的人一起侍奉君主吗？在没有得到官位时，他总担心得不到；已经得到了，又怕失去它。如果他担心失掉官职，那他就什么事也能做得出来。"

悟语

本章，是中国常用成语"患得患失"的出处。人之所以会患得患失，大概有几方面的原因。

一、天性如此，性格使然。

二、心胸狭小，目光短浅。

三、自私自利，盘算太多。

四、这山望着那山高，庄稼总是别人的好。

我遇到过几个患得患失的人，与这种人打交道的感觉就是一个字：累。这种人还是不遇到好。

17.16

原文

子曰："古者民有三疾，今也或是之亡（wú）也。古之狂[①]也肆[②]，今之狂也荡[③]；古之矜也廉[④]，今之矜也忿戾[⑤]；古之愚也直，今之愚也诈而已矣。"

注释

①狂：狂妄自大。

②肆：放肆，不拘礼节。

③荡：放荡，不守礼。

④廉：正直。

⑤戾：火气太大，蛮横不讲理。

译文

孔子说："古代的人有三种毛病，现在恐怕连这三种毛病也变样了。古代的狂妄者不过是有些放肆，现在的狂妄者却是放荡不羁；古代矜持的人不过是难以接近，现在那些矜持的人却是凶恶蛮横；古代愚笨的人不过是直率一些，现在的愚笨者却是极不老实啊！"

悟语

在本章中，孔子强烈地表达了今不如昔的情绪。似乎人人都有这种情绪，觉得过去的一切都好，现在的一切皆非。

第一，我不知道孔子得出这种结论的依据是什么？因为今人很难知道古代的事。靠文字记载，靠口头传说都是不靠谱的。文字记载也好，口头传说也罢，与真实情况有很大的差距。

第二，我不知道孔子说这段话是针对具体情况还是一般情况。是针对一件具体事发议论还是泛泛发议论？

第三，我不确定孔子是在一种什么背景下说的这段话。孔子是一个感情丰富的人，是一个情绪强烈的人，我们要允许孔老夫子有情绪。我并不赞成孔子的结论，孔子是因为没有和古人一起生活过才这么说，如果他和古人一起生活过，他就不会说这样的话了。

17.17

原文

子曰："巧言令色，鲜矣仁。"①

注释

①本章系重出，见1.3章。

译文

孔子说："花言巧语、假装和善，这种人很少有仁德之心。"

悟语

孔子注意到"巧言令色"的人很少有仁之心与仁之行。注意孔子在这里用了个"鲜"字。鲜者，新鲜也，少之意。孔子并不绝对化，有些"巧言令色"的人，既有仁心也有仁行。我们应当学习孔子的严谨。

17.18

原文

子曰："恶（wù）紫之夺朱也，恶（wù）郑声之乱雅乐（yuè）也，恶（wù）利口之覆邦家者。"

译文

孔子说："我憎恶用紫色压过红色，憎恶用郑国的音乐危害雅乐，憎恶伶牙俐齿的人把国家弄得乱七八糟。"

悟语

如果非得给这一章加个题目，那就是《孔子的三恶》。恶者，厌恶，讨厌也。

首恶："恶紫之夺朱也。"红色就挺好，为什么要红得发紫呢？其实，孔子表达的思想还是事情不能过了头，事情过了头就不好了。过与不及，都不是最佳状态。

次恶："恶郑声之乱雅乐也。"郑声者，郑国的音乐也。不知孔子为什么特别讨厌郑地的音乐，是粗鄙？还是因为其是靡靡之音？2500 后的今天，我们是无法考证了。

三恶："恶利口之覆邦家者。"利口者，巧言令色、能说会道之人也。能把黑的说成白的，把长的说成短的，把方的说成圆的。所谓颠倒黑白，混淆是非者也。反对巧言，反对佞，是孔子的一贯主张。孔子讲："巧言令色，鲜矣仁。"孔子讲："焉用佞？御人以口给，屡憎于人，不知其仁。焉用佞？"

17.19

原文

子曰："予欲无言。"子贡曰："子如不言，则小子何述焉？"子曰："天何言哉？四时行焉，百物生焉。天何言哉？"

译文

孔子说："我不想说话了。"子贡说："夫子您如果不说话，那么我们这些做学生的还传述什么呢？"孔子说："天何尝说过话呢？还不是四季照常运行，百物照样生长。天说过什么话呢？"

悟语

孔子也有不愿意说话的时候，不知这事发生在什么时候，也不知是什么原因，总之是孔子不愿意说话了。孔子不愿意说话就不说吧，但孔子却告诉了子贡："我不想说话了。"而子贡说："老师，如果您不讲话，我们记什么呀？"仔细琢磨一下，这是一句近乎拍马屁的话。在当时情况下，这也是最好的回答。看样子，孔子平常说话的时候有人记录，也许在以往孔子很享受这种感觉。但那天老夫子就是不高兴："老天讲过话吗？老天不讲话，春夏秋冬不是照样过吗，百物不都是活得好好的吗？

老天讲过话吗?”老夫子如此讲，子贡只好闭嘴。

侍候君主难，伴君如伴虎；侍候老师有时候也不容易。

17.20

原文

孺悲[1]欲见孔子，孔子辞以疾。将命者出户，取瑟而歌，使之闻之。

注释

①孺悲：鲁国人，有人说是孔子的学生。鲁哀公曾派他向孔子学礼。

译文

孺悲想见孔子，孔子以有病为由推辞不见。传话的人刚出门，（孔子）便取来瑟边弹边唱，（有意）让孺悲听到。

悟语

孺悲的一些做法惹得孔子不高兴、不满意，但还不算非常不高兴、非常不满意，孔子还是想教育他。孔子传达的意思是：我在家，但就是不想见你，你得好好想一想为什么。如果孺悲想明白了，理解了孔子的用意，那事情就解决了；如果孺悲理解不了，情况会更糟。

孔子是一个大音乐家，“取瑟而歌，使之闻之”便是明证。

17.21

原文

宰我问：“三年之丧，期已久矣。君子三年不为礼，礼必坏；三年不为乐（yuè），乐（yuè）必崩。旧谷既没（mò），新谷既升，钻（zuān）燧（suì）改火[1]，期（jī）[2]可已矣。”子曰：“食夫（fú）稻[3]，衣（yì）夫（fú）锦，于女（rǔ）

安乎?”曰:“安。”“女(rǔ)安,则为之!夫(fú)君子之居丧,食旨④不甘,闻乐(yuè)不乐,居处(chǔ)不安,故不为也。今女(rǔ)安,则为之!”宰我出。子曰:“予⑤之不仁也!子生三年,然后免于父母之怀。夫(fú)三年之丧,天下之通丧也。予也有三年之爱于其父母乎?”

注释

①改火:古人钻木取火,四季所用木头不同,每年轮一遍,叫“改火”。

②期:一年。

③食夫稻:吃大米。古代北方很少种稻米,故大米很珍贵。

④旨:甜美。指好吃的食物。

⑤予:宰我。

译文

宰我问:“服丧三年,时间太长了。君子三年不讲究礼仪,礼仪必然败坏;三年不演奏音乐,音乐就会荒废。旧谷吃完,新谷接上,钻燧取火的木头轮过了一遍,有一年的时间就可以了。”孔子说:“(父母去世才一年的时间)你就开始吃大米饭,穿锦缎衣,你心安吗?”宰我说:“我心安。”孔子说:“你心安,你就那样去做吧!君子守丧,吃美味不觉得香甜,听音乐不觉得快乐,住在家里不觉得舒服,所以不那样做。如今你既然觉得心安,你就那样去做吧!”宰我出去了。孔子说:“宰予真是不仁啊!小孩生下来,到3岁时才能离开父母的怀抱。服丧三年,这是天下通行的丧礼。难道宰予对他父母的爱连三年也维持不了吗?”

悟语

孔子与宰我的这段对话,很有意思。宰我认为,父母去世后,守孝一年即可,守孝三年时间太长了。当然,宰我提出了自己的理论根据:“君子三年不为礼,礼必坏;三年不为乐,乐必崩。”中国有个成语“礼崩乐坏”,当来源于此。孔子认为守孝一年时间太短,守孝三年才合理。

为什么要守孝三年呢？孔子给出了自己的答案："子生三年，然后免于父母之怀。"父母养育儿女不容易，至少需要三年时间，子女才能脱离父母的怀抱（其实，到子女长大要付出的更多），师生俩各执一词。

古代治国所重无非是民食丧祭，所以守孝三年，大家没有异议，人家子贡还为他的老师孔子守孝六年呢。但是现在社会节奏快了，大概没有人再遵守守孝三年的古礼了。如果真要守孝三年，工作早丢了。

17.22

原文

子曰："饱食终日，无所用心，难矣哉！不有博弈[1]者乎？为之，犹贤乎已。"

注释

①博弈：下棋。这里指下围棋。

译文

孔子说："整天吃饱了饭，什么心思也不用，这种人真难办啊！不是有博弈（下围棋）的吗？干这个，也比闲着好。"

悟语

孔子指出了学生最糟糕的两个毛病，一是饱食终日，二是无所用心。这是典型的不思进取。孔子说，如此还不如去博弈。博弈有赌博的意思，但我想，孔子说什么也不会鼓励学生去赌博。

孔子想不到的是，博弈后来变成了博弈论，变成了一门学科，并且变成了一门显学，当然这是在他之后2500年的事。

17.23

原文

子路曰："君子尚勇乎？"子曰："君子义以为上[1]。君子有勇而无义为乱，小人有勇而无义为盗。"

注释

①义以为上：以义为最高尚的品德、最基本的行事原则。

译文

子路说："君子崇尚勇敢吗？"孔子答道："君子以义作为最高尚的品德、最基本的行事原则。君子有勇无义就会作乱，小人有勇无义就会偷盗。"

悟语

勇是一种好的品质，君子有三达德，勇是其一。孔子讲："仁者不忧，知者不惑，勇者不惧。"也许是性格使然，子路尚勇，孔子曾说："由也，好勇过我，无所取材。"孔子认为，勇应当与义结合起来，无论君子（贵族）还是小人（平民），如果其勇离开了义，则会致乱、致盗。义者何？责任、义务、担当也。除了义，勇还得与学结合，与礼结合。孔子说："好勇不好学，其蔽也乱。""勇而无礼则乱。"乱者，犯上作乱也。

17.24

原文

子贡曰："君子亦有恶（wù）[①]乎？"子曰："有恶。恶称人之恶者，恶居下流[②]而讪（shàn）[③]上者，恶勇而无礼者，恶果敢而窒[④]者。"曰："赐也亦有恶（wù）乎？""恶徼（jiǎo）[⑤]以为知（zhì）[⑥]者，恶不孙（xùn）[⑦]以为勇者，恶讦（jié）[⑧]以为直者。"

注释

①恶：厌恶，讨厌。

②下流：下等的，在下的。

③讪：诽谤。

④窒：阻塞，不通事理，顽固不化。

⑤徼：窃取，抄袭。

⑥知：通“智”。

⑦孙：通“逊”。

⑧讦：攻击、揭发别人。

译文

子贡说：“君子也有厌恶的事吗？”孔子说：“有厌恶的事。厌恶宣扬别人坏处的人，厌恶身居下位而诽谤在上位的人，厌恶勇敢而不懂礼节的人，厌恶固执而又不通事理的人。”孔子又说：“赐，你也有厌恶的事吗？”子贡说：“厌恶抄袭（窃取）别人（成果）的人，厌恶把不谦虚当作勇敢的人，厌恶揭发别人的隐私（短处）而自以为直率的人。”

悟语

孔子讲过“乡原，德之贼也”。孔子反对总说好好好、是是是的人。人要有是非，有对错。是就是，不是就不是，不能含糊。对这一点，子贡是清楚的。孔子有四恶，子贡有三恶。这一章与其他章不同的是，在回答完了子贡的提问后，孔子来了句：“赐也有恶乎？”一般情况下，《论语》是学生问，孔子答，也会偶尔记录一下孔子的评语：“赐也，始可与言《诗》已矣，告诸往而知来者。”或者记录一下学生的反应：“子张书诸绅。”

在本章中，孔子之所以反问子贡，可能有两个原因：一是这个问题特别具体，特别个性化；二是反映了孔子对子贡的重视。在本章中，孔子是把子贡当作朋友而不是仅当作学生看待的。

最后我想说的是，我们应力争做到“七不”。不称人之恶，不居下讪上，不勇而无礼，不果敢而窒，不徼以为智，不逊以为勇，不讦以为直。

17.25

原文

子曰：“唯女子①与小人②为难养也，近之则不孙（xùn）③，远之则怨。”

注 释

①女子：未结婚的女性。女子结婚后为“妇”。

②小人：一是指品德低下之人，二是指小孩子（男）。

③孙：通“逊”。

译 文

孔子说：“只有女子（女孩子）和小人是难以教养的，亲近他们，他们就会无礼；疏远他们，他们就会怨恨。”

悟 语

这大概是孔子最让现代女性愤恨的一句话，也许是《论语》中最让人误解的一段话。

有许多人认为，从这句话中可以看出孔子对女性的误解与诋毁。

理解这段话有两个要点：其一，什么是女子？其二，什么是小人？女子者，未结婚之少女也。小人者，有多重含义。在与贵族相对时指平民，在与君子相对时指品德低下者，在与大人相对时指小孩子。

可以把这里的女子与小人理解成女孩子和男孩子。未成年的男孩子和女孩子真不好相处。对他们亲近了，他们上头扑脸，不拿着大人当回事；如果远离他们，他们又往往心生怨恨，在背后咬牙切齿。这大概就是说的叛逆期的女孩子与男孩子。

当然，也有人不是这样解释。

17.26

原 文

子曰：“年四十而见恶（wù）①焉，其终也已。”

注 释

①见恶：被人嫌弃、厌恶。

译 文

孔子说：“到了40岁的时候还被人厌恶，这个人的一生也就算完了。”

悟语

孔子那个时候人均寿命很短，40 岁已经是爷爷辈了。到了爷爷辈上还被人厌恶，这一辈子不就快完了吗？不要用现在的眼光来看待孔子这句话，那样会理解不了的。现在很多人 40 岁还没结婚呢，有的人 40 岁事业才刚刚起步呢。

微子篇第十八

18.1

原　文

微子[①]去之，箕子[②]为之奴，比干[③]谏而死。孔子曰："殷有三仁焉。"

注　释

①微子：周朝宋国的始祖。子姓，名启，殷商贵族，殷商帝乙的长子，商纣王的庶兄，封于宋国。他曾劝谏纣王，但纣王不听，于是离去。

②箕子：文丁的儿子，帝乙的弟弟，纣王的叔父。官太师，封于箕，名胥余。他劝谏纣王，纣王不听，他便装疯，被降为奴隶。

③比干：殷帝丁的次子，帝乙的弟弟，纣王的叔父，官少师（丞相）。幼年聪慧，勤奋好学，20 岁就以太师高位辅佐帝乙，又受托孤重任辅佐纣王。从政 40 多年，主张减轻赋税徭役，鼓励发展农牧业，提倡冶炼铸造，富国强兵。因屡次劝谏纣王，被剖心而死。

译　文

微子离开了纣王，箕子被降为纣王的奴隶，比干因进谏被纣王杀死。孔子说："殷朝就这三位仁人啊！"

悟　语

仁是孔子思想的核心。在《论语》中，"仁"字出现了 109 次，孔子从各个方面阐述仁。

孔子在这里谈到了三个人：微子、箕子、比干。这三人是殷朝的贵族，其共同点是都忠心耿耿，都是殷朝的骄傲。

孔子是殷人的后代，孔子为殷朝出现这三个仁人而骄傲。这三人，因为忠诚，一个主动流放，一个被贬为奴隶，一个被杀死。

比干死得最惨，成为中国历史上忠烈之士的代表。

18.2

原文

柳下惠为士师[1]，三黜（chù）[2]。人曰："子未可以去乎?"曰："直道而事人，焉往而不三黜？枉道而事人，何必去父母之邦?"

注释

①士师：典狱官，掌管刑狱。

②黜：罢免不用。

译文

柳下惠当典狱官，三次被罢免。有人说："先生您怎么不离开鲁国呢?"柳下惠说："按正道侍奉君主，到哪里不会被多次罢官呢？如果不按正道侍奉君主，何必一定要离开本国呢?"

悟语

柳下惠是个直人，不阿谀奉承，不曲意奉迎，我行我素，忠于职守。有人不喜欢他，所以将他三黜；但也有人喜欢他，否则不会两次让其官复原职。

柳下惠坐怀不乱的故事妇孺皆知，但我疑心这故事不一定是历史事实。据查，柳下惠坐怀不乱的故事最早出自元朝胡炳文《纯正蒙求》："鲁柳下惠，姓展名禽，远行夜宿都门外。时大寒，忽有女子来托宿，柳下惠恐其冻死，乃坐之于怀，以衣覆之，至晓不为乱。"

这时，柳下惠去世已一千多年了。

18.3

原文

齐景公[1]待孔子曰："若季氏[2]，则吾不能；以季、孟之间

待之。”曰：“吾老矣，不能用也。”孔子行。

注释

①齐景公：当时的齐国国君。孔子曾经到齐国，谋求齐景公的重用，但未果。

②季氏：季桓子。当时鲁国的执政者。

译文

齐景公在讲到如何对待孔子时说：“像鲁君对待季氏那样，我做不到；我可用介于季氏、孟氏之间的待遇对待他。”又说：“我老了，不能用他了。”孔子于是离开了齐国。

悟语

原来齐景公还是想用孔子的，但不是大用、重用，而是一般地用，如鲁君对叔孙、孟孙那样。但后来，由于晏子等劝阻，齐景公就不打算用孔子了。孔子知道后认为再坚持下去没有意义，就主动离开了。

晏婴当时说的话是挺难听的：“夫儒者滑稽而不可轨法；倨傲自顺，不可以为下；崇丧遂哀，破产厚葬，不可以为俗；游说乞贷，不可以为国。自大贤之息，周室既衰，礼乐缺有间。今孔子盛容饰，繁登降之礼，趋详之节，累世不能殚其学，当年不能究其礼。君欲用之以移齐俗，非所以先细民也。”（《史记·孔子世家》）

这段话译一下是这样的：

“儒者这种人，能说会道，是不能用法来约束他们的；他们高傲任性，自以为是，不能任为下臣使用；他们重视丧事，竭尽哀情，为了葬礼隆重而不惜倾家荡产，不能让这种做法形成风气；他们四处游说，乞求官禄，不能用他们来治理国家。自从那些圣贤相继去世以后，周王室也随之衰微下去，礼崩乐坏已有好长时间了。现在孔子讲究仪容服饰，详定繁琐的上朝、下朝礼节，刻意制定快步行走的规矩，这些繁文缛节，就是几代人也学习不完，毕生也搞不清楚。您如果想用这套东西来改变齐国的风俗，恐怕不是引导老百姓的好办法。”

不知晏婴说这番话是不是出于嫉妒，若说嫉妒也不为过。首先从长相上讲，孔子相貌堂堂，伟岸挺拔，为“鲁之长人”，身高超过一米九；而晏婴近乎侏儒，连一米五也不到。另外，孔子当时已经名气很大，以礼为主，兼学别样，是闻名遐迩的大学者。而晏婴，无论从哪个方面，都无法与孔子相比。

18.4

原 文

齐人归（kuì）[1]女乐（yuè），季桓子[2]受之，三日不朝。孔子行。

注 释

①归：通“馈”，赠送。

②季桓子：鲁国上卿季孙斯。

译 文

齐国人赠送了一些歌女给鲁国，季桓子接受了，三天不上朝。孔子于是离开了鲁国。

悟 语

“季氏归女乐”的目的，就是离间鲁之君臣。“季桓子受之，三日不朝。”第一个上当的是季桓子，“孔子行”；第二个上当的是孔子，中了人家的离间计。鲁国的执政者，无论是正直的，还是不正直的，从政治上讲均是不成熟的。

有一次讲课中，一位学生问我：孔子算不算成熟的政治家？我说不算。一个中了离间计的人怎么能算是一个成熟的政治家？

我猜想“孔子行”的场景：孔子口里喊着“道不同，不相为谋”愤然离去。

关于本章，推荐大家看看唐代吕温的《齐人归女乐赋》一文。作品出自《全唐文》，看看后人是如何看待这件事的。

昔齐人馈鲁，倾城者十八人。瑰艳绝代，绮罗娇春。洞横波于慢脸，回流风于袅身。盖以仲尼定鲁礼乐，制齐君臣。斩倡优于夹谷之会，复土田于汶水之滨。故遏云与回雪，实内图而外亲。将败鲁之政，弱齐之邻。鲁君臣果不端操，迷不先觉。闻进淫哇之声，皆忘圣人之学。城南于是考雷鼓，�云幄。结齐鲁之欢，受郑卫之乐。感烦音之滤滞，成正声之舛驳。夫子则不可救其失，复其迷。望龟山以命操，观凤凰而衔凄。痛王纲之荡荡，顺天命之栖栖。鲁侯若盛德是树，古道是稽。抑丽靡而不纳，见圣性以思齐。知季孙之僭，惟仲尼是与。足以受无疆之休，足以振将坠之绪。何敌国之敢抗，良霸功之可伫。悲夫！任权臣之倾国，纳文马与美女。荐神祇之所歆，诱耳目而不拒。荒笑语之哑哑，溺衣裳之楚楚。由是齐日以长，鲁日以微。见邻国之侵地，闻志士之沾衣。虽代祀则远，而德音不违。往者不可谏，来者犹可追。若鉴鲁道之有荡，放郑卫而不归。则可以得域中之大，致天下之肥者矣。

18.5

原　文

楚狂接舆[1]歌而过孔子曰：“凤兮凤兮！何德之衰？往者不可谏，来者犹可追[2]。已而已而！今之从政者殆而！”孔子下，欲与之言。趋而辟（bì）之，不得与之言。

注　释

① 楚狂接舆：一说楚国的狂人迎接（相遇并经过）孔子之车；一说楚国叫接舆的狂人。本书采用第二种说法。

②往者不可谏，来者犹可追：过去的事就不说了，未来的事还可以去追求。

译　文

楚国的狂人接舆唱着歌从孔子的车旁走过，他唱道：“凤鸟啊，凤鸟啊，你的德运怎么这么衰弱呢？过去的已经无可挽回，未来的却还可以去追求（还来得及改正）。不说了，不说了！今天的执政者太糟糕了！”孔子下车，想同他谈话，（他）却赶快避开，（孔子）没能够和他交谈。

悟 语

首先，我认为本篇的18.5、18.6、18.7应当放在一起读，可以给它起个题目叫《周游途中遇奇人》。

本章中，孔子遇到狂人接舆，狂人知道坐在车子上的人是孔子，于是说了三段话。

第一段话：“凤兮凤兮！何德之衰？”“凤啊，凤啊，你的运气怎么这么糟糕啊？”意思是孔子生不逢时。

第二段话：“往者不可谏，来者犹可追。”这是句很有哲理的话，劝孔子重新考虑自己的行动（不要谋求在他国做官）。

第三段话：“已而已而！今之从政者殆而！”现在礼崩乐坏，从政太危险，还是不搞为妙。

通篇都是劝孔子的话，且充满了善意。

孔子不一定赞成这个人的话，但孔子知道这位狂士是好心，所以要下车跟他说说话，至少要表示一下感谢。

狂人就是狂人，狂人不需要孔子的感谢，所以赶快离开了。

我们可以想到孔子的失望与惆怅，孔子想给别人说话而别人却扬长而去，这无论如何心里都是不好受的，况且还是在弟子们面前。

18.6

原 文

长沮、桀溺[1]耦而耕[2]，孔子过之，使子路问津[3]焉。长沮曰：“夫（fú）执舆[4]者为谁？”子路曰：“为孔丘。”曰：“是鲁孔丘与？”曰：“是也。”曰：“是知津矣。”问于桀溺。桀溺曰：“子为谁？”曰：“为仲由。”曰：“是鲁孔丘之徒与？”对曰：“然。”曰：“滔滔者天下皆是也，而谁以易之？且而与其从辟（bì）[5]人之士也，岂若从辟（bì）世之士哉？”耰

(yōu)[6]而不辍。子路行以告。夫子怃（wǔ）然[7]曰："鸟兽不可与[8]同群，吾非斯人之徒与而谁与？天下有道，丘不与易也。"

注释

①长沮、桀溺：两位隐士，真实姓名和身世不详。

②耦而耕：两个人合力耕作。

③问津：询问渡口。津，渡口。

④执舆：即执辔，拉着缰绳。

⑤辟：通"避"。

⑥耰：用土覆盖种子。

⑦怃然：怅然，失意。

⑧与：和。

译文

长沮、桀溺在一起耕种，孔子路过那里，让子路去询问渡口在哪里。长沮问子路："那个拽着缰绳的是谁？"子路说："是孔丘。"长沮说："是鲁国的孔丘吗？"子路说："是的。"长沮说："那他应该知道渡口在哪里。"子路再去问桀溺。桀溺说："你是谁？"子路说："我是仲由。"桀溺说："是鲁国孔丘的门徒吗？"子路说："是的。"桀溺说："现在不合理的事像洪水一样到处都是，你们同谁去改变它们呢？而且你们与其跟着躲避人的人，为什么不跟着我们这些逃避社会的人呢？"说完，仍旧不停地做田里的农活。子路回来后把情况告诉了孔子。孔子很失望地说："人是不能只与飞禽走兽一起生活的，如果不同世上的人群打交道，还与谁打交道呢？如果天下清明有道，我也不赞成变革。"

悟语

孔子要过河，至于哪一条河，不得而知。过河当然要问下渡口在哪里，于是就派子路去问，自己则牵着缰绳拉住牲口等着。

看样子这次出行只有师徒两人，若是人多了，也轮不着孔子去牵牲口。

与子路对话的这两个人，一个叫长沮，一个叫桀溺。现在看，这两个名字都怪怪的。

子路问了半天，长沮也不告诉他渡口在哪，还阴阳怪气地来了一句："既然那人是孔子，就应当知道渡口在哪儿。"看样子，孔子的名气很大，走到哪里都有人知道。

桀溺说了半天，也没有告诉子路渡口在哪。不仅没告诉渡口在哪，还把子路教训了一通。说现在天下混乱，在这混乱之世，最好的办法就是避世，弄块地自己种种，比什么都好，还劝子路说，别跟着你老师瞎跑了，没有意义。

"子路行以告"，大概把那两人的原话都告诉孔子了，弄得夫子很惆怅，于是就说出了那句著名的话："鸟兽不可与同群"。

当然，这是个倒装句，意思是人不可以与鸟兽同群。人既然生活在社会当中，就不能脱离社会生活。正因为天下无道，我才想去改变这种现状。我不去改造，又有谁能去改造呢？

孔子的"知其不可而为之"的形象跃然纸上。

最后多说一句，现在中国有好几处"子路问津处"，牵强附会者多，不可考也不可信。

18.7

原 文

子路从而后，遇丈人[1]，以杖荷（hè）蓧（diào）[2]。子路问曰："子见夫子乎？"丈人曰："四体不勤，五谷不分[3]。孰为夫子？"植其杖而芸[4]。子路拱而立。止子路宿[5]，杀鸡为黍（shǔ）[6]而食（sì）[7]之，见其二子焉。明日，子路行以告。子曰："隐者也。"使子路反见之。至则行矣。子路曰："不仕无义[8]。长（zhǎng）幼之节，不可废也；君臣之义，如之何其废之？欲洁其身，而乱大伦。君子之仕也，行其义也。道之不行，已知之矣。"

注释

①丈人：拄拐杖的人。形容年纪大的人。

②蓧：古代锄草用的农具。

③四体不勤，五谷不分：手脚不勤快，五谷分不清。意指既懒惰又没有农业常识。

④芸：通“耘”，锄草。

⑤止子路宿：留子路住下。

⑥黍：黏小米。

⑦食：拿东西给人吃。

⑧不仕无义：不出来做官，就是该做的事没有做。

译文

子路跟随孔子出行，落在了后面，遇到一位老汉，用担杖挑着锄草的工具。子路问道：“您看到我的老师了吗？”老汉说：“若四体不勤，则五谷不分。哪知道你的老师是谁？”说完，便继续去锄草。子路拱着手恭敬地站在一旁。（锄完草后，）老汉留子路到他家住宿，并杀了鸡，做了小米饭给他吃，又叫两个儿子出来与子路见面。第二天，子路赶上孔子，把这件事告诉了孔子。孔子说：“这是个隐士啊。”叫子路回去再看看他。子路回到那里，老汉已经走了。子路说：“不出来做官，就是该做的事没有做。长幼间的关系礼节，尚且不能废弃；君臣之间的义，怎么能废弃呢？这人自身清白，却破坏了根本的君臣之道与伦理关系。君子做官，是为了实行君臣之义。道之不行，从这一点上看已经很清楚了。”

悟语

“子路从而后”，遇到的丈人（年纪大的人）是个隐者，自己劳动，自食其力，过着恬静的日子。

实际上，隐者过的是“邦无道，则可卷而怀之”的生活，也是所谓的“用之则行，舍之则藏”，这也都是孔子主张的生活。

由于子路的态度谦恭，这位隐者不仅为子路提供了住宿，还杀鸡为粟以食之，还让子路见了他的两个儿子。想想天晚了，若这老者不为子路提供食宿，这子路得受冻挨饿。

至于孔子为什么使子路反见之，文中没有交待，难以揣摩。

因为隐者已离去，子路没有见到隐者，难道这隐者知道子路要返回？这增加了故事的神秘感。

文末子路那段“不仕无义”的宏论，表明子路已经完全走上了忠孝的正途，这也为子路的忠烈结局埋下了伏笔。

最后，请注意这位隐者说了一句话“四体不勤，五谷不分”，关于这句话自古以来便有不同的解读。

有人说，隐者说这句话是讥讽孔子，也有的说不是。有的人说这隐者说出了一个重要的观点：农业劳动最重要，真正有意义的事就是从事农业劳动。

在以农为本的社会中，这种观念不错。

18.8

原文

逸民①：伯夷、叔齐、虞仲、夷逸、朱张、柳下惠、少连②。子曰：“不降其志，不辱其身，伯夷、叔齐与?”谓柳下惠、少连：“降志辱身矣，言中（zhòng）伦，行中（zhòng）虑，其斯而已矣。”谓虞仲、夷逸：“隐居放③言，身中清，废中权。”“我则异于是，无可无不可。”

注释

①逸民：避世隐居的人才。逸，通“佚”，散失、遗弃。

②伯夷……少连：除伯夷、叔齐、柳下惠外，虞仲、夷逸、朱张、少连四人身世无从考。从文中意思看，这些人当是没落贵族。

③放：放置。

译文

避世隐居的人有：伯夷、叔齐、虞仲、夷逸、朱张、柳下惠、少连。孔子说："既没有降低自己的志向，又没有屈辱自己的身份，做到的只有伯夷、叔齐吧？"孔子这样评价柳下惠、少连："被迫降低自己的志向，辱没身份，但说话合乎伦理，行为合乎人心。"又评价虞仲、夷逸说："过着隐居的生活，不谈世事，洁身自爱，主动辞官。""我同这些人不同，可以这样，也可以那样。"

悟 语

本章一开始提到了七位逸民，评论时只评论了六位，把朱张漏掉了。是从一开始就漏掉的，还是后来在传抄过程中漏掉的，不得而知。

这应当是孔子给学生们讲逸民的课堂记录。最后那句"我则异于是，无可无不可"是孔子的结语。

这七位逸民实际上分三类：

一、伯夷、叔齐不降其志，不辱其身，那只有死。

二、柳下惠、少连降志辱身，言中伦，行中虑，能苟且偷生。

三、虞仲、夷逸隐居放言，身中清，废中权，不仅活下来了，而且活得不错，还自由自在。

孔子说"我则异于是"，我与他们不一样。"无可无不可"，意思是权变。权变者，根据情况做出变化也。孔子对权变是极为看重的，孔子曾说："可与共学，未可与适道；可与适道，未可与立；可与立，未可与权。"

孔子虽认识到权变的极端重要性，但自己做得并不怎么样。"齐人归女乐，季桓子受之，三日不朝。孔子行"便是一例。孔子不仅没有做到权变，还中了齐人的离间计。

18.9

原 文

大师挚[1]适齐，亚饭干适楚，三饭缭适蔡，四饭缺适秦[2]，鼓方叔[3]入于河，播鼗（táo）[4]武入于汉，少师[5]阳、击磬（qìng）襄[6]入于海。

注释

①大师挚：大，通“太”。太师是鲁国乐官之长，挚是人名。

②亚饭干适楚，三饭缭适蔡，四饭缺适秦：亚饭、三饭、四饭，都是乐官名。干、缭、缺，是人名。古代天子、诸侯吃饭时都要奏乐，因此有“亚饭”“三饭”“四饭”之称。

③鼓方叔：击鼓的乐师，名方叔。

④鼗：小鼓。

⑤少师：乐官名，副乐师。

⑥击磬襄：击磬的乐师，名襄。

译文

（鲁国）太师挚到齐国去了，亚饭干到楚国去了，三饭缭到蔡国去了，四饭缺到秦国去了，打鼓的方叔到了黄河边，敲小鼓的武到了汉水边，少师阳和击磬的襄到了海滨。

悟语

国君吃饭挺讲究的，每次吃饭要奏乐。

在春秋时期，天子与国君都是每天吃四顿饭。第一餐称为“旦食”，大概早上5:00—7:00吃；第二餐称为“昼食”，大概在中午11:00—13:00吃；第三餐叫“夕食”，大约下午15:00—17:00吃；第四餐叫“暮食”，大约在太阳落山的17:00—19:00吃。

每一次吃饭，用的乐师不同，奏的乐也不同。但到了周朝晚期，这套礼乐制度难以为继，乐师们只好作鸟兽散。

是因为国君不喜欢，还是国君养不起这些人了？不得而知。

典型的礼崩乐坏。

18. 10

原文

周公谓鲁公[①]曰：“君子不施（chí）[②]其亲，不使大臣怨乎不以[③]。故旧无大故，则不弃也。无求备于一人。”

注　释

①鲁公：指周公的儿子伯禽，封于鲁。

②施：通“弛”，弃置、疏远。

③以：用。

译　文

周公对鲁公（伯禽）说：“君主不疏远他的亲属，不使大臣们抱怨不用他们。旧友老臣没有大的过失，就不要抛弃他们。不要对人求全责备。”

悟　语

周公被封在鲁国，武王死后，他要辅佐成王，所以没有到鲁国赴任，是他儿子伯禽代他赴任的，这是伯禽临行前周公嘱咐他的话。

一、要与亲人们搞好关系，与亲人们的关系不能松弛。

二、要使大臣们觉得你倚重他们，信任他们，千万不能让他们觉得你抛弃了他们。

三、故旧无大故，则不弃也。要重情重义。故旧者，可以理解成老部下，也可以理解成老朋友。这里指老部下。

四、金无足赤，人无完人。人都有缺陷，都有毛病。对人不要求全责备，如果求全责备，你会发现无人可用。

父子情深，微言大义。

18.11

原　文

周有八士[①]：伯达、伯适（kuò）；仲突、仲忽；叔夜、叔夏；季随、季騧（guā）。

注　释

①八士：本章中所说八士已不可考。须注意人名中有伯、仲、叔、季四字。据说这八位为一母所生，且是四对双胞胎。

译文

周代有八位名士：伯达、伯适；仲突、仲忽；叔夜、叔夏；季随、季騧。

悟语

过去讲这八人是四对双胞胎兄弟，乃一母所生，若此，则实在令人称奇。

从现在的观点看，这种概率不大。

称呼这八人都是用的字，且按伯、仲、叔、季、排的。伯老大，仲老二，叔老三，季老四。

这八人的事迹已不可考。

子张篇第十九

19.1

原 文

子张曰："士见危致命，见得思义，祭思敬，丧思哀。其可已矣。"

译 文

子张说："士遇见危险时敢于献身，看见有利可图时能考虑是否符合义的要求，祭祀时能想到是否严肃恭敬，居丧时能想到是否哀伤。这样才能算是士。"

悟 语

士者，具有社会担当献身精神之人也，有文士，有武士。后来，在谈到士时，我们常联想到"士大夫"一词。作为士，要见危致命，哪里有危险，就到哪里去。子路明知进城有危险，但毅然前行，最后被剁成肉酱，这就是士。

作为士，还得"见得思义"，该拿的东西拿，不该拿的东西坚决不拿。贪财之人非士也。

士还得是个行孝之人。"祭思敬，丧思哀"，此孝者所为。

孔子讲："祭神如神在"，"吾不与祭，如不祭"。孔子又讲："居上不宽，为礼不敬，临丧不哀，吾何以观之哉?"

看样子，子张得夫子真传。

19.2

原 文

子张曰："执德不弘，信道不笃，焉能为有？焉能为亡(wú)?"

译 文

子张说："执守道德却不能发扬光大，信仰道义却不能忠实坚定，（这样的人）算是有道德呢，还是没有道德呢？"

悟 语

在本章中，子张既谈到道，又谈到德。不过是德在前，道在后。

何为道？路也。何为德？走正路也。

既然认准了路，就要坚定地走下去，这就是信道笃；既然选择德，就要把它发扬光大，这就是执德弘。

19.3

原 文

子夏之门人问交于子张。子张曰："子夏云何？"对曰："子夏曰：'可者与之，其不可者拒之。'"子张曰："异乎吾所闻：君子尊贤而容众，嘉善而矜不能。我之大贤与，于人何所不容？我之不贤与，人将拒我，如之何其拒人也？"

译 文

子夏的学生向子张询问怎样结交朋友。子张说："子夏是怎么说的？"答道："子夏说：'可以相交的就和他交朋友，不可以相交的就拒绝他。'"子张说："我所听到的和这不一样：君子尊重贤人且能容纳众人，赞美善人又同情能力不够的人。如果我是十分贤良的人，那我对别人有什么不能容纳的呢？如果我不贤良，那别人就会拒绝我，我又怎么能拒绝别人呢？"

悟 语

关于此章，我写过一篇短文，叫《孔门弟子亦相轻》，是2018年6月6日写的。

> 自古以来，同学相轻既是一种规律，也是一种通病。不论你本事多大，能力多强，在同学眼里，都不过尔尔。为什么同学之间会

相轻？道理很简单：同窗共读，朝夕相处，知根知底。你的智商怎么样？情商如何？你是何种脾气，又是何种性格？有哪些好的品质，又有哪些坏的毛病？在同学眼里清清楚楚，明明白白。有的平步青云高官在任；有的财运亨通富甲一方；还有的才华横溢受人钦慕……这些在外人眼中的无限风光，在同学眼中可能都不是事儿，有的同学甚至对此会嗤之以鼻。

晨读论语《子张篇》，发现孔门弟子也是如此。子张看不起子夏，子游也看不起子夏，当然，子夏对他们也不以为然。子张可能是由于才高八斗，更受人关注，更易被人说三道四。子游看不起他，曾参也看不起他。

在这一章中，我们可以看出子张对子夏的"看不起"。当子夏的学生向子张请教如何交朋友时，子张并不先说自己的观点，而是问子夏是如何看的。学生回答说："子夏讲：'可者与之，其不可者拒之。'"你觉得行，就与他交往，你觉得不行，就不与他来往。对于这个回答，我觉得子夏是认认真真、实实在在的，如果我的学生问我，我大概也是这样回答。子张是怎么回复的呢？"君子尊贤而容众，嘉善而矜不能。我之大贤与，于人何所不容？我之不贤与，人将拒我，如之何其拒人也？"实事求是地讲，"尊贤而容众，嘉善而衿不能"是非常了不起的，但子张这样说，不免有"为了说而说"之嫌，也就是为了显得比子夏高明才这么说的。他有没有按照这个原则去做，《论语》中没有肯定的回答。

再看19.15和19.16，子游曰："吾友张也，为难能也，然而未仁。"曾子曰："堂堂乎张也，难与并为仁矣。"

这两章谈论的都是同一个人，即子张。首先，无论是子游还是曾参，对子张的气度和才华都是佩服的，但他们都认为子张的仁德不够，而孔子的思想核心是"仁"，说一个人"仁德"不行，等于把这个人从根子上否定了。

19.4

原 文

子夏曰："虽小道[①]，必有可观者焉，致远恐泥（nì）[②]，是以君子不为也。"

注 释

①小道：指农、工、商、医、卜之类的技能。

②泥：阻滞，不通，妨碍。

译 文

子夏说："即使都是些小的技艺，也一定有可取的地方，但在这上面用功多了，恐怕要为其所累，所以君子不做这样的事。"

悟 语

人一生中应当认准几件自己喜欢的同时对社会有益的事去做，千万不要在一些无聊的小事上用功，那会耽误时间。把小事做到极致又怎么样？聪明人不做这样的傻事。

19.5

原 文

子夏曰："日知其所亡（wú），月无忘其所能，可谓好学也已矣。"

译 文

子夏说："每天都能学到一些过去所不知道的东西，每月都不忘记已经学过的东西，这就可以叫作好学了。"

悟 语

每一天都要学一点新东西，日日新也。每日学到的东西，如果在一个月后还没有忘记，那就可以称为好学了。

只有不断地重复、温习，所学的东西才可能不会忘记。所以，“月无忘其所能”，其实是不断复习的结果。

2400年以后，德国心理学家艾宾浩斯专门研究记忆规律，提出了艾宾浩斯曲线。若追到源头，子夏应当是研究记忆规律的鼻祖。

艾宾浩斯发现，在识记的最初遗忘很快，以后逐渐缓慢，到了一定的时间之后，几乎就不再遗忘了，也就是说遗忘的过程是“先快后慢”。

遗忘的进程不仅受时间因素的制约，也受其他因素的制约。学生最先遗忘的是没有重要意义的、不感兴趣、不需要的材料。不熟悉的比熟悉的遗忘得要早。

人们对无意义的音节的遗忘速度快于对散文的遗忘，而对散文的遗忘速度又快于有韵律的诗。

19.6

原文

子夏曰：“博学而笃志[①]，切问[②]而近思，仁在其中矣。”

注释

①志：有两种解释，一是记忆在心，二是志向。

②切问：问与自身有关的问题。

译文

子夏说：“博学且记得牢（或译：博学且志向坚定），多问且勤于思考与自身密切相关的问题，这是达到仁的理想途径。”

悟语

子夏在这里给中国人贡献了两个成语，博学笃志与切问近思。

无论是博学，还是持之以恒地学习，都必须树立坚定的信念。

研究学问要从身边的事情做起，从切实的体会入手。要具体，要有针对性。即使以现在的观点看，切问近思也有积极的意义。

19.7

原 文

子夏曰："百工[1]居肆[2]以成其事，君子学以致其道。"

注 释

①百工：各行各业的工匠。

②肆：古代社会制作物品的作坊，如酒肆就是制造酒的作坊。

译 文

子夏说："各行各业的工匠要在作坊里才能完成工作，君子通过学习来掌握（治国）大道。"

悟 语

孔子说话的特点是"无喻不出口"，这种表达方法，子贡学会了，子夏也学会了。

百工在作坊里完成自己的工作，领导者通过学习掌握治国的本领。

百工是具有技艺的工匠，他们承担着王朝的众多建设活动。《周礼》有"匠人营国"，就是说王城皆由作为匠人的百工修筑而成。跟庶人大多从事农业活动不同，百工所从事的活动，几乎包括了农业以外的所有行业，都邑城郭、社稷宗庙、开山挖路、车服器械，如此等等皆为百工所擅长。

19.8

原 文

子夏曰："小人之过也，必文[1]。"

注 释

①文：掩饰。

译文

子夏说："小人有了过错，必定会（千方百计）掩饰。"

悟语

人非圣贤，孰能无过？

人犯错误有两种情况，一种是无意犯错，一种是有意犯错。所谓无意犯错，就是主观上不想犯错，但却犯了。

就君子而言，犯了这样的错误，他会反省自己，甚至会痛心疾首，当然最重要的是"不贰过"，不再重犯同样的错误，但前提是老老实实地承认错误。

君子为什么敢于承认自己犯了错？因为君子谦虚，君子知道"知之为知之，不知为不知"的道理。而小人却不愿意承认，甚至文过饰非，或是强调客观原因，或是把责任推到别人身上。

小人为什么不愿意承认错误？怕暴露自己的无能，丢了颜面。其实，越怕暴露自己的无能就越无能，越怕丢了颜面就越没有颜面。

结果是：不承认错误，就不会改正错误，错误会一直不断地犯下去，这样，前进的步伐就慢了，成长的步伐也就慢了。

19.9

原文

子夏曰："君子有三变：望之俨（yǎn）然，即（jí）之也温，听其言也厉。"

译文

子夏说："与君子相处会体会到三种变化：从远处看，样子庄重严肃；接近他，会感到温和可亲；听他说话，会感觉其说话直接且一语中的。"

悟语

这里的"君子"可以有两种理解。一是泛泛地谈，二是专指，这里专指孔子。

在这里，子夏谈了他对他老师孔子的印象。

一开始，子夏对孔老夫子不了解，发现他是很威严的，接触以后发现老夫子也是很温和的。这跟子贡的看法一样。子贡说："夫子温、良、恭、俭、让。"夫子谈话是很严肃的，内容直击要害。这里可以理解为言少而精，不啰嗦。一个强调"君子欲讷于言而敏于行"的人说话怎么会啰嗦呢？

《述而篇》第38章记载了学生对孔子的印象，可以对照着看。"子温而厉，威而不猛，恭而安。"

19.10

原文

子夏曰："君子信而后劳其民；未信，则以为厉己①也。信而后谏；未信，则以为谤己②也。"

注释

①厉己：对自己严厉。

②谤己：诽谤自己。

译文

子夏说："君子（君主）只有在得到百姓信任的情况下才能去役使百姓；未取信于人，百姓就会以为这是（君主）在虐待他们。（作为臣下，）要先取得（君主）信任，然后才能去规劝；未取得（君主）信任而去进谏，（君主）就会以为（臣下）在诽谤他。"

悟语

上级与下级如何相处，下级和上级又如何相处？这是一个非常重要的问题。

上级只有取得下级的信任，说话才会有力量，才有人听。如何取得下级的信任，这是需要认真思考的问题。要说话算数，不能朝令夕改。如果你还没有取得部属的信任而随便给部属下命令，部属就会认为你很冷酷。

作为下级来讲，不要随随便便地给上级提建议。给上级提建议的前提条件是你已经取得了上级的信任，在还没有取得上级信任时给上级提建议，上级会认为你是在逞能，你看不起上级。一定要确认已经得到领导信任时再提建议，否则效果会很差。

19.11

原文

子夏曰："大德[①]不逾闲[②]，小德[③]出入可也。"

注释

①大德：大节。

②闲：木栏，这里指界限。

③小德：小节。

译文

子夏说："人在大是大非面前不能马虎，要坚持原则；而在小事小节上可以有所出入，不必那么讲究。"

悟语

原则问题，是非问题，不能马虎。非原则问题，非是非问题，可以灵活处理。这是上级对下级应当持的态度。

如果是对自身要求，"大德不逾闲"，小德也不要有出入。大事和小事最好都认真对待，在这一方面，周恩来同志是光辉的典范。

问题是大德小德该如何区分。在有些人认为是大德的地方，另外一些人则认为是小德。最好的做法是，大德不逾闲，小德也不逾闲。

19.12

原文

子游曰："子夏之门人小子，当洒扫、应对、进退，则可矣，抑[①]末也。本之则无，如之何?"子夏闻之，曰："噫！言游过矣！

君子之道，孰先传（chuán）焉？孰后倦[2]焉？譬诸草木，区以别矣。君子之道，焉可诬[3]也？有始有卒者，其唯圣人乎？”

注 释

①抑：但是，不过。

②倦：倦怠。

③诬：欺骗。

译 文

子游说：“子夏教学生，尽教些洒扫和迎来送往的事，但这些不过是末节小事。根本的东西却没有教，这怎么行呢？”子夏听后，说：“噫！言游说话过头了！君子之道，（各有各的教法，）先传授什么，后传授什么，这就像草木有别一样，也是有区别的。君子之道，怎么可以随便诬蔑呢？也许只有圣人才能以整体全面的方式教育学生吧？”

悟 语

在这一章中，子游对子夏的教学提出了批评。子游说子夏都是教一些细枝末节问题，“本之则无”。子夏听了当然不高兴：“噫！言游过矣！君子之道，孰先传焉？孰后倦焉？譬诸草木，区以别矣。君子之道，焉可诬也？有始有卒者，其唯圣人乎？”从子夏对子游的反击当中可以看出：子夏也不怎么把子游当回事。

原来孔门弟子之间亦相轻。

本章中子夏讲有始有卒，后来转化成成语有始有终。好多人做事只有开头没有结尾，这是不对的，做事最好是有始有终、善始善终。

19. 13

原 文

子夏曰：“仕而优[1]则学，学而优则仕。”

注 释

①优：有余力。另解释为优秀、好。

译文

子夏说："做官还有余力的人，就可以去学习；学习后仍有余力的人，就可以去做官（或译：官做得好了，应当去搞学问；学问做得好了，也可以去做官）。"

悟语

这一章虽只有13个字，但对中国及东南亚地区都产生了深刻的影响。

何谓"仕而优则学"，意思很简单，要想把官做好，必须好好学习。那个时候，做官都是贵族的专权，贵族把持着治理国家的权力，平民是没有份的。子夏苦口婆心地劝那些贵族及贵族子弟，要好好学习，不好好学习，官是做不好的。

何谓"学而优则仕"，就是给那些平民子弟做官的机会，如果他们学习好，就让他们进入到治理国家的行列中去。同时，这也可以看成是子夏对平民弟子的勉励，你们只有努力学习，才有机会去治理国家。

相比"仕而优则学"，"学而优则仕"的影响更大。

从子夏提出"学而优则仕"到真正实现"学而优则仕"并形成一种制度性的安排，大约经历了1000年。只是到了隋文帝杨坚才开科取士。

"万般皆下品，唯有读书高。"很多平民的孩子因为学习成绩优异，鲤鱼跳龙门，最终跻身于治理国家的阶层。后来这种制度传到了日本、高丽、越南。

其实现在我们仍能看到它的影子，比如高考，比如研究生考试，比如公务员考试。

想想那些农民的孩子，能够进入城市生活，能够进入国家机构当中，不就基本上靠考试这条路吗？

现在许多人攻击中国的官本位制度的根源是来自"学而优则仕"，但有些人一边批评，一边在鼓励孩子去考公务员，这就是中国的现实。

19.14

原文

子游曰："丧致[1]乎哀而止。"

注释

①致：达到。

译文

子游说："居丧时能够表现出悲伤就可以了，不要过度。"

悟语

死了人，人悲痛甚至悲哀，这都是正常现象，尤其是父母的离去，给孩子留下的那种撕心裂肺的感觉，不经过的人是不知道的，好多人的感觉是痛不欲生。

但生活还是得继续下去，无论如何悲痛，死去的人都不能复活了，所以不要悲痛过度，也不能悲哀过度。

其实孔子在评论诗经《关雎》的时候，已经把这个话说得非常透彻了。孔子说："《关雎》，乐而不淫，哀而不伤。"

人死了，把悲哀表达出来就行了，不要过度悲伤，体现的还是中庸。

子游对孔子的中庸思想体会较深。《里仁篇》中子游曰："事君数，斯辱矣；朋友数，斯疏矣。"

19.15

原文

子游曰："吾友张也，为难能也，然而未仁。"

译文

子游说："我的朋友子张，可以说是难得的能人了，然而还不能算是个仁者。”

悟 语

子游与子张是同学，还是很好的朋友。同学之间是非常了解的，你了解我，我也了解你。

评价同学无非是两个方面，一个是德，另一个是才。子游对子张的评价是能力很强，但德行一般。这个评价与曾子的评价一致。

19.16

原 文

曾子曰：“堂堂乎张也，难与并①为仁矣。”

注 释

①并：合并，归类。

译 文

曾子说：“子张器宇轩昂，但还不能并入仁者之列。

悟 语

本篇第15章和第16章议论的是同一个人，子张。

子游认为子张很有能力，但是品性不怎么样，离仁的要求很远。曾参持有同样的观点，认为子张不能归到仁者之列，但他说“堂堂乎张也”，看样子子张相貌堂堂，一表人才。

子张在同学中威信不高。

其实孔子对子张评价也不高，说“师也辟”，又说“师也过”。“辟”是乖僻，是孤傲；“过”是把事情做过了头，偏激。

当然子张也说过别人的坏话，他对子夏的交友之道就很不赞赏，他曾当着子夏学生的面把子夏数落一通。

19.17

原文

曾子曰："吾闻诸夫子，人未有自致[①]者也，必也亲丧乎！"

注释

①致：尽，极。指尽情、尽心等。

译文

曾子说："我听夫子说过，人一般不会轻易彻底流露感情，（如果有）那一定是在父母去世的时候。"

悟语

就正常人而言，没有比父母去世更让人撕心裂肺的事。那是一种来自心底的痛，一种来自骨髓的痛。父母去世带来的巨大的悲痛是难以掩盖的。

现在流行一句话："父母在，人生尚有来处，父母去，人生只剩归途。"

也许只有在这个时候，真情才不自觉地流露出来：或嚎啕大哭，或泪如雨下，或呆若木鸡，或痛心疾首。没有经历过的人是很难体会到这种感觉的。

请注意曾参用的话"吾闻诸夫子"，意思是这话不是我说的，是老师孔老夫子讲的。

多诚实的弟子！

19.18

原文

曾子曰："吾闻诸夫子，孟庄子[①]之孝也，其他可能也；其不改父之臣与父之政，是难能也。"

注　释

①孟庄子：即孟孙速，鲁国大夫。

译　文

曾子说："我听夫子说过，孟庄子的孝，其他方面别人也可以做到；但他不更换父亲的旧臣并且不改变父亲的行事方式，这是别人难以做到的。"

悟　语

一上来，曾参就老老实实地说"吾闻诸夫子"，这话是我从老夫子那里听来的。说这话有两层含义：诚实交待这话的来源；增加这话的权威性。

孟庄子比孔子大，孔子出生的第二年，孟庄子便去世了。孟庄子善战，公元前555年，曾联合诸小国攻打齐国，打到齐国的东门外，为了纪念这次战事，他曾砍倒一棵椅树，说回去为鲁襄公制琴，如此看，孟庄子是位忠臣。

椅即香椿芽树。就是在今天，临淄一带还在广泛种植。我的老家邹平离临淄不远，香椿树也很多。

孟庄子不改父之臣与父之政，一般人做不到。

19.19

原　文

孟氏①使阳肤②为士师。问于曾子。曾子曰："上失其道，民散久矣。如得其情，则哀矜③而勿喜。"

注　释

①孟氏：当时的鲁国下卿。

②阳肤：曾子的学生。

③矜：怜悯。

译　文

孟氏任命阳肤做典狱官，阳肤向曾子请教。曾子说："执政者离开正道已很长时间，百姓早就离心离德了。如果有人犯事，应当怜悯他们，而不要因为终于有了惩罚他们的机会而感到高兴。”

悟 语

曾子本人优秀，教出的学生也优秀，孟氏推荐曾子的学生去当监狱官。

这学生很懂事，觉得应当请教一下老师该怎么做。曾子告诉他，应当怀着同情心去做事，做监狱官尤其如此。

曾子进一步嘱咐说，任何事情都有因有果，比如有人犯罪，这可能是大环境所致。

当监狱官要注意的是，千万不要以惩罚犯人为乐。

学生是好学生，老师是好老师。

19.20

原 文

子贡曰：“纣① 之不善，不如是之甚也。是以君子恶（wù）居下流②，天下之恶皆归焉。”

注 释

①纣：商代最后一位君主，名辛，“纣”是他的谥号。纣是一位暴君。

②下流：即地形低洼、各处来水汇集的地方。

译 文

子贡说：“纣王的不善，不像传说的那样厉害。所以君子讨厌被别人认为下流，因为一旦如此，天下一切坏名声都有可能归到他的身上。”

悟 语

在孔子的学生当中，子贡是很了不起的一位，他的了不起表现在各个方面，比如经商、从政、外交活动。但我认为，他最重要的品质是独立思考，不人云亦云。

比如对纣王，他就有自己的判断，他认为纣王并不像传说中的那样坏。纣王之所以得到那么低的评价，是因为他的“居下流”。作为天子，作为统治者，纣王不把自己放在道德的制高点上，而自甘堕落。既然你不在乎自己的名声，那别人就会向你身上泼脏水。久而久之，一代传一代，纣王的名声越来越差。

孔子认为自己是殷人之后，因为为尊者讳的原因，没有直接批评过纣王，但他对纣王的评价并不高。在《微子篇》中，曾这样记载：“微子去之，箕子为之奴，比干谏而死。孔子曰：‘殷有三仁焉。’”微子之所以去之，箕子之所以为之奴，比干之所以谏而死，这都是拜纣王所赐。

最后我们了解一下纣王。帝辛（？～前1046），子姓，名受（一作受德），商朝末代君主，世称纣王、商纣王等。夏商周断代工程将其在位时间推定为三十年（前1075～前1046）。帝辛是帝乙少子，继位后，在内大兴土木、加重赋敛、严格周祭制度、改变用人政策、推行严刑峻法，对外屡次发兵攻打东夷诸部落。其种种举措既在统治集团内部引发矛盾，也动摇了商王朝的统治基础。牧野之战，商朝军队被周武王所率诸侯联军击败，帝辛身死，商朝灭亡。

在传统史学叙述中，帝辛沉湎酒色、穷兵黩武、重刑厚敛、拒谏饰非，是与夏桀并称“桀纣”的典型暴君，终致众叛亲离、身死国灭，相关典故有酒池肉林、炮烙之刑、牝鸡司晨等。

19.21

原文

子贡曰：“君子之过也，如日月之食焉。过也，人皆见之；更也，人皆仰之。”

译文

子贡说：“君子的过错好比日食、月食。他犯了错，人们都能看得见；他把错改了，人们也都能看得见。”

悟语

我认为19.20与19.21是相互联系的两章，应该放在一起来读。

19.20 讲的是纣的事情。子贡认为，历史上的纣并没有像传说中的那么昏庸与残暴。前期的纣王还是位励精图治、颇有作为的君王，只是到了后期，变坏了。

19.21 可以看成是子贡对这个事情发表的议论。领导者做错了事儿，就像天上的月食和日食一样，谁都能看得见，想遮掩是遮掩不了的。遮掩自己的错误，往往是欲盖弥彰。

最好的办法就是老老实实地承认自己错了，如果承认自己错了并加以改正，百姓就会更加敬仰。

话是这么说，但有几人是这样做的呢？

19.22

原文

卫公孙朝[1]问于子贡曰："仲尼[2]焉学？"子贡曰："文武之道，未坠于地，在人。贤者识其大者，不贤者识其小者。莫不有文武之道焉。夫子焉不学？而亦何常师之有？"

注释

①卫公孙朝：卫国的大夫公孙朝。

②仲尼：孔子的字。

译文

卫国的公孙朝问子贡说："仲尼的学问是从哪里学来的？"子贡说："周文王、周武王的道，并没有失传，是因为有人在传承它们。贤能的人可以了解它的根本，不贤能的人只能了解它的末节。到处都有文武之道存在。夫子在哪里不能学？又何必要有固定的老师呢？

悟语

孔子周游列国十四年，住得时间最长的地方是卫国，前前后后总共住了六年半。他与卫国的上上下下交往比较多，《论语》中关于他在卫国活动的记录也特别多。

关于“仲尼焉学”有两种解释。

一是仲尼学的什么？二是仲尼是如何学习的？对这两个问题，这里都做了回答。

孔子学什么？孔子学“文武之道”，孔子为“识其大者”，文武之道，一张一弛，均在孔子的涉猎范围。至于孔子怎么学？孔子向所有人学习，所谓圣人无常师也。

圣人无常师是唐代韩愈（768～824）的概括，这个时候孔子去世已经1000多年了。

“圣人无常师。孔子师郯子、苌弘、师襄、老聃。郯子之徒，其贤不及孔子。孔子曰：三人行，则必有我师。是故弟子不必不如师，师不必贤于弟子，闻道有先后，术业有专攻，如是而已。”

向所有人学习，孔子是这么说的，也是这么做的。

19.23

原文

叔孙武叔①语（yù）大夫于朝曰：“子贡贤于仲尼。”子服景伯②以告子贡。子贡曰：“譬之宫墙③，赐之墙也及肩，窥见室家之好（hǎo）。夫子④之墙数仞（rèn）⑤，不得其门而入，不见宗庙之美，百官⑥之富。得其门者或寡矣。夫子⑦之云，不亦宜乎！”

注释

①叔孙武叔：名州仇，鲁国大夫，“三桓”之一。

②子服景伯：鲁国大夫。

③宫墙：宫外之墙。

④夫子：这里指孔子。

⑤仞：古时七尺（一说八尺或五尺六寸）为一仞。

⑥官：这里指房舍。

⑦夫子：这里指叔孙武叔。

译文

叔孙武叔在朝廷上对大夫们说："子贡比仲尼强。"子服景伯把这一番话告诉了子贡。子贡说："拿宫墙来作比喻，如我之墙只有齐肩高，家里的东西一目了然；而如老师之墙却有几仞高，如果找不到门进去，你就看不见里面宗庙的富丽堂皇和房屋的绚丽多彩。能够找到门进去的人并不多。叔孙武叔（不了解情况）那么讲，不是很自然吗？"

悟语

人无论怎么能，怎么优秀，总有对你不在乎的人。孔子就遇到了这么一位叔孙武叔，叔孙武叔在朝廷上讲"子贡贤于仲尼"。不知叔孙武叔就是这样认为，还是故意为了让孔子不舒服。

这个话被子服景伯听到了，子服景伯觉得必须把这个话传给子贡。也许子服景伯认为，子贡听了这话会异常高兴。

但子贡并非如此。子贡用墙作比喻，说自己是"及肩之墙"，而夫子是"数仞宫墙"。自己绝对赶不上孔子。

孔老夫子说话的特点是"无喻不出口"，没有比喻不说话，这种表达方法，子贡已经学去了，且学得炉火纯青。

现在曲阜古城还保留了一段宫墙，在城门的上方写有"万仞宫墙"四字，突出了孔老夫子的崇高与伟大。明眼人一看，就知其来自本章。

"万仞宫墙"四字原为明嘉靖时山东巡抚胡缵宗所题，清乾隆皇帝亲临曲阜祭孔时，将胡书凿去，易以御笔。

当然明巡抚比不过清皇帝，所以现在大家看到的是清朝皇帝的御笔，至于胡巡抚的原创，则永远不会再看到了。

19.24

原文

叔孙武叔毁①仲尼。子贡曰："无以为也！仲尼不可毁也。他人之贤者，丘陵也，犹可逾也；仲尼，日月也，无得而逾焉。人虽欲自绝②，其何伤于日月乎？多③见其不知量也。"

注　释

①毁：诽谤，诋毁。

②自绝：自己抛弃自己。

③多：用作副词，只是。

译　文

叔孙武叔诽谤仲尼。子贡说："（这样做）是没有用的！仲尼是被诽谤不了的。别人的贤德，好比丘陵，还可超越过去；仲尼的贤德，好比太阳和月亮，是无法超越的。有人要自绝于日月，但对日月又有什么损害呢？这只是表明他不自量力而已。"

悟　语

这一章上来就说，叔孙武叔毁仲尼。毁者，诋毁也。但是怎么诋毁的没有细说，估计说的话很难听。

"无以为也！仲尼不可毁也。"

从说话的语气看，子贡很气愤。

照现在的话说就是：这样做有意义吗？仲尼怎么能诋毁得了呢？

子贡斩钉截铁地说，"他人之贤者，丘陵也，仲尼之贤，日月也。丘陵可越，这日月怎么可能逾越？"

意思是这叔孙武叔是在作死。这使我想起现在常说的一句话，不作死就不会死。

然后子贡又说："即使作死，也挡不住日月之光啊。"

最后子贡总结说："多见其不知量也。"叔孙武叔只不过是不自量力而已。

子贡为孔子十大弟子，名列言语科，就凭这段话，实至名归。

本章子贡发明了一个成语，叫"不自量力"。即使到了现在，这个成语也是使用率非常高的，当我们批评别人没有数的时候，往往就会用到它。

19.25

原文

陈子禽谓子贡曰："子为恭也，仲尼岂贤于子乎？"子贡曰："君子一言[1]以为知，一言以为不知，言不可不慎也。夫子之不可及也，犹天之不可阶而升也。夫子之得邦家者，所谓立之斯立，道之斯行，绥之斯来，动之斯和。其生也荣，其死也哀。如之何其可及也？"

注释

①言：一句话。

译文

陈子禽对子贡说："您太谦恭了，难道仲尼能比您更贤良吗？"子贡说："从君子的一句话中，就可以知道他是睿智还是愚蠢，所以说话不可不慎重。夫子（我的老师）高不可及，正像天不能够顺着台阶爬上去一样。夫子如果为诸侯或为卿大夫治理国家，教百姓立，百姓就立；引导百姓走，百姓就会跟着走；安抚百姓，百姓就会来归顺；动员百姓，百姓就会同心协力。夫子活着的时候十分荣耀，去世时又让人们非常悲痛。照这样看来，谁又能赶得上他呢？"

悟语

有人说陈子禽是孔子的学生，也有人说不是 。《论语》中陈子禽共出现了3次，这个人对孔子充满了好奇。

他认为孔子并不比子贡强，不知他是为了抬高子贡，还是他就是这么认为的。

子贡觉得这是一个原则问题，他首先批评陈子禽不智，随便说话。"君子一言以为知，一言以为不知，言不可不慎也。"教训完了陈子禽，子贡给孔老夫子戴了一顶高帽子："夫子之不可及也，犹天之不可阶而升也。”

至于后面的“夫子之得邦家者，所谓立之斯立，道之斯行，绥之斯来，动之斯和”这一大段话，我总觉得有些拔高的成分。

从当时的情况看，孔子还没有达到子贡所说的那个地步。

从本章子贡说孔子“其生也荣，其死也哀”看，说这话时，孔子已经去世了。我猜想，这段话也许是子贡在守墓时说的。

最后说一点，从本篇的第22章到25章，可以连起来读，也可起一个名字叫《子贡对孔子的赞扬》。孔子后来有那么大的名声，与子贡的赞扬有很大关系。司马迁在《史记·货殖列传》中说过这样一段话：“子贡既学于仲尼，退而仕于卫，废著鬻财于曹、鲁之间，七十子之徒，赐最为饶益。原宪不厌糟糠，匿于穷巷。子贡结驷连骑，束帛之币以聘享诸侯，所至，国君无不分庭与之抗礼。夫使孔子名布扬于天下者，子贡先后之也。此所谓得势而益彰者乎?”

尧曰篇第二十

20.1

原　文

尧曰[①]："咨[②]！尔舜！天之历数在尔躬，允[③]执其中。四海困穷，天禄永终。"

舜亦以命禹。

曰："予小子履[④]，敢用玄牡[⑤]，敢昭告于皇皇后帝：有罪不敢赦。帝臣不蔽，简[⑥]在帝心。朕[⑦]躬有罪，无以万方；万方有罪，罪在朕躬。"

周有大赉（lài）[⑧]，善人是富。"虽有周亲[⑨]，不如仁人。百姓有过，在予一人。"

谨权量（liáng）[⑩]，审法度[⑪]，修废官，四方之政行焉。兴灭国，继绝世，举逸民，天下之民归心焉。

所重：民、食、丧、祭。

宽则得众，信则民任焉，敏则有功，公则说（yuè）。

注　释

①尧曰：下面引号内的话是尧禅让帝位时对舜说的话。

②咨：即"啧"，感叹词，表示赞誉。

③允：真诚，诚信。

④履：商汤的名字。

⑤玄牡：黑色的公牛。玄，黑色。牡，公牛。

⑥简：阅，知道。

⑦朕：我。从秦始皇起专用作帝王自称。

⑧赉：赏赐。

⑨周亲：至亲。

⑩权量：权，秤锤，指量轻重的标准。量，斗斛，指量容积的标准。

⑪法度：测量长度的标准。

译 文

尧说："啧啧！你啊你，舜！治理天下的大任已经落在你的身上了。诚实地保持那中道吧！假如天下百姓陷于困苦和贫穷，上天赐给你的禄位也就会永远终止了。"

舜也这样告诫过禹。

（商汤）说："我这个后辈小子履，谨用黑色的公牛来祭祀，向伟大的天帝祷告：对有罪的人我不敢擅自赦免。作为天帝臣仆的我也不敢向您隐瞒，因为天帝您明辨一切。如果我有罪，不要牵连天下万方百姓；天下万方百姓若有罪，都由我一个人承担。"

周朝大封诸侯，使善人都富贵起来。（周武王说:）"即使有至亲，不如有仁德之人。百姓有过错，都在我一人身上。"

认真检查度量衡器，周密制定礼法制度，重新修立已经废弃的官职，全国的政令就会通行了。复兴灭亡了的国家，接续已经中断的世族，提拔被遗落的人才，天下百姓就会真心归服了。

应重视四件事：百姓、粮食、丧礼、祭祀。

宽厚就能得到众人的拥护，诚信就能得到别人的任用，勤敏就能取得成绩，公平就会使百姓高兴。

悟 语

可以把本章理解成是孔子讲历史课的课堂笔记。也可以给本章起个题目，叫《古代天子们的治国智慧》。

这一章分为两个部分：一是孔子讲古代天子们的治国智慧；二是孔子的感悟。

这一章我讲过多次，我就是按照这种理解讲的。

最近一次讲这章是 2022 年 4 月 30 日在齐鲁论语研读第 114 次公益活动中。由于新冠疫情肆虐，本次活动在线上举行。

下面是演讲记录，根据视频整理。

本章一上来就说，“咨！尔舜！天之历数在尔躬，允执其中。四海困穷，天禄永终。舜亦以命禹”。尧年龄大了，决定把天子之位让给舜，就把舜召来讲，“咨！尔舜”。“咨”这个字没有任何意思，为了引起别人注意而已。舜，你听着，“天之历数在尔躬”，治理天下的重任现在轮到你身上了。尧看到舜有才能、有品德，决定把天子位传给他，但是尧在讲话的时候不强调自己的作用，不是说我相中你了，我觉得你行，你来干吧，尧很会说话，说“天之历数在尔躬”，是上天把治理天下的任务交给你了。这说话，的的确确是一种艺术。“允执其中”，我做天子最宝贵的经验是什么？“允执其中。”这个中当然就是中庸了，中是居中，不偏不倚，执中就是坚持中庸之道。你是所有人的天子，并不是某几个人的天子。《尚书》中也有这几个字，《尚书》中是“允执厥中”，“允执其中”与“允执厥中”其实都是一个意思。

讲完了这句以后，尧又讲了一句话，“四海困穷，天禄永终”。舜啊，你得注意，你如果没有把老百姓的生活搞好，你这天子就做不成了。四海就是天下，天下就是四海。中国古代人认为中国处在中间，四面都有海，东海，南海，北海，西海。从现在地理位置看，中国向南向北向东向西，都能看到海。东边就是东海，南边是南海，我们一直向北走，就到了北冰洋，西边也有海，跨过亚欧大陆就是大西洋，大西洋也是海，只不过离我们更远一些而已。

把这一段概括一下就是两点。第一，要“允执其中”，作为最高的统治者，要公平地对待所有群体和所有阶层，照顾到所有人的利益，坚守中庸之道。第二，不能把老百姓的生活搞糟了，如果把老百姓的生活搞糟了，这天下也就坐不成了。

其实做企业也是同样道理。作为企业家，把企业搞好了，大家的工资待遇比较好，这个企业就能稳定发展，你就会受到员工的尊重；把企业搞糟了，不但得不到员工的尊重，自己也会很难受。

舜做了几十年天子以后也老了，得找一个更年轻的人接班，他相中了治水的禹。他说："咨！尔禹！天之历数在尔躬，允执其中。四海困穷，天禄永终。"

我们知道禹把天子位传给了自己的儿子启，启后来建立了夏朝。至于禹把位给启的时候，是不是也讲了同样的话，我们不得而知，至少《论语》中没有这方面的记载。

下面这段话是商汤讲的，"予小子履，敢用玄牡，敢昭告于皇皇后帝：有罪不敢赦。帝臣不蔽，简在帝心。朕躬有罪，无以万方；万方有罪，罪在朕躬"。

商汤继位的时候，向天祷告。"予小子履"，在天帝面前，商汤是很谦恭的，自称"小子"。"敢用玄牡，敢昭告于皇皇后帝。"我献上黑色公牛，表明我的心迹。"有罪不敢赦"，如果有谁犯了罪，我绝对不敢私下赦免他。"帝臣不蔽，简在帝心。"我对天帝您是没有任何隐瞒的，我的一切您都看得非常清楚。"朕躬有罪，无以万方。"如果我有罪，请您不要牵连天下的老百姓，由我来承担责任。"万方有罪，罪在朕躬。"如果天下的老百姓犯了什么错，您用不着去惩罚他们，责任在我。

周朝实行分封制，善人都得到了分封，地位高且有财富。这个时候武王就讲了一段话："虽有周亲，不如仁人。"说我作为天子，虽然也有兄弟姐妹，也有亲戚朋友，但是要真正把天下治理好，还得靠贤德之人。"百姓有过，在予一人。"如果百姓有过，过错不在他们，过错在我。这个"百姓"和现在的"老百姓"不一样，过去的"百姓"是大户人家、贵族，现在的老百姓是平民。

从"谨权量"开始到结束，都是孔子总结的历史经验。由于比较容易理解，我就不讲了。

20.2

原文

子张问于孔子曰："何如①斯可以从政②矣？"子曰："尊③

五美，屏（bǐng）[4]四恶，斯可以从政矣。”

子张曰：“何谓五美？”子曰：“君子惠而不费[5]，劳而不怨[6]，欲而不贪[7]，泰而不骄[8]，威而不猛[9]。”

子张曰：“何谓惠而不费？”子曰：“因民之所利而利之，斯不亦惠而不费乎？择可劳而劳之，又谁怨？欲仁而得仁，又焉贪？君子无众寡，无小大，无敢慢，斯不亦泰而不骄乎？君子正其衣冠，尊其瞻视，俨然人望而畏之，斯不亦威而不猛乎？”

子张曰：“何谓四恶？”子曰：“不教而杀谓之虐；不戒视成谓之暴；慢令致期谓之贼；犹之与人也，出纳之吝谓之有司。”

注释

①何如：如何。

②从政：做官，治理国家。

③尊：尊重，遵照。

④屏：摒弃，抛弃。

⑤惠而不费：给人恩惠，但不过度。

⑥劳而不怨：让人劳动，但不让人产生怨恨。

⑦欲而不贪：满足人的正常欲望，但不让人产生贪婪之心。

⑧泰而不骄：泰然自若，但不让人感到骄傲。

⑨威而不猛：让人觉得有威严，但不让人感到害怕。

译文

子张问孔子说：“怎样才可以从政呢？”孔子说：“尊崇五种美德，屏除四种恶习，这样就可以从政了。”

子张问：“什么是五种美德？”孔子说：“君子要给百姓恩惠，但注意不要浪费；让百姓劳作，但不要引起他们的怨恨；满足官员的欲望，但不使他们贪婪；要庄重而不让人觉得傲慢；要威严而不让人感到凶猛。”

子张说："怎样叫给百姓恩惠而不浪费呢？"孔子说："让百姓们去做对他们有利的事，这不就是对百姓有利而不浪费吗？选择合适的时间和适合的事情让百姓去做，这又有谁会怨恨呢？官员自己想要仁而他得到了仁，他还贪什么呢？君子不管人多人少，不管大事小事，从不怠慢，这不就是庄重而不傲慢吗？君子衣冠整齐，目不斜视，使人见了就生敬畏之心，这不也是威严而不凶猛吗？"

子张问："什么是四种恶习呢？"孔子说："不经教化便加以杀戮叫作虐，不加告诫便要求成功叫作暴，不加督促而突然限期完成任务叫作贼，给人财物像有司那样（出手吝啬）叫作小气。"

悟 语

读这一章，有两点需要强调：

第一，孔子对为政进行了深刻的思考。他不仅有实践，还把实践上升到理论。孔子从50岁开始做官，到56岁他挂冠而去，做了将近五年的官。在这个过程当中，他积累了丰富的实践经验。孔老夫子最早做的中都宰，后来又做了鲁国的司空，再后来做了鲁国的大司寇。

第二，如何做好官，孔子进行了系统的思考，他提出了"尊五美"的概念，也提出了"屏四恶"的概念，并且进行了系统的阐述。

"何谓五美？"子曰："君子惠而不费，劳而不怨，欲而不贪，泰而不骄，威而不猛。"统领"五美"的是中庸，唯"允执其中"，方可做到为政五美。

"何谓四恶？"虐、暴、贼、吝。虐、暴、贼、吝的实质是不仁，于天下不仁，于手下不仁。不知中庸，则难以治国；不怀仁爱，则不能治国。

20.3

原 文

孔子曰："不知命，无以为君子也；不知礼，无以立也；不知言，无以知人也。"

译文

孔子说："不懂得天命，就做不成君子；不知道礼仪，就不能立身处世；不善于分辨别人话语的真实含义，就不能真正了解别人。"

悟语

这是《论语》的最后一章。

从所谈的内容看，可以看作是孔子在学生们毕业典礼上的致辞，或者把它当成是孔子在弟子毕业时的临别赠言。

孔子是个特别注重礼节的人，学生毕业或者离开时不可能不举行仪式，更不可能不说点话。

孔子讲了三个内容。

一、"不知命，无以为君子也。"

何谓命，命者，规律也；命者，使命也；命者，命运也。

孔子说，要想成为一个合格的领导者，必须懂得规律，懂得自身的使命，懂得自己独特的命运。这很难。孔子说，他自己到了50岁才知天命。

二、"不知礼，无以立也。"

礼是规矩，礼的作用是创造秩序和表达尊敬。如果人不懂得礼，在社会上就无法立足。从大的方面讲，礼是礼法，是礼制；从小的方面讲，礼是礼仪，是礼貌，甚至是礼物。孔子最担心他的学生们到社会上吃不开。那样的话，不是白学了吗？孔子曾经告诉他的儿子孔鲤说，"不学礼，无以立"。

三、"不知言，无以知人也。"

言为心声。每个人说话都有他自己独特的方式。有的人正话反说，有的人反话正说。有的人一本正经，有的人嬉皮笑脸。要想真正了解一个人，要研究他的说话方式、说话特点。

孔子说，"鸟兽不可与同群"。人还是应当与人打交道，与人打交道，要了解人。而了解人，先从他讲的话开始。

后　记

现在是2024年7月15日上午，我在太湖金城镇金铎松篁的一个小亭子里写这篇后记。这里清风徐徐，蝉声阵阵，透过浓密的枇杷树丛，可以看见浩渺的太湖。

从1985年我在重庆西南农业大学（后与西南师范大学合并成立西南大学）开始学习《论语》算起，至今已经39年；从2004年我在山东财政学院开设“论语选读”课算起，我教授《论语》已经20年；从2012年开始搞齐鲁论语研读公益活动算起，也已经13个年头。

近二十年来，我几乎年年研究《论语》，月月研究《论语》，天天研究《论语》，《论语》已经成为我生活中最重要的部分。

仁者见仁，智者见智。我对《论语》的概括是“论语680”。6者，论语六学论也；80者，论语80字歌也。

我第一次提出“论语680”这个概念是2018年10月13日。那天我在韩亮的创领家茶馆系统地阐述了这个概念。

清朝重臣曾国藩曾写过一块匾额叫“笃亲锡祜”，我很喜欢，这四个字恰当地表达了我此时的心情。论语680是齐鲁论语研读公益活动的产物，是蔚然论语师门的产物，是我的家人支持的产物，也是我众多同学与朋友鼓励的产物。我由衷地感谢支持这一活动的所有人士，包括王大千、国承彦、邢成湖、康承宝、朱国材、杨朝明、颜炳罡、王钧林、扈书乘、吕志勇、赵薇、韩亮、甄学志、张立省、李路、孔祥建、赵华、陈锋、常强等人，也由衷地感谢我的蔚然论语师门的诸弟子们。特别感谢于大虎、胥婷婷、侯姝宇、江澎、韩斌、王成兰、李镛、徐明明、白汉生、李刚、李文静、李纯如、刘小群、林海涛、刘新刚、王静、刘莹、黄昌田、李金龙、竹弘禄、颜晓雪、张学武、陈学武、梁翠丽、杨清燕、毕延洁、郭庆伟、王英、孙新华、侯雅丽、孙善坤、张慧、闵娅楠、肖兵、常杰、臧敦宝、王孝明、孙千惠、王桂芳、吴钦景、邹仪、荆一等人。

从2019年年底到2022年年底，中国同世界一样，经历了新冠疫情的沉重打击。这三年，人们的工作与生活遇到了极大的困难，受到了极大的困扰，我也一样。

由于居家的时间增多，我想应当把《论语》重新梳理一遍，于是就有了这本《蔚然悟语》。

查了一下微博，《蔚然悟语》开始于2020年10月23日，完成于2023年元月11日，历时两年又三个月。

《蔚然悟语》这个书名是一位叫辛然的网友提议的。

由于我名字中有个蔚字，我特别喜欢蔚然这两个字，而蔚然又会使人想到蔚然成风。2003年前，我曾在《经济导报》上开过专栏，名字就叫“蔚然成风”。

《蔚然悟语》完成后，我的许多弟子在自己的朋友圈予以转载，谢谢他们。

希望这本书对《论语》爱好者有所帮助。

写完这段话后刷手机，突然发现钱穆先生的墓就在旁边，相距不过十公里，我决定下午去看看。我将以虔诚崇敬的心情向这位国学大师表达敬意。

王　蔚

2024年7月15日中午12时于太湖金庭岛